JN421245

UCP 600 해설서

개정 신용장 통일규칙

신용장 분쟁사례

Uniform Customs and Practice for Documentary Credits, 2007 Revision, ICC Publication No. 600,
ISBP 681, eUCP(Ver.1.1) & URR 725

서 정 두 저

청목출판사

머리말

우리나라는 수출규모 세계 10위의 경제강국이지만, 최근 외환사정의 악화로 인하여 대외 UNPAID 사고가 급증하고 있다. 따라서 우리는 무엇보다도 이러한 위험을 최소화하면서 FTA도 추진하고 시장개척에 나서야 한다.

ICC(국제상업회의소)는 신용장(L/C) 거래의 UNPAID 분쟁을 줄이고자 1933년에 신용장 통일규칙(UCP)을 제정한 이후 10여년을 주기로 모두 6차례 이를 개정하여 현재에는 2007년 7월 1일 발효된 UCP 600을 시행하고 있다.

UCP 600은 신용장거래의 범세계적인 통일규칙이며, 이를 보충하여 ICC는 2007년에 ISBP(국제표준은행관습)와 eUCP(전자식제시보칙)를 개선하고, 2008년에 URR(은행간대금보상규칙)을 개정하여 함께 시행하고 있다(부록).

UCP 600은 신용장 실무가들에게는 그동안 서류심사과정에서 야기되었던 많은 쟁점을 해소하고 의무이행의 시간과 부담을 덜어주며, 나아가 신용장의 전문가나 연구가, 법조인들에게도 중요한 해석규범으로 활용되고 있다.

필자는 UCP 600의 축조해설과 UCP 500 이전의 ICC Pub. 459, 489, UCP 600 이전의 ICC Pub. 535, 632, 660, 665 및 UCP 600 이후의 ICC Pub. 697 등에 수록된 800여개의 ICC 판정사례를 중점적으로 연구 분석하였다.

신용장업무를 취급하는 무역업체나 금융기관들은 이 자료에 분석된 ICC 판정사례, 관련법규와 판례 등을 적절히 인용 활용한다면 UNPAID 사고를 예방하고 기업의 대항능력을 강화하는 데 많은 도움이 될 것으로 본다.

끝으로 이 자료가 출판되기까지 필자에게 학문의 길을 열어주신 둔남 양영환 선생님의 건강을 기원하고, 원고의 집필과 출판에 도움을 주신 한국무역상무학회의 회원제위, 청목출판사 유성렬 대표님께 깊은 감사를 드린다.

2009년 10월

군산 월하리 寓居에서

저 자 씀

차 례

약 어 목 록

서정두 2003	서정두, 『국제무역계약』, 삼영사, 2003.	단행본
서정두 2006	서정두, 『국제상무론』, 제2판, 삼영사, 2006.	단행본
서정두 2008	서정두, 『ISBP 국제표준은행관습』, 삼영사, 2008.	단행본
양영환 외	양영환 · 서정두, 『신용장사례연구』, 삼영사, 1995.	단행본
A/R	All Risks (ICC)	전위험담보
AWB	Air Waybills	항공화물운송장
B/L	Bill of Lading	선화증권
BIMCO	Baltic and International Maritime Conference	발틱국제해운동맹
C/O	Certificate of Origin	원산지증명서
CEO	Chief Executive Officer	최고경영자
CFR	Cost and Freight … named port of destination	운임포함인도
CFS	Container Freight Station	컨테이너화물집화장
CIF	Cost, Insurance and Freight … named port of destination	운임 · 보험료포함인도
CIM	International Convention concerning the Carriage of Goods by Rail	국제철도화물운송협약
CIP	Carriage and Insurance Paid to … named place of destination	운송비 · 보험료지급인도
CMR	Convention on the Contract for the International Carriage of Goods by Road	국제도로화물운송협약
CY	Container Yard	컨테이너 야적장
D/A	Documents against Acceptance	인수인도
D/P	Documents against Payment	지급인도
DOCDEX	Documentary Credit Dispute Expertise (ICC)	화환신용장분쟁 전문가의견규칙
EDI	Electronic Data Interchange	전자자료교환
eUCP	ICC, *Supplement to UCP 600 for Electronic Presentation*, Version 1.1, 2007 Revision, 2006.	신용장통일규칙 전자제시보칙
FAS	Free Alongside Ship … named port of shipment	선측인도
FBL	Forwarder's Bill of Lading (FIATA)	운송주선인 선화증권
FCA	Free Carrier … named place	운송인인도
FCL	Full Container (or Car) Load Lot	1컨테이너(화차) 적재분량
FIATA	Fédération Internationale des Associations de Transitaires et Assimiés	국제운송주선인협회
FI	Free In	본선적재비면책
FIO	Free In and Out	본선적재비 · 양하비면책

FIOS	Free In and Out Stowed	본선적재비 · 적부양하비면책
FOB	Free on Board … named port of shipment	본선인도
FO	Free Out	양하비면책
FPA	Free from Particular Average (ICC)	단독해손부담보
HS	Harmonized Commodity Description and Coding System	신국제통일상품분류법
IATA	International Air Transport Association	국제항공운송협회
ibid.(op. cit.)	ibidem (opere citato)	상게서(전게서)
ICAO	International Civil Aviation Organization	국제민간항공기구
ICC Decision	ICC, *Determination of an "Original" Document in the Contxt of UCP 500 sub-Article 20(b)*, by the ICC Banking Commission, 29 July 1999.	
ICC	Institute Cargo Clauses (London)	협회적하약관
ICC	International Chamber of Commerce (Paris)	국제상업회의소
INCOTERMS	ICC, *Incoterms 2000 - International Rules for the Interpretation of Trade Terms*, ICC Publication No. 560, 1999.	정형거래조건해석국제규칙
ISBP 645	ICC, *International Standard Banking Practice*, ICC Publication No. 645, 2003. ("ISBP 2003")	2003년 국제표준은행관습
ISBP 681	ICC, *International Standard Banking Practice*, ICC Publication No. 681, 2007. ("ISBP 2007")	2007년 국제표준은행관습
ISP98	ICC, *International Standby Practices*, ICC Publication No. 590, 1998.	국제보증규칙
L/C	Letter of Credits	신용장
L/G	Letter of Guarantee	수입화물선취보증서/지급보증서
L/I	Letter of Indemnity	하자서류보상장
LASH	Lighter aboard Ship	부선수송선박
LCL	Less than a Container (or Car) Load Lot	1컨테이너(화차) 미달분량
M/L Clause	More or Less Clause	과부족허용조항
M/R	Mate's Receipt	본선수령증
MIA	Marine Insurance Act (British)	영국 해상보험법
MT	Metric Ton (French) / Measurement Ton (=㎥)	미터톤(2,204파운드)/용적톤
MTD	Multimodal Transport Document	복합운송서류
NVOCC	Non-vessel Operating Common Carrier	선박비보유운송인
PSI	Pre-Shipment Inspection	선적전검사
Pub. 459	ICC, *Case Studies on Documentary Credits*, by Jan C. Dekker, ICC Publication No. 459, 1989.	
Pub. 489	ICC, *More Case Studies on Documentary Credits*, by Jan C. Dekker, ICC Publication No. 489, 1991.	
Pub. 535	ICC, *Case Studies on Documentary Credits*, by Charles del Busto, ICC Publication No. 535, 1995.	
Pub. 600	ICC, *Uniform Customs and Practice for Documentary Credits, 2007 Revision*, ICC Publication No. 600, 2006.	

Pub. 632	ICC, *Collected Opinions of the ICC Banking Commission 1995-2001*, ICC Publication No. 632, 2002.	
Pub. 658	ICC, *Leading Court Cases on Letters of Credit*, by K.T. Fung, ICC Publication No. 658, 2004.	
Pub. 660	ICC, *Unpublished Opinions of the ICC Banking Commission 1995-2004*, ICC Publication No. 660, 2005.	
Pub. 665	ICC, *Collected DOCDEX Decisions 1997-2003*, ICC Publication No. 665, 2004.	
Pub. 680	ICC, *Commentary on UCP 600*, ICC Publication No. 680, 2007.	
Pub. 681	ICC, *International Standard Banking Practice*, ICC Publication No. 681, 2007. ("ISBP 681")	
Pub. 682	ICC, *Insights into UCP 600 - Collected Articles from DCI 2003 to 2008*, ICC Publication No. 682, 2008.	
Pub. 683	ICC, *The Complete UCP - Texts, Rules and History 1920-2007*, by Dan Taylor, ICC Publication No. 683, 2008.	
Pub. 694	ICC, *Users' Handbook for Documentary Credits under UCP 600*, by Walter (Buddy) Baker and John F. Dolan, ICC Publication No. 694, 2008.	
Pub. 697	ICC, *ICC Banking Commission Opinions 2005-2008*, ICC Publication No. 697, 2008.	
SBPED	USCIB(현 IFSA), *Standard Banking Practices for the Examination of Documents*, 1996.	신용장서류심사표준은행관습
SWB	Sea Waybills	해상화물운송장
SWIFT	Society for Worldwide Interbank Financial Telecommunications	세계은행간금융전신망
TD	Transport Document	운송서류
TEU	Twenty Feet Equivalent Unit	20피터 컨테이너단위
THC	Terminal Handling Charges	터미널 취급료
UCC	Uniform Commercial Code (U.S.)	미국 통일상법전
UCP 500	ICC, *Uniform Customs and Practice for Documentary Credits*, 1993 Revision, ICC Publication No. 500, 1993.	제5차 개정 신용장 통일규칙
UCP 600	ICC, *Uniform Customs and Practice for Documentary Credits*, 2007 Revision, ICC Publication No. 600, 2006.	제6차 개정 신용장 통일규칙
URC 522	ICC, *Uniform Rules for Collection*, 1995 Revision, ICC Publication No. 522, 1995.	1995년 개정 추심통일규칙
URCG 325	ICC, *Uniform Rules for Contract Guarantees*, ICC Publication No. 325, 1978.	계약보증 통일규칙
URDG 458	ICC, *Uniform Rules for Demand Guarantees*, ICC Publication No. 458, 1992.	요구불보증 통일규칙
URR 725	ICC, *Uniform Rules for Bank-to-Bank Reimbursements under Documentary Credits*, ICC Publication No. 725, 2008.	은행간보상규칙

〈예시〉 취소불능 화환신용장

XXX BANK
C.P.O BOX 126 SEOUL, KOREA
HEAD OFFICE 203 1-GA HOEHYON-DONG CHUNG-GU SEOUL, KOREA

ORIGINAL
TEL : (02)2002-4275/6
TELEX : K23823 SEOUL
SWIFT : XXBKKRSE

출력점 : 강남북지점 Date : 2008.08.19 Page : 1

ADVICE OF
IRREVOCABLE DOCUMENTARY CREDIT

*Advice No : AD101-208-17311
*Credit No : LC10200800890

*Issuing Bank : COMMCNSHWHN
BANK OF COMMUNICATIONS
WUHAN

*Applicant :
HUBEI GREEN WORLD ENVIRONMENTAL
PROTECTION TECHNOLOGY
JOINT-STOCK CO., LTD

*Beneficiary :
ACE PACK CO LTD WUDO BLDS. RM
189, POIDONG, GANGNAMGU, SEOUL
KOREA TEL : 82-2-25743711

*Amounts : USD 102,200.00

*Expiry Date : 2008.10.15

DEAR SIR(S)
We are pleased to inform you, without any responsibility on our part, that we have received a telegraphic message dated 20080816 from BANK OF COMMUNICATIONS reading as follows :

MT S700 Issue of a Documentary Credit
Sequence of Total *27 : 1/1

Form of Doc. Credit	*40 A	: IRREVOCABLE
Doc. Credit Number	*20	: LC10200800890
Date of Issue	*31 C	: 080814
Expiry	*31 D	: Date 081015 Place IN WUHAN
Applicant	*50	: HUBEI GREEN WORLD ENVIRONMENTAL PROTECTION TECHNOLOGY JOINT-STOCK CO., LTD
Beneficiary	*59	: ACE PACK CO LTD WUDO BLDG. RM NO.402, 189, POIDONG, GANGNAMGU, SEOUL KOREA TEL : 82-2-25743711
Amount	*32 B	: Currency USD Amount 102200.00
Available with ... By ...	*41 D	: ANY BANK IN BENEFICIARY'S COUNTRY BY NEGOTIATION
Drafts at ...	42 C	: AT SIGHT FOR 95 PCT OF INVOICE VALUE
Drawee	42 A	: COMMCNSHWHN *BANK OF COMMUNICATIONS *WUHAN
Partial Shipment	43 P	: NOT ALLOWED
Transshipment	43 T	: ALLOWED
Loading in Charge	44 A	: MAIN KOREA PORT
For Transport to ...	44 B	: WUHAN, CHINA
Latest Date of Ship.	44 C	: 080918
Description of Goods	45 A	:

PAPER CUP FORMING M/C
4 SETS (NO MOULD) USD 102200.00
SHIPPING MARK : GW
CIF WUHAN PORT

----- to be continued on page 2

XXX BANK
C.P.O BOX 126 SEOUL, KOREA
HEAD OFFICE 203 1-GA HOEHYON-DONG CHUNG-GU SEOUL, KOREA

ORIGINAL
TEL : (02)2002-4275/6
TELEX : K23823 SEOUL
SWIFT : XXBKKRSE

출력점 : 강남북지점 Date : 2008.08.19 Page : 2

This is constituent and integral part of *Advice No : AD101-208-17311
*Credit No : LC10200800890

Documents required 46 A :
95 PCT OF INVOICE VALUE WILL BE EFFECTED
ON THE FOLLOWING DOCUMENTS :
+SIGNED COMMERCIAL INVOICE IN 6 COPIES INDICATING L/C NO. AND CONTRACT NO. HBGW02081A.
+2/3 SET OF ORIGINAL CLEAN ON BOARD OCEAN BILLS OF LADING MADE OUT TO ORDER AND BLANK ENDORSED MARKED "FREIGHT PREPAID" NOTIFYING APPLICANT.
+INSURANCE POLICY/CERTIFICATE IN 3 COPIES BLANK ENDORSED FOR 110 PCT OF THE INVOICE VALUE SHOWING CLAIMS PAYABLE IN CHINA IN CURRENCY OF THE CREDIT COVERING ALL RISKS, ADDITIONAL RISKS : WATER RISK.
+PACKING LIST/WEIGHT MEMO IN 6 COPIES SHOWING QUANTITY/GROSS AND NET WEIGHT FOR EACH PACKAGE AND PACKING CONDITION.
+CERTIFICATE OF QUALITY IN 3 COPIES ISSUED BY MANUFACTORY, INDICATING DETAILED AND DEFINITE INSPECTION RESULTS.
+CERTIFICATE OF QUANTITY/WEIGHT IN 3 COPIES ISSUED BY MANUFACTORY, INDICATING THE ACTUAL SURVEYED QUANTITY/WEIGHT OF SHIPPED GOODS AS WELL AS THE PACKING CONDITION.
+BENEFICIARY'S CERTIFIED COPY OF FAX DISPATCHED TO APPLICANT WITHIN 24 HOURS AFTER SHIPMENT INDICATING NAME OF VESSEL, DATE, QUANTITY, WEIGHT AND VALUE OF SHIPMENT.
+BENEFICIARY'S CERTIFICATE CERTIFYING THAT ONE SET OF ORIGINAL SHIPPING DOCUMENTS (B/L, INVOICE, PACKING LIST) HAVE BEEN SENT TO BUYER WITHIN 48 HOURS AFTER SHIPMENT.
THE REMAINING 5 PCT OF INVOICE AMOUNT WILL BE PAID ON RECEIPT OF SIGNED CARGO ACCEPTANCE BY BUYER AND SELLER.

Additional Conditions 47 A :
+PLEASE ADVISE THIS L/C TO BENEFICIARY UPON YOUR CHARGES ARE COLLECTED.
+ALL DOCUMENTS TO BE DESPATCHED TO ISSUING BANK IN ONE LOT BY COURIER SERVICE THROUGH YOUR BANKER.
+A COPY OF COMMERCIAL INVOICE, TRANSPORT DOCUMENTS AND INSURANCE POLICY/CERTIFICATE (IF ANY) SHOULD BE PRESENTED FOR OUR FILE.
+FOR DISCREPANT DOCUMENTS, NOTICE OF DISHONOUR WILL BE SENT TO THE PRESENTER AND UNLESS INSTRUCTIONS TO THE DISPOSAL OF DOCUMENTS HAVE BEEN RECEIVED BY THE ISSUING BANK PRIOR TO THE APPLICANT'S ACCEPTANCE AND/OR PAYMENT TO THE DOCUMENTS, SUCH DOCUMENTS WILL BE RELEASED TO THE APPLICANT WITHOUT ANY RESPONSIBILITY AND LIABILITY ON THE PART OF THE ISSUING BANK.
IN SUCH A CASE, THE PRESENTER SHALL NOT LODGE ANY CLAIM AGAINST THE ISSUING BANK.
+A DISCREPANCY FEE OF USD 50.00 WILL BE DEDUCTED FROM THE

----- to be continued on page 3

XXX BANK ORIGINAL

C.P.O BOX 126 SEOUL, KOREA
HEAD OFFICE 203 1-GA HOEHYON-DONG CHUNG-GU SEOUL, KOREA

TEL : (02)2002-4275/6
TELEX : K23823 SEOUL
SWIFT : XXBKKRSE

출력점 : 강남북지점 Date : 2008.08.19 Page : 3

This is constituent and integral part of *Advice No : AD101-208-17311
*Credit No : LC10200800890

PROCEEDS ON EACH SET OF DOCUMENTS PRESENTED WITH DISCREPANCIES, EVEN IF THE L/C INDICATES THAT ALL BANKING CHARGES ARE FOR ACCOUNT OF APPLICANT.
+ALL DOCUMENTS MUST BE MADE IN ENGLISH.
+CONSOLIDATION AND SHIPMENT TO BE EFFECTED BY SINOKOR MERCHANT MARINE CO. IS ACCEPTABLE. IN THE EVENT OF SHIPMENT NOT BEING EFFECTED BY SINOKOR MERCHANT MARINE CO., A CHARGE OF USD 50.00 IS TO BE DEDUCTED FROM THE INVOICE VALUE FOR EACH CONTAINER SHIPPED.
+APPLICANT'S ADDRESS SHOULD BE READ "GUANNAN INDUSTRY AREA OR DONGHU NEW-TECH DEVELOPMENT AREA, WUHAN, CHINA. TEL : 86 27 87407031."

Details of Charges	71 B	: ALL BANKING CHARGES OUTSIDE ISSUING BANKING ARE FOR BENEFICIARY'S ACCOUNT.
Presentation Period	48	: DOCUMENTS TO BE PRESENTED WITHIN 15 DAYS AFTER THE DATE OF ISSUANCE OF THE TRANSPORT DOCUMENTS BUT WITHIN THE VALIDITY OF THE CREDIT.
Confirmation	49	: WITHOUT
Instructions	78	:

ON RECEIPT OF DOCUMENTS CONFORMING TO THE TERMS OF THIS DOCUMENTARY CREDIT, WE SHALL REIMBURSE THE NEGOTIATING BANK IN ACCORDANCE WITH THEIR INSTRUCTIONS.
THIS IS THE OPERATIVE CREDIT INSTRUMENT AND NO AIRMAIL CONFIRMATION WILL FOLLOW.
ISSUING BANK ADDRESS IS NO. 847 JIANSHE AVE WUHAN 430015 CHINA.

This advice constitutes a documentary credit by the above mentioned bank and must be presented with the documents/draft for negotiation/payment/acceptance.

Please note that we assume no responsibility for any errors and/or omissions in the teletransmission and/or translation of the message.

Except so far as otherwise expressly stated, this documentary credit is subject to the "Uniform Customs and Practice for documentary Credits" (2007 revision) International Chamber of Commerce Publication No. 600.

YOURS FAITHFULLY

AUTHORIZED SIGNATURE
AD101-208-17311

Ⅰ. UCP 600의 개요

Ⅰ

UCP 600의 개요

1. UCP의 의의와 발달사

(1) UCP의 의의와 제정

신용장(L/C)이란 수출입자간의 상거래를 원활히 할 수 있도록 은행이 직접 참여한 지급약정으로서, 이를 규율하는 국제규칙을 "신용장 통일규칙"(Uniform Customs and Practice for Documentary Credits : UCP)이라고 한다.

20세기에 들어 국제무역이 활발해지면서 신용장의 이용도가 증대되었으나, 그 통일성의 결여로 인하여 무역거래에 많은 혼란이 야기되었다. 따라서 각국은 국제적으로 통일화된 신용장과 거래규칙을 절실히 필요로 하였다.

1920년 국제상업회의소(International Chamber of Commerce : ICC)가 창설되고, ICC 은행위원회(Commission on Banking Technique and Practice)에서 1926년부터 신용장 통일규칙의 제정을 위한 노력을 경주하여 1929년 7월에 일차적으로 "상업화환신용장 통일규약"(Uniform Regulations for Commercial Documentary Credits, ICC Brochure No. 74) 초안을 발표한 바 있다.

ICC 은행위원회는 1933년 5월에 통일규칙 초안을 완성하고 동년 6월에 비엔나의 ICC 총회에서 프랑스어의 “Règles et Usances Uniforme Relatives aux Crédit Documentaires”를 정본으로 채택하고, 이를 영어로 번역하여 전세계에 “Uniform Customs and Practice for Commercial Documentary Credits, ICC Brochure No. 82”를 배포하였다. 이를 우리말로 옮기면 “상업화환신용장 통일규칙 및 관례”가 되며, 이것이 신용장 통일규칙(UCP)의 제정본이다.[1)]

당시 신용장 통일규칙은 프랑스, 독일, 벨기에, 멕시코, 스위스, 네덜란드, 이탈리아, 스웨덴 등 유럽 대륙 중심의 약 40여개 국가에서 채택한 정도였으며, 미국은 유보조건부로 이를 채택하고 영국도 이를 채택하지 않았다.

(2) UCP 제1차–제4차 개정

신용장 통일규칙은 무역환경의 시대적인 변화에 따라 1951년, 1962년, 1974년, 1983년, 1993년 및 2007년 현행본에 이르기까지 모두 6차례 개정되었다.

① 제2차 세계대전 후 국제무역에 신용장 비중이 높아지면서 ICC 은행위원회는 미국위원으로부터 제정규칙과 미국의 참조규정을 조화시켜야 한다는 제안에 따라 제1차 개정안을 작성하여 1951년 리스본의 ICC 총회에서 이를 채택하고 ICC Brochure No. 151로 공표한 후 1952년 1월 1일부터 시행하였다.

제1차 개정규칙은 1962년 3월 1일 당시 미국, 일본을 비롯하여 총 77개국에서 이를 채택하였다. 그러나 영국은 오랜 동안 축적된 자체의 전통적인 신용장 판례와 런던 관행을 갖고 있었기 때문에 아직 이를 채택하지 않았다.

② 위의 1951년 개정규칙은 시행 초기부터 많은 문제점이 제기되었다. 따라서 1961년 12월 ICC의 제2차 통일규칙 개정작업부에서 영국 출신의 Bernard S. Wheble 씨가 1951년 개정규칙과 런던 관행을 조화시킨 제2차 개정규칙의 초안을 제출하였다. 이 개정안은 1962년 11월 ICC 집행위원회의 승인을 득하여 ICC Brochure No. 222로 공표한 후 1963년 7월 1일부터 시행하였다.

제2차 개정규칙은 영국의 여러 속령국가까지 채택함으로써 1971년 3월 31일 당시 총 175개국이 이를 수용하여 명실상부한 통일규칙으로 정착되었으며, 이 때부터 유엔국제무역법위원회(UNCITRAL)에서도 이를 높이 평가하였다.

---

1) 양영환 · 서정두, 『신용장사례연구』, 삼영사, 1995, pp. 66~67; Dan Taylor, *The Complete UCP – Texts, Rules and History 1920-2007*, ICC Publication No. 683, 2008, p. 3.

③ 1960년대 후반 컨테이너 복합운송의 발달과 동서무역의 진전을 비롯하여 무역환경이 변화함에 따라, 1972년 2월부터 ICC 은행위원회의 제3차 통일규칙 개정작업이 시작되었다. 1973년 11월에 컨테이너 선화증권과 복합운송서류규정을 삽입한 개정안은 1974년 12월 ICC 집행위원회의 승인을 득하여 ICC Publication No. 290으로 공표한 후 1975년 10월 1일부터 시행하였다.

제3차 개정규칙은 선진국과 개발도상국으로부터 광범하게 의견을 청취하고 UNCITRAL을 통하여 ICC 비가맹국과 사회주의 국가들의 견해도 참조함으로써 보다 명료하고 세계적인 통일규칙이 되었다는 데 큰 의의가 있었다.

④ 1980년대에 들어 통신·수송기술과 정보처리기술이 크게 진보함으로써 무역환경이 급변함에 따라, ICC 은행위원회는 1979년 11월 제4차 통일규칙 개정작업부를 설치하고 1981년 12월에 개정시안을 작성하여 각 ICC 국내위원회의 의견수렴과 수차례의 심의 끝에 1983년 6월 ICC Publication No. 400으로 최종안을 공표하였다.[2] 이는 1983년 6월 21일에 ICC 집행위원회의 승인을 득하고 UNCITRAL의 인준을 거쳐 1984년 10월 1일부터 시행하였다.

(3) UCP 제5차 개정(1993)

21세기를 눈앞에 두고 각국의 무역거래량이 급증하고, 과학기술의 발달로 신속하고 경제적인 복합운송방식이 일반화되었으며, 또 컴퓨터와 정보통신기술의 발달로 신속한 무역업무의 자동화가 본격적으로 시작되었다.

특히 국제금융분야에서 세계 100여개 국가의 2,000여 외국환은행에서 신용장에 관한 통신업무를 SWIFT(Society for Worldwide Interbank Financial Telecommunications : 세계은행간 금융전신망) 시스템으로 처리하였다.

ICC 은행위원회는 제4차 개정규칙의 여러 가지 문제점을 검토하여 3년 전부터 제5차 통일규칙 개정작업에 착수하였다. 그 후 수차례 각 ICC 국내위원회의 의견수렴과정을 거쳐 1993년 3월 10일 ICC 은행위원회의 최종안을 채택하고, 이는 동년 4월 23일 ICC 집행위원회의 승인하에 ICC Publication No. 500(약칭 "UCP 500")으로 공표한 후 1994년 1월 1일부터 시행하였다.[3]

2) 신용장 통일규칙은 제4차 개정본부터 "UCP 400"이란 약칭으로 표기하기 시작하였다.

UCP 500은 국제적으로 저명한 은행가·법률가들이 참여하고 각국의 산업계와 ICC 국내위원회의 다양한 의견과 시대적인 관습들을 수용하였으며, 앞으로 예상되는 무역환경에 적합한 규칙을 제공하였다는 데 의의가 있었다.

ICC가 밝힌 UCP 500의 전체적인 특징은 다음과 같이 요약할 수 있다.[4)]

① 작업과정이 각 ICC 국내위원회로부터 수렴한 문제점과 의견을 충분히 반영하였고, 새로운 실무관행을 대폭 수용하였다는 데 커다란 특징이 있었다.

② 진부하고 불합리한 것으로 인정된 여러 조항들을 과감히 삭제하여 전체 조항을 구 규칙의 총 6개장 55개조에서 총 7개장 49개조로 축약하였다.

③ UCP 500은 신용장의 수익자를 위하여 신용장의 취소불능성과 개설은행의 의무를 강조함으로써 신용장에 대한 신뢰성을 보다 강화시켰다.

④ 신용장거래에 참여하는 중간은행을 보호하기 위하여, UCP 500은 구 규칙보다 신용장에 관한 지시당사자의 책임을 더욱 강화시켰다.

⑤ 서류심사시 UCP 500의 각 조항에 함축되어 있는 국제표준은행관습에 따라 은행직무상의 재량권을 행사할 수 있는 범위를 확대하였다.

⑥ UCP 500은 화환신용장과 보증신용장 및 EDI 방식 등 모든 전자신용장과 그 관계서류에도 적용할 수 있도록 관련된 조항을 적절히 보완하였다.

2. UCP 600의 특징과 구성

(1) UCP 600의 배경과 경위

UCP 500 이후 세계무역시장에는 운송 및 전자상거래분야의 획기적인 발전이 있었으며, 기타 UCP 500을 개정하게 된 주된 배경은 다음과 같다.[5)]

① UCP는 1933년 제정된 후 10여년을 주기로 개정되어 왔는데, 그동안 은

---

3) ICC, *UCP 500 & 400 Compared – An Article-by-Article detailed Analysis of the new UCP 500 compared with the UCP 400*, ICC Publication No. 511, 1993, pp. 3~5.

4) 대한상공회의소, "제5차 개정 화환신용장 통일규칙 및 관례", 1993. 6, pp. 9~13.

5) ICC, *Commentary on UCP 600*, ICC Publication No. 680, 2007, pp. 7~8.

행·운송·보험산업의 발전을 반영할 필요가 있었다. ICC는 UCP 500 이후 많은 ICC 은행위원회 의견서(Opinions)를 발행하고, 1995년에 "은행간 신용장대금보상통일규칙"(URR 525), 1997년에 "신용장분쟁 전문가의견규칙"(DOCDEX), 1998년에 "국제보증규칙"(ISP98), 2002년에 "신용장 통일규칙 전자제시보칙"(eUCP 1.0)과 "국제표준은행관습"(ISBP 645) 등을 제정·발표하였다.

② UCP 개정작업을 시작할 무렵 세계적으로 신용장서류의 약 70%가 하자로 인하여 최초 제시에서 거절되는 등 신용장제도의 신뢰성이 심각한 타격을 받고 있었다.[6] 따라서 국제무역에서 인정받아온 결제수단으로서, 신용장의 시장점유율과 신뢰성을 회복하기 위하여 UCP의 재점검이 불가피하였다.

③ UCP 500 이후 소송으로 발전된 사건 수는 크게 증가하지 아니하였으나, DOCDEX의 판정(decisions)이 60건 이상 보고되는 등 각종 신용장분쟁으로 인하여 이들 사항과 기타 관심사항을 반영하는 개정의 필요성이 제기되었다.

④ 기타 UCP 조문의 일관성 없는 적용과 해석을 유발하는 애매한 문언을 제거하고, 전체적으로 사용되는 표현과 문체를 재정리할 필요가 있었다.

결국 ICC는 2003년 5월에 ICC 은행위원회에 UCP 개정작업을 위임하였고, ICC 은행위원회는 UCP 600 초안작업을 위하여 영국의 Gary Collyer를 의장으로 한 10명의 전문가들로 구성된 "초안그룹"(Drafting Group)을 설치하고,[7] 영국의 John Turnbull과 이탈리아의 Carlo Di Ninni를 공동의장으로 한 세계 26개국의 41명으로 구성된 "자문그룹"(Consulting Group)도 두었다.

UCP 600 초안그룹은 ICC 은행위원회가 UCP 500 하에서 발행한 500개 정도의 공식적인 의견서(Opinions)를 분석하고, 1994년 9월에 발행한 4개의 입장서(Position Papers), 유로화의 도입과 원본서류의 결정에 관한 2개의 판정서(Decisions), DOCDEX 사건의 판정서(Decisions) 등의 내용을 검토하였다.

초안그룹은 그동안 접수된 약 5,000개의 논평을 가지고 2006년 6월까지 15차례의 회의와 각국에 내용을 발송하고 3년 이상 작업한 최종안을 ICC 은행위원회에

6) ICC, *Uniform Customs and Practice for Documentary Credits, 2007 Revision*, ICC Publication No. 600, 2006, pp. 11~15.

7) 초안그룹의 위원은 Nicole Keller(독일), Laurence Kooy(프랑스), Katja Lehr(벨기에), Ole Malmqvist(덴마크), Paul Miserez(벨기에), René Mueller(스위스), Chee Seng Soh(싱가폴), Dan Taylor(미국), Alexander Zelenov(러시아), Ron Katz(프랑스) 등이다.

제출하였으며, 이는 2006년 10월 24일 파리의 ICC 은행위원회에서 91명의 만장일치로 승인을 득하여 2007년 7월 1일부터 현재 시행되고 있다.[8)]

당시 개정과정의 핵심논점은 i) "문면상"이란 단어를 존치시킬 것인지, ii) 세계적으로 보편적인 기준이 없는 "상당한 기간"이 가치가 있는지, iii) "개설인", "확인자" 등 비은행 신용장관습의 발전을 반영할 것인지, iv) 지정은행에게 인수·연지급신용장의 할인을 허용할 것인지, v) UCP 운송서류별로 "발행인"을 언급하지 아니한 경우에 대비한 조항을 둘 것인지 등이었다.

이들 논점은 각 국내위원회에 정보를 제공하고 토론을 거침으로써, 초안그룹은 각국이 어느 조항을 어디에 설정하기를 원하는지를 예측할 수 있었다.

(2) UCP 600의 주요특징

UCP 600은 기존의 7개장 49개조를 장별 구분 없이 다른 ICC 규칙의 배열방식과 조화롭게 정의·해석·통지·일치하는 제시 등 4개조를 신설하고 기타 통폐합하여 총 39개조로 축약하였으며, 그 주요특징은 다음과 같다.[9)]

① 서류심사기간을 제5은행영업일로 단축하였다(제14조 b항). 즉, 서류심사기간을 "수령익일로부터 제7은행영업일을 경과하지 아니한 범위내의 상당한 기간"에서 "제시의 익일로부터 최대한 제5은행영업일"로 수정 단축하였다.[10)]

이는 구 규칙의 "상당한 기간"으로 인하여 단순한 서류도 7일이 보장됨으로써 불필요하게 서류심사가 지체되고 많은 시간이 소요된 문제점이 있었기 때문에, "상당한 기간"을 제거하고 제5은행영업일로 대체함으로써 서류심사를 빠르게 하고 시장에서 신용장을 매력적으로 만들어줄 것으로 기대하였다.[11)]

② 연지급신용장도 인수신용장의 경우처럼 만기 이전의 할인을 허용하였다(제12조 b항). 지금까지 인수신용장과 연지급신용장은 차이가 있었다. 즉, 영국의

---

8) Anonymous, "UCP update - working on the final draft", *DCINSIGHT*, Vol. 12 No. 3, 2006. 6-9, p. 2.

9) 서정두, "UCP 600 서류심사기준의 문제점과 실무상 유의점", 『무역상무연구』 제33권, 한국무역상무학회, 2007. 2, pp. 104~107.

10) John Turnbull, "View of the UCP Consulting Group", *DCINSIGHT*, Vol. 12 No. 1, 2006. 1-3, p. 3.

11) Pradeep Taneja, "UCP 600 - a document restoring the credibility of L/Cs", *DCINSIGHT*, Vol. 12 No. 4, 2006. 10-12, p. 3.

Banco Santander S.A. v. Banque Paribas 사건[12]에서 확인되었듯이, 연지급신용장의 지정은행이 연지급확약 후 수익자에게 선지급하였더라도 만기 이전에 사기가 입증되면, 개설은행은 이에 보상의무가 없다고 판시하였다.

이 사건을 계기로 연지급신용장을 자주 이용해 온 한국과 중동의 여러 나라에서 많은 혼란이 야기되었는데, UCP 600은 연지급신용장의 경우도 인수신용장과 동일한 효력이 발생하도록 개정하였다. 즉, 연지급신용장의 경우 지정은행이 연지급확약 후 만기 이전에 할인하면 개설은행이 보상하도록 하였다.

③ 불명확한 문언을 삭제하고 정의와 해석조항을 두었다(제2조와 제3조). 즉, 구 규칙의 "reasonable care", "reasonable time", "on its face" 등 불명확한 문언을 삭제하고, 기타 난해한 표현들을 이해하기 쉽고 간단·명료하게 수정하여 새로운 문체와 구조를 가졌으며, 또 전체에 반복적으로 사용되는 용어와 애매한 문언이나 표현에 대한 명확한 정의 내지 해석조항을 신설하였다.

결국 애매한 용어의 의미를 증명하거나 반론하기 위하여 산업계에서 변호사 등에 지급하는 비싼 법무비용을 줄일 수 있고, 이로 인한 많은 노력과 장시간 소요되었던 소송 건수를 줄이는데 큰 도움이 될 것으로 기대하였다.[13]

④ 기타 서류심사과정에서 야기된 많은 분쟁을 줄이고자 노력하였다.[14] 예컨대 제14조 d항에서 서류상의 자료는 신용장·서류 자체·국제표준은행관습을 기준으로 판단하여 반드시 서로 동일할 필요는 없으나 결코 모순되지 아니하도록 규정함으로써, 불일치성의 해석문제를 상당히 해소시키고자 하였다.

또 제14조 g항에서 요구되지 아니한 서류는 이를 무시하고 반송하도록 하고, 동조 j항에서 수익자와 개설의뢰인의 주소는 신용장과 동일한 국가에 위치하되 모두 동일하지 아니하여도 되도록 허용함으로써, 그동안 서류심사자들의 의무이행을 위하여 소요된 시간과 노력을 많이 줄여줄 것으로 기대하였다.

---

12) K.T. Fung, *Leading Court Cases on Letters of Credit*, ICC Publication No. 658, 2004, pp. 38~44; 채동헌, 『국제거래와 법』, 청림출판, 2004, pp. 37~111.

13) 박석재, "제6차 개정 신용장통일규칙(UCP 600)의 주요내용에 관한 연구", 『무역상무연구』 제33권, 한국무역상무학회, 2007. 2, pp. 80~83.

14) Brooke Wunnicke, "A lawyer's personal welcome to the new UCP", *Insights into UCP 600*, ICC Publication No. 682, 2008, pp. 238~239.

(3) UCP 600의 세부 개정내용

제1조는 UCP 600의 적용단서로서 신용장상에 "이 규칙에 따른다."(subject to)는 명시가 있어야 함을 강조하고, 이러한 경우 이 규칙의 "명시적인 수정 또는 배제"가 없는 한, 구속력을 갖도록 수정한 것이 특징적이다.

제2조는 구 제2조, 제10조 b항 등에 산재된 내용을 모아 이 규칙에서 반복적으로 사용되는 용어의 명확한 정의를 위하여 이번에 신설한 조항이다.

제3조는 구 규칙의 여러 조항의 내용들을 참고하여 이 규칙에서 사용되는 애매한 문언이나 표현에 대한 명확한 해석을 위하여 신설한 조항이다.

제4조는 독립적 "수리"의 개념을 도입하고, 개설의뢰인이 "기초계약의 사본, 견적송장 및 이와 유사한 것을 포함시키려는 시도"를 제지하도록 개정하였다.

제5조는 서류거래의 주체를 "신용장의 모든 관계당사자"에서 "은행"으로 한정하였다. 왜냐하면 은행을 제외한 기타당사자는 현실거래를 하기 때문이다.

제6조는 구 규칙의 산재된 사용성을 명확하게 재분류한 것이 특징적이다.

제7조는 개설은행에게 "수리"의 개념을 도입하고, 인수·연지급신용장의 경우 만기 이전에 선지급·구매한 지정은행을 보호하는 내용도 추가하였다.

제8조는 확인은행에게 "수리"의 개념을 도입하고, 인수·연지급신용장의 경우 만기 이전에 선지급·구매한 지정은행을 보호하는 내용도 추가하였다.

제9조는 신용장의 외관상 진정성에 관한 통지은행의 "상당한 주의" 개념을 포기하고, 통지의 "정확성" 강화와 "제2통지은행" 개념을 도입하였다.

제10조는 신용장 변경의 일부승낙은 거절로 본다는 점과 거절시한을 일방적으로 설정통고하는 조항은 무효임을 명확히 규정한 것이 특징적이다.

제11조는 인증된 전신에 관한 우편확인서는 무시하도록 하고, 우편확인서를 유효하게 한 경우 전신과 모순되지 아니한 신용장의 개설을 의무화하였다.

제12조는 인수·연지급확약의 관습을 수용하여 "지정은행"이 인수·연지급확약 후 만기 이전에 선지급·구매할 수 있도록 조항을 신설하였다.

제13조는 신용장상에 URR 적용여부를 삽입하도록 하고, 개설은행의 보상수권은 유효기일이 없어야 하며, 개설은행의 책임을 강화한 것이 특징적이다.

제14조는 서류심사기준으로서, ① 심사기간을 제5영업일로 단축하고 "상당한 기간"의 개념을 삭제하였으며, ② 각 서류는 기능을 완수하도록 하고, ③ 수익자와 개설의뢰인의 주소와 연락처 불일치의 허용기준을 신설하고, ④ 운송서류의 제3자 송화인 허용규정을 모든 서류에 확대한 것이 주된 특징이다.

제15조는 신설한 조항으로서, 서류가 신용장조건, 이 규칙의 적용가능한 규정 및 국제표준은행관습 등에 일치하는 제시에 대하여 개설은행 · 확인은행 · 지정은행의 의무사항을 각각 명확히 구분하여 규정한 것이 특징적이다.

제16조는 하자서류에 대한 거절통고시 은행의 서류처리방법을 4가지로 세분하여 추가하고, 유보조건부(L/I) 매입조항을 삭제한 것이 특징적이다.

제17조는 구 제20조 b항과 c항, 1999년 "UCP 500 제20조 b항 '원본' 서류의 결정"을 반영하여 원본과 사본의 구분지침을 명확히 한 것이 특징적이다.

제18조는 송장의 통화단위는 신용장과 동일하여야 하고, 신용장금액을 초과한 송장도 인수가능하며, 명세를 물품 · 서비스 · 채무이행에까지 확대하였다.

제19조는 조항명칭에서 "복합운송"의 용어대신 "둘 이상의 상이한 운송방식"으로 기술하고, "은행이 인수한다."는 문장구조를 "서류는 반드시 갖추어져야 한다."라고 수정하고, 이 규칙 전체에 해당되는 "문면상", 서명방법의 "기타 인증", "기타 모든 면에서 충족되어야 한다."는 등의 표현을 삭제하였다.

또 본조는 운송인 명의와 서명자 자격의 표시방법을 표준화하고, 선장 대리인의 경우 선장 명의는 요구되지 아니하며, 신용장상에 "기재된 장소"에서의 선적사실과 신용장상에 기재된 장소간의 운송사실이 입증되어야 함을 명확히 하였다. 기타 "범선"의 용어를 삭제하고, 복합운송시 "환적" 개념과 환적시의 인수조건, 환적금지시의 환적효과 등을 나누어 규정한 것이 특징적이다.

제20조는 선화증권 명칭에서 "해상/해양" 수식어를 삭제하였으며, 신용장상에 기재된 적재항과 다른 수령장소의 선화증권 인수요건을 추가하고, 기타 앞의 복합운송서류조항과 같은 방법으로 내용을 개정한 것이 특징적이다.

제21조는 해상화물운송장을 선화증권과 대등하게 배열한 것으로서, 기타 앞의 복합운송서류조항과 같은 방법으로 내용을 개정한 것이 특징적이다.

제22조는 용선운송의 경우 운송인 명의는 삭제하고 서명자 항목에 용선자와

대리인을 추가하고, 양륙항은 구역이나 지리적인 지역으로 기재할 수 있도록 하였으며, 기타 앞의 복합운송서류조항과 같은 방법으로 개정하였다.

제23조는 항공운송 관습상 실제의 선적일자가 기재된 경우 이를 선적일자로 보도록 하고, 기타 앞의 복합운송서류조항과 같은 방법으로 개정하였다.

제24조는 철도운송에서 운송인 확인조항을 추가하고, 물품의 수령타인뿐만 아니라 수령일자나 선적일자가 명시되어야 함을 강조하였으며, 도로·철도·내수로 운송서류별로 원본의 판단기준을 추가한 것이 특징적이다.

제25조는 특사수령증(courier receipt)을 우편수령증보다 전면에 배치하고, 기타 앞의 복합운송서류조항과 같은 방법으로 내용을 개정하였다.

제26조는 갑판적재규정의 적용범위에서 "해상운송이나 복합운송"의 문언을 삭제하고, 기타 앞의 운송서류조항과 같은 방법으로 내용을 개정하였다.

제27조는 "무고장"의 문언을 반드시 명시할 필요가 없음을 강조하였다.

제28조는 "선서명된 보험서류" 부분을 삭제하고, 서류의 서명권자에 대행자(proxy)를 포함시켰으며, 대리인 서명방법과 보험인수증 배제범위를 명확히 하였다. 기타 보험담보구간과 금액표시를 의무화하고, 최소담보금액의 산정기준을 명확히 분류하였으며, 면책약관의 보험서류규정 등을 추가하였다.

제29조는 은행휴업일에 의한 최종기일 연장시 근거는 통지목록상에 기재하되 UCP의 완술의무를 삭제하고, 문장을 간결하게 재정리한 것이 특징이다.

제30조는 과부족의 표현 중 "개략"(circa) 등을 삭제하고, 신용장금액의 오차한도는 분할선적 여부와 관계없이 허용한다고 개정한 것이 특징적이다.

제31조는 동일 운송방식내의 분할선적 및 여러 운송서류상의 선적일자 결정방법을 추가하고, 조항 전체의 표현을 재정리한 것이 특징적이다.

제32조-제34조는 구 규칙을 재정리한 정도로 종전과 내용의 변함이 없다.

제35조는 송달면책의 조항제목에 "번역"을 추가하고, 은행간 송달 중에 분실된 서류에 대한 지정은행의 면책조항을 신설한 것이 특징적이다.

제36조는 불가항력의 위험항목에 "폭력행위"를 추가한 것이 특징적이다.

제37조는 피지시자 통지은행 경비의 선납조건을 금지한 것이 특징적이다.

제38조는 양도관련 정의조항을 두고, 개설은행도 양도은행이 될 수 있게 규정

하였으며, 기타 확인을 수정금지조항에 추가하고, 제1수익자가 기한내 하자정정을 못한 결과, 제2수익자의 서류제시처 등을 추가한 것이 특징적이다.

제39조는 대금(proceeds)의 양도에 관련하여 종전과 내용의 변함이 없다.

(4) UCP 신 · 구 조문대비표

〈UCP 600 제1조–제39조〉	〈UCP 500 제1조–제49조〉
제1조 UCP의 적용	제1조
제2조 정의	〈신설〉제2조, 제10조 b항 등
제3조 해석	〈신설〉제2조, 제6조c항, 제20조a · b · d항, 제46조b · c항, 제47조a-d항
제4조 신용장과 계약관계	제3조, 제5조 a항
제5조 서류와 물품 · 서비스 · 채무이행 관계	제4조
제6조 제시의 사용가능성 · 유효기일 · 장소	제9조 a항, 제10조 a · b항, 제42조
제7조 개설은행의 확약	제9조 a항, 제10조 d항, 제14조 a항
제8조 확인은행의 확약	제9조 b · c항, 제14조 a항
제9조 신용장 · 변경의 통지	〈신설〉제7조 a · b항, 제11조 b항
제10조 변경	제9조 d항
제11조 전신 · 예고신용장과 변경	제11조 a · c항
제12조 지정	제10조 b항 ii호와 c항
제13조 은행간 보상협정	제19조 a-e항
제14조 서류심사의 기준	제13조a-c, 제14조b, 제21조, 제22조, 제30조, 제31조, 제37조c, 제43조a항
제15조 일치하는 제시	〈신설〉제14조 a항
제16조 하자서류, 권리포기 및 통고	제14조 b-e항
제17조 원본서류와 사본	제20조 b · c항
제18조 상업송장	제37조 a-c항
제19조 둘 이상의 상이한 운송방식을 커버하는 운송서류	제26조 a-b항
제20조 선화증권	제23조 a-d항
제21조 비유통성 해상화물운송장	제24조 a-d항
제22조 용선계약부 선화증권	제25조 a-b항
제23조 항공운송서류	제27조 a-c항
제24조 도로 · 철도 · 내수로 운송서류	제28조 a-d항
제25조 특사수령증 · 우편수령증 · 우송증명서	제29조 a-b항, 제33조 b항
제26조 갑판적재 · 부지조항 · 운임추가경비	제31조, 제33조 d항
제27조 무고장 운송서류	제32조 a-c항
제28조 보험서류와 보험담보	제34조 a-f항, 제35조 a-c항, 제36조
제29조 제시의 유효기일 · 최종일자의 연장	제44조 a-c항
제30조 신용장금액 · 수량 · 단가의 오차한도	제39조 a-c항

〈UCP 600 제1조-제39조〉 ……〈UCP 500 제1조-제49조〉
제31조 분할어음발행 · 분할선적 …… 제40조 a-c항, 제43조 b항
제32조 할부어음발행 · 할부선적 …… 제41조
제33조 제시의 시간 …… 제45조
제34조 서류효력에 관한 면책 …… 제15조
제35조 송달 · 번역에 관한 면책 …… 제16조
제36조 불가항력 …… 제17조
제37조 피지시자 행위에 관한 면책 …… 제18조 a-d항
제38조 양도가능 신용장 …… 제48조 a-j항
제39조 대금의 양도 …… 제49조

3. UCP 600의 전문과 서문

• **Foreword** (전문)

This revision of the Uniform Customs and Practice for Documentary Credits (commonly called "UCP") is the sixth revision of the rules since they were first promulgated in 1933. It is the fruit of more then three years of work by the International Chamber of Commerce's (ICC) Commission on Banking Technique and Practice.

ICC, which was established in 1919, had as its primary objective facilitating the flow of international trade at a time when nationalism and protectionism posed serious threats to the world trading system. It was in that spirit that the UCP were first introduced - to alleviate the confusion caused by individual countries' promoting their own national rules on letter of credit practice. The objective, since attained, was to create a set of contractual rules that would establish uniformity in that practice, so that practitioners would not have to cope with a plethora of often conflicting national regulations. The universal acceptance of the UCP by practitioners in countries with widely divergent economic and judicial systems is a testament to the rules' success.

It is important to recall that the UCP represent the work of a private international organization, not a governmental body. Since its inception, ICC has insisted on the central role of self-regulation in business practice. These rules, formulated entirely by experts in the private sector, have validated that approach. The UCP remain the most successful set of private rules for trade ever developed.

A range of individuals and groups contributed to the current revision, which is entitled "UCP 600". These include the UCP Drafting Group, which sifted through more then 5,000 individual comments before arriving at this consensus text; the UCP Consulting Group, consisting of members from more then 25 countries, which served as the advisory body reacting to and proposing changes to the various drafts; the more then 400 members of the ICC Commission on Banking Technique and Practice, who made pertinent suggestions for changes in the text; and ICC national committees worldwide, which took an active role in consolidating comments from their members. ICC also expresses its gratitude to practitioners in the transport and insurance industries, whose perceptive suggestions honed the final draft.

Guy Sebban

Secretary General, International Chamber of Commerce

번역 이번 화환신용장 통일규칙 및 관례(통칭 "UCP"라 한다.)의 개정은 이 규칙이 1933년에 처음 공표된 이래 여섯 번째의 개정이다. 이것은 국제상업회의소(ICC)의 은행기술실무위원회에 의하여 3년 이상 작업한 결실이다.

1919년에 설립된 ICC는 민족주의 및 보호주의가 세계무역체제에 심각한 위협을 가하였던 당시 국제무역의 흐름을 원활하게 하기 위한 기본 목적을 가지고 있었다. UCP(통일규칙)가 처음 소개되었을 때, 신용장관습에 관한 개별 국가의 자체 국내규칙의 권장으로 인하여 야기되는 혼란을 경감시키고자 한 것도 그러한 정신 안에 있었다. 그 목적은 신용장관습에 통일성을 확립하여 실무가들이 종종 상충된 국내규정의 과잉에 대처하여야 할 필요가 없도록 일련의 계약규칙을 제정하는 것이었으며, 이후에 목적이 달성되었다. UCP가 경제적 및 사법적 체제가 매우 다른 국가의 실무가들에 의하여 널리 인정되고 있는 것은 이 규칙의 성공에 관한 증거이다.

중요한 것은 UCP가 정부기관이 아닌 민간국제기구의 작업을 나타내고 있다는 것을 상기하고자 한다. ICC는 UCP가 제정된 이래, 거래관습에 있어서 자기 규율의 중심적인 역할을 견지해 왔다. 이 규칙은 전적으로 민간부문의 전문가들에 의하여 형성되었으므로, 그러한 접근을 실현해 왔다. UCP는 지금까지 개발된 무역에 관한 민간규칙 중에서 가장 성공적인 것으로 남아 있다.

"UCP 600"이라고 칭하는 현행 개정에는 광범위한 개인 및 단체가 공헌하였다. 여기에는 동 만장일치의 본문에 도달하기 이전 5,000개 이상의 개별적인 의견을 면밀히 점검한 UCP 초안그룹, 다양한 초안에 응대하고 변화를 제안하는 자문기구로서 참여한 25개국 이상으로부터의 회원으로 구성된 UCP 자문그룹, 본문의 변화에 관하여 적절한 제안을 제공한 400명 이상의 ICC 은행기술실무위원회 회원, 그리고 각국의 회원들로부터 제시된 의견을 통합하는데 적극적인 역할을 담당하였던 전세계의 ICC 국내위원회 등이 포함되어 있다. ICC는 또한 최종초안을 정비하는데 통찰력 있는 제안을 주신 운송 및 보험산업의 실무가들에게 감사의 뜻을 표하는 바이다.

Guy Sebban

국제상업회의소 사무총장

• Introduction (서문)

In May 2003, the International Camber of Commerce authorized the ICC Commission on Banking Technique and Practice (Banking Commission) to begin a revision of the *Uniform Customs and Practice for Documentary Credits*, ICC Publication No. 500.

As with other revisions, the general objective was to address developments in the banking, transport and insurance industries. Additionally, there was a need to look at the language and style used in the UCP to remove wording that could lead to inconsistent application and interpretation.

When work on the revision started, a number of global surveys indicated that, because of discrepancies, approximately 70% of documents presented under letters of credit were being rejected on first presentation. This obviously had, and continues to have, a negative effect on the letter of credit being seen as a means of payment and, if unchecked, could have serious implications for maintaining or increasing its market share as a recognized means of settlement in international trade. The introduction by banks of a discrepancy fee has highlighted the importance of this issue, especially when the underlying discrepancies have been found to be dubious or unsound. Whilst the number of cases involving litigation has not grown during the lifetime of UCP 500, the introduction of the ICC's Documentary Credit Dispute Resolution Expertise Rules (DOCDEX) in October 1997 (subsequently revised in March 2002) has resulted in more than 60 cases being decided.

To address these and other concerns, the Banking Commission established a Drafting Group to revise UCP 500. It was also decided to create a second group, known as the Consulting Group, to review and advise on early drafts submitted by the Drafting Group. The Consulting Group, made up of over 40 individuals from 26 countries, consisted of banking and transport industry experts. Ably co-chaired by **John Turnbull**, Deputy General Manager, Sumitomo Mitsui Banking Corporation Europe

Ltd., London and **Carlo Di Ninni**, Adviser, Italian Bankers Association, Rome, the Consulting Group provided valuable input to the Drafting Group prior to release of draft texts to ICC national committees.

The Drafting Group began the review process by analyzing the content of the official Opinions issued by the Banking Commission under UCP 500. Some 500 Opinions were reviewed to assess whether the issues involved warranted a change in, an addition to or a deletion of any UCP article. In addition, consideration was given to the content of the four Position Papers issued by the Commission in September 1994, the two Decisions issued by the Commission (concerning the introduction of the euro and the determination of what constituted an original document under UCP 500 sub-article 20 (b)) and the Decisions issued in DOCDEX cases.

During the revision process, notice was taken of the considerable work that had been completed in creating the *International Standard Banking Practice for the Examination of Documents under Documentary Credits* (ISBP), ICC Publication No. 645. This publication has evolved into a necessary companion to the UCP for determining compliance of documents with the terms of letters of credit. It is the expectation of the Drafting Group and the Banking Commission that the application of the principles contained in the ISBP, including subsequent revisions thereof, will continue during the time UCP 600 is in force. At the time UCP 600 is implemented, there will be an updated version of the ISBP to bring its contents in line with the substance and style of the new rules.

The four Position Papers issued in September 1994 were issued subject to their application under UCP 500; therefore, they will not be applicable under UCP 600. The essence of the Decision covering the determination of an original document has been incorporated into the text of UCP 600. The outcome of the DOCDEX cases were invariably based on existing ICC Banking Commission Opinions and therefore contained no specific issues that required addressing in these rules.

One of the structural changes to the UCP is the introduction of articles covering definitions (article 2) and interpretations (article 3). In providing definitions of roles played by banks and the meaning of specific terms and events, UCP 600 avoids the necessity of repetitive text to explain their interpretation and application. Similarly, the article covering interpretation aims to take the ambiguity out of vague or unclear language that appears in letters of credit and to provide a definitive elucidation of other characteristics of the UCP or the credit.

During the course of the last three years, ICC national committees were canvassed on a range of issues to determine their preferences on alternative texts submitted by the Drafting Group. The results of this exercise and the considerable input from national committees on individual items in the text is reflected in the content of UCP 600. The Drafting Group considered, not only the current practice relative to the documentary credit, but also tried to envisage the future evolution of that practice.

This revision of the UCP represents the culmination of over three years of extensive analysis, review, debate and compromise amongst the various members of the Drafting Group, the members of the Banking Commission and the respective ICC national committees. Valuable comment has also been received from the ICC Commission on Transport and Logistics, the Commission on Commercial Law and Practice and the Committee on Insurance.

It is not appropriate for this publication to provide an explanation as to why an article has been worded in such a way or what is intended by its incorporation into the rules. For those interested in understanding the rationale and interpretation of the articles of UCP 600, this information will be found in the *Commentary* to the rules, ICC Publication No. 680, which represents the Drafting Group‘s views.

On behalf of the Drafting Group, I would like to extend our deep appreciation to the members of the Consulting Group, ICC national committees and members of the Banking Commission for their professional comments and their constructive participation in this process.

Special thanks are due to the members of the Drafting Group and their institutions, who are listed below in alphabetical order.

Nicole Keller - Vice President, Service International Products, Dresdner Bank AG, Frankfrurt, Germany; Representative to the ICC Commission on Banking Technique and Practice;

Laurence Kooy - Legal Adviser, BNP Paribas, Paris, France;

Representative to the ICC Commission on Banking Technique and Practice;

Katja Lehr - Business Manager, Trade Services Standards, SWIFT, La Hulpe, Belgium, then Vice President, Membership Representation, International Financial Services Association, New Jersey, USA; Representative to the ICC Commission on Banking Technique and Practice;

Ole Malmqvist - Vice President, Danske Bank, Copenhagen, Denmark; Representative to the ICC Commission on Banking Technique and Practice;

Paul Miserez - Head of Trade Finance Standards, SWIFT, La Hulpe, Belgium; Representative to the ICC Commission on Banking Technique and Practice;

René Mueller - Director, Credit Suisse, Zurich, Switzerland; Representative to the ICC Commission on Banking Technique and Practice;

Chee Seng Soh - Consultant, Association of Banks in Singapore; Representative to the ICC Commission on Banking Technique and Practice;

Dan Taylor - President and CEO, International Financial Services Association, New Jersey, USA; Vice Chairman, ICC Commission on Banking Technique and Practice;

Alexander Zelenov - Director, Vnesheconombank, Moscow, Russia; Vice Chairman, ICC Commission on Banking Technique and Practice;

Ron Katz - Policy Manager, ICC Commission on Banking Technique and Practice, International Chamber of Commerce, Paris, France.

The undersigned had the pleasure of chairing the Drafting Group.

It was through the generous giving of their knowledge, time and energy that this revision was accomplished so successfully. As Chair of the Drafting Group, I would like to extend to them and to their institutions my gratitude for their contribution, for a job well done and for their friendship. I would also like to extend my sincere thanks to the management of ABN AMRO Bank N.V., for their understanding, patience and support during the course of this revision process.

Gary Collyer

Corporate Director, ABN AMRO Bank N.V., London, UK and Technical Adviser to the ICC Commission on Banking Technique and Practice

November 2006

번역 국제상업회의소는 2003년 5월에 ICC 은행기술실무위원회(은행위원회)에게 ICC 출판물 제500호의 **화환신용장 통일규칙 및 관례**의 개정을 시작하도록 권한을 부여하였다.

일반적인 목적은 다른 개정에서와 마찬가지로 은행, 운송 및 보험산업에서의 발전을 반영하는 것이었다. 추가적으로 UCP에 사용된 언어와 문체를 살펴보아 모순된 적용과 해석의 원인이 될 수 있는 문언을 제거할 필요가 있었다.

개정작업이 시작되었을 당시에, 다수의 세계적인 조사에 의하면 신용장하에서 제시된 서류의 약 70%가 하자로 인하여 최초의 제시에서 거절되고 있었다는 것이 지적되었다. 이것은 지급수단으로서 인식되어 온 신용장에 대하여 명백하게 부정적인 영향을 미쳤고 현재에도 지속되고 있으며, 점검하지 아니할 경우 국제무역에 있어서 인정받은 결제수단으로서의 시장점유율을 유지 또는 증가시키는데 심각한 영향을 미칠 수 있었다. 은행에 의한 하자수수료의 도입은, 특히 기초계약의 하자가 모호하거나 불확실한 것으로 판명되었을 때에 이 문제의 중요성을 부각시켰다. UCP 500의 존속기간 동안 소송으로 진행된 사건의 수는 증가하지 아니한 반면에, 1997년 10월에 소개된 (이후 2002년 3월에 개정된) ICC의 화환신용장 분쟁해결 전문가규칙(DOCDEX)에 의하여 60개 이상의 사건에 대한 판정이 내려졌다.

은행위원회는 이들 사항과 기타 관심사항을 반영하기 위하여 UCP 500을 개정하는 초안그룹을 설치하였으며, 또 초안그룹에 의하여 제출된 초기의 초안을 검토하고 자문하는 자문그룹으로서 알려진 제2그룹을 두기로 결정하였다. 자문그룹은 26개국으로부터 온 40명 이상의 개인으로 조직되었으며, 은행 및 운송산업의 전문가들로 구성되었다. 런던의 수미토모 미주이 은행 유럽지사 부행장인 John Turnbull 및 로마의 이탈리아 은행협회 고문인 Carlo Di Ninni가 훌륭하게 공동의장을 맡은 자문그룹은 ICC 국내위원회에 초안의 본문을 배포하기 전에 초안그룹에게 가치 있는 정보를 제공하였다.

초안그룹은 UCP 500하에서 은행위원회가 발행한 공식적인 의견들의 내용을 분석함으로써 검토과정을 시작하였다. 500개 정도의 의견을 검토하여 관련된 문제가 어떠한 UCP 조항의 변화, 추가 또는 삭제를 정당화하는지의 여부를 평가하였다. 추가적으로 1994년 9월에 은행위원회가 발행한 4개의 입장서, (유로의 도입과 UCP 500 제20조 b항하에서 무엇이 원본서류를 구성하는가의 결정에 관하여) 은행위원회가 발행한 2개의 판정 및 DOCDEX 사건에서 발행된 판정 등의 내용에 대한 고려가 있었다.

개정과정 동안에, ICC 출판물 제645호의 **화환신용장 서류심사를 위한 국제표준은행관습**(ISBP)의 제정을 통하여 완성되었던 상당한 노력에 주목하였다. 이번 출판물은 신용장조건과 서류의 일치성을 결정하기 위한 UCP의 필요한 지침서로 발전하였다. 초안그룹과 은행위원회는 후속적인 ISBP의 개정을 포함하여 ISBP상에 내포된 원칙의 적용이 UCP 600이 시행되는 기간 동안에도 계속될 것이라고 기대하고 있다. UCP 600이 이행되는 기간에, 새로운 규칙의 실체와 문체에 그 내용을 조화시키기 위하여 ISBP의 개선본이 나올 것이다.

1994년 9월에 발행된 4개의 입장서는 UCP 500하에서 적용되는 조건으로 발행되었다. 따라서 이들 입장서는 UCP 600하에서는 적용되지 아니한다. 원본서류의 결정을 커버하는 판정의 본질은 UCP 600의 본문 안에 삽입되어 있다. DOCDEX 사건의 결과는 항상 기존의 ICC 은행위원회의 의견에 기초하였으며, 따라서 이번 규칙에 반영하도록 요구된 특정의 문제는 전혀 내포되어 있지 않았다.

UCP의 구조적인 변화 중의 하나는 정의(제2조) 및 해석(제3조)을 커버하는 조항의 도입이다. UCP 600은 은행이 담당하는 역할의 정의 및 특정의 조건과 사안의 의미를 제공함에 있어서 그 해석과 적용을 설명하기 위한 반복적인 본문의 필요성을 회피하고자 한다. 마찬가지로 해석을 커버하는 조항은 신용장상에 나타나는 애매하거나 불명료한 언어로부터의 모호함을 제거하고, UCP 또는 신용장의 기타 특성에 관한 명확한 해설을 제공하는데 목적이 있다.

ICC 국내위원회는 지난 3년의 과정 동안에 초안그룹에 의하여 제출된 선택적인 본문에 관한 그들의 취향을 결정하도록 광범위한 문제에 관하여 요청받았다. 이러한 활동의 결과 및 본문상의 개별 항목에 관한 각 국내위원회로부터의 상당한 정보는 UCP 600의 내용에 반영되어 있다. 초안그룹은 화환신용장에 관련한 현행의 관습을 고려하였을 뿐만 아니라, 그러한 관습의 미래의 진화까지도 예상하고자 노력하였다.

이번 UCP의 개정은 초안그룹의 다양한 위원, 은행위원회의 위원 및 각국의 ICC 국내위원회 사이에서 3년 이상 동안의 광범위한 분석, 검토, 토론 및 타협의 산물을 나타내고 있다. 또한 ICC 운송물류위원회, 상거래법실무위원회 및 보험위원회로부터 가치 있는 논평이 접수되었다.

특정의 조항이 왜 그러한 방법으로 작성되었는지 또는 그것이 이 규칙에 삽입되어진 의도가 무엇인지 등에 관하여 이번 출판물에서 설명을 제공하는 것은 적절치 못하다. UCP 600 조항의 논거 및 해석을 이해하는데 관심이 있는 사항에 관하여, 이러한 정보는 초안그룹의 견해를 나타내는 ICC 출판물 제680호의 이 규칙에 대한 **주석서**에서 찾아보아야 할 것이다.

본인은 초안그룹을 대신하여 이번 과정에서 그 전문적인 논평과 적극적인 참여에 대한 자문그룹의 위원, ICC 국내위원회 및 은행위원회의 위원에게 깊은 감사를 표하고자 한다.

특히 아래에 알파벳 순서로 열거되어 있는 초안그룹의 위원 및 그들의 기관에게 감사를 돌리는 바이다.

Nicole Keller - 독일 프랑크푸르트의 드레스너은행 국제상품서비스 부회장 겸 ICC 은행기술실무위원회 위원

Laurence Kooy - 프랑스 파리의 BNP 파리바스 법률고문 겸 ICC 은행기술실무위원회 위원

Katja Lehr - 벨기에 라훌프의 SWIFT 무역서비스표준원 영업부장, 미국 뉴저지주의 국제금융서비스협회(IFSA) 당시 부회장이었던 회원대표 겸 ICC 은행기술실무위원회 위원

Ole Malmqvist - 덴마크 코펜하겐의 단스케은행 부회장 겸 ICC 은행기술실무위원회 위원

Paul Miserez - 벨기에 라훌프의 SWIFT 무역금융표준원 원장 겸 ICC 은행기술실무위원회 위원

René Mueller - 스위스 쭈리히의 쑤이쎄신용 이사 겸 ICC 은행기술실무위원회 위원

Chee Seng Soh - 싱가폴은행협회 자문역 겸 ICC 은행기술실무위원회 위원

Dan Taylor - 미국 뉴저지주의 국제금융서비스협회(IFSA) 회장 및 최고경영자 겸 ICC 은행기술실무위원회 부의장

Alexander Zelenov - 러시아 모스코바의 Vnesheconom 은행 이사 겸 ICC 은행기술실무위원회 부의장

Ron Katz - 프랑스 파리의 국제상업회의소, ICC 은행기술실무위원회 정책부장

서명자는 초안그룹의 의장직을 맡은 것을 기쁘게 생각하였다.

이번 개정이 아주 성공적으로 완성된 것은 그들의 지식, 시간 및 에너지의 너그러운 제공이 있었기 때문이었다. 본인은 초안그룹의 의장으로서, 그들의 공헌에 대하여, 잘 완수된 일에 대하여, 그리고 그들의 호의에 대하여 그들 및 그들의 기관에게 사의를 표하고자 한다. 또한 본인은 이번 개정과정 동안에 그들의 이해, 인내 및 후원에 대하여 ABN 암로은행의 경영진에게 진심으로 감사를 표하고자 한다.

Gary Collyer

영국 런던의 ABN 암로은행 법인이사 겸 ICC 은행기술실무위원회 기술고문

2006년 11월

Ⅱ. UCP 600 축조해설과 사례

Ⅱ

UCP 600 축조해설과 사례

◇ 총칙과 통지(제1조-제12조)[15]

제 1 조 UCP의 적용

Article 1 Application of UCP. The *Uniform Customs and Practice for Documentary Credits, 2007 Revision*, ICC Publication No. 600 ("UCP") are rules that apply to any documentary credit ("credit") (including, to the extent to which they may be applicable, any standby letter of credit) when the text of the credit expressly indicates that it is subject to these rules. They are binding on all parties thereto unless expressly modified or excluded by the credit.

번역 **제1조 UCP의 적용**. 국제상업회의소(ICC) 출판물 제600호의 2007년 개정 화환신용장 통일규칙 및 관례("UCP")라 함은 (적용가능한 범위내에서 모든

15) 이하 UCP 600의 전체 조항을 구 규칙의 배열과 비교하여 편의상 ① 총칙과 통지, ② 의무와 책임, ③ 제서류, ④ 잡칙, ⑤ 면책, ⑥ 양도 등 6개 그룹으로 나누어 해설하고자 한다.

보증신용장을 포함하여) 모든 화환신용장("신용장")에 적용하는 규칙을 말한다. 다만 신용장의 본문상에 이 규칙에 따른다는 명시적인 표시가 있는 경우를 전제로 하며, 이러한 경우 동 신용장에 의한 명시적인 수정 또는 배제가 없는 한, 이 규칙은 모든 관계당사자를 구속한다.

해설 본조는 구 제1조의 내용을 승계하면서, UCP 적용단서로 신용장상에 이 규칙을 삽입만 하는 정도보다 "이 규칙에 따른다."(subject to)는 명시가 있어야 함을 강조하고, 이러한 경우 기타 별도의 규정 유무와 관계없이 이 규칙의 "명시적인 수정 또는 배제"가 없는 한, 구속력을 갖도록 수정하였다.

① UCP 600은 모든 화환신용장(documentary credit)에 적용할 수 있다. 다만 신용장상에 이 규칙에 따른다는 준거문언, 예컨대 "Subject to Uniform Customs and Practice for Documentary Credits, 2007 Revision, ICC Publication No. 600" 등의 명시가 있어야 한다. 이러한 경우 UCP 규정의 명시적인 수정이나 배제가 없는 한, 이 규칙은 관계당사자들을 구속한다.

UCP 600이 적용되는 신용장의 경우 별도의 명시가 없더라도 ICC의 서류심사에 관한 "국제표준은행관습"(ISBP)이 자동으로 적용되며(동 제14조 d항), 또 별도의 명시가 있으면 "은행간 보상규칙"(URR)도 적용된다(동 제13조 a항).

심지어 우리나라를 포함한 각국의 사법기관에서는 신용장상에 UCP 준거문언이 있든 없든 우선적으로 UCP 규정을 준용하여 판결하는 경향이 많이 있다. 왜냐하면 UCP가 범세계적으로 승인·활용되는 가장 보편화된 신용장관습이기 때문이다(양영환·서정두, 『신용장사례연구』, 삼영사, 1995, p. 112).

다만 UCP 규정과 신용장조항 중에 무엇이 우선하느냐 하는 문제는 사안에 따라 다르다. 예컨대 서류 제시기일에 관한 신용장조항은 UCP 600 제14조 c항의 법정제시기일(21일)보다 우선하지만, 복합운송서류의 환적금지에 관한 UCP 600 제19조 c항의 규정은 신용장조항보다 우선한다(ICC Pub. 632, R. 45).

그러나 UCP는 임의규범이며, 모든 신용장에 강제로 적용되는 것은 아니다. 당사자들의 합의에 따라 다른 종류의 규칙이나 법률을 선택하거나, UCP에 규정되지 아니한 사항의 준거법을 추가로 명시할 수 있다(*Ibid.*, Rs. 4 and 5). 대표적으로 미국 신용장법(UCC 제5편)을 들 수 있다. 다만 UCC에서도 신용장이 UCP를 전제하는 한, UCP를 우선하도록 하고 있다(동 제5-116조 c항).

② UCP 600은 적용가능한 범위내에서 보증신용장(standby credit)에도 적용할 수 있다. 이 경우도 보증신용장상에 UCP 준거문언이 있어야 한다. 예컨대 보증신용장의 경우 UCP 준거문언이 있는 한, 취소불능성의 기재가 없더라도 동 제4조(구 제6조 c항)의 규정에 따라 취소불능한 것으로 보며, 따라서 개설은행은 이를 일방적으로 취소할 수 없다(Pub. 489, Case No. 168). 또 상품거래시 UCP 준거문언이 있는 보증신용장을 사용하였다 하더라도, 은행은 요구된 서류가 제시되면 신용장대금을 지급하여야 한다(*Ibid.*, R. 3).

그러나 UCP 준거문언이 은행지급보증서 등에 명시된 경우, 이에 적용되지 아니한다. UCP를 적용하려면 보증신용장의 표제가 바람직하며(Pub. 459, Case No. 1), 지급보증서에는 오히려 ICC의 "계약보증 통일규칙"(URCG)이나 "요구불보증 통일규칙"(URDG)을 삽입하는 것이 바람직하다(*Ibid.*, Case No. 2).

③ UCP 600은 별도의 명시규정은 없으나 EDI(전자자료교환), SWIFT(세계은행간 금융전신망) 등에 의한 모든 방식의 전자신용장(electronic credit)에도 적용이 가능하다. 특히 SWIFT 신용장의 경우 SWIFT 업무규약에 의하면, 자동적으로 그 개설할 당시에 유효한 UCP의 적용을 받도록 규정하고 있다(Ch. 4, MT 700 and 701). 따라서 SWIFT 신용장은 UCP 준거문언이 없더라도 다른 특별한 사정이 없는 한, 그 개설당시에 유효한 UCP의 적용을 받는다(Pub. 434, R. 101; Pub. 632, Rs. 1 and 14; 대판 2003.1.24.선고, 2001다68266).

특히 전자식 제시에 관한 UCP 보칙("eUCP")에 따른 신용장("eUCP 신용장")의 경우, 별도의 명시가 없더라도 이에 UCP 600을 적용할 수 있다(eUCP 제e2조 a항). 이때 두 규칙이 모순될 경우 eUCP 규정이 우선하며, 또 종이서류만 제시한 경우 이에 UCP 600을 단독으로 적용할 수 있다(동조 b항-c항).

다만 UCP 600에 따른 신용장("UCP 신용장")의 경우 eUCP가 자동으로 적용되는 것은 아니하므로, 신용장상에 별도의 eUCP 준거문언을 두어야 한다.

제2조 정 의

Article 2 Definitions. For the purpose of these rules :

Advising bank means the bank that advises the credit at the request of the issuing bank.

Applicant means the party on whose request the credit is issued.

Banking day means a day on which a bank is regularly open at the place at which an act subject to these rules is to be performed.

Beneficiary means the party in whose favour a credit is issued.

Complying presentation means a presentation that is in accordance with the terms and conditions of the credit, the applicable provisions of these rules and international standard banking practice.

Confirmation means a definite undertaking of the confirming bank, in addition to that of the issuing bank, to honour or negotiate a complying presentation.

Confirming bank means the bank that adds its confirmation to a credit upon the issuing bank's authorization or request.

Credit means any arrangement, however named or described, that is irrevocable and thereby constitutes a definite undertaking of the issuing bank to honour a complying presentation.

Honour means :

a. to pay at sight if the credit is available by sight payment.

b. to incur a deferred payment undertaking and pay at maturity if the credit is available by deferred payment.

c. to accept a bill of exchange ("draft") drawn by the beneficiary and pay at maturity if the credit is available by acceptance.

Issuing bank means the bank that issues a credit at the request of an applicant or on its own behalf.

Negotiation means the purchase by the nominated bank of drafts (drawn on a bank other than the nominated bank) and/or documents under a complying presentation, by advancing or agreeing to advance funds to the beneficiary on or before the banking day on which reimbursement is due to the nominated bank.

Nominated bank means the bank with which the credit is available or any bank in the case of a credit available with any bank.

Presentation means either the delivery of documents under a credit to the issuing bank or nominated bank or the documents so delivered.

Presenter means a beneficiary, bank or other party that makes a presentation.

번역 **제2조 정의.** 이 규칙의 목적상,

통지은행(advising bank)이라 함은 개설은행의 요청에 따라 신용장을 통지하는 은행을 의미한다.

개설의뢰인(applicant)이라 함은 신용장이 개설되도록 요청하는 당사자를 의미한다.

은행영업일(banking day)이라 함은 이 규칙에 따른 행위가 이행되어야 할 장소에서 은행이 정규적으로 영업하는 일자를 의미한다.

수익자(beneficiary)라 함은 신용장이 개설되는 혜택의 당사자를 의미한다.

일치하는 제시(complying presentation)라 함은 신용장의 제조건, 이 규칙의 적용가능한 규정 및 국제표준은행관습에 일치하는 제시를 의미한다.

확인(confirmation)이라 함은 개설은행의 확약에 추가하여 일치하는 제시를 수리 또는 매입한다는 확인은행의 일정한 확약을 의미한다.

확인은행(confirming bank)이라 함은 개설은행의 수권 또는 요청에 따라 신용장상에 자신의 확약을 추가하는 은행을 의미한다.

신용장(credit)이라 함은 그 명칭이나 표현에 관계없이 취소불능하면서 또 이에 일치하는 제시를 수리한다는 개설은행의 일정한 확약을 구성하는 모든 약정을 의미한다.

수리(honour)라 함은 다음 각 호를 의미한다.

a. 신용장이 일람출급에 의하여 사용가능한 경우 일람한 즉시 지급하는 것

b. 신용장이 연지급에 의하여 사용가능한 경우 연지급확약을 발급하고 만기에 지급하는 것

c. 신용장이 인수에 의하여 사용가능한 경우 수익자가 발행한 환어음("어음")을 인수하고 만기에 지급하는 것

개설은행(issuing bank)이라 함은 개설의뢰인의 요청에 따르거나 또는 은행 스스로를 대신하여 신용장을 개설하는 은행을 의미한다.

매입(negotiation)이라 함은 지정은행에게 보상이 이루어져야 할 은행영업일의 당일 또는 이전에 지정은행이 (동 지정은행 이외의 은행 앞으로 발행된) 환어음 및/또는 일치하는 제시하의 서류에 대하여 수익자에게 자금을 선지급하거나 또는 선지급에 합의하는 방법으로 구매하는 것을 의미한다.

지정은행(nominated bank)이라 함은 신용장이 사용가능한 은행 또는 모든 은행에서 사용가능한 신용장의 경우 모든 은행을 의미한다.

제시(presentation)라 함은 신용장하에서 개설은행 또는 지정은행에 대한 서류의 인도 또는 그렇게 인도된 서류를 의미한다.

제시인(presenter)이라 함은 제시를 행하는 수익자, 은행 또는 기타 당사자를 의미한다.

해설 본조는 구 제2조, 제10조 b항 등에 산재된 내용을 모아 이 규칙에서 반복적으로 사용되는 용어의 명확한 정의를 위하여 신설하였다.

① "통지은행"이란 개설은행의 요청에 따라 신용장을 통지하는 은행을 말한다. 또 통지은행이 수익자에게 신용장이나 변경의 통지를 위하여 별도 은행의 서비스를 이용하는 경우, 이를 "제2통지은행"(second advising bank)이라 한다.

② "개설의뢰인"이란 개설은행에게 신용장의 개설을 요청하는 당사자를 말한다. 개설의뢰인은 수입자, 수화인, 매수인, 고객(customer) 등이 되며, 수입자를 대신하는 개설의뢰은행(applicant bank)도 포함한다(UCC 제5-102조 a항).

③ "은행영업일"이란 이 규칙에 따른 각 행위의 이행지에 있는 은행이 정규적으로 영업하는 일자를 말한다. 이행지에서의 토요단축근무일, 불가항력에 의한 업무중단일은 은행영업일의 계산에 포함되지만, 기타 이행지의 국경일 · 공휴일 · 창업기념일 등에 의한 은행휴무일은 영업일의 계산에서 제외된다.

④ "수익자"란 신용장이 개설되는 혜택을 누리는 당사자, 즉 일치하는 제시를

수리하도록 할 권리가 있는 자를 말하며, 이는 양도가능 신용장의 사용권을 양도받은 "제2수익자"(second beneficiary)를 포함한다(UCC 동조 a항). 그러나 개설의뢰인은 결코 수익자가 될 수 없다(ICC Pub. 632, R. 7).

⑤ "일치하는 제시"란 신용장의 제조건, 이 규칙상의 적용가능한 규정 및 국제표준은행관습에 일치하는 제시를 말한다. 여기서 "국제표준은행관습"이란 ICC가 제정한 ISBP뿐만 아니라, UCP를 해설한 ICC의 각종 출판물, ICC 은행위원회의 결정과 의견 및 출판물, ICC의 요청에 의한 DOCDEX(신용장분쟁 전문가의견규칙) 의견, 국제적으로 저명한 신용장법 논문자료 등을 포함한다.

⑥ "확인"이란 개설은행의 확약에 추가하여 일치하는 제시를 수리 또는 매입한다는 확인은행의 일정한 확약을 말하며, 또 개설은행의 수권이나 요청에 따라 신용장상에 이러한 확약을 추가하는 은행을 "확인은행"이라 한다.

⑦ "신용장"이란 그 명칭에 관계없이 일치하는 제시를 수리한다는 개설은행의 일정한 확약을 구성하는 취소불능의 모든 약정을 말한다. 신용장은 개설의뢰인의 요청에 따라 개설은행이 수익자에게 금전의 지급이나 교부로써 서류의 제시를 수리한다는 일정한 확약이다(UCC 동조 a항). 예컨대 "지급지시서"(documentary payment order)의 경우도 은행확약과 UCP 준거문언이 있는 한, 이는 신용장으로서 인정된다(Pub. 459, Case Nos. 3 and 4). 기타 UCP 준거문언은 있으나 은행확약을 부인하는 것은 신용장이 아니다(*Ibid.*, Case No. 16).

⑧ "수리"(honour)란 신용장에서 금전을 지급하거나 교부한다는 개설은행의 확약을 이행하는 것으로서, 이는 i) 일람출급 신용장인 경우 즉시 지급한 때, ii) 연지급신용장인 경우 연지급확약을 발급하고 만기에 지급한 때, iii) 인수신용장인 경우 환어음을 인수하고 만기에 지급한 때에 발생한다(UCC 동조 a항).

⑨ "개설은행"이란 개설의뢰인의 요청이나 은행 자체를 대신하여 일치하는 제시를 수리한다는 확약의 신용장을 개설하는 은행을 말한다. 따라서 개인용, 가정용 등의 목적으로 지급을 약정하는 개인은 제외한다(UCC 동조 a항).

⑩ "매입"이란 대금보상의 만기 또는 이전에 지정은행이 다른 은행 앞으로 발행된 환어음이나 일치하는 제시하의 서류에 대하여 수익자에게 자금을 선지급하거나 이에 합의하고 구매하는 행위를 말한다. 즉, 매입은 지정은행이 수익자의

환어음이나 서류를 대금보상의 만기 이전에 선지급하고 구매하는 것이다.

결국 매입은 앞의 "수리"뿐만 아니라, 지정은행이 자신 앞으로 발행된 환어음 등에 따라 자금을 선지급하는 "할인"(discount)과도 구별된다(*Ibid.*, R. 42).

⑪ "지정은행"이란 신용장이 사용가능하도록 지정된 은행 또는 모든 은행에서 사용가능하도록 수권된 신용장의 경우 모든 은행을 말한다. 지정은행은 은행간의 합의나 관습에 의하여 대금보상을 확약받는다(UCC 동조 a항).

⑫ "제시"란 가액의 지급이나 교부를 목적으로 개설은행이나 지정은행에게 서류를 인도하는 행위 또는 그렇게 인도된 서류를 말하며, 또 제시를 행하는 수익자, 은행 또는 기타 대리인을 "제시인"이라 한다(UCC 동조 a항).

제3조 해 석

Article 3 Interpretations. For the purpose of these rules :

Where applicable, words in the singular include the plural and in the plural include the singular.

A credit is irrevocable even if there is no indication to that effect.

A document may be signed by handwriting, facsimile signature, perforated signature, stamp, symbol or any other mechanical or electronic method of authentication.

A requirement for a document to be legalized, visaed, certified or similar will be satisfied by any signature, mark, stamp or label on the document which appears to satisfy that requirement.

Branches of a bank in different countries are considered to be separate banks.

Terms such as "first class", "well known", "qualified", "independent", "official", "competent" or "local" used to describe the issuer of a document allow any issuer except the beneficiary to issue that document.

Unless required to be used in a document, words such as "prompt", "immediately" or "as soon as possible" will be disregarded.

The expression "on or about" or similar will be interpreted as a stipulation that an event is to occur during a period of five calendar days before until five calendar days after the specified date, both start and end dates included.

The words "to", "until", "till", "from" and "between" when used to determine a period of shipment include the date or dates mentioned, and the words "before" and "after" exclude the date mentioned.

The words "from" and "after" when used to determine a maturity date exclude the date mentioned.

The terms "first half" and "second half" of a month shall be construed respectively as the 1st to the 15th and the 16th to the last day of the month, all dates inclusive.

The terms "beginning", "middle" and "end" of a month shall be construed respectively as the 1st to the 10th, the 11th to the 20th and the 21st to the last day of the month, all dates inclusive.

번역 **제3조 해석.** 이 규칙의 목적상,

적용가능한 경우에는, 단수의 문언은 복수를 포함하며, 또 복수의 문언은 단수를 포함한다.

신용장은 취소불능한 취지의 아무런 명시가 없더라도 취소불능한 것이다.

서류는 수기, 모사서명, 천공서명, 타인, 부호 또는 기타 모든 기계방식이나 전자방식의 인증에 의하여 서명될 수 있다.

서류가 공인, 사증, 증명 또는 이와 유사한 것을 받아야 한다는 요구는 그러한 요구를 충족하는 것으로 나타나 있는 서류상에 어떠한 서명, 표지, 타인 또는 부표가 있어야 충족된 것으로 한다.

상이한 국가에 있는 은행의 지점들은 이를 별개의 은행인 것으로 본다.

서류의 발행인을 표현하는 데 사용되는 "일류의"(first class), "저명한"(well known), "자격 있는"(qualified), "독립된"(independent), "공인된"(official), "유능한"(competent) 또는 "국내의"(local)란 용어는 수익자를 제외한 모든 발행인에 대하여 그러한 방식의 서류를 발행하도록 허용한다.

"신속히"(prompt), "즉시"(immediately) 또는 "가능한 빨리"(as soon as

possible)란 문언은 서류상에 사용하도록 요구되지 아니하는 한, 이를 무시하여야 한다.

"당일경"(on or about) 또는 이와 유사한 표현은 시종일자 모두를 포함하여 특정일자의 이전 제5월력일부터 이후 제5월력일까지의 기간 동안에 사안이 발생하여야 함을 규정한 것으로 해석하여야 한다.

"까지"(to), "다다라"(until), "이르러"(till), "부터"(from) 및 "사이"(between)란 문언이 선적기간을 결정하는 데 사용된 때에는 이는 언급된 일자 또는 일자들을 포함하며, 또 "이전"(before) 및 "이후"(after)란 문언은 언급된 일자를 제외한다.

"부터"(from) 및 "이후"(after)란 문언이 만기일자를 결정하는 데 사용된 때에는 이는 언급된 일자를 제외한다.

어떠한 개월의 "전반"(first half) 및 "후반"(second half)이란 용어는 각각 양단일자 모두를 포함하여 당월의 1일부터 15일까지 그리고 16일부터 최종일자까지로 해석하여야 한다.

어떠한 개월의 "초순"(beginning), "중순"(middle) 및 "하순"(end)이란 용어는 각각 양단일자 모두를 포함하여 당월의 1일부터 10일까지, 11일부터 20일까지, 그리고 21일부터 최종일자까지로 해석하여야 한다.

해설 본조는 구 제2조, 제6조 c항, 제20조 a항 · b항 · d항, 제46조 b항 · c항, 제47조 a항-d항 등에 산재된 내용을 바탕으로 하여 이 규칙에서 사용되는 애매한 문언이나 표현에 대한 명확한 해석을 위하여 신설한 것이다.

① **[단수 · 복수]** 이 규칙의 목적상 적용가능한 범위내에서, "단수"(singular)의 문언은 복수를 포함하며, 또 "복수"의 문언은 단수를 포함한다.

② **[취소불능성]** 신용장은 "취소불능"의 아무런 표시가 없더라도 취소불능한 것이 된다(ICC Pub. 489, Case No. 168). 신용장이란 개설은행의 취소불능한 약정이다. 이번 규칙에서는 신용장상에 취소가능 여부를 명시할 의무조항마저 삭제되었으므로, 취소가능을 별도 규정하지 않은 한 취소불능한 것이 된다.

③ **[서명방법]** 서류의 서명은 수기, 팩스, 천공, 타인, 부호(관인), 기타 기계방식이나 전자방식의 인증에 의하여 할 수 있다(ICC Decision, 1999.7.29, 제3항). 이외에 서명된 서류 전체의 팩스전송이나 사진복사본의 제공은 원본서명이 결여된 것으로 본다(ISBP 제39항; Pub. 632, Rs. 132 and 293).

기타 회사의 표제가 있는 용지상의 서명은 당해 회사의 서명으로 보며, 회사명은 서명에 이어 반복할 필요가 없다. 즉, 특정인의 표제가 있는 서류는 그 특정인의 서명만 있으면 원본을 구성한다(ISBP 제22항과 제40항).

④ **[증명방법]** 서류의 공인, 사증, 증명 등에 관한 요구는 이를 충족하는 서류상에 어떠한 서명, 표지, 타인, 부표 등이 있어야 충족된다. 다만 증명, 신고 등의 요구가 별도 서류가 아닌 다른 서류내에 통합되어 나타나는 경우, 그러한 증명이나 신고가 이 서류를 발행·서명한 주체와 동일하게 나타나는 한, 모든 증명이나 신고마다 별도의 서명·일자를 요하지 아니한다(ISBP 제8항).

그러나 동일 서류상에 각각의 주체, 예컨대 상업회의소의 증명과 대사관의 공인이 요구된 경우 이를 모두 입증하여야 한다(Pub. 697, R. 627). 다만 실존하지 않는 "아랍연맹상업회의소"가 인증한(approved) 증명서가 요구된 경우, 관계국가의 대사관이 공인한(legalized) 서류는 유효하다(*Ibid.*, R. 665).

⑤ **[은행지점]** 상이한 국가에 있는 은행지점들은 이를 별개의 은행으로 본다. 예컨대 개설은행이 자신의 해외지점에 신용장의 확인을 요구한 경우, 이들은 동일한 법인체이지만 별개의 은행이다(Pub. 632, R. 2). 그러나 동일한 국가 안에 있는 은행지점들은 동일한 은행으로 본다. 다만 특정지점의 제시에 대한 하자통고는 반드시 동일지점으로 발송하여야 한다(*Ibid.*, Rs. 8 and 110).

⑥ **[발행인 수식어]** 서류의 발행인에 관한 "일류의", "저명한", "자격있는", "독립된", "공인된", "유능한", "국내의" 등의 용어가 사용된 경우 수익자를 제외한 모든 발행인이 이를 발행하여도 된다. 즉, 이는 수익자의 경우만 제외하고 모든 당사자가 해당 서류를 발행하도록 허용하는 것이다(구 제20조 a항).

예컨대 "국내" 상업회의소의 원산지증명서가 요구된 경우, 이는 수익자나 제품의 국가 중 어느 국내에서 발행한 서류도 허용된다(Pub. 697, R. 626).

⑦ [신속히] 서류상에 "신속히", "즉시", "가능한 빨리" 등의 문언을 사용하도록 요구되지 아니하는 한, 은행은 이를 무시하여야 한다. 이는 선적일자뿐만 아니라 모든 관계에서 사용되어서는 아니된다(구 ISBP 제23항). 그러나 신용장에서 선적사실을 "즉시" 통지하라고 요구한 경우, 이는 7일보다 훨씬 이내의 가능한 빨리 전신으로 통지하라는 의미이다(Pub. 459, Case No. 148).

⑧ [당일경] "당일경"(on or about), 기타 유사한 표현은 양단일자를 포함하여 특정일자의 전후 제5월력일간의 기간을 의미하는 것으로 본다(총 11일).

⑨ [까지 선적] "까지", "다다라", "이르러", "부터", "사이" 등의 문언이 선적기간을 결정하는데 사용된 때에는 이는 해당 일자를 포함하지만, 선적기간과 관련하여 "이전", "이후" 등의 문언은 해당 일자를 제외한다(ISBP 제16항).

예컨대 "B/L 일자로부터 21일"(21 days from B/L date) 이내의 매입을 요구한 경우, 이는 B/L 일자를 포함하여 기산한다(Pub. 632, Rs. 254 and 255).

⑩ [부터 만기] "부터", "이후", "이내" 등의 문언이 환어음 만기일자를 결정하는데 사용된 때에는 이는 해당 일자를 제외한다(ISBP 제43항 d호 및 제17항).

즉, 환어음의 만기일자를 정할 때 "부터"(from)나 "이후"(after)란 단어를 사용하면, 이는 해당 일자를 제외하고 월력일을 기준으로 하여 만기일자를 계산한다. 예컨대 "B/L 일자로부터 60일" 출급의 환어음인 경우, 이는 B/L 일자를 제외하고 연속되는 60일째에 만기가 된다(*Ibid.*, R. 303; *Ibid.*, Case No. 150).

⑪ [전후반 · 초중하순] 월의 "전반"과 "후반"의 용어는 각각 양단일자를 포함하여 당월의 1일~15일과 16일~말일, "초순", "중순", "하순"의 용어는 각각 양단일자를 포함하여 당월의 1일~10일, 11일~20일, 21일~말일까지로 본다.

제 4 조 신용장과 계약관계

Article 4 Credits v. Contracts. a. A credit by its nature is a separate transaction from the sale or other contract on which it may be based. Banks are in no way concerned with or bound by such contract, even if any reference whatsoever to it is included in the credit. Consequently, the undertaking of a bank to honour, to negotiate or to fulfil any other obligation under the credit is not subject to claims or defences by the applicant resulting from its relationships with the issuing bank or the beneficiary.

A beneficiary can in no case avail itself of the contractual relationships existing between banks or between the applicant and the issuing bank.

b. An issuing bank should discourage any attempt by the applicant to include, as an integral part of the credit, copies of the underlying contract, proforma invoice and the like.

번역 **제4조 신용장과 계약관계.** a. 신용장은 본질적으로 그것이 기초를 두고 있을 수 있는 매매계약 또는 기타 계약과는 별개의 거래이다. 심지어 그러한 계약에 관한 어떠한 참조사항이 신용장상에 포함되어 있다 하더라도, 은행은 결코 그러한 계약과 무관하며 또 이에 구속되지 아니한다. 결과적으로, 은행이 신용장하에서 수리하거나, 매입하거나 또는 기타 모든 의무를 준수한다는 확약은 개설의뢰인이 개설은행 또는 수익자와의 관계에 기인하여 제기하는 청구권 또는 항변에 지배받지 아니한다.

수익자는 어떠한 경우에도 은행 상호간 또는 개설의뢰인과 개설은행간에 존재하는 계약관계를 원용할 수 없다.

b. 개설은행은 신용장 전체의 일부로서 기초계약의 사본, 견적송장 및 이와 유사한 것을 포함시키려는 개설의뢰인의 어떠한 시도도 이를 제지하여야 한다.

해설 본조 a항은 구 제3조 a항과 동일하되 "지급·인수" 대신에 "수리"의 개념을 도입하였으며, 본조 b항은 구 제5조 a항 개설의뢰인이 "과도한 명세를 포함시키려는 시도" 대신에 "기초계약의 사본, 견적송장 및 이와 유사한 것을 포함시키려는 시도"로 변경하여 이를 제지하도록 개정한 것이 특징이다.

a. [신용장의 독립성] 신용장은 본질적으로 그 기초가 되는 매매계약이나 기타의 계약관계로부터 완전히 독립되어 자체적으로 별개의 법률관계를 형성한다. 이를 "신용장의 독립성"(independency of the credit) 원칙이라 한다.

은행은 신용장상에 매매계약 등에 관한 참조사항이 포함되어 있더라도, 이와는 전혀 무관하며 또 이에 구속되지 아니한다. 즉, ① 은행 확약은 개설의뢰인이 개설은행이나 수익자와의 관계에 기초하여 주장하는 청구권이나 항변으로부터 독립되어 있으며, 또 ② 수익자도 은행 상호간이나 개설은행과 개설의뢰인간에 존재하는 계약관계를 원용하여 은행 약정에 개입할 수 없다.

예컨대 개설의뢰인은 신용장의 유효기일이 만료된 경우 수익자에 대하여 신용장에 의거한 선적과 매입을 강요할 수 없으며, 단지 매매계약에 의존하여 계약해제나 손해배상을 청구할 수 있을 뿐이다(ICC Pub. 459, Case No. 6).

반면 개설은행은 개설의뢰인이 사본서류로 물품을 횡령하였더라도, 신용장의 원본서류를 수리하고 대금을 보상하여야 한다(Pub. 489, Case No. 216).

심지어 사기서류가 제시되었더라도 이를 입증할 당사자는 개설의뢰인이며, 은행은 단지 서류의 문면상 인수가능성만을 심사할 뿐이고 그 진정성·위조 등에 대하여는 아무런 책임을 지지 아니한다(동 제34조). 다만 수익자에게 대금이 지급되었다면, 자금회수가 어려울 수 있다(Pub. 632, R. 144).

특히 매입은행의 경우 공급업자의 선적사기(fraud)를 알지 못하고 신용장대금을 정히 선지급하였다면 개설은행에게 보상을 청구할 수 있으며(동 제7조 c항), 또 물품의 하자에 기인하여 법원의 지급금지명령이 내려졌더라도 선의로 지급한 매입은행은 국내법에 따라 보호를 받게 된다(Pub. 697, R. 629). 나아가 다수의 사법관할권에서는 법원의 지급금지명령이 내려진 경우, 현실적으로 수익자에 대한 상환청구권도 인정하고 있다(Pub. 632, Rs. 10 and 13).

b. **[참조지시의 제지]** 개설은행은 개설의뢰인이 신용장 전체의 일부로서 기초계약의 사본, 견적송장 등을 포함시켜 개설하려는 어떠한 시도도 이를 제지하여야 한다. 설사 신용장이 그러한 기초거래를 명시적으로 참조하고 있다 하더라도, 신용장 조건은 이에 영향을 받지 아니한다(ISBP 제1항).

한편 신용장의 개설 또는 변경의 지시는 완전하고 정확하여야 하며, 개설의뢰인은 애매한 지시로 인한 모든 위험을 부담하여야 한다. 반면 개설은행은 개설의뢰인의 이익에 반하지 아니하는 한, 신용장의 사용에 필요하거나 바람직한 방법으로 부가적인 조건을 보충 또는 신설할 수 있다(ISBP 제2항).

신용장상에 불명확한 조건이 내포된 경우, 통지은행은 수리거절을 방지하려면 개설은행에게 이를 명확히 밝혀 줄 것을 요구하여야 한다. 만약 신용장상에 애매한 서류가 아무런 내용의 언급이 없이 제시서류 중에 내포되어 있다면, 이를 요구된 서류로 해석하는 것은 당연하다고 본다(*Ibid.*, Rs. 52 and 53).

그러나 신용장의 물품명세에 "…as per details of pro forma invoice"란 참조문언이 있는 경우, 은행은 견적송장이 제시서류로 요구되지 아니하는 한 이를 심사할 의무가 없다(ICC Pub. 459, Case No. 133; Pub. 697, R. 661).

나아가 신용장은 개설의뢰인의 발행서류, 예컨대 "certificate of receipt by the buyer" 등을 요구하여서는 아니되며, 이를 승낙한 경우 위험은 전적으로 수익자에게 남는다(ISBP 제4항; *Ibid.*, Case No. 19). 은행은 이러한 서류가 제시될 때까지 지급하지 아니하여도 된다(Pub. 489, Case No. 172).

제 5 조 서류와 물품 · 서비스 · 채무이행 관계

Article 5 Documents v. Goods, Services or Performance. Banks deal with documents and not with goods, services or performance to which the documents may relate.

번역 **제5조 서류와 물품 · 서비스 · 채무이행 관계.** 은행은 서류로 거래하는 것이지, 서류에 관련될 수 있는 물품, 서비스 또는 채무이행으로 거래하지 아니한다.

해설 본조는 구 제4조와 동일하되 주체를 "신용장거래에서의 모든 관계당사자"에서 "은행"(banks)으로 한정하였다. 이는 은행을 제외한 신용장의 기타당사자는 물품 · 서비스 · 채무이행 등으로 거래한다는 점을 감안한 것이다.

[신용장의 추상성] 신용장거래에서 은행은 물품 · 서비스 · 채무이행 등을 대표하는 서류만으로 거래하는 것이지, 이와 인과관계에 있는 현실을 거래하지 아니한다. 이를 "신용장의 추상성"(abstraction of the credit) 원칙이라 한다.

추상성 원칙은 현실거래로부터 은행을 보호하기 위함이다. 예컨대 신용장에서 개설의뢰인을 수화인으로 지정한 경우, 물품이 매수인에게 인도되었더라도 은행은 이와 무관하며 오직 서류만으로 하자통고를 하거나(ICC Pub. 632, Rs. 15, 69 and 70), 또는 매수인으로부터 물품하자를 이유로 거절지시를 받더라도 일치하는 서류는 인수하여야 한다(*Ibid.*, Rs. 12 and 16; Pub. 697, R. 662).

즉, 은행은 신용장에서 요구된 서류만으로 일치여부를 결정하여야 한다. 이밖에 은행은 과도한 명세의 수리적인 계산이나(Pub. 632, Rs. 19 and 20), 또는 국제상품분류표(HS) 상의 코드번호 등을 확인할 의무가 없다(*Ibid.*, R. 17).

또 은행은 물품의 수량부족이나 품질불량을 이유로 부족분만큼 금액을 차감하여 지급하거나(Pub. 489, Case No. 169), 또는 이를 이유로 신용장을 취소하고 지급거절하여서는 아니되며(*Ibid.*, R. 32), 기타 물품이 세관당국을 통과하지 못하였다는 이유로 지급거절할 수 없다(Pub. 459, Case No. 46). 반대로 은행은 물품이 수출통관되었다 하더라도 포장명세서상의 중량표시 등이 불일치하면 정당한 기간내에 서류의 하자통고를 할 수 있다(*Ibid.*, R. 113).

다만 은행은 법원의 판결에 의한 지급금지명령을 받았다면 이를 무시하고 UCP 규정에 따라 서류만으로 금융의무를 이행할 수는 없으며, 각국의 국내법은 UCP에 규정된 의무와 책임에 우선하여 이를 적용하고 있다(*Ibid.*, R. 14). 결국 국내법에서도 선의의 은행을 보호하게 될 것이다(Pub. 697, R. 629).

제 6 조 제시의 사용가능성 · 유효기일 · 장소

Article 6 Availability, Expiry Date and Place for Presentation. a. A credit must state the bank with which it is available or whether it is available with any bank. A credit available with a nominated bank is also available with the issuing bank.

b. A credit must state whether it is available by sight payment, deferred payment, acceptance or negotiation.

c. A credit must not be issued available by a draft drawn on the applicant.

d. i. A credit must state an expiry date for presentation. An expiry date stated for honour or negotiation will be deemed to be an expiry date for presentation.

ii. The place of the bank with which the credit is available is the place for presentation. The place for presentation under a credit available with any bank is that of any bank. A place for presentation other than that of the issuing bank is in addition to the place of the issuing bank.

e. Except as provided in sub-article 29 (a), a presentation by or on behalf of the beneficiary must be made on or before the expiry date.

번역 **제6조 제시의 사용가능성 · 유효기일 · 장소.** a. 신용장은 반드시 사용가능한 은행을 기재하거나 또는 모든 은행에서 사용가능하는지를 기재하여야 한다. 지정은행에서 사용가능한 신용장은 역시 개설은행에서도 사용가능하다.

b. 신용장은 반드시 일람출급, 연지급, 인수 또는 매입 중의 어느 방법으로 사용가능하는지를 기재하여야 한다.

c. 신용장은 결코 개설의뢰인 앞으로 발행된 환어음에 의하여 사용가능하도록 개설되어서는 아니된다.

d. i. 신용장은 반드시 제시를 위한 유효기일을 기재하여야 한다. 수리 또는 매입을 위하여 기재된 유효기일은 제시를 위한 유효기일인 것으로 본다.

ii. 신용장이 사용가능한 은행의 장소는 제시를 위한 장소가 된다. 모든 은행에서 사용가능한 신용장하에서 제시를 위한 장소는 모든 은행의 장소가 된다. 개설은행의 장소 이외의 제시를 위한 장소는 개설은행의 장소에 부가적인 것이다.

e. 제29조 a항에 규정된 경우를 제외하고, 수익자에 의하거나 또는 이를 대신하는 제시는 반드시 유효기일의 당일 또는 이전에 행하여져야 한다.

해설 본조 a항과 b항은 구 제10조 a항과 b항의 내용을 재정리하였고, 동 c항은 구 제9조 a항과 b항 iv호 2문의 내용을 강조하였으며, 또 동 d항과 e항은 구 제42조 a항과 b항의 내용을 명확하게 재분류한 것이 특징적이다.

a. [사용가능처 지정] 신용장은 반드시 사용가능처란에 사용가능한 특정은행이나 모든 은행에서 사용가능하는지를 구분하여 지정은행을 기재하여야 한다. 신용장에서 특정은행이나 모든 은행에서 사용가능하는지의 표기가 전혀 없는 경우에는 이를 자유매입 신용장으로 본다(ICC Pub. 489, Case No. 191). 이때 은행은 동일국가 내의 취급지점까지 지정할 필요는 없다(Pub. 632, R. 101).

지정은행이 기재된 경우, 신용장의 유효기일과 장소는 지정은행의 창구에 제시가 이루어진 때에 종료된다(Pub. 459, Case No. 34). 즉, 서류는 유효기일내에 지정은행의 창구에 제시되어야 한다(Pub. 489, Case No. 190). 예컨대 지정은행의 일람후 90일 출급 환어음의 인수가 요구된 경우, 지정은행이 동의하는 한 환어음은 지정은행 앞으로 발행하여야 하며, 개설은행 앞 환어음인 때에는 지정은행은 이를 인수할 수 없고 매입만 할 수 있다(Pub. 697, R. 628).

한편 지정은행이 있는 경우, 신용장은 개설은행에서도 사용가능하다. 만약 제시가 개설은행에게 직접 행하여졌다면, 지정은행은 매입수수료를 차감할 수 없으며, 또 수익자가 개설국가 이외의 수수료만 부담하도록 기재되어 있다면 개설은행의 수수료는 개설의뢰인의 부담에 속한다(Pub. 632, R. 47). 그러나 신용장이 지정은행 앞으로만 환어음을 발행하고 지정은행이 만기에 인수하도록 요구된 경우, 서류는 개설은행에게 직송할 수 없다(Pub. 489, Case No. 211).

반대로 신용장이 개설은행만을 기재한 경우, 제시는 반드시 개설은행에게 행하여져야 한다. 지정은행은 확인은행이 아닌 한, 수익자에게 반드시 지급할 의무가 없으며(*Ibid.*, Case Nos. 192 to 194), 또 지정은행이 있는 경우 지정받지 않은 제

3은행은 지정은행의 권리포기서(release)를 첨부하더라도 개설은행으로부터 보상받을 수 없다(*Ibid.*, Case No. 196; Pub. 459, Case No. 31).

b. **[사용방법의 지정]** 신용장은 반드시 일람출급·연지급·인수·매입 중에서 한 사용방법을 지정하여야 한다. 환어음 거래시 사용방법의 지정이 없는 경우, 이를 일람출급으로 보는 것이 일반적인 관례이다(국제어음법협약 제9조).

예컨대 신용장에서 "일람출급"의 명시문언이 있고 지급일자가 연장 표시된 경우, 이는 일람출급 신용장으로 보지만(ICC Pub. 459, Case No. 17), 반대로 지급·인수·매입은행을 특별히 지정하지 아니한 경우, 이는 자유매입 신용장으로 보는 것이 관례이다(Pub. 489, Case No. 191). 어떠한 경우이든 이들 모두 불완전하고 불명확한 신용장이기 때문에 그 책임은 개설은행에게 있다.

특히 환어음이 사용될 경우, 이는 반드시 수익자가 발행하고 필요한 경우 배서되어 있어야 한다(ISBP 제49항과 제53항). 기타 환어음의 제목·내용 등의 양식은 이에 사용가능하게 지정된 지급·인수·매입장소의 국내법에 따라 인수가능하도록 발행되어야 한다(Pub. 697, R. 661). 다만 취소불능 신용장이 양도된 경우, 환어음의 발행인은 제2수익자의 명의로 작성하여도 무방하다(동 제38조 i항). 즉, 양도된 신용장의 경우를 제외하고, 환어음은 신용장 수익자 이외의 당사자에 의하여 발행될 수 있는 근거가 전혀 없다(Pub. 632, R. 258).

환어음의 금액은 UCP 600 제18조 b항의 결과에 따라 은행이 금액을 초과하여 기재한 송장도 인수하기로 결정한 경우가 아닌 한, 반드시 송장금액과 상호 일치하여야 하며, 또 금액을 숫자와 문자로 기재할 경우, 이들 모두 신용장금액과 통화단위를 정확히 반영하고 있어야 한다(ISBP 제50항과 제51항).

다만 UCP 600 제30조 b항에 따라 하향 5%의 범위내에서 부족한 수량을 선적하고 환어음 금액도 신용장금액보다 부족하게 발행한 경우, UCP 600에는 이러한 불일치된 금액을 용인하지 아니할 근거가 없다(*Ibid.*, R. 237).

한편 환어음의 기한(tenor)은 신용장조건과 일치하여야 한다. 예컨대 수입자가 일람출급을 약속하고 일람후 120일 출급의 신용장을 제공한 경우, 수출자는 일람출급 환어음을 제시할 수 없다(*Ibid.*, R. 275). 또 일람기준 이외의 방법으로 발행된 환어음은 자체적으로 만기일자의 확정이 가능하여야 한다.

특히 기한이 B/L 일자 후 xxx일 출급인 경우, 본선적재 일자를 B/L 일자로 본다. B/L 상에 복수의 본선적재 표기가 있는 경우, 최초의 본선적재 일자를 만기일자의 계산에 적용하고, 또 신용장의 요구에 따라 복수의 B/L이 첨부된 경우, 최후의 B/L 일자를 만기일자의 계산에 적용하여야 한다(ISBP 제43항).

만기일자(maturity date)는 실제의 일자로 기재할 경우, 신용장이 요구하는 만기일자의 계산과 일치하여야 한다(ISBP 제45항). 예컨대 신용장에서 B/L 일자 후 60일 출급(at 60 days after B/L date)의 환어음을 요구한 경우, B/L 일자가 2007년 7월 12일이라고 할 때, 환어음상의 만기일자는 그 익일부터 60월력일이 지난 동년 9월 10일자로 기재되어 있어야 한다(ISBP 제43항 사례).

일람후 정기출급(at xxx days after sight) 환어음의 만기일자는 ① 은행이 서류를 인수한 경우 수령일자를 기준으로 기산하고, ② 불일치하는 서류를 거절통고한 후 다시 승인한 경우 인수일자를 기준으로 기산하며(ISBP 제46항), 이에 은행의 서류심사기간(5일)을 추가하여서는 아니된다(*Ibid.*, R. 246).

c. [어음지급인 제한] 신용장은 결코 개설의뢰인을 지급인으로 하는 환어음에 의하여 사용가능하도록 개설되어서는 아니된다. 이번 규칙은 구 규칙보다 강력하게 개설의뢰인 앞 환어음의 사용을 금지하고 있다. 이는 신용장 당사자가 아닌 개설의뢰인의 환어음 인수거절이 신용장 계약관계에 영향을 미치지 못하도록 한 것이다(*Ibid.*, R. 25). 개설의뢰인 앞 환어음이 사용되더라도, 최종적인 지급책임은 개설은행에게 있다(ICC Pub. 459, Case Nos. 15 and 18).

환어음은 반드시 신용장상에 기재된 당사자 앞으로 발행되어야 한다(ISBP 제52항). 다만 신용장은 개설의뢰인 앞 환어음을 첨부서류 중의 하나로 요구할 수 있으나, 결코 개설의뢰인 앞 환어음으로 대금청구할 수 있게 허용하여서는 아니된다(ISBP 제54항). 이러한 경우 은행은 개설의뢰인 앞 환어음이 모순되지 아니하는 한, 부가적인 서류로서 심사하여야 한다(동 제14조 f항).

d. [유효기일과 장소] ① 신용장은 반드시 제시를 위한 유효기일을 기재하여야 한다. 수리나 매입을 위한 유효기일은 제시를 위한 유효기일로 본다. 즉, 수리나 매입의 유효기일은 제시를 위한 최종기일일 뿐이며, 그 인수여부까지의 결정기한

은 아니다(ICC Pub. 459, Case No. 141; 동 제14조 b항).

신용장에서 서류의 제시 또는 매입을 위한 최종기일만 있고 그 유효기일의 기재가 없는 경우, 제시 또는 매입을 위한 최종기일은 자동적으로 신용장의 유효기일이 된다(*Ibid.*, Case No. 142; Pub. 489, Case No. 275).

② 신용장의 사용가능처인 은행의 장소는 제시를 위한 장소가 된다. 모든 은행에서 사용가능한 신용장의 경우 모든 은행의 장소가 제시를 위한 장소가 된다. 개설은행 이외의 제시를 위한 장소는 개설은행의 장소에 부가적인 것이다.

e. [서류제시의 기한] 서류의 제시는 UCP 600 제29조 a항의 규정에 따라 연장된 경우를 제외하고, 반드시 신용장 유효기일까지 이행되어야 한다. 제시된 서류에 하자가 있는 경우 보완서류는 당초의 제시기일 및 신용장 유효기일내에 제시되어야 지급받을 수 있으며, 또 유효기일이 해제된 경우에도 제시기일과 선적기일은 준수되어야 한다(ICC Pub. 489, Case Nos. 276 and 277).

심지어 하자서류의 보완제시가 신용장 유효기일내에 이루어졌더라도, 당초의 제시기일을 경과한 때에는 거절사유가 된다(*Ibid.*, Case No. 282).

다만 매입은행의 표지목록(covering schedule)이 유효기일 이후로 일부되어 있더라도, 서류가 신용장조건에 일치하다는 확인이 있는 한 유효기일을 경과하여 서류를 매입하였다고 볼 수 없다(*Ibid.*, Case No. 278; *Ibid.*, R. 251).

제 7 조 개설은행의 확약

Article 7 Issuing Bank Undertaking. **a.** Provided that the stipulated documents are presented to the nominated bank or to the issuing bank and that they constitute a complying presentation, the issuing bank must honour if the credit is available by:

i. sight payment, deferred payment or acceptance with the issuing bank;

ii. sight payment with a nominated bank and that nominated bank does not pay;

iii. deferred payment with a nominated bank and that nominated bank does not incur its deferred payment undertaking or, having incurred its deferred payment undertaking, does not pay at maturity ;

iv. acceptance with a nominated bank and that nominated bank does not accept a draft drawn on it or, having accepted a draft drawn on it, does not pay at maturity ;

v. negotiation with a nominated bank and that nominated bank does not negotiate.

b. An issuing bank is irrevocably bound to honour as of the time it issues the credit.

c. An issuing bank undertakes to reimburse a nominated bank that has honoured or negotiated a complying presentation and forwarded the documents to the issuing bank. Reimbursement for the amount of a complying presentation under a credit available by acceptance or deferred payment is due at maturity, whether or not the nominated bank prepaid or purchased before maturity. An issuing bank's undertaking to reimburse a nominated bank is independent of the issuing bank's undertaking to the beneficiary.

번역 **제7조 개설은행의 확약.** a. 규정된 서류가 지정은행 또는 개설은행에게 제시되고 또 그것이 일치하는 제시를 구성하는 한, 개설은행은 신용장이 다음 각 호에 의하여 사용가능한 경우에는 반드시 이를 수리하여야 한다.

i. 개설은행의 일람출급, 연지급 또는 인수인 경우

ii. 지정은행의 일람출급인 때 당해 지정은행이 지급하지 아니한 경우

iii. 지정은행의 연지급인 때 당해 지정은행이 자신의 연지급확약을 발급하지 아니하거나 또는 자신의 연지급확약을 발급한 후 만기에 지급하지 아니한 경우

iv. 지정은행의 인수인 때 당해 지정은행이 자신 앞으로 발행된 환어음을 인수하지 아니하거나 또는 자신 앞으로 발행된 환어음을 인수한 후 만기에 지급하지 아니한 경우

v. 지정은행의 매입인 때 당해 지정은행이 매입하지 아니한 경우

b. 개설은행은 자신이 신용장을 개설한 당시부터 취소불능한 수리의 의무를 진다.

c. 개설은행은 지정은행이 일치하는 제시를 수리 또는 매입한 후 개설은행에게 서류를 발송한 경우에는 이에 보상하여야 할 의무를 진다. 인수 또는 연지급에 의하여 사용가능한 신용장하에서 일치하는 제시에 대한 금액의 보상은 지정은행이 만기 이전에 선지급하였거나 또는 구매한 여부에 관계없이 만기에 정히 이루어져야 한다. 지정은행에 대한 개설은행의 보상의무는 수익자에 대한 개설은행의 의무와는 독립적이다.

해설 본조는 "수리"(honour)의 개념을 도입하면서 구 제9조 a항, 제10조 d항과 제14조 a항의 내용을 재정리하고, 인수신용장과 연지급신용장의 경우 만기 이전에 선지급한 지정은행을 보호하는 내용도 추가한 것이 특징적이다.

a. [개설은행의 의무사항] 개설은행은 신용장조건에 일치하는 서류가 다음 중 한 방법으로 지정은행이나 개설은행에 제시되는 한, 이를 수리하여야 한다.

① 개설은행 앞의 일람출급・연지급・인수인 경우

② 지정은행의 일람출급인 때 지정은행이 지급하지 아니한 경우

③ 지정은행의 연지급인 때 지정은행이 연지급확약을 발급하지 아니하거나 연지급확약을 발급한 후 만기에 지급하지 아니한 경우

④ 지정은행의 인수인 때 지정은행이 자신 앞의 환어음을 인수하지 아니하거나 환어음을 인수한 후 만기에 지급하지 아니한 경우

⑤ 지정은행의 매입인 때 지정은행이 매입하지 아니한 경우

요컨대 개설은행은 신용장의 최종당사자로서 자신 앞의 일람출급・연지급・인수신용장뿐만 아니라, 지정은행 앞의 일람출급・연지급・인수・매입신용장인 경우에도 해당 은행이 결제하지 아니하면 이를 수리할 의무가 있다. 결국 개설은행은 지급당사자이지 매입당사자는 아니다(ICC Pub. 632, R. 42).

다만 서류는 신용장조건에 일치하여야 한다. 예컨대 수익자의 선적통지증명 사본(certified copy)이 요구된 경우, 수익자의 비유통성 선적서류 발송증명서(beneficiary's certificate)는 하자사유가 된다(*Ibid.*, R. 23; Pub. 697, R. 668). 기타 신용장에 규정되지 아니한 부대서류상에 나타난 서명의 미확인 또는 물품의 품질불량 등은 수리거절의 사유가 될 수 없다(*Ibid.*, Rs. 24 and 32).

그러나 개설은행은 신용장조건에 불일치한 서류의 인수를 통고하였다면, 만기일자에 대금을 정히 지급하여야 한다(*Ibid.*, R. 31). 반대로 은행은 법원의 지급금지명령이 있을 경우 이 국내법을 무시하고 UCP 규정만으로 신용장조건에 일치한 서류를 인수할 수는 없을 것이다(*Ibid.*, Rs. 14, 33, 34 and 38).

본조에서 i) "일람출급"(sight payment) 신용장이란 서류만이나 일람출급 환어음을 요구하고, ii) "연지급"(deferred payment) 신용장이란 환어음 없는 서류를 요구하면서 연지급 만기일자를 기재하고, iii) "인수"(acceptance) 신용장이란 기한부 환어음을 요구하고, iv) "매입"(negotiation) 신용장이란 지정은행이 환어음이나 서류의 만기 이전에 선지급하거나 구매하는 것을 허용하는 신용장으로서 각각 구별된다(Pub. 459, Case Nos. 13 to 15; 동 제2조).

예컨대 신용장상에 "일람출급"의 명시가 있는데 지급의 만기일자를 "제8은행영업일"로 연장 기재한 경우, 은행은 이를 일람출급 신용장으로 이해하고 처리하여야 하며, 매입신용장의 경우 지정은행이 매입하지 아니하면 개설은행은 환어음의 상환청구 없이 지급하여야 한다(*Ibid.*, Case Nos. 15, 17 and 18).

신용장은 은행의 일정한 조건부 지급확약을 말한다. 따라서 신용장상에 은행의 지급확약을 부정하는 특수조항이 있으면 효력을 잃게 되고, 신용장금액의 일부에 대한 면책조항이 있으면 수익자는 해당 부분의 지급을 청구할 수 없으며, 또 개설의뢰인의 발행서류를 첨부하라는 요구조건이 있으면 수익자가 그 위험을 감수하여야 한다(*Ibid.*, Case Nos. 12, 16 and 19; *Ibid.*, R. 39).

b. [개설은행 의무개시일] 개설은행은 신용장을 개설한 당시부터 취소불능한 수리의 의무를 진다. 즉, 신용장은 개설은행이 통지은행이나 수익자에게 이를 송부하거나 별도로 발송한 때에 개설되어지며, 또 이때부터 신용장조건에 따라 개설은행에 대한 취소불능의 효력을 발생하게 된다(UCC 제5-106조 a항).

c. [지정은행에 보상의무] 개설은행은 지정은행이 일치하는 제시를 수리 또는 매입하고 서류를 발송하면 이에 보상하여야 한다. 인수신용장이나 연지급신용장의 경우, 개설은행은 지정은행이 만기 이전에 선지급하였거나 구매한 여부에 관계없이 만기에 일치하는 제시의 금액을 보상하여야 한다. 지정은행에 대한 개설

은행의 보상의무는 수익자에 대한 개설은행의 의무와는 별개이다.

다만 개설은행은 지정은행으로부터 서류 일치성에 관하여 접수된 결과에 상관없이 독자적으로 신용장조건의 충족여부를 판단하여야 한다(*Ibid.*, R. 57).

이 때 지급의 만기일자는 다음과 같이 계산된다. "일람후 정기출급"(at xxx days after sight) 환어음은 ① 개설은행이 서류를 이의 없이 인수한 경우 그 수령일자를 기준으로 기산하고, ② 불일치하는 서류를 거절통고한 후 다시 승인한 경우 환어음의 인수일자를 기준으로 기산한다(ISBP 제46항). 기타 환어음의 인수방식은 전자적이든 물리적이든 불문하고(*Ibid.*, R. 28), 은행의 서류심사기간(5일)을 이에 추가하여서는 아니된다(*Ibid.*, R. 246). 심지어 개설은행은 지정은행에게 환어음을 매입한 후 만기일자를 연장해 주었다면, 개설의뢰인이 부도되더라도 대금을 보상할 의무가 있다(Pub. 459, Case No. 44).

한편 개설은행은 환어음의 지급제시 또는 인수제시를 수령한 경우에는, 반드시 제시인에게 그 만기일자를 통지하여야 한다. 앞서 언급한 환어음 기한과 만기일자의 계산기준은 환어음의 사용 없이 연지급확약서만으로 지급기일을 연장하는 연지급신용장의 경우에도 마찬가지로 적용된다(ISBP 제47항).

나아가 신용장대금은 신용장에서 지급하도록 약정된 장소에서의 예정일자에 즉시 사용가능한 자금으로 지급되어야 한다(ISBP 제48항). 지급(payment)의 예정일자가 당해 장소에서의 은행휴업일에 도래한 경우, 그 예정일자는 이어지는 최초의 은행영업일까지 연장된다(동 제29조 a항; *Ibid.*, R. 25).

제 8 조 확인은행의 확약

Article 8 Confirming Bank Undertaking. a. Provided that the stipulated documents are presented to the confirming bank or to any other nominated bank and that they constitute a complying presentation, the confirming bank must :

i. honour, if the credit is available by

a) sight payment, deferred payment or acceptance with the confirming bank ;

b) sight payment with another nominated bank and that nominated bank does not pay ;

c) deferred payment with another nominated bank and that nominated bank does not incur its deferred payment undertaking or, having incurred its deferred payment undertaking, does not pay at maturity ;

d) acceptance with another nominated bank and that nominated bank does not accept a draft drawn on it or, having accepted a draft drawn on it, does not pay at maturity ;

e) negotiation with another nominated bank and not negotiated by any nominated bank.

ii. negotiate, without recourse, if the credit is available by negotiation with the confirming bank.

b. A confirming bank is irrevocably bound to honour or negotiate as of the time it adds its confirmation to the credit.

c. A confirming bank undertakes to reimburse another nominated bank that has honoured or negotiated a complying presentation and forwarded the documents to the confirming bank. Reimbursement for the amount of a complying presentation under a credit available by acceptance or deferred payment is due at maturity, whether or not another nominated bank prepaid or purchased before maturity. A confirming bank's undertaking to reimburse another nominated bank is independent of the confirming bank's undertaking to the beneficiary.

d. If a bank is authorized or requested by the issuing bank to confirm a credit but is not prepared to do so, it must inform the issuing bank without delay and may advise the credit without confirmation.

번역 **제8조 확인은행의 확약.** a. 규정된 서류가 확인은행 또는 기타 모든 지정은행에게 제시되고 또 그것이 일치하는 제시를 구성하는 한,

i. 확인은행은 신용장이 다음 각 목에 의하여 사용가능한 경우에는 반드시 이를 수리하여야 한다.

a) 확인은행의 일람출급, 연지급 또는 인수인 경우

b) 별도 지정은행의 일람출급인 때 당해 지정은행이 지급하지 아니한 경우

c) 별도 지정은행의 연지급인 때 당해 지정은행이 자신의 연지급확약을 발급하지 아니하거나 또는 자신의 연지급확약을 발급한 후 만기에 지급하지 아니한 경우

d) 별도 지정은행의 인수인 때 당해 지정은행이 자신 앞으로 발행된 환어음을 인수하지 아니하거나 또는 자신 앞으로 발행된 환어음을 인수한 후 만기에 지급하지 아니한 경우

e) 별도 지정은행의 매입인 때 어떠한 지정은행에서도 매입되지 아니한 경우

ii. 확인은행은 신용장이 확인은행에서 매입에 의하여 사용가능한 경우에는 반드시 상환청구 없이 이를 매입하여야 한다.

b. 확인은행은 자신이 신용장에 확인을 추가한 당시부터 취소불능한 수리 또는 매입의 의무를 진다.

c. 확인은행은 별도 지정은행이 일치하는 제시를 수리 또는 매입한 후 확인은행에게 서류를 발송한 경우에는 이에 보상하여야 할 의무를 진다. 인수 또는 연지급에 의하여 사용가능한 신용장하에서 일치하는 제시에 대한 금액의 보상은 별도 지정은행이 만기 이전에 선지급하였거나 또는 구매한 여부에 관계없이 만기에 정히 이루어져야 한다. 별도 지정은행에 대한 확인은행의 보상의무는 수익자에 대한 확인은행의 의무와는 독립적이다.

d. 어떠한 은행이 개설은행으로부터 신용장을 확인하도록 수권 또는 요청 받았으나 이를 행할 용의가 없는 경우에는, 동 은행은 반드시 개설은행에게 지체없이 통고하여야 하며 또 신용장을 확인 없이 통지할 수 있다.

해설 본조는 "수리"의 개념을 도입하면서 구 제9조 b항과 c항, 제10조 d항과 제14조 a항의 내용을 재정리하고, 인수신용장과 연지급신용장의 경우 만기 이전에 선지급한 별도 지정은행을 보호하는 내용도 추가하였다.

a. [확인은행의 의무사항] (i) 확인은행은 신용장조건에 일치하는 서류가 다음 중의 한 방법으로 확인은행이나 기타 지정은행에 제시되는 한, 이를 수리하여야 한다.

① 확인은행 앞의 일람출급·연지급·인수인 경우

② 별도 지정은행의 일람출급인 때 지정은행이 지급하지 아니한 경우

③ 별도 지정은행의 연지급인 때 지정은행이 연지급확약을 발급하지 아니하거나 연지급확약을 발급한 후 만기에 지급하지 아니한 경우

④ 별도 지정은행의 인수인 때 지정은행이 자신 앞의 환어음을 인수하지 아니하거나 환어음을 인수한 후 만기에 지급하지 아니한 경우

⑤ 별도 지정은행의 매입인 때 어떠한 지정은행도 매입하지 아니한 경우

(ii) 확인은행 앞의 매입인 경우, 확인은행은 신용장조건에 일치하는 서류가 확인은행이나 기타 지정은행에 제시되는 한, 상환청구 없이 이를 매입하여야 한다. 즉, 확인은행은 매입 후 개설은행이 이를 거절하더라도, 수익자에 대하여 상환청구권을 행사할 수 없다(ICC Pub. 489, Case Nos. 180 and 181).

예컨대 신용장에서 확인은행 앞 일람후 120일 출급의 환어음이 요구된 경우, 서류상에 하자가 없는 한 환어음의 만기일자는 확인은행의 창구에 서류가 제시된 이후 120일을 기준으로 결정된다(Pub. 632, Rs. 281 and 263). 또 확인은행의 창구에서 만기일자까지 매입하도록 지정된 경우, 매입서류에는 만기의 말일까지 확인은행에 제시되었음이 나타나 있어야 한다(*Ibid.*, R. 29).

결국 확인신용장의 경우 개설은행이 폐업되더라도, 확인은행은 수익자의 일치하는 제시에 지급이행하여야 하며, 반대로 확인은행이 폐업되더라도 수익자는 개설은행에게 직접 서류를 제시할 수 있다(Pub. 459, Case No. 61).

b. [확인은행 의무개시일] 확인은행은 신용장상에 자신의 확인(confirmation)을 추가한 당시부터 취소불능한 수리 또는 매입의 의무를 진다.

즉, 신용장조건에 따라 개설의뢰인 앞 또는 개설은행 앞의 기한부 환어음이 발행되었더라도, 확인을 추가한 지정은행은 자신 앞으로 제시된 서류를 상환청구 없이 매입하여야 한다(ICC Pub. 459, Case No. 24; *Ibid.*, R. 35).

다만 신용장에서 서류제시처를 별도로 지정하지 않은 한, 확인은행의 수리 또는 매입을 기대하려면 서류는 반드시 확인은행의 창구 앞으로 제시되어야 한다(*Ibid.*, Case No. 25; Pub. 489, Case Nos. 175 and 179).

c. [지정은행에 보상의무] 확인은행은 별도 지정은행이 일치하는 제시를 수리 또는 매입한 후 확인은행에게 서류를 발송하면 이에 보상하여야 할 의무를 진다. 특히 인수신용장이나 연지급신용장의 경우, 확인은행은 별도 지정은행이 만기 이전에 선지급하였거나 구매한 여부에 관계없이 만기에 일치하는 제시의 금액을 보상하여야 한다. 별도 지정은행에 대한 확인은행의 보상의무는 수익자에 대한 확인은행의 의무와는 독립적이다(동 제9조 c항 참조).

확인신용장하에서 공식적인 채무자는 확인은행이다. 예컨대 확인신용장상에 환어음을 개설의뢰인 앞으로 발행하도록 명시되어 있더라도, 법률적으로 일차적인 채무자는 확인은행이지 개설의뢰인은 아니다(*Ibid.*, R. 41).

만약 확인신용장상에 기한부 환어음의 일람출급이 규정되어 있다면, 확인은행은 이에 일람출급으로 결제하여야 하며, 이후 보상은행이 환어음 인수를 거절하더라도, 확인은행은 개설은행의 수권에만 호소하여야 한다(*Ibid.*, R. 43).

d. [확인은행의 지정거부] 통지은행이 개설은행으로부터 신용장의 확인을 수권 또는 요청받았으나 이를 행할 용의가 없는 경우, 이러한 사실을 지체 없이 개설은행에게 통고하여야 하며 또 신용장을 확인 없이 통지할 수 있다.

예컨대 통지은행이 개설은행으로부터 확인을 추가하도록 요청받았을 때, 통지은행은 반드시 이에 따라야 할 의무는 없다(ICC Pub. 489, Case No. 182). 다만 통지은행은 확인을 추가할 의사가 없으면 반드시 개설은행에게 통고하여야 하며, 이를 행하지 아니한데 대한 책임을 져야 한다(*Ibid.*, Case No. 173).

결국 확인은행을 결정하는 주체는 개설은행이다(Pub. 459, Case No. 26). 다만 통지은행은 개설은행의 요청을 받은 금액의 일부만 확인을 추가하거나(*Ibid.*, Case No. 20), 또는 개설은행의 수권 없이 자체 확인을 추가할 수도 있다. 후자의 경우 위험은 통지은행의 부담에 속한다(Pub. 489, Case No. 177).

제9조 신용장·변경의 통지

Article 9 Advising of Credits and Amendments. **a.** A credit and any amendment may be advised to a beneficiary through an advising bank. An advising bank that is not a confirming bank advises the credit and any amendment without any undertaking to honour or negotiate.

b. By advising the credit or amendment, the advising bank signifies that it has satisfied itself as to the apparent authenticity of the credit or amendment and that the advice accurately reflects the terms and conditions of the credit or amendment received.

c. An advising bank may utilize the services of another bank ("second advising bank") to advise the credit and any amendment to the beneficiary. By advising the credit or amendment, the second advising bank signifies that it has satisfied itself as to the apparent authenticity of the advice it has received and that the advice accurately reflects the terms and conditions of the credit or amendment received.

d. A bank utilizing the services of an advising bank or second advising bank to advise a credit must use the same bank to advise any amendment thereto.

e. If a bank is requested to advise a credit or amendment but elects not to do so, it must so inform, without delay, the bank from which the credit, amendment or advice has been received.

f. If a bank is requested to advise a credit or amendment but cannot satisfy itself as to the apparent authenticity of the credit, the amendment or the advice, it must so inform, without delay, the bank from which the instructions appear to have been received. If the advising bank or second advising bank elects nonetheless to advise the credit or amendment, it must inform the beneficiary or second advising bank that it has not been able to satisfy itself as to the apparent authenticity of the credit, the amendment or the advice.

번역 **제9조 신용장·변경의 통지.** a. 신용장 및 모든 변경은 통지은행을 통하여 수익자에게 통지될 수 있다. 통지은행은 확인은행이 아닌 한, 수리 또는 매입의 어떠한 확약도 없이 신용장 및 모든 변경을 통지하는 것이다.

b. 통지은행은 신용장 또는 변경을 통지한 경우에는, 자신이 신용장 또는 변경의 외관상 진정성에 관하여 확신하였으며 또 그 통지가 수령된 신용장 또는 변경의 제조건을 정확하게 반영하고 있음을 표명하는 것이다.

c. 통지은행은 수익자에게 신용장 및 모든 변경을 통지하기 위하여 별도 은행("제2통지은행")의 서비스를 이용할 수 있다. 제2통지은행은 신용장 또는 변경을 통지한 경우에는, 자신이 수령한 통지의 외관상 진정성에 관하여 확신하였으며 또 그 통지가 수령된 신용장 또는 변경의 제조건을 정확하게 반영하고 있음을 표명하는 것이다.

d. 신용장을 통지하기 위하여 통지은행 또는 제2통지은행의 서비스를 이용하는 은행은 이에 따른 모든 변경을 통지함에 있어서도 반드시 동일한 은행을 이용하여야 한다.

e. 어떠한 은행이 신용장 또는 변경을 통지하도록 요청받았으나 이를 행하지 아니하기로 선택한 경우에는, 동 은행은 반드시 그 신용장, 변경 또는 통지를 수령해 온 은행에게 지체 없이 이를 통고하여야 한다.

f. 어떠한 은행이 신용장 또는 변경을 통지하도록 요청받았으나 그 신용장, 변경 또는 통지의 외관상 진정성에 관하여 확신할 수 없는 경우에는, 동 은행은 반드시 그 지시를 수령해 온 것으로 나타나 있는 은행에게 지체 없이 이를 통고하여야 한다. 그럼에도 불구하고 통지은행 또는 제2통지은행이 신용장 또는 변경을 통지하기로 선택한 경우에는, 동 은행은 반드시 수익자 또는 제2통지은행에게 그 신용장, 변경 또는 통지의 외관상 진정성에 관하여 확신할 수 없었다는 것을 통고하여야 한다.

해설 본조는 구 제7조 a항과 b항 및 제11조 b항을 통합하여 신설한 것이다. 신용장의 외관상 진정성에 관한 통지은행의 "상당한 주의" 의무개념을 포기하고 통지의 "정확성"과 "제2통지은행" 개념을 도입한 것이 특징적이다.

a. [통지은행의 고유기능] 신용장의 통지은행은 기본적으로 수익자에 대한 수

리나 매입의 확약을 추가함이 없이 신용장을 통지하는 것이다. 다만 통지은행이 확인은행인 경우에는 확약을 추가하여 통지업무를 수행하게 된다.

예컨대 통지서상에 어떠한 "확약" 또는 "책임"(responsibility) 없이 통지한다고 기재한 경우, 이는 신용장에 확인을 추가함이 없이 통지한다거나 결제에 관한 확약 또는 책임 없이 수행한다는 의미이다(ICC Pub. 632, R. 22).

b. [통지은행의 책임범위] 통지은행이 신용장을 통지한 경우 신용장의 외관상 진정성(apparent authenticity)에 관한 확신뿐만 아니라, 자신의 통지가 신용장조건을 정확하게 반영하고 있다는 사실에 관하여 책임을 져야 한다.

예컨대 통지서상에 어떠한 "확약" 또는 "책임" 없이 통지한다고 기재하더라도, 이는 일반적으로 통지은행이 신용장의 진정성이나 신용장조건의 정확한 반영에 관한 행위책임까지 회피하는 의미로 해석되지 아니한다(*Ibid.*, R. 22).

즉, 구 규칙에서 통지은행은 신용장의 진정성에 관한 "상당한 주의"의 의무만 요구하였으나(ICC Pub. 459, Case No. 9), 이번 규칙에서는 신용장의 진정성에 관하여 통지은행이 스스로 확신(보증)하도록 하고, 또 통지가 신용장조건을 정확하게 반영하고 있다는 사실에 책임을 지도록 통지의무를 강화하였다.

c. [제2통지은행의 책임] 신용장이 통지은행과 제2통지은행을 거쳐 통지된 경우 제2통지은행도 신용장의 외관상 진정성뿐만 아니라 자신의 통지가 신용장조건을 정확하게 반영하고 있다는 사실에 관하여 책임을 져야 한다.

제2통지은행은 주로 수익자가 개설의뢰인에게 신용장의 전달편의를 위하여 요청함으로써 개입하게 되는데, 이러한 경우 통지은행의 통지서상에 기재된 취급내용은 원신용장의 조건을 변경시키지 못한다. 예컨대 원신용장상에 "모든 은행에서의 매입"(negotiation with any bank)으로 개방된 경우, 통지은행이 "지급"(payment)으로 전환하더라도 원신용장의 조건이 유효하다(*Ibid.*, R. 51).

d. [변경시 동일은행이용] 신용장이 통지은행이나 제2통지은행을 거쳐 통지된 경우, 이에 따른 모든 변경의 통지도 동일한 은행경로를 이용하여야 한다.

이는 구 규칙의 제11조 b항을 수정 없이 옮겨놓은 것으로서, 업무상 신용장의 통지와 조건변경의 통지를 연결시키기 위한 고리역할을 하고 있다.

e. [통지거부시 통고의무] 은행이 신용장의 통지를 요청받고 통지업무를 수행하지 아니할 경우에는 그 업무의 지시은행에게 지체 없이 통고하여야 한다.

즉, 통지은행은 신용장을 통지하지 아니하기로 결정한 경우에는 그 뜻을 지체 없이 개설은행에게 통고하여야 하며, 제2통지은행도 마찬가지이다.

특히 통지은행은 개설은행으로부터 신용장의 확인까지 요청받았다면, 확인을 추가할 의사가 없음을 개설은행에게 통고하여야 하며(동 제8조 d항), 이를 행하지 아니한데 대한 책임을 져야 한다(ICC Pub. 489, Case No. 173).

f. [불확신사항 통고의무] 통지은행이나 제2통지은행이 신용장의 외관상 진정성을 확신할 수 없는 경우에는 그 지시은행에게 지체 없이 통고하여야 한다(통지거부든 통지시). 한편 통지은행이 외관상 진정성을 확신할 수 없는 신용장을 통지할 경우에는 수익자측에게도 그러한 사실을 통고하여야 한다.

예컨대 신용장상에 불명확한 조건이 내포되어 있는 경우, 통지은행은 수리거절을 방지하려면 개설은행에게 이를 명확히 밝혀줄 것을 촉구하여야 하며, 수익자에게도 그러한 사실을 사전통고하여야 한다(*Ibid.*, R. 52). 만약 신용장상에 애매한 서류가 그 작성내용에 관한 언급이 없이 제시서류 중에 내포되어 있다면, 이를 요구된 서류로 해석하는 것은 당연하다고 본다(*Ibid.*, R. 53).

제10조 변 경

Article 10 Amendments. **a.** Except as otherwise provided by article 38, a credit can neither be amended nor cancelled without the agreement of the issuing bank, the confirming bank, if any, and the beneficiary.

b. An issuing bank is irrevocably bound by an amendment as of the time it issues the amendment. A confirming bank may extend its confirmation to an amendment and will be irrevocably bound as of the time it advises the amendment. A confirming bank may, however, choose to advise an amendment without extending its confirmation and, if so, it must inform the issuing bank without delay and inform the beneficiary in its advice.

c. The terms and conditions of the original credit (or a credit incorporating previously accepted amendments) will remain in force for the beneficiary until the beneficiary communicates its acceptance of the amendment to the bank that advised such amendment. The beneficiary should give notification of acceptance or rejection of an amendment. If the beneficiary fails to give such notification, a presentation that complies with the credit and to any not yet accepted amendment will be deemed to be notification of acceptance by the beneficiary of such amendment. As of that moment the credit will be amended.

d. A bank that advises an amendment should inform the bank from which it received the amendment of any notification of acceptance or rejection.

e. Partial acceptance of an amendment is not allowed and will be deemed to be notification of rejection of the amendment.

f. A provision in an amendment to the effect that the amendment shall enter into force unless rejected by the beneficiary within a certain time shall be disregarded.

번역 **제10조 변경.** a. 제38조에 의하여 별도의 규정이 있는 경우를 제외하고, 신용장은 개설은행, 확인은행(있는 경우) 및 수익자의 합의 없이는 결코 변경 또는 취소될 수 없다.

b. 개설은행은 자신이 변경을 개설한 당시부터 그 변경에 의한 취소불능한 의무를 진다. 확인은행은 자신의 확인을 변경에까지 연장할 수 있으며 또 자신이 변경을 통지한 당시부터 취소불능한 의무를 져야 한다. 그러나 확인은행은 자신의 확인을 연장함이 없이 변경을 통지할 수 있으며, 이러한 경우에는 동 은행은 반드시 개설은행에게 지체 없이 통고하여야 하고 또 자신의 통지상에서 수익자에게 통고하여야 한다.

c. 원신용장 (또는 예전에 승낙된 변경을 첨부한 신용장)의 제조건은 수익자가 그러한 변경을 통지해 온 은행에게 변경에 관한 자신의 승낙을 통보할 때까지는 수익자를 위하여 계속 효력을 유지한다. 수익자는 변경에 관한 승낙 또는 거절의

통고를 행하여야 한다. 수익자가 그러한 통고를 행하지 아니한 경우에는, 동 신용장 및 아직 승낙되지 아니한 변경의 모두에게 일치하는 제시는 수익자가 그러한 변경을 승낙한다는 통고로 보며, 당해 순간부터 신용장은 변경되는 것으로 한다.

d. 변경을 통지하는 은행은 자신이 변경을 수령해 온 은행에게 승낙 또는 거절에 관한 모든 통고사항을 통고하여야 한다.

e. 변경에 관한 일부승낙은 허용되지 아니하며, 또 이는 변경에 관한 거절의 통고인 것으로 본다.

f. 변경상에서 일정한 기간 내에 수익자가 거절하지 아니하는 한, 동 변경은 효력을 발생한다는 취지의 규정은 이를 무시하여야 한다.

해설 본조는 구 제9조 d항을 개정한 것으로서, 변경의 일부승낙은 거절로 본다는 점과 거절시한에 관한 규정은 무효임을 명확히 한 점이 특징이다.

a. [조건변경 합의당사자] 신용장은 개설은행, 확인은행(있는 경우) 및 수익자 전원의 합의 없이는 이를 변경하거나 취소할 수 없다. 양도가능 신용장의 경우 제2수익자에게 변경의 효력을 미치게 하려면 각 추가적인 동의가 필요하며, 동의하지 아니한 제2수익자에게는 원신용장이 유효하다(동 제38조 f항).

예컨대 개설은행이 취소불능 신용장을 개설하고 수익자가 이를 담보로 수출구매자금까지 대출받은 경우, 수익자가 그 변경이나 취소요청에 동의하지 아니하는 한, 개설은행은 매수인의 지시가 있더라도 이를 취소할 수 없으며, 원신용장에 일치하는 서류를 정히 수리할 의무가 있다(ICC Pub. 632, R. 40).

b. [변경시 은행의무개시] 신용장이 변경된 경우 개설은행은 변경을 개설한 당시부터 변경신용장에 의한 취소불능의 의무를 진다. 확인은행의 경우는 확인을 변경에 연장할 수도 있고 아니할 수도 있다. 확인은행이 확인을 변경에 연장한 경우, 변경을 통지한 당시부터 취소불능의 의무를 진다. 그러나 확인은행이 확인을 변경에 연장함이 없이 통지할 경우, 개설은행에게 지체 없이 통고하여야 하고 수익자에 대한 통지에서도 그 사실을 통고하여야 한다.

예컨대 매입은행이 서류를 심사하는 중에 신용장이 변경된 경우, 개설은행은 서류가 변경신용장에 일치하는 한 변경이 개설된 때부터 이에 구속된다(*Ibid.*, R.

36). 그러나 확인은행의 경우 신용장이 변경되었더라도, 이에 동의하지 아니하였다면 변경신용장은 확인은행에게는 아무런 영향이 없으며, 이 경우 원신용장에 대한 의무만 부담하면 된다(ICC Pub. 459, Case No. 27).

c. [수익자 승낙의사 효력] 수익자의 입장에서는 변경에 관한 승낙을 통보할 때까지는 원신용장(과거 승낙된 변경신용장)의 효력이 계속 유지되고, 자신이 승낙을 통보한 때부터 변경의 효력이 발생한다. 수익자는 변경에 관한 승낙 또는 거절의 여부를 명시적으로 통고하여야 한다. 만약 수익자가 명시적인 의사표시 없이 있다가 원신용장 및 변경될 신용장의 모두에게 일치하는 제시를 행할 경우, 이는 변경에 관한 승낙으로 보며 이때부터 신용장은 변경되어진다.

다만 양도가능 신용장의 경우 제1수익자가 서류의 제시를 행하기 이전에 원신용장이나 변경신용장을 제2수익자에게 양도하도록 요청하였다면, 이러한 행위는 제1수익자가 해당 신용장의 조건을 승낙한 것으로 본다(*Ibid.*, R. 50).

그러나 개설은행이 변경이나 취소의 승낙기한을 정하여 통고하고 이 기한이 지나면 승낙으로 보는 방법은 법률적으로 무효이다(ICC Pub. 489, Case Nos. 186 and 187; 본조 f항). 다만 개설은행이 변경의 승낙 여부에 관한 의사표시의 전달방법을 별도로 명시하고 이에 따르지 아니하면 변경의사가 없는 것으로 보는 방법은 유효한 기재이다(ICC Position Paper No. 1; *Ibid.*, R. 30).

d. [변경 통지은행의 의무] 신용장 변경의 통지은행은 수익자의 승낙 또는 거절에 관한 모든 통고사항을 당초 변경의 지시은행에게 통고하여야 한다.

즉, 통지은행이나 제2통지은행은 서류의 제시 전에 수익자의 변경승낙 또는 거절여부의 통고를 받았다면, 이를 모두 변경 송부은행에게 통고하여야 한다.

e. [변경 일부승낙의 무효] 신용장의 변경에 관한 일부승낙은 허용되지 아니하며, 이는 변경에 관한 거절의 통고로 본다. 다만 변경에 관한 일부승낙이 새로운 변경을 위한 제의로 보는지의 여부에 대하여는 아무런 언급이 없다.

이는 구 규칙에서 변경의 일부승낙을 허용하지 아니한다는 정도에서 일부승낙은 변경의 거절통고로 보도록 강화한 것이다. 따라서 변경의 일부승낙을 당사자 전원이 합의하더라도, 변경 자체가 거절된 것이기 때문에 이를 유효하게 하려면 합의된 부분만을 커버하는 별도의 변경신용장을 개설하여야 한다.

f. [거절 시한규정의 무효] 변경의 통지시 일정한 기간 내에 수익자의 거절통고가 없으면, 자동으로 변경의 효력이 발생한다는 등의 규정은 무효이다. 신용장의 변경은 수익자의 명시적인 승낙의 의사표시가 있어야 한다. 즉, 수익자의 단순한 침묵을 변경에 관한 승낙으로 보려는 관행은 인정하지 아니한다.

예컨대 개설은행이 신용장의 조건변경을 통지하면서 15일 이내에 거절 여부의 통고가 없으면, 이를 승낙으로 본다는 등의 기재는 취소불능 신용장의 본질에 반하는 것이다(ICC Position Paper No. 1; Pub. 489, Case Nos. 186 and 187; *Ibid.*, R. 37). 다만 개설은행이 변경의 승낙 여부에 관한 의사표시의 방법에 관하여 별도로 명시한 경우에는 이에 따라야 한다(*Ibid.*, R. 30).

제11조 전신 · 예고신용장과 변경

Article 11 Teletransmitted and Pre-Advised Credits and Amendments. a. An authenticated teletransmission of a credit or amendment will be deemed to be the operative credit or amendment, and any subsequent mail confirmation shall be disregarded.

If a teletransmission states "full details to follow" (or words of similar effect), or states that the mail confirmation is to be the operative credit or amendment, then the teletransmission will not be deemed to be the operative credit or amendment. The issuing bank must then issue the operative credit or amendment without delay in terms not inconsistent with the teletransmission.

b. A preliminary advice of the issuance of a credit or amendment ("pre-advice") shall only be sent if the issuing bank is prepared to issue the operative credit or amendment. An issuing bank that sends a pre-advice is irrevocably committed to issue the operative credit or amendment, without delay, in terms not inconsistent with the pre-advice.

번역 **제11조 전신 · 예고신용장과 변경**. a. 신용장 또는 변경에 관한 인증된 전신은 유효한 신용장 또는 변경으로 보며, 따라서 후속되는 어떠한 우편확인서도 이를 무시하여야 한다.

전신상에서 "완전한 세부사항은 추후 통지함."(full details to follow)(또는 이와 유사한 취지의 문언)이라고 기재하거나 또는 우편확인서를 유효한 신용장 또는 변경으로 한다는 것을 기재한 그러한 경우에는, 동 전신은 유효한 신용장 또는 변경으로 보지 아니한다. 그러한 경우 개설은행은 반드시 동 전신과 모순되지 아니한 조건으로 유효한 신용장 또는 변경을 지체 없이 개설하여야 한다.

b. 신용장 또는 변경의 개설에 관한 예비적인 통지("사전통지")는 단지 개설은행이 유효한 신용장 또는 변경을 개설할 용의가 있는 경우에만 송부되어야 한다. 사전통지를 송부한 개설은행은 동 사전통지와 모순되지 아니한 조건으로 유효한 신용장 또는 변경을 지체 없이 개설하여야 할 취소불능한 의무를 진다.

해설 본조는 구 제11조 a항 및 c항을 보완한 것으로서, 인증된 전신에 관한 우편확인서는 무시하도록 하고, 전신상에 우편확인서를 유효하게 기재한 경우 전신과 모순되지 아니한 조건의 신용장 개설을 의무화한 것이 특징이다.

a. [전신신용장의 효력] 신용장의 인증된 전신(teletransmission)은 그 자체를 유효한 신용장으로 보며, 이후의 어떠한 우편확인서도 이를 무시하여야 한다.

다만 전신상에서 세부사항을 추후 통지한다거나 우편확인서를 유효한 신용장으로 한다고 기재한 경우, 동 전신은 효력을 갖지 못한다. 이 경우 개설은행은 전신내용과 모순되지 아니한 신용장을 지체 없이 개설하여야 한다.

여기서 "전신"이란 우편이 아닌 전신(cable), 텔렉스(telex), SWIFT 등의 모든 전신수단을 포괄하는 의미이다. 따라서 개설은행이 신용장을 텔리팩스(telefax)나 팩시밀리(facsimile) 등으로 개설하였더라도, 당사자간에 Testkeys, SWIFT Keys 등에 의한 정확한 인증절차를 거쳤다면, 이는 유효한 신용장으로서 효력을 갖는다. 다만 세부사항을 추후 통지한다거나 우편확인서를 유효한 신용장으로 한다는 명시가 없어야 한다(ICC Pub. 459, Case Nos. 35 to 37).

기타 전신상에는 그것이 "유효한 신용장"이란 표기를 꼭 필요로 하지 아니하며, 또 UCP 준거문언이 있는 한 개설은행의 지급확약문언이 없어도 무방하다(*Ibid.*, Case Nos. 37 to 38). 또 개설은행은 전신에 이어 송부한 우편확인서가 불착되더라도 이에 책임을 지지 아니한다(Pub. 489, Case No. 197).

b. [신용장의 사전통지] 신용장의 개설에 관한 사전통지(pre-advice)는 개설은행이 유효한 신용장을 개설할 용의가 있는 경우에만 송부되어야 한다. 신용장의 개설에 관한 사전통지가 송부된 경우, 개설은행은 반드시 동 사전통지와 모순되지 아니한 신용장을 지체 없이 개설하여야 할 의무를 진다.

즉, 사전통지는 개설은행이 유효한 정식신용장(full detail advice)을 부당한 지체 없이 개설할 것을 전제로 송부하여야 한다. 다만 사전통지에는 정식신용장의 방식・조건・시기 등을 따로 정할 수 있다. 사전통지는 어떠한 표준양식이 없고 그것이 "사전통지"라는 기재를 꼭 필요로 하는 것은 아니지만, 추후 정식신용장을 개설할 것이라는 내용이 있어야 한다(ICC Pub. 632, R. 50).

제12조 지 정

Article 12 Nomination. **a.** Unless a nominated bank is the confirming bank, an authorization to honour or negotiate does not impose any obligation on that nominated bank to honour or negotiate, except when expressly agreed to by that nominated bank and so communicated to the beneficiary.

b. By nominating a bank to accept a draft or incur a deferred payment undertaking, an issuing bank authorizes that nominated bank to prepay or purchase a draft accepted or a deferred payment undertaking incurred by that nominated bank.

c. Receipt or examination and forwarding of documents by a nominated bank that is not a confirming bank does not make that nominated bank liable to honour or negotiate, nor does it constitute honour or negotiation.

번역 제12조 지정. a. 지정은행이 확인은행이 아닌 한, 수리 또는 매입에 관한 수권은 당해 지정은행에게 수리 또는 매입에 관한 어떠한 의무를 부과하지 아니한다. 다만 당해 지정은행이 명시적으로 합의하고 또 수익자에게 이를 통보한 경우는 제외한다.

b. 개설은행은 환어음의 인수 또는 연지급확약의 발급을 위하여 어떠한 은행을 지정한 경우에는, 당해 지정은행이 인수된 환어음 또는 당해 지정은행에 의하여 발급된 연지급확약을 선지급 또는 구매하도록 수권하는 것이다.

c. 확인은행이 아닌 지정은행이 서류를 수령 또는 심사 및 발송한다 하더라도 당해 지정은행에게 수리 또는 매입에 관한 의무가 발생하지 아니하며, 이는 또한 수리 또는 매입을 구성하지도 아니한다.

해설 본조는 지정은행에 관한 구 제10조 b항 ii호 2문 및 c항을 재정리하고, 인수·연지급확약의 은행관습을 수용하여 지정은행이 인수 또는 연지급확약 후 만기 이전에 선지급하거나 구매할 수 있도록 수권조항을 신설하였다.

a. [지정은행의 불구속] 수리·매입의 지정은행은 확인은행이 아닌 한, 수익자에 대하여 반드시 수리·매입의 의무를 부담하지 아니한다. 다만 지정은행이 수리·매입을 명시적으로 합의하고 수익자에게 통보한 경우는 제외한다.

예컨대 확인은행이 아닌 지정은행이 신용장을 통지할 때 자신의 지급약정에 관하여 "명시적으로" 기재하지 아니하였다면, 수익자에 대한 지급 등의 의무를 부담하지 아니하여도 된다(ICC Pub. 632, R. 45; Pub. 489, Case No. 194).

나아가 지정은행은 신용장을 통지할 때 개설은행이 서류를 거절하면 수익자에게 상환청구하는 조건부 매입을 명시할 수 있다. 매입은행의 상환청구권은 UCP 규정보다 각 국내법과 계약사항의 문제이며, 이때 지정은행은 어음금액의 일부만 매입약정할 수도 있다(*Ibid.*, R. 46; Pub. 697, Rs. 663 and 666).

b. [인수와 연지급은행] 개설은행이 환어음의 인수·연지급은행을 지정한 경우, 지정은행은 자신이 인수한 환어음이나 연지급확약한 부분에 대해 만기 이전에 금액을 선지급하거나 구매할 수 있다. 즉, 인수 또는 연지급신용장의 경우, 개설은행은 지정은행이 만기 이전에 선지급하였거나 구매한 여부와 관계없이 만기에

일치하는 제시에 대한 금액을 보상하여야 한다(동 제7조 c항).

예컨대 신용장에서 "일람후 90일 출급"의 환어음이 요구되고 확인 지정은행이 인수거절한 경우, 개설은행은 자신이 환어음의 인수를 위하여 수령한 익일로부터 90일 후에 지급하여야 한다(Pub. 632, R. 88; ISBP 제46항).

선의의 지정은행은 연지급확약한 부분을 선지급하였다면, 물품의 하자로 인한 법원의 지급금지명령이 있더라도 보호된다(Pub. 697, R. 629; 동 제4조).

c. **[서류처리은행 면책]** 지정은행은 확인은행이 아닌 한, 자신이 서류를 수령·심사·발송하더라도 수리나 매입의 의무가 발생하지 아니한다. 즉, 지정은행에 의한 서류의 수령·심사·발송은 수리나 매입을 구성하지 아니한다.

예컨대 연지급신용장의 경우, 지정은행이 서류를 심사후 "인수한다."(accept)고 통지하더라도 이는 연지급확약한 것으로 보지 아니한다(*Ibid.*, R. 630).

반대로 지정은행이 있는 경우, 지정받지 아니한 제3은행이 지정은행의 권리포기서(release letter)를 첨부하여 대금을 보상청구하더라도, 개설은행은 이에 보상할 의무가 없다(ICC Pub. 459, Case No. 31; Pub. 489, Case No. 196).

◇ 의무와 책임(제13조-제16조)

제13조 은행간 보상협정

Article 13 Bank-to-Bank Reimbursement Arrangements. **a.** If a credit states that reimbursement is to be obtained by a nominated bank ("claiming bank") claiming on another party ("reimbursing bank"), the credit must state if the reimbursement is subject to the ICC rules for bank-to-bank reimbursements in effect on the date of issuance of the credit.

b. If a credit does not state that reimbursement is subject to the ICC rules for bank-to-bank reimbursements, the following apply :

i. An issuing bank must provide a reimbursing bank with a reimbursement authorization that conforms with the availability stated in the credit. The reimbursement authorization should not be subject to an expiry date.

ii. A claiming bank shall not be required to supply a reimbursing bank with a certificate of compliance with the terms and conditions of the credit.

iii. An issuing bank will be responsible for any loss of interest, together with any expenses incurred, if reimbursement is not provided on first demand by a reimbursing bank in accordance with the terms and conditions of the credit.

iv. A reimbursing bank's charges are for the account of the issuing bank. However, if the charges are for the account of the beneficiary, it is the responsibility of an issuing bank to so indicate in the credit and in the reimbursement authorization. If a reimbursing bank's charges are for the account of the beneficiary, they shall be deducted from the amount due to a claiming bank when reimbursement is made. If no reimbursement is made, the reimbursing bank's charges remain the obligation of the issuing bank.

c. An issuing bank is not relieved of any of its obligations to provide reimbursement if reimbursement is not made by a reimbursing bank on first demand.

번역 **제13조 은행간 보상협정.** a. 신용장상에서 지정은행("청구은행")이 별도의 당사자("보상은행") 앞으로 청구하여 보상을 취득하도록 기재한 경우에는, 동 신용장은 반드시 그 보상이 신용장의 개설일자에 유효한 국제상업회의소의 은행간 보상규칙에 따르는지의 여부를 기재하여야 한다.

b. 신용장상에서 보상이 국제상업회의소의 은행간 보상규칙에 따른다고 기재하지 아니한 경우에는, 다음 각 호의 규정이 적용된다.

i. 개설은행은 반드시 보상은행에게 신용장상에 기재된 사용가능성에 적합한 보상수권을 제공하여야 한다. 보상수권은 유효기일을 전제하여서는 아니한다.

ii. 청구은행은 보상은행에게 신용장의 제조건과의 일치성에 관한 증명서를 제공하도록 요구되어서는 아니된다.

iii. 보상은행이 최초의 청구시에 신용장의 제조건에 따라 보상을 제공하지 아니한 경우에는, 개설은행은 발생된 모든 지출금과 함께 모든 이자의 손실에 대하여 책임을 져야 한다.

iv. 보상은행의 경비는 개설은행의 부담으로 한다. 그러나 동 경비를 수익자의 부담으로 하는 경우에는, 신용장 및 보상수권상에 이를 명시하는 것은 개설은행의 책임이다. 보상은행의 경비를 수익자의 부담으로 하는 경우에는, 동 경비는 보상이 행하여질 때에 청구은행에게 지불될 금액에서 공제되어야 한다. 어떠한 보상도 행하여지지 아니한 경우에는, 보상은행의 경비는 개설은행의 의무로 남는다.

c. 보상은행이 최초의 청구시에 보상을 행하지 아니한 경우에는, 개설은행은 보상을 제공하여야 할 자신의 어떠한 의무로부터 면제되지 아니한다.

해설 본조는 구 제19조를 ICC "은행간 보상규칙"(URR)에 맞추어 재정리한 것으로서, 신용장상에 URR 적용여부를 삽입하도록 하고 개설은행의 보상수권은 유효기일이 없어야 하며, 개설은행의 책임을 강화한 것이 특징이다.

a. [URR 준거조항 삽입] 신용장에서 수리・매입의 지정은행이 제3은행 앞으로 보상청구하도록 기재한 경우, 반드시 그 보상업무에 당시의 유효한 ICC 은행간 보상규칙(URR)의 적용여부를 함께 기재하여야 한다. 다만 신용장상에 UCP 준거문언이 있고 URR 준거문언이 없더라도, 청구은행이 보상확약의 조건을 충족하는 한 이에 보상받을 수 있다(ICC Pub. 632, R. 123).

URR은 은행간 신용장 대금보상과정에서 불필요한 지체와 마찰을 줄이고자 1995년 9월에 ICC 집행위원회의 승인하에 ICC 출판물 제525호("URR 525")로 제정되었으며, 그 내용은 총칙과 정의, 의무와 책임, 수권・변경・청구의 형식과 통지, 잡칙 등 총 17개 조항으로 구성되었다. 이는 UCP 600의 체제에 맞도록 기술적인 변화를 기하여 "URR 725"란 명칭으로 2008년 4월에 ICC 은행위원회의 승인을 득하고 동년 10월 1일부터 발효되었다(부록 참조).

b. [보상은행의 보상수권] 신용장상에 보상이 URR에 따른다는 기재가 없는 경우, ① 개설은행은 보상청구의 유효기일을 두지 말고 보상은행에 대하여 신용장상에 기재된 사용가능성에 적합한 보상수권을 제공하여야 한다.

② 청구은행은 결코 보상은행에게 신용장조건과의 일치성에 관한 증명서(certificate of compliance)를 제공할 의무를 지지 아니한다. 비록 보상은행이 그러한 일치성증명서를 받도록 요구되어 있더라도 이는 무시되어야 한다.

이는 개설은행의 지급대리인에게 일치성증명서를 제공하도록 요구하는 진부한 관습을 억제하기 위한 것이다(ICC Pub. 411, p. 37). 다만 신용장에서 일치성증명서를 요구하였다면, 보상은행에게 이를 제공하여야 한다(Pub. 371, p. 34). 그러나 UCP 개정작업부는 보상은행이 일치성증명서를 받도록 요구되어 있더라도 이를 무시하여야 한다는 입장이다(Pub. 459, Case Nos. 63 and 64).

③ 보상은행이 최초의 청구시 신용장조건에 따라 보상하지 아니한 경우, 개설은행은 이로 인한 청구은행의 모든 지출금과 이자손실을 부담하여야 한다.

반대로 청구은행이나 수익자가 보상은행으로부터 신용장대금을 보상받았다면,

개설은행이 파산되었다 하더라도 이를 환급할 필요가 없다. 왜냐하면 청구은행이나 수익자는 은행간의 보상약정과 무관하기 때문이다(*Ibid.*, R. 49).

예컨대 신용장에서 해외비용을 수익자의 부담으로 하고 있더라도, 보상지연의 이자규정이 없다면 이는 수익자에게 청구할 수 없으며 개설은행이 부담하여야 한다(Pub. 459, Case Nos. 65 and 67; Pub. 489, Case No. 217).

④ 보상은행의 경비(charges)는 원초적으로 개설은행의 부담에 속한다. 다만 보상은행의 경비를 수익자의 부담으로 하고자 할 경우, 개설은행은 신용장과 보상수권서상에 이를 명시하여야 한다. 동 경비가 수익자의 부담으로 명시된 경우, 이는 청구은행에게 보상금액을 지불할 때에 공제하여야 한다. 보상이 이행되지 아니한 경우에도, 보상은행의 경비는 개설은행의 의무로 남는다.

그러나 신용장상에 "매입은행의 보상지시에 따른다."(as per the negotiating bank's instructions)라는 보상조건이 있는 경우, 개설은행은 청구은행이 일방적으로 설정한 기간의 이자까지 모두 지급하여야 하는 것은 아니다. 이자는 개설은행이 보상청구를 수리하는 상당한 기간이 감안되어야 한다(*Ibid.*, R. 48).

c. [개설은행의 보상책임] 보상은행이 최초의 청구시 보상을 행하지 아니한 경우, 개설은행은 최종적으로 청구은행에게 보상할 의무가 있다. 물론 청구은행의 경비를 수익자로부터 공제할 수 없을 경우 그 경비도 부담하여야 한다.

보상처리의 기간은 보상은행이 보상청구를 수령한 익일로부터 제3은행영업일까지이지만(URR 725 제11조 a항), 개설은행의 입장에서는 일치하는 서류가 개설은행에 접수된 익일로부터 제5은행영업일까지가 된다(*Ibid.*, R. 124).

개설은행은 보상수권에 따라 일치하는 제시가 이루어졌다면, 개설의뢰인의 금융상태가 악화되더라도 수익자의 동의 없이는 지급조건을 변경할 수 없으며, 청구은행의 보상청구를 정히 수리하여야 한다(*Ibid.*, R. 125). 또 개설은행은 보상수권을 철회한 경우, 청구은행이 보상은행으로부터 보상받지 못한 신용장대금을 최종적으로 보상할 의무가 있다(ICC Pub. 489, Case Nos. 221 and 222).

제14조 서류심사의 기준

Article 14 Standard for Examination of Documents. **a.** A nominated bank acting on its nomination, a confirming bank, if any, and the issuing bank must examine a presentation to determine, on the basis of the documents alone, whether or not the documents appear on their face to constitute a complying presentation.

b. A nominated bank acting on its nomination, a confirming bank, if any, and the issuing bank shall each have a maximum of five banking days following the day of presentation to determine if a presentation is complying. This period is not curtailed or otherwise affected by the occurrence on or after the date of presentation of any expiry date or last day for presentation.

c. A presentation including one or more original transport documents subject to articles 19, 20, 21, 22, 23, 24 or 25 must be made by or on behalf of the beneficiary not later than 21 calendar days after the date of shipment as described in these rules, but in any event not later than the expiry date of the credit.

d. Data in a document, when read in context with the credit, the document itself and international standard banking practice, need not be identical to, but must not conflict with, data in that document, any other stipulated document or the credit.

e. In documents other than the commercial invoice, the description of the goods, services or performance, if stated, may be in general terms not conflicting with their description in the credit.

f. If a credit requires presentation of a document other than a transport document, insurance document or commercial invoice, without stipulating by whom the document is to be issued or its data content, banks will accept the document as presented if its content appears to fulfil the function of the required document and otherwise complies with sub-article 14 (d).

g. A document presented but not required by the credit will be disregarded and may be returned to the presenter.

h. If a credit contains a condition without stipulating the document to indicate compliance with the condition, banks will deem such condition as not stated and will disregard it.

i. A document may be dated prior to the issuance date of the credit, but must not be dated later than its date of presentation.

j. When the addresses of the beneficiary and the applicant appear in any stipulated document, they need not be the same as those stated in the credit or in any other stipulated document, but must be within the same country as the respective addresses mentioned in the credit. Contact details (telefax, telephone, email and the like) stated as part of the beneficiary's and the applicant's address will be disregarded. However, when the address and contact details of the applicant appear as part of the consignee or notify party details on a transport document subject to articles 19, 20, 21, 22, 23, 24 or 25, they must be as stated in the credit.

k. The shipper or consignor of the goods indicated on any document need not be the beneficiary of the credit.

l. A transport document may be issued by any party other than a carrier, owner, master or charterer provided that the transport document meets the requirements of articles 19, 20, 21, 22, 23 or 24 of these rules.

번역 **제14조 서류심사의 기준.** a. 지정사항에 따라 행동하는 지정은행, 확인은행(있는 경우) 및 개설은행은 반드시 제시를 심사하여 서류가 문면상 일치하는 제시를 구성하는 것으로 나타나 있는지의 여부를 서류만에 기초하여 결정하여야 한다.

b. 지정사항에 따라 행동하는 지정은행, 확인은행(있는 경우) 및 개설은행은 각각 제시가 일치하는 것인지를 결정하는데 있어서 제시의 익일로부터 최대한 제5은행영업일을 향유할 수 있다. 이러한 기간은 제시일자의 당일 또는 이후에 제시를 위한 어떠한 유효기일 또는 최종일자의 발생으로 인하여 단축되거나 또는 별도의 영향을 받지 아니한다.

c. 제19조, 제20조, 제21조, 제22조, 제23조, 제24조 또는 제25조의 규정에 따른 1통 이상의 원본 운송서류를 포함한 제시는 반드시 이 규칙상에 표현된 선적일

자 이후 제21월력일까지, 그리고 어떠한 경우에도 신용장의 유효기일까지는 수익자에 의하거나 또는 이를 대신하여 행하여져야 한다.

d. 어떠한 서류상의 자료는 신용장, 서류 자체 및 국제표준은행관습의 상호 관계에서 판단할 때, 반드시 당해서류, 기타 모든 규정된 서류 또는 동 신용장상의 자료와 동일하여야 할 필요는 없으나, 결코 이와 모순되어서는 아니된다.

e. 상업송장 이외의 서류상에 물품, 서비스 또는 채무이행의 명세가 기재된 경우에는, 이는 신용장상의 그러한 명세와 모순되지 아니한 일반용어로 기재될 수 있다.

f. 신용장이 운송서류, 보험서류 또는 상업송장 이외의 서류의 제시를 요구하면서 동 서류의 발행인 또는 그 자료내용을 규정하지 아니한 경우에는, 은행은 그 내용이 요구된 서류의 기능을 완수하는 것으로 나타나 있고 또 기타 제14조 d항의 요구를 충족하는 한, 동 서류를 제시된 대로 인수하여야 한다.

g. 어떠한 서류가 제시되었으나 신용장에 의하여 요구되지 아니한 것인 경우에는 이를 무시하여야 하며 또 제시인에게 반송할 수 있다.

h. 신용장이 어떠한 조건을 내포하면서 동 조건과의 일치성을 명시하는 서류를 규정하지 아니한 경우에는, 은행은 그러한 조건이 기재되지 아니한 것으로 보아야 하며 또 이를 무시하여야 한다.

i. 서류는 신용장의 개설일자 이전으로 일부되어 있어도 무방하지만, 결코 그것의 제시일자 이후로 일부되어 있어서는 아니된다.

j. 수익자 및 개설의뢰인의 주소가 모든 규정된 서류상에 나타나 있는 때에는, 그것은 신용장상이나 또는 기타 모든 규정된 서류상에 기재된 주소와 반드시 동일하여야 할 필요는 없으나, 신용장상에 언급된 각각의 주소와 반드시 동일한 국가내에 있어야 한다. 연락처 세부사항(모사전송, 전화, 전자우편 및 기타 동종의 수단)이 수익자 및 개설의뢰인의 주소의 일부로서 기재된 경우에는 이를 무시하여야 한다. 그러나 개설의뢰인의 주소 및 연락처 세부사항이 제19조, 제20조, 제21조, 제22조, 제23조, 제24조 또는 제25조의 규정에 따른 운송서류상에 수화인 또는 착화통지처 세부사항의 일부로서 나타나 있는 때에는, 그것은 반드시 신용장상에 기재된 바의 것이어야 한다.

k. 모든 서류상에 명시되는 물품의 화주 또는 송화인은 반드시 신용장의 수익자이어야 할 필요는 없다.

l. 운송서류는 이 규칙의 제19조, 제20조, 제21조, 제22조, 제23조 또는 제24조의 요구를 충족하는 한, 운송인, 선주, 선장 또는 용선자 이외의 어떠한 당사자에 의하여 발행될 수 있다.

해설 본조는 구 제13조와 기타 조항에 산재된 서류심사기준을 통합하여 개정한 것이다. ① 본조 a항은 구 제13조 a항과 제14조 b항을 묶어 서류가 문면상 일치하는지를 서류만에 기초하여 심사하되, ② 본조 b항은 구 제13조 b항과 비교하여 서류심사기간을 단축하고 "상당한 기간"의 개념을 삭제하였다.

③ 본조 c항은 구 제43조 a항과 구 ISBP 제16항을 묶어 원본서류의 제시기간을 규정하고, ④ 본조 d항은 구 제13조 a항 2문과 3문을 정리하여 서류 상호간에 모순이 없어야 하며, ⑤ 본조 e항은 구 제37조 c항을 옮겨 상업송장 이외의 서류상 물품명세는 신용장명세와 모순이 없어야 함을 강조하였다.

⑥ 본조 f항은 구 제21조 기타서류의 요건과 각 서류의 기능을 완수하도록 규정하고, ⑦ 본조 g항은 구 제13조 a항 2문단의 요구되지 아니한 서류, ⑧ 본조 h항은 구 제13조 c항 서류 없는 조건을 각각 무시하도록 규정하였다.

⑨ 본조 i항은 구 제22조 제시일자 이후의 서류조항을 옮겨 놓았고, ⑩ 본조 j항은 구 ISBP 제60항-제61항을 반영하여 수익자와 개설의뢰인의 주소와 연락처 불일치의 허용기준을 신설하였다. ⑪ 본조 k항은 구 제31조 c항 iii호 운송서류상의 제3자 송화인 허용규정을 모든 서류에 확대하고, ⑫ 본조 l항은 구 제30조 FBL 등 기타 당사자의 운송서류 규정을 재정리한 것이 특징이다.

a. [서류만의 심사의무] 신용장하에서 지정은행·확인은행(있는 경우)·개설은행은 각각 서류가 일치하는 제시를 구성하는지의 여부를 심사할 의무가 있다. 즉, 은행은 서류가 신용장조건, 이 규칙의 적용가능한 규정 및 국제표준은행관습 등에 일치하는 제시를 구성하는지를 심사하여야 한다(동 제2조).

여기서 "일치성"(compliance)이란 신용장조건뿐만 아니라 이에 적용될 수 있는 UCP나 ISBP 조항 등에 규정된 요건을 충족한 제시를 말하고, "일관성”(consistency)이란 어느 서류상에 언급된 정보가 다른 서류상에도 모순 없이 동일한 세부방식으로 이식되어 있을 때를 말한다(ICC Pub. 632, R. 11).

서류가 문면상 일치하는 제시를 구성하는지의 여부는 서류만에 기초하여(on the basis of the documents alone) 결정하여야 한다. 서류상 기재내용이 사실과 다른 모순이 있다면, 이는 거절사유가 된다(*Ibid.*, R. 74). 다만 여러 선적분의 각각 완성된 제시가 복수로 이루어졌다면, 어느 제시분의 하자로 인하여 나머지 일치하는 제시까지 수리거절되는 것은 아니다(Pub. 697, R. 670).

서류가 모순된 경우는 3가지가 있다. ① 서류의 문면상 상호 모순된 경우, ② 서류의 기재내용이 사실과 다르게 모순된 경우로서, 이들 모두 거절사유가 된다(아래 사례). 다만 ③ 서류의 기재내용이 그 의미에 영향을 미치지 아니하게 모순된 경우로서, 이는 거절사유가 되지 아니한다(동조 d항 사례).

예컨대 신용장상에 미국항(any USA port)에서의 해상선화증권이 요구되었는데, 은행이 확인한 결과 실제의 해상항구가 아닌 장소(Darrow, Louisiana)에서의 선적이 기재된 경우, 은행은 이를 거절할 수 있다(Pub. 632, R. 60).

그러나 은행은 서류상 기재내용의 사실관계를 확인할 의무는 없다. 예컨대 수입자가 지정한 자(A)의 검사증명서가 요구된 때 B의 서명이 있는 검사증명서가 제시된 경우, 은행은 서류상 B가 지정된 자로서 나타나 있지 않은 한, 이를 하자로 볼 수 있다(*Ibid.*, Rs. 73 and 153). 반대로 C국가 상업회의소의 원산지증명서가 요구된 경우, 서류상 C국가 위원회(상업회의소)가 발행하였다는 기재가 있으면, 은행은 기관의 일치여부를 확인할 필요가 없다(*Ibid.*, R. 75).

심지어 사기서류가 제시되었더라도 이를 입증할 당사자는 개설의뢰인이며, 은행은 단지 서류의 문면상 인수가능성만을 심사할 뿐이다(*Ibid.*, R. 144).

b. [서류심사 최대기간] 은행은 제시가 일치하는지의 여부를 결정하는 데 있어서 제시의 익일로부터 최대한 제5은행영업일(five banking days)을 향유할 수 있다. 이때의 제5은행영업일은 동 기간내에 제시를 위한 유효기일이나 최종일자가 도래하더라도 이로 인하여 단축되거나 다른 영향을 받지 아니한다.

다만 은행의 서류심사기간인 제5은행영업일은 일람후 정기출급 환어음의 만기일자를 계산하는데 추가하여서는 아니된다(*Ibid.*, R. 246; ISBP 제46항).

본조에서 대상서류에 따른 "상당한 기간"(reasonable time)의 애매한 개념은 적용하지 아니한다. "상당한 기간"에 관하여는 세계적으로 표준화된 개념이 없다. 그렇다고 하여 모든 서류심사에 당연히 5일간을 보장하는 것은 아니며, 이 문제는 사정에 따라 당사자간에 합리적으로 결정되어야 할 부분이다.

예컨대 토요일의 경우 은행이 오전만 영업하더라도 심사기간에 포함되며(*Ibid.*, R. 71), 서류가 2편으로 나누어 제시된 경우 모든 서류의 원본 1통이 포함된 첫째 편이 접수된 때부터 심사기간을 기산하여야 한다(*Ibid.*, R. 100).

서류가 은행의 우편접수처가 영업하고 무역부서가 휴업하는 일자에 접수된 경우, 이는 무역부서의 다음 첫 영업일자에 접수된 것으로 보고 인수여부를 결정할 수 있으며, 이때부터 심사기간이 기산된다(ICC Pub. 697, R. 648). 기타 개설은행이 신용장업무의 대리은행을 둔 경우, 대리은행은 자신에게 서류가 제시된 후 최대한 제5은행영업일까지 하자통고를 하여야 한다(*Ibid.*, R. 655).

그러나 개설은행이 서류를 인수하고 지급약속한 후 제5은행영업일이 경과하더라도, 법원의 지급금지명령(injunction)이 있을 경우 이 기간은 무시될 수 있다(Pub. 632, R. 62). 이때 개설은행으로부터 지급금지된 통지은행이 수익자에게 상환청구권을 행사할 수 있는지는 국내법의 문제로 남는다(*Ibid.*, R. 63).

c. [원본서류 제시기일] 서류의 제시는 늦어도 이 규칙상에 표현된 선적일자 이후 제21월력일(calendar days)까지, 그리고 신용장의 유효기일까지는 이루어져야 한다. 이때의 제시에는 최소한 이 규칙의 각 운송서류조항에 따른 1통 이상의 원본 운송서류(original transport documents)가 포함되어 있어야 한다.

운송서류를 요구하는 모든 신용장은 선적일자 이후의 제시기일을 지정하여야 한다. 이 경우 지정된 제시기일이나 늦어도 법정제시기일(21일) 이내에 1통 이상의 원본 운송서류를 포함한 제시가 있어야 하고, 그 제시는 어떠한 경우에도 유효기일을 초과할 수 없다(구 ISBP 제16항). 물론 제시기일은 유효기일내에서 21일보다 길게 약정할 수도 있다(ICC Pub. 489, Case No. 279).

예컨대 신용장에서 원본 선화증권의 사진복사본(photocopy)이나 비유통성 사본이 요구된 경우, 이는 유효기일까지 제시되는 한 UCP 600 본조의 규정이 적용되지 아니하므로 선적일자 이후의 제시기일 이내에 제시하지 아니하여도 되며,

필요하다면 별도의 요구가 있어야 한다. 물론 운송서류의 사본 요구시 원본도 허용되지만, 이 경우 UCP 600 본조의 규정에 따라 지정된 제시기일 이내에 제시되어야 한다(Pub. 697, R. 693; 동 제17조 d항과 본조 c항).

전통의 복수 운송서류로 구성된 제시의 선적일자가 서로 다른 경우, 최후의 선적일자를 제시기간의 계산에 고려하여야 하며, 이는 신용장상의 최종 선적기일 내에 있어야 한다(동 제31조 b항; ISBP 제105항 등). 다만 분할선적이 입증되고 운송서류가 2회 이상 개별적으로 제시되는 경우, 서류의 제시기간은 최초의 운송서류 일자로부터 기산한다(Pub. 632, R. 27). 즉, 최초의 운송서류 일자로부터 지정된 제시기일 이내에 1통 이상의 원본 운송서류가 제시되어야 한다.

다만 운송서류 등이 선적일자로부터 제시기일 이내에 제시되어야 한다고 하여, B/L 일자 후 xxx일 기한부 환어음의 매입일자로부터 만기일자까지 이자청구(interest)를 위한 환어음과 송장도 이때까지 제시를 요구할 수는 없으며, 이는 신용장의 유효기일까지 제시되면 충분하다(Pub. 697, Rs. 692 and 691).

한편 수익자가 하자서류(discrepant documents)를 대체할 경우, 보완제시는 본조 c항 내지 신용장에서 허용된 제시기일과 신용장의 유효기일까지 행하여야 하며, 이는 은행의 승인을 전제하지 아니한다(Pub. 632, R. 249). 이때 지정은행은 제시된 서류가 신용장조건에 일치하다고 기재하는 한, 개설은행에게 서류의 수령일자나 매입일자를 별도로 명시할 필요가 없다(*Ibid.*, R. 250).

그러나 서류의 발행일자가 동 허용된 제시기일이나 유효기일 이후로 일부되어 있다면, 이는 기일이 경과된 하자서류로 보아야 한다(*Ibid.*, R. 251).

다만 신용장에서 "기일경과서류 인수가능"(stale documents acceptable)이란 표현이 사용된 경우, 이는 서류가 신용장의 유효기일까지 제시되는 한, 선적일자 이후 제21월력일을 경과하여 제시된 서류도 인수할 수 있음을 의미한다. 그러나 이러한 표현은 사용하지 아니하는 것이 바람직하다(ISBP 제21항).

d. [서류상의 하자기준] 어떠한 서류상의 자료는 신용장, 서류 자체 및 국제표준은행관습(ISBP 등)의 상호 관계를 기준으로 판단할 때 당해서류, 기타 모든 규정된 서류 내지 신용장상의 자료와 반드시 동일하여야(identical to) 할 필요는 없으나, 결코 이와 모순되어서는(conflict with) 아니된다.

즉, 신용장조건에 따라 제시된 서류는 결코 상호 모순된 것으로 나타나서는 아니된다. 이 요구는 자료내용이 동일하여야 한다는 것이 아니라, 단지 서류의 문언이 모순되지 아니하여야 한다는 의미이다(구 ISBP 제24항).

예컨대 포장명세서(packing list)가 상업송장의 명세를 동일하게 기재하지 아니하고 물품수량, 분류번호, 송장번호 등의 사항만을 기재한 경우 신용장의 명세와 모순되지 아니하는 한 일반용어로서 기재한 것으로 보며(본조 e항), 또 그 자료내용이 신용장조건 및 상업송장과도 모순되지 아니하게 충분히 연계되어 있으면, 이는 기타서류로서 인수하여야 한다(본조 f항; *Ibid.*, R. 222).

또 선화증권상의 선적화인란에 화인 없음(no marks)과 번호 없음(no numbers)의 의미로 "N/M & N/N"라고 기재되고 송장상의 선적화인란에 "N/M, N/N"라고 기재된 경우(*Ibid.*, R. 79), 선화증권이 지시식으로 발행되고 원산지증명서상의 수화인이 개설의뢰인이나 최종수령인으로 기재된 경우(*Ibid.*, Rs. 139 and 217), 또는 물품의 인도수령증상에 신용장번호가 인증 없이 수기로 추가된 경우(*Ibid.*, R. 142) 등은 이를 상호 모순된 하자로 보지 아니한다.

나아가 단어나 문장에 오자 또는 입력착오가 있는 경우, 그 의미에 영향을 미치지 아니하는 한 하자 없는 사무착오로 본다(ISBP 제25항). 예컨대 ① 상품명세를 "machine"→"mashine", "fountain pen"→"fountan pen", "model"→"modle" 등으로 표시한 경우(ISBP 본문), ② 수익자와 개설의뢰인과 달리 선화증권의 화주와 착화통지처에 오자가 있는 경우(본조 k항; *Ibid.*, R. 140), ③ 수익자증명서 등 서류 상호간의 선박명에 오자가 있거나 숫자의 소수점이 다른 경우(*Ibid.*, Rs. 78 and 116; Pub. 459, Case No. 40) 등은 하자가 아니다.

또 ④ 수익자의 우편번호나 주소에 오자가 있는 경우(*Ibid.*, R. 55), ⑤ 서류의 제목에 오자가 있는 경우(*Ibid.*, R. 145), ⑥ 기타서류상의 순중량이 총중량보다 높게 "7888 Kg.Net/7192 Kg.Gross"라고 잘못 기재된 경우(Pub. 697, R. 701), ⑦ 신용장번호가 누락되었거나 잘못 표시된 경우(Pub. 632, Rs. 111 and 274; Pub. 697, Rs. 635 and 698), ⑧ 일자표시가 미국식 또는 유럽식으로 서로 다른 경우(ISBP 제18항; Pub. 632, R. 56) 등은 하자사유가 되지 아니한다.

반면 ① 서류상의 상품명세를 "model 321" → "model 123"(ISBP 제25항),

"Rayon" → "Raygn"으로 잘못 기재한 경우(*Ibid.*, R. 175), ② 송장 원본/부본 중의 1통에 중량을 "85.162 MT" → "88.162 MT"으로 기재하거나 서류 상호간에 중량·포장단위, 컨테이너번호 등을 불일치하게 기재한 경우(Pub. 489, Case Nos. 198, 200 to 202; Pub. 459, Case No. 40; *Ibid.*, R. 160), ③ 운송서류에서 수화인의 성씨를 "Chan" → "Chai"로 기재한 경우(*Ibid.*, R. 55), ④ 서류상의 적재항과 목적항이 신용장과 달리 뒤바뀐 경우(DOCDEX Dec. 290) 등은 그 사용된 의미에 영향을 미칠 수 있기 때문에, 이는 모두 하자사유가 된다.

또 ⑤ 원산지증명서상의 물품명세란에 "Sudan Raw Cotton"과 S국가에서 발행되었다는 기재만 있는 경우, 이 증명서상의 물품명세란에 있는 "Sudan"이란 단어는 제품의 브랜드나 상표일 수도 있기 때문에, 이는 원산지증명이 결여된 하자로 보며(Ibid., R. 66), 또 원산지증명의 요구가 신용장의 특수조건란에 있다고 하여 이를 제시하지 아니하면 인수거절될 수 있다(*Ibid.*, R. 67).

본조에서 "국제표준은행관습"(international standard banking practice)이란 ICC 은행위원회가 2007년 4월에 ICC 출판물 제681호로 개정하여 동년 7월 1일부터 발효된 "ISBP"뿐만 아니라, 이에 조문화되지 못한 산업계의 추가적인 표준관습이나 서류심사자들의 일상관습도 포함한다(Pub. 680, p. 64).

요컨대 국제표준은행관습은 i) 현행 UCP 및 ISBP 본문, ii) UCP를 해설한 ICC 출판물, iii) ICC 은행위원회의 의견·판정·사례집, iv) IFSA(미) 등 ICC 제휴기관의 의견·판정·출판물, v) ICC 신용장분쟁 전문가그룹(DOCDEX)의 판정과 국제적으로 저명한 신용장법 논문자료 등을 포함한다. 다만 UCP가 지향하는 국제적인 목표에 부합되지 아니한 국내 또는 지역관습은 이에 포함되지 아니한다(서정두, 『ISBP 국제표준은행관습』, 삼영사, 2008, p. 6).

e. [일반서류 물품명세] 상업송장 이외의 운송서류·보험서류·각종증명서 등의 서류상에 있는 물품·서비스·채무이행의 명세(description)는 신용장상의 명세와 모순되지 아니한 일반용어(general terms)로 기재하여도 된다.

즉, 상업송장 이외의 모든 서류상의 명세는 신용장명세와 모순되지 아니하는 일반용어로 기재할 수 있으며, 신용장에서 특별한 요구가 없는 한 모든 기타서류상에 물품명세가 기재되어야 하는 것은 아니다(*Ibid.*, R. 11).

예컨대 포장명세서나 수익자증명서가 송장명세를 동일하게 반복하지 아니하고 물품수량, 분류번호, 송장번호 등의 사항만을 기재하거나 또는 중량단위의 소수점 이하를 생략하였더라도, 그 자료내용이 특별히 요구되지 아니하는 한 상업송장과 모순되지 아니하게 연계되어 있으면 이를 기타서류로서 인수하여야 한다(*Ibid.*, Rs. 222, 228 and 138; ISBP 제58항). 더구나 신용장에서 포장명세서나 품질증명서 등에 물품명세를 기재하도록 요구하지 아니하였다면, 이들 서류가 기타서류와 일관성이 있는 한 이를 수리하여야 한다(*Ibid.*, R. 59).

또 신용장상의 물품명세가 "Clock Movement : 'O.K.' Brand Quartz Clock Movement with Switch"인 경우, 선화증권과 포장명세서 등 선적서류상의 물품명세가 앞부분의 명칭인 "Clock Movement"를 생략하고 세부명세인 "O.K.' Brand Quartz Clock Movement with Switch"만으로 표시하는 것은 신용장명세와 모순되지 아니하므로 이를 하자로 보지 아니한다(*Ibid.*, R. 54).

f. [기타서류 인수요건] 신용장상에 운송서류・보험서류・상업송장 등 주요서류 이외의 서류를 요구하면서 그 발행인이나 자료내용을 규정하지 아니한 경우, 그 내용이 해당 서류의 기능을 완수하고 신용장조건 및 서류 상호간에 모순되지 아니하게 나타나 있는 한, 이를 제시된 대로 인수하여야 한다.

예컨대 신용장에서 포장명세서를 요구하였으나 그 자료내용을 명시하지 아니한 경우, 다른 서류의 수량이 전체로 표시되고 포장명세서의 수량은 품목별로 표시되었더라도 총량이 같으면 하자가 아니며(*Ibid.*, R. 150), 별도의 요구가 없는 한 자료내용의 신고자가 다르더라도 인수된다(ICC Pub. 697, R. 633).

또 서류의 내용이 요구된 기능을 완수하는 한, 그 제목은 신용장상에 요구된 제목이나 유사한 제목 또는 제목을 붙이지 아니하여도 인수된다(ISBP 제41항; *Ibid.*, Rs. 668, 702 and 703). 예컨대 "포장명세서"의 요구는 "포장메모", "포장 및 중량명세서" 등의 제목 또는 어떠한 제목이 없어도 포장의 세부사항을 내포하고 있으면 충분하며, 신용장에서 원산지증명서 "Form A", 위생증명서 "Model 1" 등이 요구된 경우, 수익자는 자신의 회사마크가 인쇄된 서류양식에 그 내용을 기재하여 발행하여도 무방하다(Pub. 489, Case No. 228).

기타 신용장에서 물품수령증을 요구한 경우, 이는 운송서류가 아니기 때문에 도착지까지의 운송증명이 없더라도 하자가 아니다(*Ibid.*, R. 640). 또 신용장에서 모든 서류는 특정의 언어(예, 영어)로 발행할 것을 요구한 경우, 예컨대 원산지증명서가 기능상 요구되는 정보인 "원산지"(origin)에 관한 표시를 영어로 기재하고 있는 한, 원산지증명서상에 다른 언어인 독일어나 기타 복수의 언어를 사용하는 것은 이를 제한할 수 없다(Pub. 632, R. 154). 이는 신용장과 다른 언어양식의 CMR 인쇄서류 등에서도 마찬가지이다(Pub. 697, R. 654).

그러나 신용장명세가 "Pakistanese blue poppyseed"라고 요구된 경우, 품질·중량증명서상의 물품명세가 신용장과 송장명세에 모순되게 "Pakistanese (coloured) blue poppyseed"라고 단어를 하나 추가하거나(Pub. 632, R. 220), 또는 신용장명세가 "Iron ore concentrate"라고 요구된 경우, 보험증권상의 물품명세가 송장에도 없는 표현을 추가하여 "Koolyanobbing Lump Iron Ore"라고 기재하는 것은 거절사유가 된다(*Ibid.*, R. 227; ISBP 제58항).

특히 원산지증명서에 관한 ISBP상의 인수요건을 정리하면 다음과 같다.

① 신용장에서 원산지증명서가 요구된 경우, 원산지증명서는 물품의 원산지(origin of goods)를 증명하고 발행인의 서명과 일자가 있어야 한다(ISBP 제181항). 즉, 원산지증명서는 본질적으로 서명이 있어야 하되, 그 발행일자는 선적일자 이후로 명시할 수 있다(ISBP 제14항과 제37항; *Ibid.*, R. 86).

② 원산지증명서는 신용장에서 요구된 당사자가 발행한 것이어야 한다. 만약 수익자, 수출자 또는 제조업자의 원산지증명서가 요구된 경우, 상업회의소(chamber of commerce)가 이를 발행하고 수익자, 수출자 또는 제조업자에 대한 명시적인 확인이 있는 서류도 인수될 수 있다(ISBP 제22항과 제182항).

예컨대 상업회의소가 발행한 원산지증명서가 요구된 경우, 이는 상업회의소의 표제나 양식상에 수익자가 완성하고 상업회의소가 서명만 하여도 충족되고, 표제가 없는 용지상에 상업회의소가 본문을 완성하거나 서명한 것도 유효하지만, 수익자나 제3자의 표제로 발행한 것은 하자가 된다(Pub. 697, R. 673).

그러나 신용장에서 원산지증명서의 발행인이 지정되지 아니한 경우, 원산지증명서는 수익자(beneficiary)를 포함하여 어떠한 당사자가 발행하여도 인수될 수 있으며, 또 원산지증명서의 발행인은 원산지국가에 있지 아니하여도 된다.

예컨대 신용장에서 수출국가(B) 상업회의소의 원산지증명서가 요구된 경우, 동 B국가 상업회의소가 발행한 원산지증명서상에 다른 제조국가(G)를 원산지로 표기하더라도 이는 신용장조건을 충족한 것으로 본다(Pub. 632, R. 280).

③ 원산지증명서는 반드시 송장물품에 관련이 있는 내용으로 나타나 있어야 한다. 특히 원산지증명서상의 물품명세(goods description)는 신용장명세와 모순되지 아니하는 일반용어로 표시하거나 또는 기타 요구된 서류상의 물품에 대한 관계를 명시하는 참조문언에 의하여 표시할 수 있다(ISBP 제183항).

예컨대 원산지증명서상의 물품명세는 "as per details of invoice No. xxx"와 같이 송장명세에 대한 참조문언으로만 기재하여도, 그 내용이 송장과 모순되지 아니하게 연계되어 있으면 기타서류로서 인수된다(ISBP 제58항; 본조 f항).

그러나 원산지증명서상에 송화인으로서 수익자를 기재하였으나 송장번호가 수익자의 것과 다른 경우, 이는 상호 모순된 하자로 본다(Pub. 697, R. 705).

④ 원산지증명서상의 수화인(consignee) 정보는 운송서류상의 수화인 정보와 모순되지 아니하여야 한다. 다만 신용장에서 운송서류상의 수화인을 화주나 개설은행의 지시식 또는 개설은행의 기명식으로 요구하더라도, 원산지증명서상의 수화인은 개설의뢰인이나 기타 신용장에서 지정된 자를 표시할 수 있다. 또 신용장이 양도된 경우, 원산지증명서상의 수화인은 운송서류상의 수화인과 관계 없이 제1수익자를 기명할 수 있다(ISBP 제184항; 동 제38조 g항).

예컨대 신용장에서 "to order and blank endorsed", "to order of issuing bank" 등의 서류가 요구된 경우, 원산지증명서상의 수화인은 개설의뢰인이나 기타 신용장상의 최종수령인을 기명하여도 된다(Pub. 632, Rs. 139 and 217).

⑤ 원산지증명서상의 송화인(consignor)이나 수출자는 신용장의 수익자나 운송서류상의 화주와 다른 당사자로 표시할 수 있다(ISBP 제185항). 예컨대 수익자가 이미 제조업자를 송화인으로 기재한 원산지증명서상의 물품을 구매하여 선적하는 경우, 선화증권과 원산지증명서상의 화주는 서로 다를 수 있다.

다만 이때 원산지증명서상의 송화인이나 송장번호가 수익자와 다르더라도, 자료내용은 수익자의 기타서류와 모순되지 않아야 한다(Pub. 697, R. 705).

이밖에 서류의 "정정과 변경"에 관한 ISBP 기준을 정리하면 다음과 같다.

① 수익자가 작성한 서류 이외의 모든 서류는 그 발행인이나 수권된 당사자의 인증이 없이는 결코 그 서류상의 정보나 자료를 정정 또는 변경할 수 없다. 특히 공인, 사증, 증명 등에 의한 인증서류를 정정 또는 변경할 경우, 반드시 그 공인, 사증, 증명 등을 행한 당사자의 인증이 있어야 한다. 인증의 방법은 서류의 발행인이나 공인, 사증, 증명한 당사자의 표시와 서명이 포함되어야 하고, 기타 수권된 당사자의 경우 자격을 표시하여야 한다(ISBP 제9항).

예컨대 품질증명서가 발행인의 인증(authentication) 없이 변경된 경우에는 하자로 보지만(Pub. 632, R. 137), 선화증권이 선장(master)에 의하여 발행되었으나 선장이 아닌 운송인의 대리인(agent of carrier)이 자격을 표시하여 인증하고 서명한 변경을 포함한 경우에는 정당한 제시로 본다(*Ibid.*, R. 174).

여기서 서류의 "발행인"이란 이를 발행한 주체나 완성·서명한 대리인에게도 적용되므로, 신용장에서 ISBP를 수정하는 요구가 없는 한 선화증권·보험증권 등은 각 대리인의 인증에 의하여 정정될 수 있다(Pub. 697, R. 658).

② 환어음 이외에 수익자가 발행한 모든 서류는 공인, 사증, 증명 등에 의하여 인증된 것이 아닌 한, 어떠한 인증 없이도 이를 정정 또는 변경할 수 있다(ISBP 제10항). 예컨대 수익자가 발행한 상업송장상의 물품수량에 대한 변경은 그 발행인에 의한 인증을 필요로 하지 아니한다(Pub. 632, R. 186).

다만 수익자가 발행한 서류라도 환어음이나 기타 공인, 사증, 증명 등의 인증된 서류의 정정 또는 변경은 동일한 주체에 의한 인증이 있어야 한다.

③ 동일한 서류상에 여러 가지의 활자체나 활자크기 또는 수기를 병용하여 작성한 것은 이를 정정 또는 변경으로 보지 아니한다(ISBP 제11항). 예컨대 물품의 인도수령증(delivery acceptance report)상에 신용장번호가 어떠한 인증 없이 수기로 추가되었더라도 이를 하자로 보지 아니한다(*Ibid.*, R. 142).

④ 서류상에 복수의 정정 또는 변경사항이 있는 경우의 인증방법에는 i) 각각의 정정에 별도로 인증하는 방법과 ii) 모든 정정을 묶어 하나의 인증으로 연결하는 방법이 있다. 예컨대 서류상에 1, 2, 3의 세 가지를 정정할 경우, 적절한 여백에 "상기 제1호, 제2호 및 제3호의 정정은 XXX에 의하여 인증됨." 등으로 묶어 기재하여도 인증요건을 충족한 것으로 본다(ISBP 제12항).

g. [미지정서류의 제시] 신용장상에 요구되지 아니한 서류(documents not required)가 제시된 경우, 은행은 이를 무시하여야 하며 또 이를 반송할 수 있다. 물론 은행은 이를 심사하지 아니하여도 아무런 책임이 없다.

예컨대 신용장에서 L사의 선적전검사증명서가 요구되었는데, 다른 자회사에서 이를 발행하고 L사가 "발행인은 동일그룹의 계열사"라는 내용의 별도서류를 첨부한 경우, 이는 하자사유가 된다(*Ibid.*, R. 77). 또 신용장상에 "서류는 견적송장과 일치할 것"이란 문언이 있는 경우, 이는 견적송장을 요구하는 것이 아니므로 이를 무시하여야 하며(ICC Pub. 459, Case No. 41), 설사 요구되지 아니한 부가적인 서류상에 다른 요구된 서류와 모순되는 내용이 있더라도 이를 하자사유로 할 수 없다(Pub. 489, Case No. 204; Pub. 697, R. 669).

h. [무서류조건의 무시] 신용장이 어떠한 조건을 기재하였으나 그 조건과의 일치성을 나타내는 서류를 규정하지 아니한 경우, 은행은 그러한 무서류조건(non-documentary conditions)이 기재되지 아니한 것으로 보고 무시하여야 한다. 이때 규정되지 아니한 서류가 제시되더라도 이를 심사하지 아니한다.

예컨대 신용장상에 제시서류로서 해상선화증권이 명시되고 특수조건란에 "수에즈를 경유한 몸바사항까지의 해상선박에 의한 선적"이 요구된 경우, 신용장에서 정식으로 요구되지 아니한 운송인 선적증명서의 제시는 이를 무시하여야 하며, 은행은 신용장에서 요구된 선화증권상에 "수에즈를 경유한 해상선박에 의한 선적"을 입증하여 제시하도록 요구할 수 있다(*Ibid.*, Rs. 58 and 81).

신용장에서 요구된 정보(예, 선적장소·일자 등)가 다른 제시서류상에 삽입될 경우, 이는 신용장과 모순되어서는 아니된다(ICC Pub. 697, R. 631).

또 신용장상에 "사전 선적된 물품의 체선료(demurrage)는 수익자의 부담"이라고 요구된 조건은 이를 신용장대금 또는 다른 항목 중 어디서 차감하는지가 불명확하기 때문에, 무서류조건으로 보아야 하며, 따라서 개설은행은 매입은행의 사전승인 없이는 이를 신용장대금에서 차감할 수 없다(Pub. 632, R. 72).

그러나 서류가 신용장상의 요구서류란(46A)에 열거되지 아니하고 추가조건란(47A)에 있다고 하여 이를 무서류조건으로 보아서는 아니된다(*Ibid.*, R. 82).

i. **[제시일자 이후 서류]** 서류는 신용장의 개설일자 이전으로 일부되어 있어도 무방하지만, 결코 서류의 제시일자 이후로 일부되어 있어서는 아니된다.

우선 검사증명서 등 신용장에서 요구된 모든 서류는 선적일자 이후에 발행된 것도 무방하지만, 신용장에서 선적전의 사실(예, PSI)을 입증하는 서류를 요구한 경우, 반드시 서류상의 제목이나 내용상 그 사실이 선적일자의 이전이나 당일에 행하여졌다는 것이 나타나 있어야 한다(ISBP 제14항).

즉, 품질증명서나 식물위생증명서(phytosanitary certificate), 원산지증명서 등도 선적일자 이후의 발행일자를 명시하여도 무방하지만(*Ibid.*, R. 86; ICC Pub. 535, Case No. 22), 선적전 검사증명서상에 선적일자의 이전이나 당일까지의 검사일자가 없거나, 보험증명서상에 선적일자로부터의 소급보험에 관한 언급이 없이 각각 선적일자 이후의 발행일자만을 명시하면, 이는 하자있는 것으로 본다(*Ibid.*, Case No. 21; *Ibid.*, Rs. 214 and 152; 동 제28조 e항).

그러나 어떠한 경우에도 서류는 제시일자 이후의 발행일자를 명시하여서는 아니된다(ISBP 제14항). 다만 제시일자보다 늦은 발행일자의 서류가 제시기일 내에 은행에 제시되었다면, 이는 단순한 사무착오라고 볼 수 있다. 오자 또는 입력착오는 그 발생한 단어나 문장의 의미에 영향을 미치지 아니하는 한, 서류를 하자있는 것으로 보지 아니한다(ISBP 제25항). 예컨대 상업송장의 발행일자가 그 발송일자 이후로 기재된 경우, 은행은 이를 서류상의 단순한 오탈자에 의한 사무착오로 보고 인수할 수 있다(Pub. 489, Case No. 231).

이밖에 서류의 "일자"에 관한 ISBP 등 국제기준을 정리하면 다음과 같다.

① 서류의 일자(date)가 그 효력에 영향을 미치는 환어음 · 운송서류 · 보험서류는 반드시 "일자"가 기재되어 있어야 한다(ISBP 제13항). 기타서류의 경우 일자는 동일한 제시의 다른 서류의 일자에 대한 참조만 있어도 충분하다(예컨대 선적증명서가 "선화증권 제xxx호에 따른 일자"라고 명시하여 발행된 경우).

다만 선화증권 양식에 공란이 없어 발행일자가 생략되고 본선적재 일자만 기재된 경우, 이를 발행일자 겸 본선적재 일자로 본다(Pub. 697, R. 659).

그러나 신용장에서 포장명세서 등 본조 f항에 의거한 기타서류에 대하여 일자를 요구하지 아니한 경우, 당해 서류상에 일자가 없더라도 하자가 되지 아니한다

(Pub. 535, Case No. 22; *Ibid.*, R. 147). 기타서류의 경우 일자가 요구되는지의 여부는 당해 서류의 성질과 내용에 달려 있다(*Ibid.*, R. 146).

② 서류상에 그 작성일자가 있고 이후에 "서명일자"를 별도로 명시하고 있는 경우, 당해 서류는 서명일자에 발행된 것으로 본다(ISBP 제15항).

③ 일자나 사실을 기준으로 시간을 나타낼 때, i) "이후 2일 이내"란 그 사실 이후 2일까지의 기간을 의미하고, ii) "이후 2일까지"란 기간이 아닌 최종일자를 의미하고, iii) "적어도 이전의 2일"이란 무슨 일이 이전의 2일까지 반드시 발생하여야 함을 의미하며, 또 iv) "무엇의 2일 이내"란 사실 이전의 2일에서 그 사실 이후 2일까지의 기간을 의미한다(ISBP 제16항).

④ 선적기간이나 만기일자 등의 일자와 관련하여 "이내"(within)란 용어가 사용되면, 해당 일자는 제외한다(ISBP 제17항). 즉, "within"은 "after" 나 "before"와 같이 해당 일자를 제외하는 것으로 본다(동 제3조; ISBP 제43항 d호).

예컨대 선화증권 일자(2007년 7월 12일)의 10일 "이내"라고 하면, 이는 7월 12일을 제외하고 익일부터 계산하여 동년 7월 22일까지의 기간을 의미한다.

⑤ 일자에 관한 기재방법은 여러 가지로 가능하다. 예컨대 2007년 11월 12일(the 12th of November 2007)은 12 Nov 07, 12 Nov 07, 12.11.2007, 12.11. 07, 2007.11.12, 11.12.07, 121107 등으로 표현할 수 있다. 다만 혼란을 피하려면 월은 숫자 대신에 명칭을 사용하는 것이 바람직하다(ISBP 제18항).

즉, 일자는 미국식이든 영국식이든 동일한 일자로서 의혹이 없는 한, 서류 상호간의 기재방법이 다르더라도, UCP 600 제14조 d항의 기준에 따른 하자라고 볼 수 없다. 다만 오해의 소지가 있는 경우, 은행은 서류상의 다른 내용과 제시를 연결하여 동일한 일자인지를 판단하여야 한다(*Ibid.*, R. 56).

j. [주소와 연락처 요건] 신용장에 따른 모든 서류상에 수익자와 개설의뢰인의 주소(addresses)가 기재된 경우, 이는 각각 신용장과 동일한 국가내에 있는 한 신용장이나 기타 서류상의 주소와 반드시 동일할 필요는 없다. 또 수익자와 개설의뢰인 주소의 일부로서 연락처 세부사항(contact details)인 모사전송 · 전화 · 전자우편, 기타 동종의 수단이 기재된 경우, 이를 무시하여야 한다.

다만 이 규칙상의 각 운송관련조항에 따른 운송서류상에 수화인(consignee)이나 착화통지처(notify party) 세부사항의 일부로서 개설의뢰인의 주소와 연락처 세부사항이 기재된 경우, 이는 반드시 신용장과 동일하여야 한다.

대표적으로 송장은 수익자와 개설의뢰인을 기재할 때 주소의 일부를 구성하는 텔렉스 번호 또는 팩스 번호 등을 생략하여도 되며, 또 이를 기재하더라도 신용장의 그것과 일치시킬 필요가 없다(구 ISBP 제60항-제61항).

예컨대 신용장의 수익자가 "XXX S.A. Schweiz, Country Z"인 경우, 이에 요구된 팩스 전송문의 발행인 주소란에 동일한 국가내의 "XXX S.A. Schweiz, Filial City S"라고 기재하는 것은 하자로 보지 아니한다(*Ibid.*, R. 233).

그러나 신용장의 개설의뢰인 주소가 "Company F., CZ Strasse 2, City A"(Country G)라고 기재된 경우, 송장을 비롯한 모든 서류상에 수화인 주소를 "Company F., CZ Strasse 15, City A, Country D"라고 기재하여 국가(country)를 달리 표기하는 것은 거절사유가 될 수 있다(*Ibid.*, R. 229).

k. **[서류송화인 불일치]** 운송서류를 비롯하여 모든 서류상에 기재되는 화주(shipper)나 송화인(consignor)은 반드시 신용장의 수익자이어야 할 필요는 없다. 예컨대 원산지증명서상의 송화인이나 수출자는 신용장의 수익자나 운송서류상의 화주와 다른 당사자로 표시할 수 있다(ISBP 제185항).

물론 이는 모든 서류의 발행인이 수익자가 아니라도 된다는 의미는 아니다. 예컨대 양도가능 신용장이 아닌 한, 상업송장과 환어음은 반드시 수익자가 발행한 것이어야 한다(동 제18조 a항 및 제38조 i항; ISBP 제53항).

신용장에서 서류의 발행인을 지명한 경우, 이 조건은 서류가 지명된 특정인이 발행한 것으로 나타나 있어야만 충족된다. 즉, 서류는 특정인의 표제를 사용하는 방법으로 발행되거나, 또는 표제가 없으면 어딘가에 특정인이나 그 대리인이 완성 또는 서명한 것으로 나타나 있어야 한다(ISBP 제22항).

예컨대 원산지증명서를 특정국가의 상업회의소가 발행한 것으로 요구한 경우, ① 수익자가 세부사항을 완성하더라도 해당 상업회의소의 표제(letterhead)나 지정된 양식을 사용하고 상업회의소가 서명만을 하거나, 또는 ② 표제 없이 본문에 상업회의소가 이를 완성하고 서명한 증거가 있어야 한다. 이 외에 수익자나 기타 당사자의 표제로 발행하여서는 아니된다(*Ibid.*, R. 151).

그러나 신용장에서 "제3자 서류 인수가능"(third party documents acceptable)이란 표현이 사용된 경우, 이는 환어음을 제외하고 송장을 포함한 모든 서류를 수익자 이외의 당사자가 발행하여도 된다는 의미이다. 단지 개설은행의 의도가 운송서류나 기타 제시서류상에 수익자 이외의 화주를 표시하여도 무방하다는 정도라면, 이는 별도의 조항이 없더라도 허용되는 것이다. 다만 신용장에서 이러한 표현은 사용하지 아니하는 것이 바람직하다(ISBP 제21항 c호).

l. [기타 자의 운송서류] 운송서류는 이 규칙상의 각 운송관련조항에서 요구하는 운송인 명의·서명요건 등 인수조건을 충족하는 한, 운송주선인을 비롯하여 운송인·선주·선장·용선자 외의 어떠한 당사자도 이를 발행할 수 있다.

다만 운송주선인 선화증권(FBL) 등이 운송서류로서 인수되기 위하여는, 신용장에서 선화증권을 요구하되 "FBL도 인수가능함."이라는 별도의 수권이 있어야 하며, 이 경우 운송인이나 그 대리인의 서명이 없는 FBL도 UCP 600 제20조의 기타 인수요건을 충족하면 인수될 수 있다(ICC Pub. 632, R. 157).

신용장에서 "House" B/L 또는 AWB이 요구되거나 허용된 경우에도, 운송주선인 자격의 서명을 제외한 모든 기재내용이 신용장조건과 UCP 600 각 운송서류조항의 인수요건을 충족하여야만 인수될 수 있다(Pub. 697, R. 639).

그러나 물품의 운송과 관련된 인도지시서, 운송주선인 수령증명서, 운송주선인 선적증명서, 운송주선인 운송증명서, 운송주선인 화물수령증, 본선수령증 등의 일부 서류는 운송계약의 증거가 될 수 없기 때문에, UCP 600 제19조 내지 제25조의 운송조항에서는 이를 운송서류에 포함시키지 아니하고 있다.

이들 서류는 선적일자 이후의 지정된 제시기일 내에 제시할 운송서류로서 심사하는 것이 아니라(본조 c항), 다른 서류와 모순되지 아니하는 한 제시된 대로 인수할 기타서류로서 심사하여야 한다(본조 f항). 다만 그 제시는 어떠한 경우에도 신용장의 유효기일을 초과하여서는 아니된다(ISBP 제19항).

예컨대 신용장에서 물품수령증(goods receipt)이 요구된 경우, 이는 운송서류가 아니기 때문에 도착지까지 운송사실의 증명이 없어도 하자가 아니며, 또 선박회사의 선박증명서(vessel certificate)가 요구된 경우 운송인이나 그 대리인이 발행한 선박증명서도 일치하는 제시로 본다(*Ibid.*, Rs. 640 and 657).

제15조 일치하는 제시

Article 15 Complying Presentation. a. When an issuing bank determines that a presentation is complying, it must honour.

b. When a confirming bank determines that a presentation is complying, it must honour or negotiate and forward the documents to the issuing bank.

c. When a nominated bank determines that a presentation is complying and honours or negotiates, it must forward the documents to the confirming bank or issuing bank.

번역 **제15조 일치하는 제시.** a. 개설은행은 제시가 일치하는 것이라고 결정한 때에는 반드시 이에 수리하여야 한다.

b. 확인은행은 제시가 일치하는 것이라고 결정한 때에는 반드시 이에 수리 또는 매입하고 개설은행에게 서류를 발송하여야 한다.

c. 지정은행은 제시가 일치하는 것이라고 결정하고 또 이에 수리 또는 매입한 때에는 반드시 확인은행 또는 개설은행에게 서류를 발송하여야 한다.

해설 본조는 구 제14조 a항을 참고하여 신설한 것으로서, 일치하는 제시에 대한 개설은행·확인은행·지정은행의 의무사항을 각각 명확히 하였다. 즉, 서류가 신용장조건, 이 규칙의 적용가능한 규정 및 국제표준은행관습 등에 일치하는 때의 개설은행·확인은행·지정은행의 의무를 구분 규정하였다.

a. [개설은행의 의무사항] 개설은행은 서류가 일치하는 제시를 구성한다고 결정한 때에는, 반드시 이에 수리하여야 한다. 개설은행은 별도의 규정이 없는 한, 신용장조건과 문면상 엄격히 일치하는 제시를 수리하여야 하며, 기타 엄격히 일치하지 아니하는 제시를 수리거절하여야 한다(UCC 제5-108조 a항).

즉, 개설은행은 일치하는 제시에 대하여 일람한 즉시 지급하거나 환어음의 인수・연지급확약 후 만기에 지급하는 "수리"(honour)의 의무를 진다(제2조).

환어음의 만기일자는 "일람후 정기출급"(at xxx days after sight)의 경우 ① 개설은행이 일치 또는 불일치하는 서류를 이의 없이 인수한 경우 그 수령일자를 기준으로 계산하고, ② 불일치하는 서류를 거절통고한 후 다시 승인한 경우 그 인수일자를 기준으로 계산하여야 하며, 이때의 인수서명은 개설은행이 개설의뢰인의 권리포기를 승낙한 일자까지는 행하여야 한다(ISBP 제46항).

예컨대 개설・확인은행 앞 일람후 120일 출급의 환어음이 요구된 경우, 서류에 하자가 없는 한 환어음의 만기일자는 개설・확인은행의 창구에서 서류가 제시된 후 120일을 기준으로 결정된다(ICC Pub. 632, Rs. 281 and 263).

개설은행은 환어음의 지급제시 또는 인수제시를 받으면, 반드시 제시인에게 그 만기일자를 통지하여야 한다. 상기의 환어음 기한과 만기일자의 계산기준은 환어음의 사용 없이 연지급 확약서만으로 지급기일을 연장하는 연지급신용장(deferred payment credit)의 경우에도 마찬가지로 적용된다(ISBP 제47항).

개설은행의 대금지급(payment)은 신용장상에 약정된 장소에서의 예정일자에 즉시 사용가능한 자금으로 이루어져야 한다. 또 예정일자가 당해 장소에서의 은행휴업일에 도래한 경우, 그 예정일자는 이어지는 최초의 은행영업일까지 연장된다(ISBP 제48항). 다만 환어음의 예정일자가 불가항력이 아닌 은행휴업일로 인하여 연장된 경우, 지급은행은 UCP 600 제29조 b항에 따른 이유를 기재하여 개설은행에게 보상청구하여야 권리를 주장할 수 있다(*Ibid.*, R. 25).

그러나 국가에 따라 은행에게 보장하는 소위 "은혜일"(영국은 3일), 자금의 송금소요기간 등은 예정일자에 가산하여서는 아니된다. 예컨대 일람후 60일 출급의 환어음을 수령한 경우, 은행의 서류심사기간인 제5은행영업일내의 상당한 기간을 추가하여 예정일자를 계산하여서는 아니된다(*Ibid.*, R. 246).

b. [확인은행의 의무사항] 확인은행은 서류가 일치하는 제시를 구성한다고 결정한 때에는, 반드시 이에 수리 또는 매입하고 개설은행에게 서류를 발송하여야 한다. 확인은행에게는 수리 또는 매입 후 서류의 발송의무가 추가된다.

예컨대 확인은행 앞의 매입인 경우, 확인은행은 신용장조건에 일치하는 서류가 제시되는 한 상환청구 없이 이를 매입하여야 한다(동 제8조 a항 ii호). 즉, 확인은행은 매입 후 개설은행에게 발송한 서류가 거절되더라도, 수익자에게 상환청구권을 행사할 수 없다(ICC Pub. 489, Case Nos. 180 and 181).

c. [지정은행의 의무사항] 지정은행은 서류가 일치하는 제시를 구성한다고 결정한 때에는, 지정사항에 명시적으로 합의하고 통보한 범위내에서 이에 수리 또는 매입하고 반드시 확인은행이나 개설은행에게 서류를 발송하여야 한다.

예컨대 지정은행이 신용장을 통지할 때 지급 등의 의무에 관하여 "명시적으로" 기재한 경우, 지정은행은 수익자에 대하여 일치하는 서류에 대한 취소불능의 지급 등 의무를 부담하는 별도의 계약관계를 갖게 된다(*Ibid.*, R. 45).

제16조 하자서류, 권리포기 및 통고

Article 16 Discrepant Documents, Waiver and Notice. a. When a nominated bank acting on its nomination, a confirming bank, if any, or the issuing bank determines that a presentation does not comply, it may refuse to honour or negotiate.

b. When an issuing bank determines that a presentation does not comply, it may in its sole judgement approach the applicant for a waiver of the discrepancies. This does not, however, extend the period mentioned in sub-article 14 (b).

c. When a nominated bank acting on its nomination, a confirming bank, if any, or the issuing bank decides to refuse to honour or negotiate, it must give a single notice to that effect to the presenter.

The notice must state :

i. that the bank is refusing to honour or negotiate ; and

ii. each discrepancy in respect of which the bank refuses to honour or negotiate ; and

iii. a) that the bank is holding the documents pending further instructions from the presenter ; or

b) that the issuing bank is holding the documents until it receives a waiver from the applicant and agrees to accept it, or receives further instructions from the presenter prior to agreeing to accept a waiver ; or

c) that the bank is returning the documents ; or

d) that the bank is acting in accordance with instructions previously received from the presenter.

d. The notice required in sub-article 16(c) must be given by telecommunication or, if that is not possible, by other expeditious means no later than the close of the fifth banking day following the day of presentation.

e. A nominated bank acting on its nomination, a confirming bank, if any, or the issuing bank may, after providing notice required by sub-article 16(c)(iii)(a) or (b), return the documents to the presenter at any time.

f. If an issuing bank or a confirming bank fails to act in accordance with the provisions of this article, it shall be precluded from claiming that the documents do not constitute a complying presentation.

g. When an issuing bank refuses to honour or a confirming bank refuses to honour or negotiate and has given notice to that effect in accordance with this article, it shall then be entitled to claim a refund, with interest, of any reimbursement made.

번역 **제16조 하자서류, 권리포기 및 통고.** a. 지정사항에 따라 행동하는 지정은행, 확인은행(있는 경우) 또는 개설은행은 제시가 일치하지 아니하다고 결정한 때에는 이에 수리 또는 매입을 거절할 수 있다.

b. 개설은행은 제시가 일치하지 아니하다고 결정한 때에는 자신의 독자적인 판단으로 개설의뢰인과 하자에 관한 권리포기 여부를 교섭할 수 있다. 그러나 이로 인하여 제14조 b항에 언급된 기간이 연장되는 것은 아니다.

c. 지정사항에 따라 행동하는 지정은행, 확인은행(있는 경우) 또는 개설은행은 수리 또는 매입을 거절하기로 결정한 때에는 반드시 제시인에게 그러한 취지로 한 차례의 통고를 행하여야 한다.

당해 통고상에는 반드시 다음 각 호의 사항을 기재하여야 한다.

i. 은행이 수리 또는 매입을 거절하고 있다는 것, 그리고

ii. 은행이 수리 또는 매입을 거절하는 것에 관련된 각각의 하자, 그리고

iii. a) 은행이 제시인의 추가지시를 기다려 서류를 보유하고 있다는 것, 또는

b) 개설은행이 개설의뢰인의 권리포기를 수령하고 이를 승낙하기로 합의할 때까지, 또는 권리포기를 승낙하기로 합의하기 이전에 제시인의 추가지시를 수령할 때까지 서류를 보유하고 있다는 것, 또는

c) 은행이 서류를 반송하고 있다는 것, 또는

d) 은행이 제시인으로부터 수령한 사전지시에 따라 행동하고 있다는 것.

d. 제16조 c항에서 요구된 통고는 반드시 제시의 익일로부터 제5은행영업일의 종료시간까지 전신수단에 의하거나 또는 그것이 불가능한 경우에는 기타 신속한 수단에 의하여 행하여져야 한다.

e. 지정사항에 따라 행동하는 지정은행, 확인은행(있는 경우) 또는 개설은행은 제16조 c항 iii호의 a목 또는 b목에 의하여 요구된 통고를 제공한 후에도 언제든지 제시인에게 서류를 반송할 수 있다.

f. 개설은행 또는 확인은행이 본조의 규정에 따라 행동하지 아니한 경우에는, 동 은행은 서류가 일치하는 제시를 구성하지 아니한다는 주장을 할 권리로부터 배제된다.

g. 개설은행이 수리를 거절하거나 또는 확인은행이 수리 또는 매입을 거절하고 본조의 규정에 따라 그러한 취지로 통고를 행한 때에는, 동 은행은 이미 행하여진 모든 보상금에 대하여 이자와 함께 반환을 청구할 권리를 갖는다.

해설 본조는 구 제14조 b항-e항을 개정한 것으로서, 하자통고는 제5영업일 내에 하되, 서류처리방법을 추가하였고 유보조건부 매입조항을 삭제하였다.

a. [하자서류 인수거절권] 지정은행·확인은행(있는 경우)·개설은행은 각각 제시가 일치하지 아니하다고 결정한 때에는, 이에 수리 또는 매입을 거절할 수 있다. 즉, 은행은 서류가 신용장조건, 이 규칙의 적용가능한 규정 및 국제표준은행관습 등에 일치하지 아니할 경우 이를 인수거절할 권리를 갖는다.

예컨대 개설은행의 대리인인 확인은행이 서류를 인수하였더라도, 개설은행은 하자사유가 있다면 이를 거절할 수 있다(ICC Pub. 632, R. 88). 또 신용장에서 화물이나 원본서류를 개설의뢰인에게 직송하도록 명시한 때에도, 개설은행은 요

구된 제시의 원본 또는 사본서류상에 하자사유가 있는 경우 지급거절할 수 있다(*Ibid.*, R. 98; Pub. 489, Case No. 213; Pub. 697, R. 671).

특히 은행은 하자서류의 보상조건부(L/I) 제시가 있더라도, 이를 인수하고 지급할 의무가 없다. 하자보상장은 UCP의 범주를 벗어난 준거법의 문제이다(Pub. 459, Case Nos. 47 and 57; Pub. 632, R. 93; UCP 600에서 삭제됨).

그러나 하자사항의 보완서류가 신용장의 유효기일과 제시기일내에 지급만기의 장소인 매입은행의 창구에 제시되었다면, 그것이 유효기일을 경과하여 개설은행에 도착하더라도, 개설은행은 이에 보상할 의무가 있다(*Ibid.*, R. 70).

다만 은행이 하자서류의 보완지시를 하더라도 이를 수리로 보지 아니하며, 반대로 은행의 하자통고를 받은 제시인이 보완서류를 제시하더라도 이를 제시인의 승복으로 보지 아니한다(Pub. 489, Case No. 208; Pub. 697, R. 635).

b. [하자권리포기 교섭권] 개설은행은 제시가 일치하지 아니하다고 결정한 때에는 독자적인 판단으로 개설의뢰인에게 하자의 권리포기(waiver of the discrepancies) 여부를 교섭할 수 있다. 즉, 개설은행은 수익자와 협의 없이 독자적으로 개설의뢰인에게 하자의 권리포기 여부를 교섭할 수 있다. 물론 개설은행의 하자교섭은 서류심사의 제5은행영업일까지 모두 완료하여야 한다.

반대로 개설은행은 하자에 관한 개설의뢰인의 권리포기를 접수하더라도, 그 지시에 따르고 서류를 인수할 의무가 없으며(ICC Pub. 632, Rs. 26, 85 and 90), 또 개설의뢰인의 권리포기를 접수한 사실 또는 자신이 개설의뢰인의 지시에 따르는지의 여부를 수익자에게 즉시 통고할 의무도 없다(*Ibid.*, R. 80).

기타 개설은행은 국내법에 별도의 규정이 없는 한, 개설의뢰인의 권리포기와 관계없이 이전에 하자서류를 인수하였다는 사실로 인하여 미래의 유사한 하자사유에 대하여도 이를 인수할 의무는 없다(*Ibid.*, Rs. 88 and 95).

다만 개설은행은 개설의뢰인의 권리포기가 있더라도, 서류를 유출할 때에는 제시인의 동의를 구하여야 하며, 제시인의 반대지시가 없는 한 서류를 유출한다고 통고할 수 없다(Pub. 459, Case No. 54; *Ibid.*, Rs. 103, 104 and 106). 제시인의 동의 없는 유출은 서류처리에 관한 중대한 원칙의 위반이다(Pub. 697, R. 694). 또 개설의뢰인이 하자서류의 인수 후 부도되더라도, 개설은행은 신용장조건에 따라 인수한 환어음을 만기에 지급하여야 한다(Pub. 632, R. 96).

c. **[하자통고시 기재사항]** 지정은행·확인은행(있는 경우)·개설은행이 제시인에게 인수거절의 취지를 통고할 때에는 반드시 1회에 한하여 행하여야 한다.

즉, 은행은 거절통고시 모든 하자사항(all discrepancies)을 1회에 한하여 명기하여야 하며, 거절사유를 변경하거나 추가적인 하자통고는 할 수 없다(ICC Pub. 459, Case Nos. 52 and 53; Pub. 489, Case No. 209; *Ibid.*, Rs. 89 and 112).

다만 하자사항에 대한 유효기일내의 수정서류상에 새로운 하자사유가 발견된 경우, 은행은 수정서류를 수령한 제5은행영업일내에 추가적인 하자통고를 할 수 있으며, 이를 경과하면 대금을 지급하여야 한다(Pub. 632, R. 91).

하자통고는 특정적이어야 한다. 예컨대 "원산지증명서상에 다른 서류와 불일치한 내용이 있다."라는 형식은 다른 서류의 제목도 없고 불일치한 내용도 없기 때문에 정당한 하자통고로서 인정되지 아니하며, "서류상의 총중량이 상호 불일치하다."라는 형식은 정당한 하자통고로 본다(Pub. 697, R. 672).

요컨대 은행의 거절통고상에는 반드시 다음의 사항을 기재하여야 한다.

① **[거절의사]** 은행이 수리 또는 매입을 거절한다는 의사표시
② **[하자사유]** 은행의 수리 또는 매입거절에 관련된 모든 하자사유
③ **[서류처리]** 서류를 보유, 반송 또는 제시인의 지시에 따르는지 여부.

특히 UCP 600은 서류의 처리상태를 기재하는 방법을 4가지로 제시하고 있다. 즉, i) 은행이 제시인의 추가지시를 기다려 서류를 보유하고 있다. ii) 개설은행이 개설의뢰인의 권리포기를 승낙할 때까지 또는 권리포기를 승낙하기 이전에 제시인의 추가지시가 있을 때까지 서류를 보유하고 있다. iii) 은행이 서류를 반송하고 있다. iv) 은행이 제시인의 사전지시에 따라 행동하고 있다.

여기서 "보유"의 경우란 개설의뢰인의 권리포기를 제시인과 협의할 때에 기재되고, "반송" 시에는 개설의뢰인에게 직송된 서류까지 포함할 의무가 없다는 점이다. 또 "제시인의 사전지시"는 반대지시가 없는 한 은행이 개설의뢰인의 권리포기에 따라 결제한다고 명시하였더라도, 수익자가 은행에게 사전지시를 할 수 있도록 내용을 추가한 것이 특징적이다(Pub. 632, Rs. 114 and 115).

d. [하자통고 기간 · 수단] 은행의 거절통고는 반드시 제시의 익일로부터 제5은행영업일의 종료시간까지 제시인에게 발송되어야 하며, 이때의 이용수단은 전신수단(telecommunication)이나 그것이 불가능한 경우 기타 신속한 수단에 의하여야 한다. 기타 신속한 수단으로는 항공우편, 특사 등이 있다. 다만 이번 규칙에서는 오해의 소지가 있는 "지체 없이"란 표현을 삭제하였다.

예컨대 개설은행이 거절을 결정한 후 팩스 · 전화 등의 전신수단이 이용가능함에도 불구하고, 텔렉스의 장애를 이유로 제시의 익일로부터 제5은행영업일을 경과하여 하자통고를 하였다면, 그것이 UCP 600 제35조에 의거한 송달면책임을 입증하지 못하는 한 은행의 하자통고권은 배제된다(*Ibid.*, R. 61). 또 개설은행은 텔렉스로 거절의사를 전달하고 항공우편으로 하자통고서를 발송한 경우도 하자통고권이 배제된다(ICC Pub. 489, Case No. 210; *Ibid.*, R. 92).

신용장에서 서류는 개설은행의 대리은행에게 제시하도록 위탁한 경우에도, 대리은행은 자신에게 서류가 제시된 후 제5은행영업일내에 하자통고를 하여야 하며, 이를 경과하면 개설은행의 하자통고권이 배제된다(Pub. 697, R. 655).

다만 개설은행이 제5은행영업일의 종료시간을 7분 정도 경과하여 하자통고를 하였다면, 이는 UCP 허용기간내에 발송한 것으로 본다(Pub. 632, R. 109).

이때 하자통고는 제시인에게 직접 행하여야 한다. 수익자나 은행의 특정지점이 제시인이라면 반드시 동일지점으로 발송하여야 한다(*Ibid.*, R. 110).

e. [보유 하자서류의 반송] 은행은 거절통고시 서류를 ① 제시인의 추가지시를 기다려 보유하고 있거나, 또는 ② 개설은행이 개설의뢰인의 권리포기를 승낙할 때까지 또는 권리포기를 승낙하기 이전에 제시인의 추가지시가 있을 때까지 보유하고 있더라도 언제든지 제시인에게 이를 반송할 수 있다. 이는 제시인의 추가지시나 권리포기의 교섭에 반응이 없을 경우를 대비한 조항이다.

f. [하자통고 위반의 책임] 개설은행이나 확인은행이 하자서류에 관하여 제시의 익일로부터 제5은행업업일내에 본조의 규정에 따른 하자통고의무를 다하지 못한 경우에는 더 이상 서류가 불일치하다는 주장을 제기할 수 없다. 다만 지정은행의 경우도 하자통고의무의 위반시 권리가 배제되는지는 규정이 없다.

예컨대 개설은행은 하자사유를 알았으나 2주 이상 거절통고를 유보하고 있다가 개설의뢰인에게 물품수령까지 보장(L/I)해 주었다면, 더 이상 서류의 하자통고권을 행사할 수 없으며(ICC Pub. 489, Case Nos. 212 to 214), 준거법에 따라 결정되는 금액만큼 제시인에게 보상하여야 한다(Pub. 697, R. 671).

심지어 개설은행은 지정은행이 서류를 심사하였다는 이유로 하자통고를 생략하거나 하자서류를 제시인의 처분하에 거절통고함이 없이 가액의 일부를 결제하였다면, 이는 자신의 위험으로 행하는 것이다(Pub. 632, Rs. 87 and 108).

그러나 개설은행이 하자통고시 선화증권 등 필요한 서류에 배서하지 아니한 정도는 은행의 관례상 하자통고절차의 위반이라고 볼 수 없다(*Ibid.*, R. 84).

g. [하자통고후의 청구권] 개설은행이나 확인은행은 수리 또는 매입을 거절하고 본조의 규정에 따라 적절한 하자통고를 행한 때에는, 이미 제시인에게 행한 모든 보상금에 대하여 환급일까지의 이자를 붙여 반환을 청구할 수 있다. 이때 제시인은 부당한 지체 없이 금원을 환급하여야 한다(*Ibid.*, R. 144).

그러나 개설은행은 하자통고 없이 서류를 인수하였다면, 제시인에게 이자를 청구할 수 없다. 다만 개설은행은 하자통고시 이자지급을 전제로 서류를 인수한다는 단서를 붙일 수 있고, 이는 제시인의 승인이 필요하다(*Ibid.*, R. 107).

한편 분할선적이 허용된 신용장금액 중에 하자통고로 인한 환급보상금을 공제하더라도 차액이 있을 경우, 이 부분은 하자통고로 인하여 소멸되지 아니하고 신용장의 유효기일까지는 사용가능한 상태로 남는다(Pub. 697, R. 664).

◇ 제서류(제17조-제28조)

제17조 원본서류와 사본

Article 17 Original Documents and Copies. **a.** At least one original of each document stipulated in the credit must be presented.

b. A bank shall treat as an original any document bearing an apparently original signature, mark, stamp, or label of the issuer of the document, unless the document itself indicates that it is not an original.

c. Unless a document indicates otherwise, a bank will also accept a document as original if it :

i. appears to be written, typed, perforated or stamped by the document issuer's hand ; or

ii. appears to be on the document issuer's original stationery ; or

iii. states that it is original, unless the statement appears not to apply to the document presented.

d. If a credit requires presentation of copies of documents, presentation of either originals or copies is permitted.

e. If a credit requires presentation of multiple documents by using terms such as "in duplicate", "in two fold" or "in two copies", this will be satisfied by the presentation of at least one original and the remaining number in copies, except when the document itself indicates otherwise.

번역 **제17조 원본서류와 사본.** a. 신용장상에 규정된 각각의 서류는 반드시 적어도 1통의 원본이 제시되어야 한다.

b. 은행은 서류 자체에 원본이 아니라는 명시가 없는 한, 외관상으로 서류의 발행인에 의한 원천적인 서명, 표지, 타인 또는 부표를 함유하고 있는 모든 서류

를 원본으로서 취급하여야 한다.

c. 은행은 서류상에 별도의 명시가 없는 한, 다음 각 호에 해당하는 서류의 경우에도 이를 역시 원본으로서 인수하여야 한다.

i. 서류 발행인의 수기에 의하여 기록, 타자, 천공 또는 타인된 것으로 나타나 있는 서류, 또는

ii. 서류 발행인의 원천적인 필묵지상에 나타나 있는 서류, 또는

iii. 제시된 서류에 적용하지 아니한다는 기재가 나타나 있지 아니하는 한, 그것이 원본이라고 기재하고 있는 서류.

d. 신용장이 서류의 사본 제시를 요구한 경우에는, 원본 또는 사본 중의 어느 것의 제시라도 허용된다.

e. 신용장이 "부본의"(in duplicate), "제2통의"(in two fold) 또는 "제2사본의"(in two copies)란 용어의 사용에 의하여 복본 서류의 제시를 요구한 경우에는, 서류 자체에 별도의 명시가 없는 한 적어도 1통의 원본과 나머지 통수를 사본으로 제시하여도 이는 충족되는 것으로 한다.

해설 본조는 구 제20조 b항과 c항, 1999년 "UCP 500 제20조 b항 '원본' 서류의 결정"을 반영하여 원본과 사본의 구분지침을 제공한 것이 특징이다.

a. [원본서류의 제시원칙] 신용장상에 규정된 각각의 서류는 사본을 요구하거나 허용하지 아니하는 한, 반드시 적어도 1통의 원본이 제시되어야 한다. 사본을 요구하거나 허용한 경우에 관하여는 본조 d항에서 규정하고 있다.

즉, 사본서류를 요구하거나 허용하지 아니하는 한, 서류는 반드시 1통 이상의 원본으로 구성되어 있어야 한다. 제시할 원본의 수는 신용장이나 UCP에서 요구된 수 이상 또는 서류상에 기재된 수 이상이어야 한다(ISBP 제29항).

결국 신용장에서 서류를 요구하면, 기본적으로 원본서류를 제시하여야 하며 (ICC Pub. 632, R. 137), 특히 복본의 서류를 요구한 경우 서류상에 별도의 명시가 없는 한, 1통의 원본과 나머지는 사본으로 제시할 수 있다(본조 e항).

그러나 복합운송서류·해상운송서류 및 보험서류의 경우 서류상에 2통 이상의 원본이 발행된 것으로 기재되어 있으면, 발행된 원본 전통이 제시되어야 한다(동

제19조-제22조 각 a항 및 제28조 b항; *Ibid.*, Rs. 160 and 215).

b. [원본서류의 판단기준] 서류 자체에 원본을 부정하는 명시가 없는 한, 외관상으로 서류 발행인에 의한 원천적인 서명, 표지, 타인 또는 부표를 함유하고 있는 서류는 원본(original)으로서 취급하여야 한다. 즉, 은행은 서류 발행인에 의하여 수기로 서명된 것으로 나타나는 서류, 또는 "원본"이란 단어가 타인되어 있는 서류는 원본서류로서 취급한다(ICC Decision, 1999.7.29, 제3항).

예컨대 수기로 서명된 환어음·상업송장 등은 그 서류의 기타 구성요소의 일부 또는 전부가 미리 인쇄되었거나, 탄소복사지·복사기기·자동기기·전산기기 등에 의하여 작성된 여부를 불문하고 원본서류로서 취급된다.

또 선화증권 등이 발행인의 표제와 서명을 포함하여 전체를 이미지로 저장한 후 인증된 인터넷(internet)을 통하여 전송·출력한 것도 외관상 모사서명에 의한 원본서류로서 취급한다(*Ibid.*, R. 133; ICC Decision, 1999.7.29, 제2항).

그러나 서류 자체에 "사본"(copy)이란 표지가 있거나 또는 원본을 부정하는 명시가 있는 경우, 이는 사본으로서 취급된다. 즉, 서류상에 다른 서류의 순수한 사본이라는 기재 또는 다른 서류가 유일한 원본이라는 기재가 있는 경우, 그것이 원본이 아님을 명시한 것으로 본다(ICC Decision, 1999.7.29, 제3항).

결국 서류는 다음과 같은 경우 원본을 부정하는 명시로 본다(동 제4항). 즉, ① 팩스기기로 작성된 것으로 나타나는 경우, ② 수기로 사진복사본에 표지하거나 원천적인 필묵지상에 사진복사하여 별도로 작성된 사실이 없이 서류의 사진복사본인 것으로만 나타나는 경우, ③ 서류상에 다른 서류의 순수한 사본이라는 기재 또는 다른 서류가 유일한 원본이라는 기재가 있는 경우 등.

c. [원본서류의 확대기준] 신용장거래에서 서류상에 별도의 명시가 없는 한, 은행은 다음 각 호에 해당하는 서류도 원본(original)으로서 인수하여야 한다.

① 서류 발행인의 수기에 의하여 기록, 타자, 천공 또는 타인된 서류

② 서류 발행인의 원천적인 필묵지상에 작성된 서류

③ 제시서류에 적용배제한다는 기재가 없는 한, 원본이라고 기재된 서류.

서류는 2통 이상의 원본으로 발행될 때에는 "원본", "부본", "제3부본" 등의

표지로 구분할 수 있으며, 이들 표지가 없다 하더라도 서류는 원본으로서 자격을 상실하지 아니한다(*Ibid.*, Rs. 126, 131 and 160; ISBP 제28항).

즉, 서류가 수기나 타자로 작성된 경우는 "원본"의 표지가 없어도 원본으로서 인정되며(*Ibid.*, Rs. 127 and 292; 대판 2002.6.28 선고, 2000다63691), 기타 복사기기·자동기기·전산기기·탄소복사지 등의 방법으로 작성된 경우도 원본임을 부정하지 아니하는 한 발행인의 서명이 있으면 원본으로서 인정된다.

"원본"의 표지는 복사기기·자동기기·전산기기·탄소복사지 등의 방법으로 작성된 서류의 경우에만 필요하며(*Ibid.*, Rs. 127 and 25), 또 이들 방법으로 작성된 서류라고 하더라도 외관상으로 수기에 의한 서명이 있으면 "원본"의 표지가 없어도 하자서류가 되지 아니한다. 서류상에 "원본"의 표지가 필요한지의 여부는 그 작성방법에 달려 있다(*Ibid.*, Rs. 102 and 292).

ICC 은행위원회는 1999년 7월 12일과 동월 29일에 서류의 원본과 사본의 구분을 위한 추가적인 지침으로서, "UCP 500 제20조 b항 관련 '원본' 서류의 결정"이란 제목의 정책성명서(policy statement)를 발표하였다(ISBP 제33항).

이 성명서는 i) 배경, ii) 원본성의 결정, iii) 제20조 b항의 정확한 해석, iv) "원본"이 아닌 것, v) 결론 등의 5개 항목으로 구성되어 있으며, 또 이는 ICC 은행위원회의 승인을 득한 것이므로 UCP 600 하에서도 효력을 갖는다.

따라서 서류의 원본성에 관한 판단은 UCP 600 제17조, ISBP 제28항 내지 제33항 및 동 ICC 은행위원회 정책성명서 등을 참조하여야 한다(부록).

이밖에 원본의 "서명"에 관한 ISBP 등 국제기준을 정리하면 다음과 같다.

① 환어음·증명서·신고서는 본질적으로 서명이 있어야 하며, 특히 운송서류와 보험서류는 UCP 규정에 따른 서명이 있어야 한다(ISBP 제37항).

즉, 환어음은 서명을 필수기재사항으로 하고 있으며(국제환어음협약 제3조 1항), 또 신용장에서 서명된 검사증명서 등을 요구한 경우 그 요구에 따라 서명되지 아니한 증명서는 하자가 된다(*Ibid.*, R. 149). 더구나 운송서류와 보험서류의 경우, UCP 600의 인수요건에 따른 서명권자가 이에 허용된 방법에 따라 서명하여야만 유효하다(동 제17조 b항, 제19조-제25조 a항 및 제28조 a항).

다만 수익자가 발행한 환어음과 상업송장·포장명세서 등의 서명이 서로 다르더라도, UCP나 국제은행관습에 따르면 이는 하자가 아니다(*Ibid.*, R. 102).

② 서류상에 서명을 위한 공란(space)이 있다고 하여 반드시 그 공란을 서명으로 완성하여야 하는 것은 아니다. 다만 서류의 내용상 그 효력발생에 필요한 서명을 요하는 경우, 이는 반드시 서명되어 있어야 한다(ISBP 제38항).

예컨대 신용장에서 서명의 요구가 없는 포장명세서 등의 서류양식에 서명란이 있는 경우, 서류의 본질상 서명을 필수로 하지 아니하는 한 서류상에 서명란이 있다는 단순한 사실만으로는 서명을 요구할 수 없다(*Ibid.*, R. 128).

③ 서명은 수기(handwriting)뿐만 아니라, 모사서명, 천공서명, 타인, 부호(관인 등), 기타 모든 전자방식이나 기계방식의 인증으로도 충분하다(동 제3조; ISBP 제39항). 예컨대 복사기기·자동기기·전산기기·탄소복사지 등의 방법으로 작성된 서류상에 수기로 서명하거나 또는 이들 방법이나 수기로 작성된 서류상에 원거리에서 팩스(인터넷 포함)로 서명을 별도 전송·첨부하는 모사서명(facsimile signature)도 유효하고, 서류를 발행하는 회사의 관인(chop)도 서명이 될 수 있다(ICC Decision, 1999.7.29, 제3항; *Ibid.*, R. 130).

다만 서명된 서류 전체의 사진복사본(photocopy)을 제시하는 경우에는 원본의 자격을 상실하고 사본으로만 인정되며, 또 서명된 서류 전체를 팩스기기로 전송하는 경우에는 원본서명이 결여된 것이다(*Ibid.*, Rs. 293 and 132).

④ 회사의 표제(letterhead)가 있는 용지상의 서명은 당해 회사의 서명으로 보며, 회사명은 서명에 이어 반복할 필요가 없다(ISBP 제40항). 특정인의 표제가 있는 서류는 그 특정인의 서명만 있으면 원본으로 본다(ISBP 제22항).

다만 신용장이 특정회사의 보험서류(운송서류도 동일)를 요구한 때 보험중개인의 표제가 있는 용지에 중개인이 보험회사의 대리인으로서 서명한 경우, 이는 대리인의 자격이 명시되어 있어야 인수된다(*Ibid.*, Rs. 141 and 213).

d. [사본요구시 제시요건] 신용장이 서류의 사본(copies) 제시를 요구한 경우, 원본이나 사본 중의 어떠한 형태로도 허용된다. 물론 사본의 제시를 허용하는 정도에서는 사본뿐만 아니라 원본도 충분하게 유효한 제시가 된다.

예컨대 신용장에서 항공화물탁송장·선화증권의 사본을 요구한 경우, 항공화물운송장 원본을 제시하는 것은 하자가 되지 아니한다(*Ibid.*, R. 111).

다만 서류의 사본 대신에 원본(original)을 인수하지 아니하고자 할 경우, 신용장은 반드시 "사진복사본 대신에 원본서류는 인수가능한 것이 아님."이라는 등의 표현으로 원본을 금지시켜야 한다. 특히 운송서류에 관하여 신용장에서 사본을 요구하고 원본서류에 관한 별도의 처분지시(예, 사용처)까지 명시되어 있는 경우, 은행은 원본서류를 인수하여서는 아니된다(ISBP 제31항).

서류의 사본에는 서명(signature)을 필요로 하지 아니한다(ISBP 제32항). 만약 사본이라도 외관상으로 발행인의 원천적인 서명, 표지, 타인 또는 부표가 함유되어 있는 한, 이는 이미 원본으로서 취급되어진다(본조 b항).

특히 UCP 600 운송조항에서는 운송서류의 "사본"은 운송서류로 보지 아니하고 원본만을 인정하기 때문에, 사본 운송서류는 선적일자 이후의 지정된 제시기일 내에 제시할 서류로서 심사하지 아니한다(동 제14조 c항). 다만 사본 운송서류를 허용하고자 할 경우, 신용장에 그러한 취지를 명시하여야 하며, 사본의 경우 서명·일자 등의 입증을 필요로 하지 아니한다(ISBP 제20항).

e. [복본요구시 제시요건] 신용장이 "부본"(duplicate), "제2통"(two fold), 제2사본(two copies) 등의 용어로 복본서류의 제시를 요구한 경우, 적어도 1통의 원본과 나머지 통수를 사본으로 제시하여도 무방하다. 다만 서류 자체에 2통 이상의 원본이 발행되었다는 등의 별도 명시가 있는 경우는 제외된다.

예컨대 신용장에서 서류를 3통 요구한 경우, 1통만 원본으로 하고 나머지는 사본으로 제시하여도 된다(*Ibid.*, Rs. 135 and 293). 다만 신용장에서 "송화인용 사본"(copy for the consignor/shipper)이란 등의 용도를 표시하도록 요구한 경우, 이러한 용도의 표시가 없는 서류는 하자가 된다(*Ibid.*, R. 211).

또 신용장에서 전통(full set)의 선화증권을 요구한 경우, 3통의 원본을 발행하면서 원본의 발행통수를 기재하지 아니하였다면 별도 증명서를 첨부하더라도, 이는 원본 통수의 기재요건에 어긋난다(*Ibid.*, R. 181; ISBP 제93항).

서류의 원본과 사본 통수는 신용장에서 요구된 숫자대로 제시되어야 한다(구 ISBP 제71항). 예컨대 ① "one invoice", "invoice in 1 copy" 등의 요구는 송장 원본 1통을 제시하여야 하고, ② "invoice in 4 copies" 등은 원본을 1통 이상으로 하고 나머지 숫자를 사본으로 제시하고, ③ "one copy of invoice" 등은 사본이나 원본 1통으로도 충족된다(ISBP 第30항; *Ibid.*, R. 111).

나아가 신용장상에 요구된 각 서류는 별도양식으로 제시하여야 하지만, 예컨대 포장명세서와 중량명세서를 요구한 경우, 이를 별도양식으로 제시하거나 하나의 통합된 포장·중량명세서 원본 2통을 제시할 수 있다. 다만 통합된 서류는 포장과 중량의 세부사항을 모두 기재하고 있어야 한다(ISBP 第42항).

특히 신용장에서 요구된 증명, 신고 또는 기타 동종의 서류는 별도양식으로 제시하거나 다른 서류 내에 통합하여 제시할 수 있다(ISBP 第8항). 그러나 두 서류를 하나의 양식에 통합할 경우 각각의 사용목적에 적합하도록 세부사항을 모두 포함하여야 하고, 통합된 내용의 원본 2통과 필요한 부수의 사본을 제시하여야 한다(양영환·서정두, 전게서, p. 493). 다만 신용장에서 별도의 서류양식을 요구하면, 이를 따로 제시하여야 한다(ICC Pub. 489, Case No. 227).

이밖에 복수의 "지면"으로 발행된 서류의 심사기준을 정리하면 다음과 같다.

① 서류가 편철, 일련번호 또는 참조번호로 연결된 지면은 이를 하나의 서류로 심사하여야 한다. 복수의 지면으로 구성되어 있는 경우, 반드시 이들 지면이 동일한 서류의 일부라는 것을 판단할 수 있어야 한다(ISBP 第26항).

예컨대 선화증권이 복수의 지면, 부록 또는 부속물로 구성된 경우, 각 지면에는 반드시 선화증권 제xxx호의 부속물 또는 전체 서류의 일부라는 참조번호나 유사한 문언이 있어야 하나의 서류로서 인정된다(*Ibid.*, R. 166).

우리나라에서는 편철된 여러 장의 지면 사이에 당사자의 간인(間印)을 찍어 하나임을 입증하고, 미국·일본 등에서는 문자나 문양을 둥근꼴이나 마름모꼴의 금형으로 제본한 여러 장의 용지에 압인하여 동일한 부호를 붙이는 봉인(封印, seal)의 방법을 사용하고 있다(서정두, 『국제무역계약』, 삼영사, 2003, p. 194).

② 서명이나 배서의 장소를 별도로 지정하지 아니하는 한, 복수의 지면으로 구성된 서류상의 서명이나 배서는 어떠한 장소에도 나타낼 수 있다. 다만 이러한 경우 서명은 최초면이나 최종면에 위치하여야 정상적이다(ISBP 第27항).

예컨대 선화증권이 복수의 지면, 부록 또는 부속물로 구성되고, 각 지면에 선화증권 제xxx호의 부속물 또는 전체 서류의 일부란 참조번호 등이 있는 경우 최초면의 서명만으로 충분하다. 즉, UCP 600 第20조 a항의 "서명된 것으로 나타난"(appear to be signed) 요건을 충족하게 된다(*Ibid.*, R. 166).

第18조 상업송장

Article 18 Commercial Invoice. **a.** A commercial invoice :

i. must appear to have been issued by the beneficiary (except as provided in article 38) ;

ii. must be made out in the name of the applicant (except as provided in sub-article 38 (g) ;

iii. must be made out in the same currency as the credit ; and

iv. need not be signed.

b. A nominated bank acting on its nomination, a confirming bank, if any, or the issuing bank may accept a commercial invoice issued for an amount in excess of the amount permitted by the credit, and its decision will be binding upon all parties, provided the bank in question has not honoured or negotiated for an amount in excess of that permitted by the credit.

c. The description of the goods, services or performance in a commercial invoice must correspond with that appearing in the credit.

번역 **第18조 상업송장.** a. 상업송장은 다음 각 호와 같아야 한다.

i. 반드시 수익자에 의하여 발행된 것으로 나타나 있어야 하고(제38조에 규정된 경우는 제외함),

ii. 반드시 개설의뢰인의 명의 앞으로 작성되어 있어야 하고(제38조 g항에 규정된 경우는 제외함),

iii. 반드시 신용장과 동일한 통화단위로 작성되어 있어야 하며, 또

iv. 반드시 서명을 필요로 하지 아니한다.

b. 지정사항에 따라 행동하는 지정은행, 확인은행(있는 경우) 또는 개설은행은 신용장에 의하여 허용된 금액을 초과한 금액으로 발행된 상업송장을 인수할 수 있으며, 또 그러한 결정은 문제의 은행이 이미 신용장에 의하여 허용된 금액을

초과한 금액으로 수리 또는 매입하지 아니하였음을 전제로 하여 모든 당사자를 구속한다.

c. 상업송장상의 물품, 서비스 또는 채무이행의 명세는 반드시 신용장상에 나타나 있는 명세와 일치하여야 한다.

해설 본조는 구 제37조를 개정한 것으로서, 송장의 통화단위는 신용장과 동일하여야 하고 신용장금액을 초과한 송장도 인수가능하며, "물품"뿐만 아니라 "서비스", "채무이행" 등의 명세도 포함하여 규정한 것이 특징적이다.

a. [상업송장의 발행요건] 상업송장은 반드시 i) 수익자가 발행한 것이어야 하고(양도가능 신용장의 경우는 제외), ii) 개설의뢰인의 명의 앞으로 작성되어 있어야 하며(〃), 또 iii) 신용장과 동일한 통화단위(currency)로 작성되어 있어야 한다. 그러나 상업송장은 iv) 반드시 서명을 필요로 하지 아니한다.

① 송장은 신용장이 양도된 경우가 아닌 한, 반드시 신용장상에 기재된 수익자가 발행한 것으로 나타나 있어야 한다. 다만 수익자의 텔렉스 번호나 팩스 번호 등의 주소표시는 신용장과 동일하지 아니하여도 된다(동 제14조 j항).

예컨대 신용장의 수익자가 "X native produce …"인 경우 상업송장의 화주란에 "X national native produce …"라고 단어를 하나 추가하여 발행하거나(ICC Pub. 632, R. 83), 또는 신용장의 수익자가 "Company T"인 경우 상업송장을 T상사의 대리인(agent) 등 어떠한 표시 없이 동일한 그룹 내의 자회사인 "ABC division"의 명의로만 발행하거나 전혀 다른 당사자의 명의로 발행하는 것은 하자 있는 제시로 본다(*Ibid.*, R. 223; Pub. 489, Case No. 261).

이때 송장의 제목(title)은 중요하지 않다. 신용장에서 "송장"(invoice)을 요구한 경우, 상업송장·세관송장·영사송장 등 어떠한 종류로도 제시할 수 있으며, 또 상업송장이 요구된 경우 단순히 "송장"이란 제목으로 제시할 수 있다. 다만 가송장(provisional invoice)이나 견적송장(pro-forma invoice) 등은 신용장에서 특별히 허용하지 않은 한, 이를 인수할 수 없다(ISBP 제57항).

즉, 송장의 내용이 요구된 기능을 완수하는 한, 그 제목은 신용장상에 요구된 제목이나 유사한 제목 또는 제목을 붙이지 아니하여도 된다(ISBP 제41항). 예컨대 신용장에서 "Final Invoice …"가 내용과 함께 요구된 경우, "Invoice"란 제목도 신용장의 내용을 충족하고 있으면 인수된다(Pub. 697, R. 702).

② 송장은 신용장이 양도된 경우가 아닌 한, 반드시 개설의뢰인(applicant) 앞으로 작성된 것이어야 한다(구 ISBP 제61항). 왜냐하면 은행은 물품이 아닌 서류만으로 거래하기 때문에, 송장상의 당사자가 신용장의 당사자와 일치하게 작성되어 있어야 이들 당사자간의 기초적인 계약관계를 확신할 수 있다(Pub. 489, Case No. 261). 다만 개설의뢰인의 텔렉스 번호나 팩스 번호 등의 주소표시는 신용장과 동일하지 아니하여도 무방하다(동 제14조 j항).

예컨대 신용장의 개설의뢰인이 T상사라고 할 때 개설의뢰인의 S씨가 부서한 송장이 요구된 경우, G상사로 이직한 S씨가 부서한 송장은 비록 동일인이라 하더라도 소속회사가 다르기 때문에 하자사유가 된다(Pub. 632, R. 82).

③ 송장은 반드시 선적 또는 제공된 물품・서비스・채무이행의 가액을 표시하되, 단가(있는 경우)나 통화단위는 신용장과 일치하여야 한다(ISBP 제60항).

④ 송장은 특별한 요구가 없는 한, 서명이나 일자가 없어도 된다(ISBP 제62항). 환어음・운송서류・보험서류 등은 신용장의 요구가 없더라도 본질적으로 서명과 일자가 필요하지만(동 제13항과 제37항), 수익자가 직접 개설의뢰인 앞으로 작성하는 송장은 이를 필요로 하지 아니한다(본조 a항 ii호).

다만 신용장에서 "signed invoice in 3 copies" 등 서명된 송장을 요구한 경우, 적어도 1통의 송장은 서명된 원본을 제시하여야 한다(동 제17조 e항).

b. [금액초과된 송장인수] 지정은행・확인은행(있는 경우)・개설은행은 신용장금액을 초과한 금액(amount in excess)으로 발행된 상업송장을 인수할 수 있다. 다만 문제의 은행이 이미 신용장금액을 초과한 금액으로 수리・매입하지 아니하였어야 하며, 이때 은행의 인수결정은 모든 당사자를 구속한다.

① 송장상의 표시금액은 본조 b항의 결과에 따라 은행이 금액을 초과하여 기재한 송장을 인수하기로 결정한 경우가 아닌 한, 반드시 환어음의 금액과 상호일치하여야 한다(ISBP 제51항). 은행은 금액 초과된 송장을 인수할 의무는 없으나, 자신이 인수를 결정하면 모든 당사자를 구속한다(*Ibid.*, R. 104).

② 송장상에는 반드시 선적되었거나 제공된 물품・서비스・채무이행의 가액뿐

만 아니라, 신용장상에 기재된 할인액이나 공제액을 모두 표시하고 있어야 한다. 이 밖에 송장상에는 신용장상에 기재되지 아니한 선수금의 공제액, 할인액(discount) 등을 표시하여도 인수할 수 있다(ISBP 第60항).

예컨대 신용장에서 수출입선수금(advance payment)에 관한 언급이 없는 경우, 수익자가 30% 선수금의 공제액을 표시하여 상업송장을 발행할 수 있으며(*Ibid.*, R. 224), 또 신용장에서 CFR 가액만 명시된 경우, 상업송장상에 FOB 가액과 운임 및 신용장에 없는 영사비용(consular fee)까지 합산 초과하여 CFR 가액을 표시하는 것도 하자가 아니다(ICC Pub. 489, Case No. 259).

다만 신용장금액을 초과한 금액이 미리 인수되지 아니하였어야 하며(본조 b항), 만약 물품대금 이외의 부대비용 청구를 위하여 신용장금액을 초과한 송장을 발행하는 경우 초과된 송장금액의 인수 여부는 전적으로 은행의 결정에 달려 있고 그 결정은 모든 당사자를 구속한다(*Ibid.*, Case No. 260).

③ 송장금액은 분할선적이 금지된 경우도 수량 전체가 선적되고 단가가 감액되지 아니하는 한, -5% 이내의 오차한도로 발행할 수 있다(ISBP 第66항).

예컨대 신용장금액이 "USD 396,000 CIF"로 요구된 경우, 송장금액으로서 운임·보험료를 합하여 "USD 376,000 CIF"(-5% 이내)라고 기재하더라도 물품수량과 단가가 일치하는 한 하자가 되지 아니한다(Pub. 459, Case No. 134).

c. [상업송장의 물품명세] 상업송장은 계약품의 일치하는 인도를 입증하는 서류이므로, 송장상의 물품·서비스·채무이행의 명세(description)는 반드시 신용장명세와 일치하여야 한다. 이는 송장상의 물품명세가 일어일구까지 동일하여야 한다는 의미는 아니며, 송장상의 자료가 신용장, 송장 자체 및 국제표준은행관습 등의 상호 관계를 기준으로 판단할 때 송장, 기타 모든 규정된 서류 내지 신용장상의 자료와 모순되지 아니하면 충분하다(동 제14조 d항).

① 송장상의 물품명세는 반드시 신용장명세와 일치하여야 하지만, 신용장과 대칭적으로 완전 일치할 것(mirror image)을 요구하는 것은 아니며, 송장 내의 여러 위치에 있는 기재사항을 조합하여 일치하여도 된다(ISBP 第58항).

예컨대 신용장에서 상업송장을 요구하고 물품명세를 "white refined sugar … origin - Country T"라고 명시한 경우, 상업송장은 신용장명세의 형식이나 배열과 달리 물품명세란에 "origin - Country T"를 포함하지 아니하고 화인란에 "Country T white refined sugar …"라고 기재하여도 세부사항을 모두 포함하고 있으면 신용장명세와 일치하는 것으로 본다(*Ibid.*, R. 230).

또 신용장명세가 "ABC"인 경우, 상업송장의 물품명세란에 당해 물품의 성분까지 추가하여 "XYZ (ABC)"라고 기재하거나(*Ibid.*, Rs. 234 and 187), 견적송장의 번호를 하나 더 추가하여도 무방하다(ICC Pub. 697, R. 637).

그러나 신용장명세에 "Origin Russia"의 원산지가 요구되었는데, 송장의 물품명세란에 "Russian Bituminous Coal"로만 기재한 경우, 이는 제품의 브랜드인지 원산지인지 불명확하므로 하자가 된다. 다만 "Origin Russia"란 원산지증명서가 함께 제시되면 신용장조건을 충족한 것으로 본다(*Ibid.*, R. 698).

② 송장은 실제로 선적되었거나 제공된 물품 · 서비스 · 채무이행을 반영하여 기재하고 있어야 한다(ISBP 제59항). 즉, 신용장에서 여러 종류의 물품이 열거되어 있더라도, 송장상에 물품명세의 일치하는 기재만을 위하여 실제로 선적되지 아니한 종류의 물품까지 모두 포함하는 것은 하자사유가 된다.

예컨대 신용장명세에 i) X 상품 - 10 상자, ii) Y 상품 - 5 상자가 요구된 경우, 분할선적을 금지하지 아니하는 한 송장에는 실제로 선적된 종류의 X 상품 - 4 상자만을 기재하거나(ISBP 제59항 사례), 또는 "Frozen Chicken Leg and Sub-Products"가 요구되고 분할선적이 허용된 경우, 실제로 선적된 "Frozen Chicken Leg"만을 기재한 송장은 인수될 수 있다(Pub. 632, R. 245).

③ 신용장에서 FOB, CIF 등의 정형거래조건(trade term)이 물품명세나 금액란에 포함되어 있는 경우, 송장은 이와 동일한 정형거래조건을 기재하여야 하고, 그 준거규칙(source)이 포함되어 있으면 이와 동일한 연도의 규칙을 표시하여야 한다. 또 경비나 비용(charges and costs)은 신용장상에 기재된 정형거래조건에 따른 가액의 범위내에서 포함되어 있어야 한다(ISBP 제61항).

예컨대 신용장명세에 "FOB Shanghai"란 요구가 있는 경우, 이는 계약의 주요부분으로서 당사자를 구속하게 되므로, 상업송장에서 이러한 정형거래조건을 전혀 표시하지 아니하는 것은 거절사유가 된다(*Ibid.*, R. 222). 또 ISBP 제61항의 사례와 같이 신용장명세에 정형거래조건이 "CIF Singapore Incoterms 2000"이란 현재 규칙으로 요구된 경우, 상업송장에서 준거규칙의 연도 표시가 없이 "CIF Singapore Incoterms"라고만 명시하는 것도 하자가 된다.

그러나 신용장명세에 "CFR Ecuador" 가격만 명시된 경우, 송장상에 "CFR Ecuador, Incoterms 2000"라고 국제규칙을 추가하는 것은 하자가 아니다(Pub. 697, R. 695). 또 신용장명세에 "CFR Vancouver, WA, USA Port"라고 요구된 경우, 상업송장상의 물품명세에 "CFR Vancouver, WA"라고 명시하는 것은 "USA Port"가 누락되었더라도 "WA"가 있기 때문에 동일한 목적항을 전제한 정형거래조건으로서 이를 하자로 보지 아니한다(Pub. 632, R. 226).

심지어 신용장명세에 "FOB Shimonoseki"라고 요구된 경우, 송장상의 물품명세에 "FOB Japan"이라고만 명시하면 이는 신용장이 요구하는 특정항구를 지칭하지 아니하므로 하자라고 볼 수 있으나, 이와 함께 제시된 선화증권상에 선적항이 "Shimonoseki, Japan"으로 명시되어 있는 한, 송장상에 있는 정형거래조건의 기재는 하자가 되지 아니한다는 것이 다수의견이다(*Ibid.*, R. 221).

④ 송장상에 표시된 물품의 수량·중량·용적은 선화증권이나 수량·중량증명서 등 다른 서류상의 수량과 상호 모순되어서는 아니된다(ISBP 제63항).

예컨대 신용장명세에 제품의 평균중량이 "AVG 17/19 KG/PC"(품목당 평균 17-19 Kg)라고 요구된 경우, 송장상에 신용장명세의 실제 개별품목과 총중량이 표시되었으나 신용장이 요구한 평균중량을 벗어나 있으면 하자사유가 된다(Pub. 697, R. 700). 또 송장이 5통 요구된 경우, 물품의 중량표시가 원본 송장을 포함한 4통에는 "85.162 MT", 나머지 1통에는 "88.162 MT"라고 상호 모순되는 숫자로 나타나 있는 것은 하자로 본다(Pub. 489, Case No. 202).

그러나 서류상의 세부적인 숫자의 계산은 은행의 점검대상이 아니다. 은행은 단지 신용장과 기타 요구된 서류에 대한 총액만을 점검하면 된다(ISBP 제24항). 예컨대 송장상에 물품단가 USD 100, 개수 100 등의 계산내역이 표시되고, 송장총액은 USD 100,000 로 달리 기재된 경우, 은행은 서류상의 수량이나 중량 등의 내용에 관한 수리적 계산(mathematical calculations)까지 수행할 의무를 지지 아니하며(동 제34조), 단지 은행이 점검할 사항은 신용장상에 인용된 가격조건(예, FOB)으로 표시된 총액의 정도이다(Pub. 632, R. 20).

기타 신용장명세가 "5,000 MT (± 5 pct) …"로 요구되고 선화증권상의 수량이 오차범위내의 "4,787.650 MT"로 제시된 경우, 송장상의 물품명세란에 "5,000 MT (± 5 pct) …"라고 표시하더라도 수량란에 선화증권과 일치하게 "4,787.650 MT"를 표시하는 한, 이를 하자사유로 보아서는 아니된다(*Ibid.*, R. 231).

⑤ 송장은 UCP 600 제30조 b항의 경우를 제외하고, 신용장보다 초과된 선적수량, 신용장에 없는 품목 등을 표시하여서는 아니된다(ISBP 제64항).

예컨대 신용장명세가 "Cars model T"인 경우, 상업송장상의 물품명세에 "Cars model T"라고 기재하고 동일 물품에 관한 세부적인 설명을 추가하는 것은 하자가 아니지만, 기타 신용장에서 요구되지 아니한 견본 "model Y"에 관한 명세를 추가하는 것은 하자가 된다(Pub. 459, Case No. 132).

⑥ 신용장에서 물품수량의 과부족을 금지하거나, 또는 포장단위나 개별품목에 의한 수량표시가 아닌 한, 송장상의 수량표시는 상하 5%의 과부족이 허용된다(ISBP 제65항). 다만 송장에서 5%의 수량초과가 있더라도 환어음 발행의 총액은 결코 신용장금액을 초과하여서는 아니된다(동 제30조 b항).

예컨대 신용장에서 물품수량을 표시하고 "up to"나 "maximum" 등의 수량초과만을 금지하고 있는 경우, 표시된 숫자에서 하향 5%까지의 수량부족은 허용되는 것으로 본다(Pub. 459, Case No. 137; Pub. 489, Case No. 270).

제19조 둘 이상의 상이한 운송방식을 커버하는 운송서류

Article 19 Transport Document Covering at Least Two Different Modes of Transport. **a.** A transport document covering at least two different modes of transport (multimodal or combined transport document), however named, must appear to :

i. indicate the name of the carrier and be signed by :

- the carrier or a named agent for or on behalf of the carrier, or
- the master or a named agent for or on behalf of the master.

Any signature by the carrier, master or agent must be identified as that of the carrier, master or agent.

Any signature by an agent must indicate whether the agent has signed for or on behalf of the carrier or for or on behalf of the master.

ii. indicate that the goods have been dispatched, taken in charge or shipped on board at the place stated in the credit, by :

- pre-printed wording, or
- a stamp or notation indicating the date on which the goods have been dispatched, taken in charge or shipped on board.

The date of issuance of the transport document will be deemed to be the date of dispatch, taking in charge or shipped on board, and the date of shipment. However, if the transport document indicates, by stamp or notation, a date of dispatch, taking in charge or shipped on board, this date will be deemed to be the date of shipment.

iii. indicate the place of dispatch, taking in charge or shipment, and the place of final destination stated in the credit, even if :

a) the transport document states, in addition, a different place of dispatch, taking in charge or shipment or place of final destination, or

b) the transport document contains the indication “intended” or similar qualification in relation to the vessel, port of loading or port of discharge.

iv. be the sole original transport document or, if issued in more than one original, be the full set as indicated on the transport document.

v. contain terms and conditions of carriage or make reference to another source containing the terms and conditions of carriage (short form or blank back transport document). Contents of terms and conditions of carriage will not be examined.

vi. contain no indication that it is subject to a charter party.

b. For the purpose of this article, transhipment means unloading from one means of conveyance and reloading to another means of conveyance (whether or not in different modes of transport) during the carriage from the place of dispatch, taking in charge or shipment to the place of final destination stated in the credit.

c. i. A transport document may indicate that the goods will or may be transhipped provided that the entire carriage is covered by one and the same transport document.

ii. A transport document indicating that transhipment will or may take place is acceptable, even if the credit prohibits transhipment.

번역 **제19조 둘 이상의 상이한 운송방식을 커버하는 운송서류.** a. 적어도 둘 이상의 상이한 운송방식을 커버하는 운송서류(복합운송서류 또는 혼합운송서류)는 그 명칭에 관계없이 반드시 다음 각 호와 같이 나타나 있어야 한다.

i. 운송인의 명의를 명시하고 또 다음과 같은 자에 의하여 서명되어 있어야 한다.

- 운송인 또는 운송인을 대표하거나 대신하는 지명대리인, 또는
- 선장 또는 선장을 대표하거나 대신하는 지명대리인.

운송인, 선장 또는 대리인에 의한 모든 서명에는 반드시 동 운송인, 선장 또는 대리인의 것이라는 확인이 있어야 한다.

대리인에 의한 모든 서명에는 반드시 동 대리인이 운송인을 대표하거나 대신하여 서명하였는지 또는 선장을 대표하거나 대신하여 서명하였는지의 여부를 명시하고 있어야 한다.

ii. 물품이 신용장상에 기재된 장소에서 발송, 수탁 또는 본선선적되었음을 다음과 같은 방법으로 명시하고 있어야 한다.

- 미리 인쇄된 문언, 또는
- 물품이 발송, 수탁 또는 본선선적된 일자를 명시한 타인 또는 표기.

운송서류의 발행일자는 발송, 수탁 또는 본선선적의 일자 및 선적일자인 것으로 본다. 그러나 운송서류가 타인 또는 표기에 의하여 발송, 수탁 또는 본선선적의 일자를 명시하고 있는 경우에는, 이러한 일자를 선적일자로 본다.

iii. 신용장상에 기재된 발송, 수탁 또는 선적장소 및 최종 목적장소를 명시하고 있어야 하며, 다음 각 목의 경우에도 마찬가지이다.

a) 운송서류가 추가적으로 상이한 발송, 수탁 또는 선적장소 또는 최종 목적장소를 기재한 경우, 또는

b) 운송서류가 선박, 적재항 또는 양륙항과 관련하여 "예정된"(intended) 또는 이와 유사한 단서의 명시를 내포한 경우.

iv. 단일의 원본 운송서류, 또는 2통 이상의 원본으로 발행된 경우에는 운송서류상에 명시된 바의 전통이어야 한다.

v. 운송의 제조건을 내포하고 있거나, 또는 운송의 제조건을 내포한 별도의 자료를 참조하도록 하고 있어야 한다(약식 또는 배면백지식 운송서류). 이때 운송의 제조건에 관한 내용은 심사하지 아니한다.

vi. 용선계약에 따른다는 어떠한 명시도 내포하고 있지 아니하여야 한다.

b. 본조의 목적상, 환적(transhipment)이라 함은 신용장상에 기재된 발송, 수탁 또는 선적장소로부터 최종 목적장소까지의 운송 동안에 (상이한 운송방식인 여부를 불문하고) 하나의 운반수단으로부터 양하하여 별도의 운반수단에 재적하는 것을 의미한다.

c. i. 전체 운송이 단일 및 동일한 운송서류에 의하여 커버되는 한, 운송서류는 물품이 환적될 것이라거나 또는 환적될 수 있음을 명시할 수 있다.

ii. 신용장이 환적을 금지한 경우에도, 환적이 발생할 것이라거나 또는 환적이 발생할 수 있음을 명시하고 있는 운송서류는 이를 인수하여도 된다.

해설 본조는 구 제26조를 개정하여 선화증권조항보다 앞에 배열한 것으로서, 명칭에서 "복합운송" 용어대신 운송방식(복합)을 기술하였으며, 특히 내용중에 "복합운송인" 표현을 삭제하고, "신용장이 요구한 경우, 은행이 인수한다."는 문장구조를 "서류는 반드시 갖추어져야 한다."라고 수정하고, 이 규칙에 공통으로 적용되는 "문면상"(제14조 a항), 서명방법의 "기타 인증"(제3조), "기타 모든 면에서 충족되어야 한다."(제2조)는 등의 표현을 삭제하였다.

또 본조는 운송인 명의와 서명자 자격의 표시방법을 표준화하고, 선장 대리인의 경우 "선장" 명의는 요구하지 아니하며, 신용장상에 기재된 장소에서의 선적사실과 신용장상에 기재된 장소간의 운송사실이 입증되어야 함을 명확히 하였다. 기타 "범선" 용어를 삭제하고, 복합운송시 "환적" 개념과 환적시의 인수조건, 환적금지시의 환적효과 등을 나누어 규정한 것이 특징적이다.

본조는 신용장이 적어도 둘 이상의 운송방식(복합운송)을 커버하는 운송서류를 요구하고, 운송서류가 신용장상에 언급된 수탁장소 등으로부터 최종 목적장소까지의 선적을 커버하고 있는 경우, 이에 적용할 수 있다(ISBP 第68항).

예컨대 신용장에서 "Combined Transport"란 용어의 운송서류만 요구되어 있고, "적어도 둘 이상의 운송방식을 커버하는 운송서류를 요구한다."라는 구체적인 명시가 없더라도, 제시된 운송서류가 지정된 수탁장소로부터 최종 목적장소까지 둘 이상의 운송방식을 입증하고 있는 한, 이는 복합운송서류로서 UCP 600 본조의 적용을 받을 수 있다(ICC Pub. 632, R. 194).

물론 복합운송서류는 선적이나 발송이 단일의 운송방식으로 행하여졌다는 명시가 있어서는 아니되지만, 각 사용된 운송방식을 밝히지 아니하여도 된다.

예컨대 복합운송서류가 홍콩항에서 지명선박에 적재하고 함부르크항에서 양륙한 후 최종 목적장소를 코펜하겐으로 명시하였으나, 함부르크항에서 코펜하겐까지의 운송방식을 기재하지 아니한 경우, 동 운송서류는 신용장조건과 UCP 600 본조의 규정에 일치하는 한 인수될 수 있다(*Ibid.*, R. 198).

한편 "복합운송서류"(multimodal transport document : MTD)란 용어가 사용되는 범위 내에서는 "혼합운송서류"(combined transport document)란 용어를 사용하여도 같은 의미로 보며, 또 신용장에서 이들 용어가 사용되었더라도 운송서류상에 이와 동일한 제목이 요구되는 것은 아니다(ISBP 第69항).

예컨대 UCP 600 본조는 "명칭에 관계없이"(however named) 지정된 수탁장소로부터 최종 목적장소까지 둘 이상의 운송방식을 커버하는 운송서류에 적용하는 것이므로, "Multimodal Transport B/L" 대신에 "Combined Transport B/L"이란 제목의 선화증권도 이 적용범위에 포함된다(*Ibid.*, R. 194).

심지어 신용장에서 "On Board Marine B/L"과 함께 해상선적의 요구 없이 "MTD acceptable"이란 허용조건이 있는 경우, 수령표기가 있는 복합운송서류는 UCP 600 본조의 규정에 따라 인수될 수 있다(Pub. 697, R. 638).

다만 신용장에서 해상이나 항공운송을 택일하도록 요구된 경우, 해상과 항공운송이 연결된 복합운송서류를 제시하는 것은 하자로 본다(*Ibid.*, R. 660).

a. [복합운송서류 인수요건] 둘 이상의 상이한 운송방식을 커버하는 복합운송서류는 그 명칭에 관계없이 반드시 다음 각 호의 요건을 갖추어야 한다.

① **[명의 및 서명]** 운송인(carrier) 명의와 함께 운송인, 선장 또는 대리인에 의한 서명(signature)이 있어야 한다. 모든 서명에는 그것이 운송인, 선장 또는 대리인의 것이라는 확인, 즉 서명자의 자격(capacity) 표시가 있어야 한다.

특히 대리인(agent)이 서명한 경우, 운송인 또는 선장 중에 누구를 대표하거나 대신하는지를 구분하여 명시하여야 한다. 다만 선장의 대리인이 서명한 경우, 선장(master)의 명의를 추가 기재하지 아니하여도 된다.

결국 원본 복합운송서류에는 반드시 서명과 운송인의 명의가 있어야 하며(ISBP 제71항), 이때 서명은 수기뿐만 아니라, 모사서명, 천공서명, 타인, 부호 또는 기타 모든 전자방식이나 기계방식으로도 할 수 있다(동 제3조).

기타 i) 운송인의 대리인이 서명하는 경우 대리인이란 자격과 운송인의 명의가 있어야 하고, ii) 선장(함장)이 서명하는 경우 "선장"("함장")이란 자격(명의는 불필요함)을 명시하여야 하며, 또 iii) 선장(함장)의 대리인이 서명하는 경우 대리인이란 자격(선장의 명의는 불필요함)을 명시하여야 한다.

예컨대 신용장의 요구에 따라 선박회사 양식의 복합운송 선화증권이 제시되었는데, 선화증권상에는 "signed for the master/for the carrier as agents"라고 인쇄된 자격표시와 지정된 대리인의 서명만 있을 뿐, 어디에도 운송인의 명의에 대한 언급이 명확하지 않았다. 이는 UCP 600 본조 a항 i호의 요건, 즉 복합운송서류상에는 운송인의 명의가 있어야 하고, 특히 대리인이 서명하는 경우 서명란에 자신이 대신하는 본인(운송인)의 명의를 언급하도록 하는 인수요건에 반하므로 하자사유가 될 수 있다(ICC Pub. 632, Rs. 195 and 158).

한편 신용장이 "운송주선인 복합운송서류 인수가능"(Forwarder's MTD acceptable)이란 등의 특수조건이 있는 경우, 운송서류는 운송인이나 그 대리인으로서 확인 없이 운송주선인의 자격으로 서명하여도 된다(ISBP 제72항).

다만 신용장이 운송주선인 복합운송서류를 허용한 경우에도, 이는 "복합운송서류"로서 인수되기 위하여는 운송인이나 그 대리인으로서의 서명요건을 제외한 UCP 600 본조 a항 ii호 내지 c항의 나머지 인수요건을 모두 충족하고 있어야 한다(*Ibid.*, Rs. 161 and 157; ISBP 제19항과 제95항).

기타 운송인과 서명에 관한 사례는 후술한 선화증권의 경우와 같다.

② **[선적사실표시]** 물품이 신용장상에 기재된 장소에서 발송 · 수탁 · 본선선적된(shipped on board) 사실이 명시되어 있어야 한다. 표시방법은 i) 미리 인쇄된 문언, ii) 발송 · 수탁 · 선적일자를 명시한 타인 또는 표기로 가능하다.

이때 운송서류의 발행일자는 발송 · 수탁 · 본선선적의 일자이면서 선적일자로 본다. 다만 운송서류상의 타인 또는 표기에 의하여 발송 · 수탁 · 본선선적의 일자를 별도 명시한 경우에는 이를 선적일자로 본다(*Ibid.*, R. 192).

이번 규칙은 운송서류상 선적사실은 지정된 선적기일내뿐만 아니라 "신용장상에 기재된 장소"에서 이루어졌음이 입증되어 있어야 함을 강조하고 있다.

결국 복합운송서류상에 i) 지정된 위치로부터의 발송 · 수탁 · 본선선적 일자의 표기가 별도로 없으면 복합운송서류의 발행일자를 물품의 발송 · 수탁 · 본선선적의 일자로 보며, 반면에 ii) 발송 · 수탁 · 본선선적의 일자가 별도로 표기되어 있으면 그 표기일자가 서류의 발행일자 이전이나 이후인 여부를 불문하고 발송 · 수탁 · 본선선적의 표기일자를 선적일자로 본다(ISBP 제73항).

즉, 복합운송서류는 물품이 발송 · 수탁 · 본선선적되었다는 표기가 있어야 하는데(본조 a항 ii호), 이에 관한 별도의 일부된 표기가 없으면 서류의 발행일자를 선적일자로 보고, 그 발행일자와 함께 별도의 일부된 발송 · 수탁 · 본선선적의 표기가 있으면 그 표기일자를 선적일자로 본다. 본선적재의 표기를 추가할 때에는 별도의 일자가 있어야 한다(Pub. 697, Rs. 641 and 642).

복합운송서류의 발송 · 수탁 · 본선선적 일자의 표기는 이를 발행하고 서명한 동일인뿐만 아니라, 수권된 선장, 선주 또는 그 대리인의 어느 누구에 의하여도 정식 또는 약식으로 나타낼 수 있으며, 또 본선선적 일자의 표기에는 운송인의 서명을 요구하지 아니한다(ISBP 제96항 사례 참조).

특히 본선적재의 표기가 신용장조건에 불일치하는 경우는 하자사유가 된다. 예컨대 신용장이 인도항에서 시카고항까지 해상선적의 "On Board B/L"을 요구하였다가 "Combined Transport Document acceptable."이라고 서류의 종류만 복합운송서류로 변경한 경우, 해상선적의 "on board" 요건을 충족하지 못한 수령선화증권(received for shipment B/L)은 하자가 된다(Pub. 632, R. 197).

본선적재의 "shipped" 나 "on board"의 단어가 포함된 구절, 예컨대 "shipped

in apparent good order", "laden on board", "clean on board" 등의 표현이 사용된 경우, 이는 "shipped on board"와 동일한 의미로 본다(ISBP 제74항).

기타 선적사실표시에 관한 사례는 후술한 선화증권의 경우와 같다.

③ **[선적·목적지]** 신용장상에 기재된 발송·수탁·선적장소와 최종 목적장소(place)가 명시되어 있어야 한다. 이는 비록 운송서류상에 i) 다른 발송·수탁·선적장소 또는 최종 목적장소가 기재되어 있거나, 또는 ii) 선박·적재항·양륙항 관련 "예정된"(intended) 등의 단서가 있더라도 준수되어야 한다.

예컨대 신용장에서 "East London"(inland)까지의 복합운송 선화증권이 허용된 경우, 동 선화증권상의 양륙항이 "Port Elizabeth", 인도장소가 "East London"으로 서로 다르게 기재되었더라도, 동 선화증권은 신용장상에 규정된 최종 목적장소를 명시하고 있으므로 하자가 아니다(*Ibid.*, R. 196). 또 "Sovetskaya Gavan"까지 복합운송이 요구된 경우, 운송서류상에 이를 양륙항으로 기재하는 한 인도장소를 공란으로 두어도 하자가 아니다(Pub. 697, R. 679).

한편 신용장에서 수탁·발송·본선적재·목적장소가 실제의 지명 대신에 지리적인 구역(geographical range)으로 기재된 경우에도, 복합운송서류상의 수탁·발송·본선적재·목적장소는 인용된 지역의 범위내에 있는 실제의 지명(place)을 정확히 명시하여야 한다(ISBP 제75항). 지리적인 구역으로 기재된 서류에 관한 사례는 후술한 선화증권의 경우와 같다(ISBP 제100항 참조).

④ **[원본제시통수]** 단일의 원본이든 2통 이상의 원본이든 발행된 운송서류상에 명시된 통수의 원본(original) 전체가 제시되어야 한다. 심지어 신용장이 1통의 원본 운송서류를 요구하였더라도, 운송서류상 발행된 원본 통수가 2통 이상으로 명시된 경우, 발행된 전통의 원본이 제시되어야 할 것이다.

복합운송서류는 반드시 원본의 발행된 통수를 명시하여야 한다(ISBP 제70항). 복합운송서류는 "원본"(original)의 표지뿐만 아니라, "부본"(duplicate), "제3부본"(triplicate) 등의 표지도 원본으로서 인정되며, 또 "원본"의 표지가 없이 수기나 타자 등으로 작성된 것도 원본으로서 인정된다(ISBP 제28항).

결국 복합운송서류의 제시할 원본의 수는 신용장이나 UCP 600에서 요구된 수 또는 서류상에 기재된 수 이상이어야 하며, 특히 복합운송서류가 복수의 원본으로 발행된 경우 원본 전통을 제시하여야 한다(본조 a항 iv호).

복합운송서류의 원본성에 관한 사례는 UCP 600 제17조와 선화증권 조항의 경우와 같으며(ISBP 제93항), 추가적인 지침으로서 ICC 은행위원회가 1999년 7월 12일과 동월 29일에 발표한 "UCP 500 제20조 b항 관련 '원본' 서류의 결정"이란 제목의 정책성명서(policy statement)가 있다(ISBP 제33항). 이는 ICC 은행위원회의 승인을 득한 것이므로 UCP 600 하에서도 효력을 갖는다.

따라서 복합운송서류의 원본성에 관한 판단은 UCP 600 제17조, ISBP 제28항 내지 제33항 및 동 ICC 은행위원회 정책성명서를 참조하여야 한다(부록).

기타 원본의 제시통수에 관한 사례는 후술한 선화증권의 경우와 같다.

⑤ **[운송약관유무]** 운송서류상에 운송조건(terms & conditions of carriage)이 포함되어 있거나 또는 운송조건은 별도의 자료를 참조하도록 나타나 있어야 한다. 운송조건을 모두 탑재한 것은 "정식"(long form), 별도의 자료를 참조하도록 한 것은 "약식"(short form) 또는 "배면백지식"(blank back) 운송서류라 한다. 이때 운송조건에 관한 내용은 심사하지 아니한다(Pub. 680, p. 84).

기타 서류상 운송조건에 관한 사례는 후술한 선화증권의 경우와 같다.

⑥ **[용선계약배제]** 운송서류상에 용선계약(charter party)에 따른다는 어떠한 명시도 포함되어 있지 아니하여야 한다. 다만 신용장에서 용선계약부 선화증권을 특별히 요구하거나 허용한 경우에는 별도의 요건을 갖추어야 한다(제22조).

즉, 본조 하에서는 용선계약에 따른다는 어떠한 명시가 있는 운송서류는 인수되지 아니한다. 예컨대 운송서류상에 "to be used with charter party", "freight payable as per charter party", "charter party contract number ABC 123", "issued pursuant to charter party" 등의 기재나 "Charter Party MTD"란 제목이 있으면 하자사유가 된다(Pub. 680, p. 84; Pub. 697, R. 647).

기타 용선계약의 배제에 관한 사례는 후술한 선화증권의 경우와 같다.

b. [복합운송 환적개념] 복합운송에서 "환적"(transhipment)이란 신용장상에 기재된 발송・수탁・선적장소로부터 최종 목적장소까지의 운송 동안에 하나의

운반수단(means of conveyance)으로부터 양하하여 다른 운반수단에 재적하는 것을 말한다. 이때 운송방식(modes of transport)의 변경여부는 불문한다.

"운반수단"이란 선박·항공기·트럭 등 단일의 수송수단을 말하고, "운송방식"이란 해상·항공·도로운송 등 운송형태를 말한다(ICC Pub. 632, R. 241).

결국 복합운송에서 "환적"이란 신용장상에 기재된 발송·수탁·선적장소로부터 최종 목적장소까지의 운송 동안에 하나의 운반수단에서 다른 운반수단으로 양하하여 재적하는 것을 말한다(ISBP 제79항).

신용장에서 환적이 금지된 경우에도, 전체의 운송이 단일의 동일한 복합운송서류로 커버되어 있는 한, 환적될 것이라거나 환적될 수 있다고 명시된 서류뿐만 아니라, 환적이 발생하였다고 입증된 서류도 인수된다.

예컨대 복합운송 선화증권이 요구되고 환적이 금지된 경우, 단일의 선화증권상에 선적항과 수탁장소, 양륙항과 최종 목적장소를 각각 달리 기재하여 환적이 입증되어 있어도 하자가 되지 아니한다(Pub. 459, Case No. 116).

c. [환적서류 인수요건] ① 복합운송의 경우 운송서류상에는 물품이 "환적될 것이라거나 환적될 수 있음."(will or may be transhipped)을 명시할 수 있다. 다만 전체 운송이 단일의 동일한 운송서류상에 커버되어 있어야 한다.

② 신용장에서 환적이 금지되어 있더라도, 복합운송의 경우 "환적이 발생할 것이라거나 환적이 발생할 수 있음."(transhipment will or may take place)을 명시한 운송서류를 인수할 수 있다. 이때에도 전항의 단서가 충족되어야 하지만, 복합운송에서 환적은 컨테이너 등에의 선적여부를 불문하고 허용된다.

따라서 복합운송의 경우 항상 환적이 허용되기 때문에, 환적금지가 유효하려면 신용장상에 환적금지조건뿐만 아니라, UCP 600 본조 c항의 적용을 배제하는 조건이 나타나 있어야 한다. 이러한 경우 운송서류상에 환적될 것이라거나 환적될 수 있다고 명시하는 것은 하자가 된다(구 ISBP 제88항).

기타 환적서류의 인수에 관한 사례는 후술한 선화증권의 경우와 같다.

d. [기타 ISBP 인수요건] 복합운송서류는 UCP 600 본조의 인수요건 외에 ISBP 등 국제표준은행관습상의 인수요건도 충족하여야 한다(동 제14조 d항).

① **[수화인 · 지시인]** 신용장에서 i) 기명식 복합운송서류(straight MTD), 예컨대 "X 은행에게 탁송할 것"(consigned to Bank X)이 요구된 경우, 동 운송서류는 결코 수화인의 명의 앞부분에 "지시인에게"(to order) 등의 단어를 붙여 지시식으로 발행하여서는 아니되며, 또 신용장에서 ii) 지시식 복합운송서류(order MTD)가 요구된 경우, 동 운송서류상의 수화인란에 특정인의 명의만을 기재하여 기명식으로 발행하여서는 아니된다(ISBP 제76항).

그러나 복합운송서류상의 수화인 정보는 C/O 등 기타서류상의 수화인 정보와 모순되지 않은 한, 일치하지 아니하여도 된다. 즉, 복합운송서류상의 수화인 정보가 신용장조건에 일치하는 한, 기타서류상의 수화인은 개설의뢰인이나 다른 지정된 자를 표시할 수 있다(ISBP 제184항; Pub. 697, R. 699).

② **[화주와 배서]** 복합운송서류는 화물에 대한 권리증권의 지시식 복합운송서류(order MTD)로 발행된 경우, 반드시 화주나 그 대리인의 배서(endorsement)가 있어야 한다(ISBP 제77항). 즉, 지시식 복합운송서류의 제시는 소지인에 의한 배서가 있어야만 유통될 수 있다(유엔복합운송협약 제6조).

③ **[착화통지처]** 복합운송서류상의 착화통지처(notify party)는 필수기재사항이 아니므로(동 협약 제8조), 신용장에서 특별히 요구하지 아니하는 한, 그 공란을 임의로 기재할 수 있다(ISBP 제78항). 복합운송서류상의 착화통지처에 관한 구체적인 사례는 후술한 선화증권의 경우와 같다(ISBP 제103항).

④ **[분할선적]** "분할선적"이란 물품을 둘 이상의 상이한 운반수단 또는 상이한 운항일정에 따라 선적하는 것을 말한다(동 제31조 b항).

신용장이 분할선적을 금지하더라도, 동일한 운반수단과 운항일정 및 동일한 목적지를 명시하는 한, 신용장에서 허용된 지역 내의 여러 원산지점으로 기재된 복수의 원본 복합운송서류는 인수될 수 있다(ISBP 제80항).

이때 전통의 복수 복합운송서류에서 선적일자, 발송일자 또는 수탁일자가 서로 다른 경우, 이들 일자 중의 최종일자를 모든 제시기간의 계산에 고려하여야 하며, 이는 신용장상에 명시된 최종의 선적기일 내에 있어야 한다.

분할선적이 금지된 경우 복합운송서류의 인수여부에 관한 구체적인 사례는 후술한 선화증권의 경우와 같다(ISBP 제105항).

한편 물품이 동일한 원산지점에서 동일한 운항일정과 목적지를 향하여 출발하더라도, 복수의 운반수단(트럭(로리), 선박, 항공기 등)에 적재하면 분할선적이 되므로, 이러한 운송서류는 분할선적이 금지된 경우 인수되지 아니한다. 이에 관한 사례는 후술한 육상운송서류의 경우와 같다(ISBP 제164항).

⑤ **[무고장서류]** 복합운송서류상에 물품이나 포장의 하자를 명시적으로 나타내는 조항이나 표기가 있는 "고장부서류"(dirty document)는 인수되지 아니한다(동 제27조). 그러나 포장이 운항에 "불충분하다."(is not sufficient)라는 기재는 하자상태의 명시적인 표기라고 보지만, 동 "불충분할 수 있다."라는 등의 기재는 하자를 구성하는 사유가 될 수 없다(ISBP 제82항). 기타 무고장서류에 관한 구체적인 사례는 후술한 선화증권의 경우와 같다(ISBP 제106항).

신용장이 "무고장 본선적재"(clean on board) 복합운송서류를 요구하더라도, 복합운송서류상에는 "무고장"(clean)이란 단어를 나타낼 필요가 없으며, 또 물품이나 포장의 하자에 관한 명시적인 조항이나 표기가 없고 UCP 600 본조의 인수요건을 충족하고 있으면 신용장의 "무고장 본선적재" 요건에 따른 것으로 본다(동 제27조 3문; 구 ISBP 제135항). "무고장"이란 단어의 표시여부에 관한 사례도 역시 후술한 선화증권의 경우와 같다(ISBP 제106항).

한편 복합운송서류상에 미리 타이핑된 "무고장"이란 단어가 삭제되어 있다는 사실만으로는, 물품이나 포장의 하자에 관한 명시적인 조항이나 표기가 없는 한, 이를 고장부 운송서류로 보아서는 아니된다(ISBP 제83항).

"무고장"이란 단어를 미리 기재하였다가 삭제한 복합운송서류의 효력에 관한 구체적인 사례는 후술한 선화증권의 경우와 같다(ISBP 제107항).

⑥ **[물품명세]** 상업송장상의 물품명세는 신용장명세와 엄격히 일치하여야 하지만(동 제18조 c항; ISBP 제58항), 복합운송서류상의 물품명세(goods description)는 신용장명세와 모순되지 아니하는 일반용어로 표시하여도 된다(동 제14조 e항; ISBP 제84항). 복합운송서류상의 물품명세에 관한 구체적인 사례는 후술한 선화증권의 경우와 같다(ISBP 제108항).

⑦ **[정정과 변경]** 복합운송서류상의 정정과 변경은 반드시 이를 발행한 운송인이나 수권된 선장(함장) 또는 그 대리인의 인증이 나타나 있어야 한다. 인증은 이를 행한 주체의 표시와 서명이 있어야 한다(ISBP 제9항).

특히 대리인(agent)에 의한 인증의 경우 복합운송서류를 발행하였거나 서명한 대리인과 서로 다를 수 있으나, 그가 운송인이나 선장(함장)의 대리인이란 자격(capacity) 확인이 나타나 있어야 한다(ISBP 제85항). 대리인에 의한 정정이나 변경에 관한 사례는 후술한 선화증권의 경우와 같다(ISBP 제109항).

그러나 복합운송서류의 원본이 그 발행인이나 수권된 당사자의 인증으로 변경 또는 정정되었다고 하여, 사본(copies)에 대한 변경이나 정정의 경우도 그러한 당사자의 어떠한 서명이나 인증이 요구되는 것은 아니다(ISBP 제86항).

⑧ **[운임과 추가비용]** 신용장에서 복합운송서류상의 운임선지급(freight prepaid) 또는 운임착불(freight collect)의 여부를 구분 표시하도록 요구된 경우, 이는 반드시 신용장조건과 일치하게 표지되어 있어야 한다(ISBP 제87항).

특히 운임선지급이 요구된 경우, 운임의 지급 또는 선지급의 사실을 명확히 표시하는 단어가 타인되거나 기타의 방법으로 명시되어 있어야 하며, 기타 "운임선지급될 수 있음."(freight prepayable), "운임선지급되어야 함."(freight to be prepaid) 등의 단어는 운임이 선지급되었다는 증명으로 볼 수 없다(UCP 500 제33조 b항-c항). 복합운송서류상의 운임선지급의 증명에 관한 구체적인 사례는 후술한 선화증권의 경우와 같다(ISBP 제111항 참조).

따라서 신용장거래의 혼란과 오해를 방지하려면, 신용장의 개설신청과 개설당시부터 복합운송서류의 요건에서 운임의 선지급 또는 착불의 여부를 표시하도록 명확히 지시하여야 한다(ISBP 제2항과 제88항). 예컨대 Combined Transport B/L marked 'Freight Prepaid' 또는 'Freight Collect' 라고 기재한다.

한편 신용장에서 운임추가비용(additional costs)을 금지한 경우, 복합운송서류상에 그 추가비용의 명확한 기재 또는 적재·양하작업에 관련된 비용을 언급하는 FI·FO·FIO·FIOS 등의 운송조건으로 추가비용의 부과를 명시하여서는 아니된다. 다만 복합운송서류상에 물품의 양하지연이나 양하 후에 부과될 비용의 언급이 있는 것은 운임추가비용으로 보지 아니한다(ISBP 제89항).

예컨대 복합운송서류상에 목적지에서의 체선료(demurrage), 컨테이너의 반납 지연에 따른 비용 등의 부담을 언급하는 것은 운임추가비용으로 보지 아니한다(ICC Pub. 459, Case No. 117; ISBP 제113항).

그러나 신용장에서 특별히 금지하지 아니하는 한, 적재·양하작업 등의 운임추가비용을 언급하는 복합운송서류는 인수될 수 있다(동 제26조 c항).

⑨ **[복수의 운송서류]** 동일한 신용장에 따른 한 컨테이너의 물품(FCL/LCL)에 대하여 운송인의 사정이나 화주의 요구에 따라 복수의 복합운송서류가 발행되고 어느 복합운송서류상에 컨테이너 물품은 당해 운송서류뿐만 아니라 다른 복합운송서류에도 커버되어 있고 또 모든 복합운송서류가 제공되어야 한다고 기재된 경우, 이는 모든 복합운송서류는 반드시 컨테이너가 인도될 수 있도록 함께 제시되어야 함을 의미한다. 따라서 그러한 복합운송서류는 모든 운송서류가 동일한 제시서류에 속하여 제시되어야만 인수된다(ISBP 제90항).

즉, 동일한 신용장에 대하여 복수의 복합운송서류로 커버된 컨테이너 물품의 경우, 모든 운송서류가 함께 제시되지 아니하는 한 인수되지 아니한다.

제20조 선화증권

Article 20 Bill of Lading. **a.** A bill of lading, however named, must appear to :

i. indicate the name of the carrier and be signed by :

- the carrier or a named agent for or on behalf of the carrier, or
- the master or a named agent for or on behalf of the master.

Any signature by the carrier, master or agent must be identified as that of the carrier, master or agent.

Any signature by an agent must indicate whether the agent has signed for or on behalf of the carrier or for or on behalf of the master.

ii. indicate that the goods have been shipped on board a named vessel at the port of loading stated in the credit by :

- pre-printed wording, or
- an on board notation indicating the date on which the goods have been shipped on board.

The date of issuance of the bill of lading will be deemed to be the date of shipment unless the bill of lading contains an on board notation indicating the date of shipment, in which case the date stated in the on board notation will be deemed to be the date of shipment.

If the bill of lading contains the indication "intended vessel" or similar qualification in relation to the name of the vessel, an on board notation indicating the date of shipment and the name of the actual vessel is required.

iii. indicate shipment from the port of loading to the port of discharge stated in the credit.

If the bill of lading does not indicate the port of loading stated in the credit as the port of loading, or if it contains the indication "intended" or similar qualification in relation to the port of loading, an on board notation indicating the port of loading as stated in the credit, the date of shipment and the name of the vessel is required. This provision applies even when loading on board or shipment on a named vessel is indicated by pre-printed wording on the bill of lading.

iv. be the sole original bill of lading or, if issued in more than one original, be the full set as indicated on the bill of lading.

v. contain terms and conditions of carriage or make reference to another source containing the terms and conditions of carriage (short form or blank back bill of lading). Contents of terms and conditions of carriage will not be examined.

vi. contain no indication that it is subject to a charter party.

b. For the purpose of this article, transhipment means unloading from one vessel and reloading to another vessel during the carriage from the port of loading to the port of discharge stated in the credit.

c. i. A bill of lading may indicate that the goods will or may be transhipped provided that the entire carriage is covered by one and the same bill of lading.

ii. A bill of lading indicating that transhipment will or may take place is acceptable, even if the credit prohibits transhipment, if the goods have been shipped in a container, trailer or LASH barge as evidenced by the bill of lading.

d. Clauses in a bill of lading stating that the carrier reserves the right to tranship will be disregarded.

번역 **제20조 선화증권.** a. 선화증권은 그 명칭에 관계없이 반드시 다음 각 호와 같이 나타나 있어야 한다.

i. 운송인의 명의를 명시하고 또 다음과 같은 자에 의하여 서명되어 있어야 한다.

- 운송인 또는 운송인을 대표하거나 대신하는 지명대리인, 또는
- 선장 또는 선장을 대표하거나 대신하는 지명대리인.

운송인, 선장 또는 대리인에 의한 모든 서명에는 반드시 동 운송인, 선장 또는 대리인의 것이라는 확인이 있어야 한다.

대리인에 의한 모든 서명에는 반드시 동 대리인이 운송인을 대표하거나 대신하여 서명하였는지 또는 선장을 대표하거나 대신하여 서명하였는지의 여부를 명시하고 있어야 한다.

ii. 물품이 신용장상에 기재된 적재항에서 지명선박에 본선선적되었음을 다음과 같은 방법으로 명시하고 있어야 한다.

- 미리 인쇄된 문언, 또는
- 물품이 본선선적된 일자를 명시한 본선적재의 표기.

선화증권의 발행일자는 선적일자인 것으로 본다. 다만 선화증권이 선적일자를 명시한 본선적재의 표기를 내포하고 있는 경우에는, 본선적재의 표기상에 기재된 일자를 선적일자로 본다.

선화증권이 선박명과 관련하여 "예정된 선박"(intended vessel) 또는 이와 유사한 단서의 명시를 내포하고 있는 경우에는, 반드시 선적일자 및 실제의 선박명을 명시한 본선적재의 표기가 요구된다.

iii. 신용장상에 기재된 적재항으로부터 양륙항까지의 선적을 명시하고 있어

야 한다.

선화증권이 적재항으로서 신용장상에 기재된 적재항을 명시하지 아니하거나 또는 적재항과 관련하여 "예정된"(intended) 또는 이와 유사한 단서를 내포하고 있는 경우에는, 반드시 신용장상에 기재된 바의 적재항, 선적일자 및 선박명을 명시한 본선적재의 표기가 요구된다. 이러한 규정은 지명선박에의 본선적재 또는 선적이 선화증권상의 미리 인쇄된 문언에 의하여 명시된 경우에도 적용한다.

iv. 단일의 원본 선화증권, 또는 2통 이상의 원본으로 발행된 경우에는 선화증권상에 명시된 바의 전통이어야 한다.

v. 운송의 제조건을 내포하고 있거나, 또는 운송의 제조건을 내포한 별도의 자료를 참조하도록 하고 있어야 한다(약식 또는 배면백지식 선화증권). 이때 운송의 제조건에 관한 내용은 심사하지 아니한다.

vi. 용선계약에 따른다는 어떠한 명시도 내포하고 있지 아니하여야 한다.

b. 본조의 목적상, 환적(transhipment)이라 함은 신용장상에 기재된 적재항으로부터 양륙항까지의 운송 동안에 하나의 선박으로부터 양하하여 별도의 선박에 재적하는 것을 의미한다.

c. i. 전체 운송이 단일 및 동일한 선화증권에 의하여 커버되는 한, 선화증권은 물품이 환적될 것이라거나 또는 환적될 수 있음을 명시할 수 있다.

ii. 신용장이 환적을 금지한 경우에도, 물품이 선화증권에 의하여 입증된 바의 컨테이너, 트레일러 또는 라쉬(LASH) 선에 선적되었다면, 환적이 발생할 것이라거나 또는 환적이 발생할 수 있음을 명시하고 있는 선화증권은 이를 인수하여도 된다.

d. 운송인이 환적할 권리를 유보하고 있음을 기재한 선화증권상의 조항은 이를 무시하여야 한다.

해설 본조는 구 제23조를 개정하여 복합운송조항의 후순위에 배열한 것으로서, 명칭에서 "해상/해양"(marine/ocean) 수식어를 삭제하였으며, 내용면에서는 "신용장이 요구한 경우, 은행이 인수한다."는 문장구조를 "서류는 반드시 갖추어져야 한다."라고 수정하고, 이 규칙에 공통으로 적용되는 "문면상"(제14조 a항),

서명방법의 "기타 인증"(제3조), "기타 모든 면에서 충족되어야 한다."(제2조)는 등의 중복되는 표현을 삭제하였다.

또 본조는 운송인 명의와 서명자 자격의 표시방법을 표준화하고, 선장 대리인의 경우 "선장" 명의는 요구하지 아니하며, 신용장상에 기재된 적재항에서의 선적사실과 신용장상에 기재된 항구간의 운송사실이 입증되어야 함을 명확히 하고, 특히 신용장상에 기재된 적재항과 다른 수령장소의 선화증권 인수요건이 추가되었다. 기타 "범선" 용어삭제, 해상운송시 "환적" 개념과 환적시의 인수조건, 환적금지시의 환적효과 등을 나누어 규정한 것이 특징적이다.

본조는 신용장이 해상선적(sea shipment)만을 커버하는 ("해상", "해양", "항대항" 등) 선화증권을 요구한 경우, 이에 적용할 수 있다(ISBP 제91항).

다만 운송서류가, 예컨대 신용장에서 요구된 U국가로부터 I국가 A항구까지의 항대항선적(환적 여부를 불문함)을 커버하고 있더라도, 도착항란에 수입국이 아닌 N국가 R항구를 표시하고 후속운송인에 의한 최종 인도장소란에 수입국인 I국가 A항구를 표시하여 이탈된 경우에는 항대항선적의 해상운송을 커버하는 UCP 600 본조를 적용할 수 없다(ICC Pub. 632, R. 172). 이러한 경우 오히려 복합운송서류에 관한 UCP 600 제19조가 적합할 것이다.

신용장이 선화증권을 요구한 경우, 본조를 적용하기 위하여는 선화증권은 반드시 항대항선적을 커버하여야 하지만, "해상선화증권"(marine bill of lading), "해양선화증권"(ocean bill of lading), "항대항선화증권"(port-to-port bill of lading) 등의 제목이 필수적인 것은 아니다(ISBP 제92항; *Ibid.*, R. 187).

예컨대 신용장에서 "Ocean B/L"이 요구된 경우, "Combined Transport or Port-to-Port Shipment B/L"이란 제목의 서류도 UCP 600 본조의 인수요건을 갖추고 있는 한 수리되며(Pub. 459, Case No. 85), "Tanker or Liner B/L"이 요구되었더라도 그 명칭에 관계없이 인수될 수 있다(Pub. 697, R. 661).

나아가 신용장에서 항대항 선화증권이 요구되고 운송주선인 선화증권(FBL)을 금지하지 않은 한, UCP 600 본조와 제14조 1항의 인수요건을 갖춘 FBL도 정히 인수하여야 한다(Pub. 632, R. 155). 운송주선인이 운송인이나 그 대리인으로서 서명한 경우에는 목적항까지의 운송책임도 부과된다(*Ibid.*, R. 173).

a. **[선화증권 인수요건]** 항대항 해상운송을 커버하는 선화증권(bill of lading)은 그 명칭에 관계없이 반드시 다음 각 호의 요건을 갖추어야 한다.

① **[명의 및 서명]** 운송인(carrier) 명의와 함께 운송인, 선장 또는 대리인에 의한 서명(signature)이 있어야 한다. 모든 서명에는 반드시 그것이 운송인, 선장 또는 대리인의 것이라는 확인, 즉 서명자의 자격표시가 있어야 한다.

특히 대리인(agent)이 서명한 경우, 운송인 또는 선장 중에 누구를 대표하거나 대신하는지를 구분하여 명시하여야 한다. 이때 대리인은 운송인의 명의가 있는 선화증권상에 실명을 반복하지 않고, "As Agent for the Carrier of B/L title" 등으로 서명하여도 되고, B/L 양식상 대리인의 서명란에 "As Agent for the Carrier : ABC … For and on behalf of ABC"라고 운송인과 대리인의 역할을 중복 기재하여도 된다(ICC Pub. 697, Rs. 660 and 674). 다만 선장의 대리인이 서명한 경우, 선장(master)의 명의를 추가 기재하지 아니하여도 된다.

결국 원본 선화증권에는 반드시 서명과 운송인으로서 확인된 자의 명의가 있어야 하며(ISBP 제94항), 이때 서명은 수기뿐만 아니라, 모사서명, 천공서명, 타인, 부호, 기타 모든 전자방식이나 기계방식으로도 할 수 있다(동 제3조).

기타 i) 운송인의 대리인이 서명하는 경우, 대리인이란 자격과 운송인의 명의가 있어야 하며, 또 ii) 선장(함장)이 서명하는 경우, "선장"("함장")이란 자격(명의는 불필요함)을 명시하여야 하고, iii) 선장(함장)의 대리인이 서명하는 경우, 대리인이란 자격(선장의 명의는 불필요함)을 명시하여야 한다.

즉, 선화증권은 "운송인"(carrier)이란 단어가 아니더라도 어딘가에 운송인의 명의가 있어야 하며, 다만 선장(함장)이나 선장(함장)의 대리인이 서명하는 경우, 선장(함장)의 명의를 병기할 필요가 없다. 그러나 선화증권은 여전히 문면상 운송인의 명의가 나타나 있어야 인수된다(Pub. 632, Rs. 158 and 160).

예컨대 신용장에서 선화증권이 요구된 경우, BIMCO(발틱국제해운동맹) 정기선 선화증권이 제시되었더라도 운송인의 명의가 없으면 하자로 본다(*Ibid.*, R. 159). 운송인의 명의는 선화증권상에 직접 기명하거나 또는 문면상 단독으로 기재된 운송인(A)이나 그 대리인으로서 서명하여도 된다(*Ibid.*, R. 175).

한편 신용장이 선화증권을 요구하고, "운송주선인 선화증권 인수가능"(FBL acceptable)이란 등의 특수조건이 추가된 경우, 선화증권은 운송인의 명의 없이 운송주선인의 자격으로 서명하여도 인수될 수 있다(ISBP 제95항).

다만 신용장이 운송주선인 선화증권(FBL)의 제시를 허용한 경우에도, "선화증권"으로서 인수되기 위하여는 운송인이나 그 대리인으로서의 서명요건을 제외한 UCP 600 본조 a항 ii호 내지 d항의 나머지 인수요건을 모두 충족하여야 한다(*Ibid.*, Rs. 161 and 157; Pub. 697, R. 639; ISBP 제19항과 제72항).

반대로 신용장이 FBL 또는 House B/L의 제시를 금지한 경우, 은행은 이에 "FIATA 복합운송 선화증권"이란 제목이 있더라도 운송인이나 그 대리인의 자격으로 서명된 선화증권만 인수하여야 한다(Pub. 697, R. 643).

기타 운송인과 서명에 관한 사례는 전술한 복합운송서류의 경우와 같다.

② **[선적사실표시]** 물품이 신용장상에 기재된 적재항에서 지명선박에 본선선적된(shipped on board) 사실이 명시되어 있어야 한다. 선적의 표시방법은 i) 미리 인쇄된 문언, ii) 선적일자를 명시한 본선적재의 표기로 가능하다. 다만 지정된 적재항과 지명선박에의 입증이 없으면 하자가 된다(*Ibid.*, R. 645).

이때 선화증권의 발행일자는 선적일자(date of shipment)인 것으로 본다. 다만 선화증권상에 선적일자를 명시한 본선적재의 표기를 별도 포함하고 있는 경우, 그 표기상에 명시된 일자를 선적일자로 본다(Pub. 632, R. 171). 본선적재의 표기를 추가할 때에는, 별도의 일자를 삽입하여야 한다(*Ibid.*, R. 176).

반대로 선화증권상에 공란이 없어 발행일자가 생략되고 본선적재 일자만 기재된 경우, 이는 본선적재 일자에 발행된 것으로 본다(Pub. 697, R. 659).

한편 선화증권의 선박명 관련 "예정된 선박"(intended vessel) 등의 단서가 있는 경우, 선적일자와 실제 선박명이 명시된 본선적재의 표기가 필수적이다. 예컨대 선화증권의 선박명란에 "지명선박, 대체선박 또는 기타 운송수단"으로만 인쇄된 경우, 본선적재의 표기와 선박명이 추가되어야 하며, 두 개의 선박명이 기재된 경우 하나만 지정하여야 한다(Pub. 632, Rs. 170 and 184).

즉, 선박명란에 "예정된 선박"으로만 기재된 경우, 이는 발행일자가 있더라도 본선적재의 표기에 실제 선박명과 선적일자가 추가되어야 하며, 이때 선박명은 실제 선박명(예, Pine Tree) 앞에 수식어를 붙여 "MV Pine Tree", "Vessel Pine Tree" 등으로 표기하여도 된다(Pub. 697, Rs. 675 and 698).

이번 규칙은 선화증권상 선적사실은 지정된 선적기일내뿐만 아니라 "신용장상에 기재된 적재항"에서 이루어졌음이 입증되어 있어야 함을 강조하고 있다.

결국 선화증권상에 i) "본선적재됨"이란 등의 인쇄조항만 있고 본선적재 일자의 표기가 별도로 없으면 그 발행일자를 선적일자로 보며, ii) 본선적재 일자가 별도로 표기되어 있으면 그 표기일자가 선화증권의 발행일자 전후인 여부를 불문하고 본선적재의 표기일자를 선적일자로 본다(ISBP 제96항).

즉, 선화증권은 물품이 지명선박에 적재되었다는 표기가 있어야 하는데, 이를 인쇄조항으로만 나타내고 별도 일자가 없으면 그 발행일자를 선적일자로 보고, 별도 일자가 있으면 그 표기일자를 선적일자로 본다. 다만 본선적재와 일자가 함께 인쇄된 경우 본선적재를 반복할 필요가 없다(Pub. 632, R. 177).

그러나 물품이 내국선박으로 반출된 경우, 지정된 외항선박과 적재항 및 선적일자가 포함된 별도 본선적재의 표기가 있어야 한다(*Ibid.*, Rs. 182 and 188). 또 수령장소가 신용장상에 기재된 적재항과 다른 경우, 본선적재의 표기는 신용장상에 기재된 적재항과 지명선박이 입증되어 있어야 하고, 수령장소와 적재항이 같은 경우 본선적재 일자만 있어도 된다(Pub. 697, Rs. 644 and 648).

본선적재 일자의 표기는 선화증권을 발행한 동일인뿐만 아니라, 수권된 당사자로서 선장, 선주 또는 그 대리인의 어느 누구도 정식 또는 약식으로 나타낼 수 있으며(Pub. 489, Case No. 243), 또 본선적재 일자의 표기에는 운송인의 서명을 요구하지 아니한다(*Ibid.*, Case No. 242; Pub. 632, R. 144).

예컨대 선장이 원본 선화증권의 2/3가 본선적재임을 입증하는 본선수령증(master's receipt)을 발행할 때, "본선적재"의 용어가 없더라도 이 서류는 선장의 친필서명과 선박의 타인이 있으면 충분하다(Pub. 697, R. 703).

나아가 선화증권은 물품이 "본선선적됨" 또는 "선적됨"이란 사실을 입증하고 있어야 하는데, 항대항선적의 선화증권상에 본선적재되었다는 기재가 없는 경우, 이는 인수거절의 사유가 된다(Pub. 459, Case No. 93).

본선적재의 "shipped" 나 "on board"의 단어가 포함된 구절, 예컨대 "shipped

in apparent good order", "laden on board", "clean on board" 등의 표현이 사용된 경우, 이는 "shipped on board"와 동일한 의미로 본다(ISBP 제97항).

기타 선적사실표시에 관한 사례는 전술한 복합운송서류의 경우와 같다.

③ **[적재 · 양륙항]** 신용장상에 기재된 적재항과 양륙항간의 운송사실이 명시되어 있어야 한다. 선화증권의 적재항(port of loading)과 관련하여 i) 신용장상에 기재된 적재항과 다른 수령 · 수탁장소가 명시되어 있거나, 또는 ii) "예정된"(intended) 등의 단서가 있는 경우, 신용장상에 기재된 적재항, 선적일자 및 선박명이 명시된 본선적재의 표기가 별도로 있어야 한다. 이 규정은 iii) 본선적재나 선적사실이 미리 인쇄된 문언의 선화증권에도 준수되어야 한다.

첫째, 적재항은 선화증권 내부의 "적재항" 공란에 기재하는 것이 원칙이지만, 기타 "수령장소"나 이와 유사한 제목의 공란에 기재할 수 있다. 다만 그러한 수령장소로부터 해상운송이 이루어진다는 사실과 그러한 수령장소에서 선박에 적재되었다는 본선적재의 표기가 있어야 한다(ISBP 제98항; Pub. 632, R. 180).

예컨대 신용장에서 "From Bangkok to Kuwait"의 해상운송이 요구된 경우, 선화증권상의 적재항란에 "Singapore"라고 미리 인쇄되어 있더라도 서류의 하단공란에 "Laden on board Vessel A, May 9, 1999. Bangkok, Thailand"라는 지명된 선박상의 본선적재 표기와 함께 신용장에서 요구된 항구나 인용된 지리적인 구역 내의 항구를 추가하여도 무방하다(*Ibid.*, Rs. 198, 189 and 156).

즉, 선화증권은 요구된 적재항을 분명히 하여야 한다. 예컨대 신용장에서 "From any Irish port to Hongkong"의 선화증권이 요구된 경우, 선화증권상의 수령장소란에 아일랜드의 "Dublin", 적재항란에 아일랜드항이 아닌 "Tilbury"로만 기재되고 Dublin에서의 본선적재와 해상선박으로 운송된다는 증명이 전혀 없는 서류는 하자로 본다(Pub. 489, Case No. 238; *Ibid.*, R. 165).

만약 수령장소란에 컨테이너 야적장(CY)이나 컨테이너화물 집화장(CFS)을 기재하고 이들 장소가 신용장에서 요구된 적재항과 동일한 구역 내에 있는 경우, 이들 수령장소와 적재항은 동일한 것으로 본다. 따라서 선화증권상의 적재항과 본선적재의 선박명을 별도로 기재할 필요가 없다(구 ISBP 제82항).

예컨대 선화증권상의 수령장소란에 "Hong Kong CY", 적재항란에 "Hong

Kong"으로 기재된 경우는 이를 동일한 장소로 보지만, 선화증권이 신용장상의 적재항과 다른 내륙지점의 수익자 소재지나 선박회사의 CY/CFS를 수령장소로 명시하고 있는 경우, 본선적재의 표기에는 반드시 신용장상에 기재된 적재항과 선박명을 포함하고 있어야만 인수된다(*Ibid.*, Rs. 169, 167 and 178).

둘째, 양륙항은 선화증권 내부의 "양륙항" 공란에 기재하는 것이 원칙이지만, 기타 "최종 목적장소"나 이와 유사한 제목의 공란에 기재할 수 있다. 다만 그러한 최종 목적장소까지 해상운송이 예정되어 있다는 사실과 양륙항이 그러한 최종 목적장소와 같다는 사실이 입증되어 있어야 한다(ISBP 제99항).

예컨대 신용장에서 "적재항 - New Zealand Port", "양륙항 - Inchon, Korea"라고 요구되고 환적도 허용된 경우, 선화증권상의 양륙항란에 "Pusan", 최종 목적장소란에 "Inchon"으로만 기재되어 있고 물품이 신용장에서 요구된 인천항까지 해상선박에 의하여 운송될 예정이란 사실의 입증이 전혀 없는 서류는 신용장조건과 불일치하는 제시로 본다(*Ibid.*, Rs. 162 and 172).

더구나 신용장에서 환적까지 금지된 경우, 선화증권상의 양륙항란에 신용장과 다른 항구가 기재되고 최종 목적장소란에 신용장과 같은 양륙항이 기재되어 있는 서류는 인수거절의 사유가 된다(Pub. 489, Case No. 246).

다만 신용장에서 환적이 허용되고 지명선박과 적재항에서 본선적재되어 양륙항과 최종 목적장소 사이에 환적되었더라도, 별도의 요구가 없는 한 선화증권상에 환적된 선박명은 명시하지 아니하여도 된다(Pub. 697, R. 676).

셋째, 적재항과 양륙항이 신용장에서 지리적인 지역이나 구역(geographical area)으로 기재된 경우에도, 선화증권상의 적재항과 양륙항은 약정된 지역 내에 있는 실제의 항구명을 정확히 명시하여야 한다(ISBP 제100항).

예컨대 신용장에서 적재항이 "Denmark"로 요구된 경우 선화증권상의 수령장소란에 "Copenhagen", 적재항란에 독일의 "Hamburg"라고 L/C 지리적인 구역을 벗어난 항구를 명시하거나(Pub. 632, R. 164; Pub. 459, Case No. 113), 또는 신용장에서 양륙항이 "any Jananese port"로 요구된 경우 선화증권상의 양륙항란에 실제의 항구명을 기재하지 아니하고 "any Japanese port"라고만 명시하는 것은 하자가 된다(Pub. 489, Case No. 240; *Ibid.*, R. 185).

그러나 신용장에서 적재항이 "any European port"로 요구된 경우 선화증권상의 수령장소란에 "Antwerp", 적재항란에 "Rotterdam"이라고 유럽 내의 항구명을 명시하거나, 또는 양륙항이 "any port in HoChiMinh City"로 요구된 경우 선화증권상에 "Port in HoChiMinh City"라고 도시를 특정하는 것은 인수된다(Pub. 459, Case No. 95; *Ibid.*, Rs. 163 and 190; Pub. 697, R. 704).

④ **[원본제시통수]** 단일의 원본이든 2통 이상의 원본이든 발행된 선화증권상에 명시된 통수의 원본(original) 전체가 제시되어야 한다. 심지어 신용장이 1통의 원본 선화증권을 요구하였더라도, 선화증권상 발행된 원본 통수가 2통 이상으로 명시된 경우, 발행된 전통의 원본이 제시되어야 할 것이다.

선화증권은 반드시 원본의 발행된 통수를 명시하여야 한다(ISBP 제93항). 예컨대 복본으로 발행된 선화증권상에 원본의 통수를 기재하지 아니하고 별도 증명서를 첨부한 경우, 이는 통수의 기재요건에 어긋난다(Pub. 632, R. 181).

또 선화증권은 "원본"(original)이란 표지뿐만 아니라, "부본"(duplicate), "제3부본"(triplicate) 등의 표지도 원본으로서 인정되며, "원본"이란 표지가 없이 수기나 타자 등으로 작성된 것도 원본으로서 인정된다(ISBP 제28항).

예컨대 신용장에서 "Full set of 3/3 originals of Clean on Board Ocean B/L"이 요구된 경우, 선화증권상의 각각에 "Original", "Duplicate", "Triplicate"라고 표지된 3/3 전통을 제시하여도 원본으로서 인수된다(*Ibid.*, R. 126).

결국 제시할 선화증권 원본의 수는 신용장이나 UCP 600에서 요구된 수 이상 또는 서류상에 기재된 수 이상이어야 하며, 특히 선화증권이 복수의 원본으로 발행된 경우 원본 전통을 제시하여야 한다(본조 a항 iv호).

선화증권의 원본성에 관한 추가적인 지침으로서 ICC 은행위원회가 1999년 7월 12일과 동월 29일(수정본)에 발표한 "UCP 500 제20조 b항 관련 '원본' 서류의 결정"이란 제목의 정책성명서(policy statement)가 있다(ISBP 제33항). 이는 ICC 은행위원회의 승인을 득한 것이므로 UCP 600 하에서도 효력을 갖는다.

따라서 선화증권의 원본성에 관한 판단은 UCP 600 제17조, ISBP 제28항 내지 제33항 및 동 ICC 은행위원회 정책성명서를 참조하여야 한다(부록).

기타 원본 제시통수에 관한 사례는 전술한 복합운송서류의 경우와 같다.

⑤ **[운송약관유무]** 선화증권상에 운송조건(terms & conditions of carriage)이 포함되어 있거나 또는 운송조건은 별도의 자료를 참조하도록 나타나 있어야 한다. 운송조건을 모두 탑재한 것은 "정식"(long form), 별도의 자료를 참조하도록 한 것은 "약식"(short form) 또는 "배면백지식"(blank back) B/L이라 한다. 이때 운송조건에 관한 내용은 심사하지 아니한다(Pub. 680, p. 93).

· 예컨대 "운임선지급" 선화증권이 요구된 경우, 선화증권상에 "운임선지급"의 표기가 있는 한 화물인도는 수표의 현금화를 전제한다는 인쇄된 운송조건이 있더라도 은행은 이를 심사하지 아니하고 인수할 수 있다(Pub. 697, R. 646).

기타 운송조건에 관한 사례는 전술한 복합운송서류의 경우와 같다.

⑥ **[용선계약배제]** 선화증권상에 용선계약(charter party)에 따른다는 어떠한 명시도 포함되어 있지 아니하여야 한다. 다만 신용장에서 용선계약부 선화증권을 특별히 요구하거나 허용한 경우에는 별도의 요건을 갖추어야 한다(제22조).

즉, 선화증권이 요구된 경우, 용선계약에 따른다는 명시가 있는 선화증권은 인수되지 아니한다. 예컨대 선화증권상에 "to be used with charter party", "freight payable as per charter party", "charter party contract number ABC 123", "issued pursuant to charter party" 등의 기재나 "Charter Party B/L"이란 제목이 있으면 하자사유가 되며(Pub. 680, p. 93; *Ibid.*, R. 647), 선화증권상에 "용선계약에 따른다."는 기재가 있다가 삭제되었더라도, 관련된 일자가 남아있는 한 UCP 600 제20조 하에서는 인수되지 아니한다(*Ibid.*, R. 661).

다만 용선계약부 선화증권으로 알려진 Congenbill B/L은 "용선계약에 따른다."는 기재가 없는 한 UCP 600 제20조 하에서 인수될 수 있으며, 용선계약부 Tanker B/L은 동 제22조 하에서만 인수될 수 있다(*Ibid.*, Rs. 648 and 661).

기타 용선계약배제에 관한 사례는 전술한 복합운송서류의 경우와 같다.

b. [해상운송 환적개념] 해상운송에서 "환적"(transhipment)이란 신용장상에 기재된 적재항으로부터 양륙항까지의 운송 동안에 하나의 선박(vessel)으로부터 양하하여 다른 선박에 재적하는 것을 말한다.

즉, 해상운송에서 "환적"이란 신용장상에 기재된 적재항으로부터 양륙항까지의 해양운송 동안에 하나의 선박에서 다른 선박으로 양하하여 재적하는 것을 말한다. 신용장상에 기재된 두 항구 사이에서 물품의 양하와 재적이 발생하지 아니하면, 환적이 없는 것으로 본다(ISBP 제104항).

예컨대 신용장에서 "From Copenhagen FOB to Tokyo" 조건의 선화증권이 요구되고 환적도 허용된 경우, 코펜하겐에서 함부르크까지는 트럭으로 화물을 수송하고 함부르크항에서 본선적재한 사실이 기재된 선화증권은 적재항이 신용장과 불일치할 뿐만 아니라, 이는 적재항(Hamburg)과 양륙항(Tokyo) 사이에서 해상선박간에 물품의 양하와 재적이 발생한 것이 아니므로, 신용장조건에 일치하는 환적이 있었다고 볼 수 없다(ICC Pub. 459, Case No. 113).

c. [환적서류 인수요건] ① 해상운송의 경우 선화증권상에는 물품이 "환적될 것이라거나 환적될 수 있음."(will or may be transhipped)을 명시할 수 있다. 다만 전체 운송이 단일의 동일한 선화증권상에 커버되어 있어야 한다.

② 신용장에서 환적이 금지되어 있더라도, 해상운송의 경우 선화증권상에 컨테이너 · 트레일러 · 라쉬(LASH)선의 선적사실이 입증되면, "환적이 발생할 것이라거나 환적이 발생할 수 있음."(transhipment will or may take place)을 명시한 선화증권을 인수할 수 있다. 이때에도 전항의 단서가 충족되어야 한다.

즉, 해상운송의 경우 신용장이 환적을 금지하더라도, i) 컨테이너 · 트레일러 · 라쉬 선에 적재된 화물이나, 또는 ii) 운송인이 환적권을 유보한 경우에는, 항상 환적이 허용된다. 따라서 해상운송의 경우 환적금지가 유효하려면 신용장상에 환적금지조건뿐만 아니라, UCP 600 본조 c항-d항의 적용을 배제하는 조건이 나타나 있어야 한다. 이러한 경우 선화증권상에 환적될 것이라거나 환적될 수 있다고 명시하는 것은 하자가 된다(구 ISBP 제88항).

d. [환적선택조항의 무시] 선화증권상에 "운송인이 환적할 권리를 유보하고 있음."(the carrier reserves the right to tranship)이란 선택권조항이 있는 경우, 이를 무시하고 인수할 수 있다. 왜냐하면 운송인의 환적선택권조항은 환적될 것이라거나 환적되었다는 사실을 의미하지 아니한다(ICC Pub. 680, p. 93).

기타 환적서류의 인수에 관한 사례는 전술한 복합운송서류의 경우와 같다.

e. [기타 ISBP 인수요건] 선화증권은 UCP 600 본조의 인수요건 외에 ISBP 등 국제표준은행관습상의 인수요건도 충족하여야 한다(동 제14조 d항).

① **[수화인 · 지시인]** 신용장에서 i) 기명식 선화증권(straight bill of lading), 예컨대 "X 은행에게 탁송할 것"(consigned to Bank X)이 요구된 경우, 선화증권은 결코 수화인의 명의 앞부분에 "지시인에게"(to order) 등의 단어를 붙여 지시식으로 발행하여서는 아니되며, 또 ii) 지시식 선화증권(order bill of lading)이 요구된 경우, 선화증권상의 수화인란에 특정인의 명의만을 기재한 기명식으로 발행하여서는 아니된다(ISBP 제101항).

특히 선화증권의 수화인(consignee)으로서 개설의뢰인을 기명하도록 요구된 경우, 이에 개설은행을 기명한 선화증권은 거절사유가 되고, 서류에 하자가 있는 한 은행은 지급의무를 지지 아니한다(ICC Pub. 632, Rs. 99 and 69).

그러나 선화증권상의 수화인 정보는 C/O 등 기타서류상의 수화인 정보와 모순되지 아니하는 한, 일치하지 아니하여도 된다. 즉, 선화증권상의 수화인 정보가 신용장조건에 일치하는 한, 기타서류상의 수화인은 개설의뢰인이나 다른 지정된 자를 표시할 수 있다(ISBP 제184항; Pub. 697, R. 699).

② **[화주와 배서]** 선화증권은 권리증권(document of title)이므로 지시식 선화증권(order B/L)이 발행된 경우, 반드시 화주나 그 대리인에 의한 배서(endorsement)가 있어야 한다(ISBP 제102항). 즉, 지시식 선화증권은 소지인의 배서가 있어야만 양도될 수 있다(서정두, 『국제상무론』, 삼영사, 2006, p. 309).

③ **[착화통지처]** 선화증권상의 착화통지처(notify party)는 필수기재사항이 아니므로 신용장에서 요구하지 아니하는 한, 그 공란을 임의로 기재할 수 있다(ISBP 제103항). 예컨대 신용장에서 착화통지처를 달리 요구하지 아니하고 개설의뢰인의 명의만을 "Importadora Electronicos, S.A."라고 기재한 경우, 선화증권상의 착화통지처란에 "Importadora Electronica, S.A."라는 단순한 오자가 발생한 정도의 기재는 제시된 대로 인수하여야 한다(Pub. 632, R. 140).

또 신용장에서 착화통지처로서 "The XYZ"라고 요구된 경우, 선화증권상의 착화통지처란에 "The"란 단어 없이 "XYZ"라고만 기재하여도 이는 동일한 당사자를 나타내는 것이므로 하자사유가 되지 아니한다(*Ibid.*, R. 273).

④ **[분할선적]** "분할선적"이란 물품을 둘 이상의 상이한 선박 또는 상이한 항해일정에 따라 선적하는 것을 말한다(동 제31조 b항).

신용장이 분할선적을 금지하더라도, 동일한 선박과 동일한 항해일정 및 동일한 양륙항을 명시하는 한, 신용장에서 허용된 구역 내의 여러 적재항으로 기재된 복수의 원본 선화증권은 인수될 수 있다(ISBP 제105항).

전통의 복수 선화증권에서 선적일자가 서로 다른 경우, 최종일자를 제시기간의 계산에 고려하여야 하며, 이는 신용장상의 최종 선적기일 내에 있어야 한다.

예컨대 신용장에서 분할선적이 금지된 경우, 복수의 선화증권이 동일한 선박으로 여러 적재항에서 선적된 것으로 기재되어 있으면 인수되지만, 여러 양륙항을 명시하고 있으면 분할선적이므로 거절사유가 된다(*Ibid.*, R. 244).

⑤ **[무고장서류]** 선화증권상에 물품이나 포장의 하자상태를 명시적으로 나타내는 조항이나 표기가 있는 소위 "고장부 선화증권"(dirty B/L)은 인수되지 아니한다(동 제27조). 그러나 포장이 해상항해에 "불충분하다."라는 기재는 하자상태의 명시적인 표기라고 보지만, 동 "불충분할 수 있다."(may not be sufficient)라는 등의 기재는 하자사유가 될 수 없다(ISBP 제106항).

예컨대 선화증권상에 i) 화물이 "container said to contain(STC)"라는 내장신고물임을 기재한 경우, ii) 화물명세에 위험물조항으로서 "corrosive liquid Nos."(부식성액체)라는 표기가 있는 경우, iii) 포장이 "open top container"라는 무개컨테이너임을 기재한 경우, iv) 포장이 종이자루로 이루어졌다는 "paper bag clause"(지물포장조항)가 있는 경우 등은 물품이나 포장의 하자에 관한 명시적인 표기라고 볼 수 없다(Pub. 459, Case Nos. 121 to 126).

한편 신용장이 무고장 선화증권을 요구하더라도, 선화증권상에 "무고장"이란 단어를 나타낼 필요가 없으며, 물품이나 포장의 하자에 관한 명시적인 조항이나 표기가 없고 UCP 600 본조의 인수요건을 충족하고 있으면 신용장의 "무고장 본선적재" 요건에 따른 것으로 본다(동 제27조 3문; 구 ISBP 제91항).

예컨대 신용장이 무고장 선화증권을 요구하면 선화증권상에 "clean"이란 단어를 삽입하도록 주장하는 은행이 늘어나고 있으나, UCP 600에서는 선화증권상에 "clean"이란 단어를 필요로 하지 아니하기 때문에(동조 3문), 이를 명시하지 아니한 선화증권을 하자로 보아서는 아니된다(*Ibid.*, R. 119).

나아가 선화증권상에 미리 타이핑된 "무고장"이란 단어가 삭제되어 있다는 사실만으로는, 물품이나 포장의 하자에 관한 명시적인 조항이나 표기가 없는 한, 이를 고장부 선화증권으로 보아서는 아니된다(ISBP 제107항).

예컨대 운송인이 선화증권상에 물품명세와 함께 "clean on board"를 타이핑한 후 "clean"이란 단어만 검은 펜으로 지웠을 뿐, 물품이나 포장의 하자상태에 관한 어떠한 특기도 없는 경우, 서류 발행인이 "clean"이란 단어를 삭제하였다는 사실만으로는 거절사유가 될 수 없다(Pub. 459, Case No. 122).

⑥ **[물품명세]** 상업송장상의 물품명세는 신용장명세와 엄격히 일치하여야 하지만(동 제18조 c항), 선화증권상의 물품명세는 신용장명세와 모순되지 아니하는 일반용어로 표시하여도 된다(동 제14조 e항; ISBP 제108항).

예컨대 신용장상의 물품명세가 "Clock Movement : 'O.K.' Brand Quartz Clock Movement with Switch"인 경우, 선화증권 등 선적서류상의 물품명세가 앞부분의 물품명칭인 "Clock Movement"를 생략하고 세부명세인 "O.K.' Brand Quartz Clock Movement with Switch"만으로 표시하는 것은 신용장명세와 모순되지 아니하므로 이를 하자로 보지 아니한다(*Ibid.*, R. 54).

⑦ **[정정과 변경]** 선화증권상의 정정과 변경은 반드시 이를 발행한 운송인이나 수권된 선장(함장) 또는 그 대리인에 의한 인증이 있어야 한다. 인증은 이를 행한 주체의 표시와 서명이 있어야 한다(ISBP 제9항과 제109항). 다만 대리인에 의한 인증의 경우 선화증권을 발행하였거나 서명한 대리인과 서로 다를 수 있으나, 그가 운송인이나 선장(함장)의 대리인이란 확인이 있어야 한다.

예컨대 신용장에서 양륙항이 "Casablanca Port"로 요구된 경우, 선화증권상에 선장이 서명하고 양륙항이 "Casablanca"로 기재된 내용을 신용장조건에 일치시키고자 운송인의 대리인이 "Port"란 단어를 추가하여 "Casablanca Port"로 정정하고 인증 서명하는 것은 하자가 아니다(*Ibid.*, R. 174).

그러나 선화증권의 원본이 그 발행인이나 수권된 당사자의 인증에 의하여 변경 또는 정정되었다고 하여, 사본(copies)에 대한 변경이나 정정의 경우도 당사자의 서명이나 인증이 요구되는 것은 아니다(ISBP 제110항; *Ibid.*, R. 183).

⑧ **[운임과 추가비용]** 신용장에서 선화증권상의 운임선지급(freight prepaid) 또는 운임착불(freight collect)의 여부를 표시하도록 요구된 경우, 선화증권은 반드시 신용장조건과 일치하게 표지되어 있어야 한다(ISBP 제111항).

특히 운임선지급이 요구된 경우, 운임의 지급 또는 선지급의 사실을 명확히 표시하는 단어가 타인되거나 기타의 방법으로 명시되어 있어야 하며, 기타 "운임선지급될 수 있음", "운임선지급되어야 함."(freight to be prepaid) 등의 단어는 운임이 선지급되었다는 증명으로 볼 수 없다(UCP 500 제33조 b항-c항).

예컨대 신용장에서 "Freight Prepaid" 선화증권이 요구된 경우, 은행은 선화증권상에 "freight prepaid"란 단어가 표시되어 있으면 운임이 실제로 납부되었는지의 여부와 관계 없이 이를 인수할 수 있으나(*Ibid.*, R. 117), 동 선화증권상에 "freight prepaid"란 단어와 함께 이는 운임의 지급완료를 의미하지 아니하고 운임은 아직 하역 전까지 납부되어야 한다는 단서조항이 추가로 기재되어 있는 경우, 이는 인수거절의 사유가 된다(Pub. 489, Case No. 248).

따라서 신용장거래의 혼란과 오해를 방지하려면, 신용장의 개설신청과 개설당시부터 선화증권의 요구조항에서 운임의 선지급 또는 착불의 여부를 표시하도록 명확히 지시하여야 한다(ISBP 제2항과 제112항). 예컨대 Bill of Lading… marked 'Freight Prepaid' 또는 'Freight Collect'라고 기재한다.

한편 신용장에서 운임추가비용(additional costs)을 금지한 경우, 선화증권상에 그 추가비용의 명확한 기재 또는 적재·양하작업에 관련된 비용을 언급하는 FI·FO·FIO·FIOS 등의 운송조건으로 추가비용의 부과에 관하여 명시하여서는 아니된다. 다만 선화증권상에 물품의 양하지연이나 양하 후에 부과될 비용의 언급이 있는 것은 운임추가비용으로 보지 아니한다(ISBP 제113항).

예컨대 신용장에서 "Costs additional to the freight charges are not acceptable."이라는 운임추가비용의 금지조항이 있더라도, 선화증권상에 양륙항에서의 체선료(demurrage) 부담을 언급하는 것은 운임추가비용으로 보지 아니하지만

(ICC Pub. 459, Case No. 117), 반대로 양하작업은 화주의 위험과 비용부담으로 한다는 "Free Out"(FO) 운송조건을 언급하는 것은 신용장상의 운임추가비용 금지조건에 위배되는 서류로 본다(Pub. 489, Case No. 249).

그러나 신용장에서 특별히 금지하지 아니하는 한, 적재·양하작업 등의 운임추가비용을 언급하는 선화증권은 인수될 수 있다(동 제26조 c항). 심지어 물품의 일부만 선적하고 운임전액을 청구하는 경우도 인수된다(*Ibid.*, R. 235).

⑨ **[복수의 선화증권]** 동일한 신용장에 따른 한 컨테이너의 물품(FCL/LCL)에 대하여 수출지의 운송사정이나 화주의 요구에 따라 복수의 선화증권이 발행되고 어느 선화증권상에 컨테이너 물품은 당해 선화증권뿐만 아니라 다른 선화증권에도 커버되어 있고 또 모든 선화증권이 제공되어야 한다고 기재된 경우, 이는 모든 선화증권은 반드시 컨테이너가 인도될 수 있도록 함께 제시되어야 함을 의미한다. 따라서 그러한 선화증권은 모든 선화증권이 동일한 제시서류의 일부를 구성하여 제시되어야만 인수될 수 있다(ISBP 제114항).

즉, 동일한 신용장에 대하여 복수의 선화증권으로 커버된 컨테이너 물품의 경우, 모든 선화증권이 함께 제시되지 아니하는 한 인수되지 아니한다.

제21조 비유통성 해상화물운송장

Article 21 Non-Negotiable Sea Waybill. **a.** A non-negotiable sea waybill, however named, must appear to :

i. indicate the name of the carrier and be signed by :

- the carrier or a named agent for or on behalf of the carrier, or
- the master or a named agent for or on behalf of the master.

Any signature by the carrier, master or agent must be identified as that of the carrier, master or agent.

Any signature by an agent must indicate whether the agent has signed for or on behalf of the carrier or for or on behalf of the master.

ii. indicate that the goods have been shipped on board a named vessel at the port of loading stated in the credit by :

- pre-printed wording, or
- an on board notation indicating the date on which the goods have been shipped on board.

The date of issuance of the non-negotiable sea waybill will be deemed to be the date of shipment unless the non-negotiable sea waybill contains an on board notation indicating the date of shipment, in which case the date stated in the on board notation will be deemed to be the date of shipment.

If the non-negotiable sea waybill contains the indication "intended vessel" or similar qualification in relation to the name of the vessel, an on board notation indicating the date of shipment and the name of the actual vessel is required.

iii. indicate shipment from the port of loading to the port of discharge stated in the credit.

If the non-negotiable sea waybill does not indicate the port of loading stated in the credit as the port of loading, or if it contains the indication "intended" or similar qualification in relation to the port of loading, an on board notation indicating the port of loading as stated in the credit, the date of shipment and the name of the vessel is required. This provision applies even when loading on board or shipment on a named vessel is indicated by pre-printed wording on the non-negotiable sea waybill.

iv. be the sole original non-negotiable sea waybill or, if issued in more than one original, be the full set as indicated on the non-negotiable sea waybill.

v. contain terms and conditions of carriage or make reference to another source containing the terms and conditions of carriage (short form or blank back non-negotiable sea waybill). Contents of terms and conditions of carriage will not be examined.

vi. contain no indication that it is subject to a charter party.

b. For the purpose of this article, transhipment means unloading from one vessel and reloading to another vessel during the carriage from the port of loading to the port of discharge stated in the credit.

c. i. A non-negotiable sea waybill may indicate that the goods will or may be transhipped provided that the entire carriage is covered by one and the same non-negotiable sea waybill.

ii. A non-negotiable sea waybill indicating that transhipment will or may take place is acceptable, even if the credit prohibits transhipment, if the goods have been shipped in a container, trailer or LASH barge as evidenced by the non-negotiable sea waybill.

d. Clauses in a non-negotiable sea waybill stating that the carrier reserves the right to tranship will be disregarded.

번역 **제21조 비유통성 해상화물운송장**. a. 비유통성 해상화물운송장은 그 명칭에 관계없이 반드시 다음 각 호와 같이 나타나 있어야 한다.

i. 운송인의 명의를 명시하고 또 다음과 같은 자에 의하여 서명되어 있어야 한다.

- 운송인 또는 운송인을 대표하거나 대신하는 지명대리인, 또는
- 선장 또는 선장을 대표하거나 대신하는 지명대리인.

운송인, 선장 또는 대리인에 의한 모든 서명에는 반드시 동 운송인, 선장 또는 대리인의 것이라는 확인이 있어야 한다.

대리인에 의한 모든 서명에는 반드시 동 대리인이 운송인을 대표하거나 대신하여 서명하였는지 또는 선장을 대표하거나 대신하여 서명하였는지의 여부를 명시하고 있어야 한다.

ii. 물품이 신용장상에 기재된 적재항에서 지명선박에 본선선적되었음을 다음과 같은 방법으로 명시하고 있어야 한다.

- 미리 인쇄된 문언, 또는
- 물품이 본선선적된 일자를 명시한 본선적재의 표기.

비유통성 해상화물운송장의 발행일자는 선적일자인 것으로 본다. 다만 비유통성 해상화물운송장이 선적일자를 명시한 본선적재의 표기를 내포하고 있는 경우에는, 본선적재의 표기상에 기재된 일자를 선적일자로 본다.

비유통성 해상화물운송장이 선박명과 관련하여 “예정된 선박”(intended vessel) 또는 이와 유사한 단서의 명시를 내포하고 있는 경우에는, 반드시 선적일

자 및 실제의 선박명을 명시한 본선적재의 표기가 요구된다.

iii. 신용장상에 기재된 적재항으로부터 양륙항까지의 선적을 명시하고 있어야 한다.

비유통성 해상화물운송장이 적재항으로서 신용장상에 기재된 적재항을 명시하지 아니하거나 또는 적재항과 관련하여 "예정된"(intended) 또는 이와 유사한 단서를 내포하고 있는 경우에는, 반드시 신용장상에 기재된 바의 적재항, 선적일자 및 선박명을 명시한 본선적재의 표기가 요구된다. 이러한 규정은 지명선박에의 본선적재 또는 선적이 비유통성 해상화물운송장상의 미리 인쇄된 문언에 의하여 명시된 경우에도 적용한다.

iv. 단일의 원본 비유통성 해상화물운송장, 또는 2통 이상의 원본으로 발행된 경우에는 비유통성 해상화물운송장상에 명시된 바의 전통이어야 한다.

v. 운송의 제조건을 내포하고 있거나, 또는 운송의 제조건을 내포한 별도의 자료를 참조하도록 하고 있어야 한다(약식 또는 배면백지식 비유통성 해상화물운송장). 이때 운송의 제조건에 관한 내용은 심사하지 아니한다.

vi. 용선계약에 따른다는 어떠한 명시도 내포하고 있지 아니하여야 한다.

b. 본조의 목적상, 환적(transhipment)이라 함은 신용장상에 기재된 적재항으로부터 양륙항까지의 운송 동안에 하나의 선박으로부터 양하하여 별도의 선박에 재적하는 것을 의미한다.

c. i. 전체 운송이 단일 및 동일한 비유통성 해상화물운송장에 의하여 커버되는 한, 비유통성 해상화물운송장은 물품이 환적될 것이라거나 또는 환적될 수 있음을 명시할 수 있다.

ii. 신용장이 환적을 금지한 경우에도, 물품이 비유통성 해상화물운송장에 의하여 입증된 바의 컨테이너, 트레일러 또는 라쉬(LASH) 선에 선적되었다면, 환적이 발생할 것이라거나 또는 환적이 발생할 수 있음을 명시하고 있는 비유통성 해상화물운송장은 이를 인수하여도 된다.

d. 운송인이 환적할 권리를 유보하고 있음을 기재한 비유통성 해상화물운송장상의 조항은 이를 무시하여야 한다.

해설 본조는 구 제24조를 개정하여 유통성 선화증권조항과 대등하게 배열한 것으로서, 내용면에서 "신용장이 요구한 경우, 은행이 인수한다."는 문장구조를 "서류는 반드시 갖추어져야 한다."라고 수정하고, 이 규칙에 공통으로 적용되는 "문면상"(제14조 a항), 서명방법의 "기타 인증"(제3조), "기타 모든 면에서 충족되어야 한다."(제2조)는 등의 표현을 삭제하였다.

또 본조는 운송인 명의와 서명자 자격의 표시방법을 표준화하고, 선장 대리인의 경우 "선장" 명의는 요구하지 아니하며, 신용장상에 기재된 적재항에서의 선적사실과 신용장상에 기재된 항구간의 운송사실이 입증되어야 함을 명확히 하고, 특히 신용장상에 기재된 적재항과 다른 장소의 해상화물운송장 인수요건이 추가되었다. 기타 "범선" 용어삭제, 해상운송시 "환적" 개념과 환적시의 인수조건, 환적금지시의 환적효과 등을 나누어 규정한 것이 특징적이다.

본조는 신용장이 해상선적만을 커버하는 ("해상", "해양", "항대항" 등) 선화증권 대신에 해상화물운송장(SWB)의 제시를 요구한 경우, 이에 적용할 수 있다(ISBP 제91항 참조). 본조는 해상선적으로서 서류의 종류만 다를 뿐 모든 규정이 제20조와 동일하므로, 제20조의 해설과 사례를 참조하여도 된다.

a. [해상운송장 인수요건] 해상운송을 커버하는 비유통성 해상화물운송장(sea waybill)은 그 명칭에 관계없이 반드시 다음 각 호의 요건을 갖추어야 한다.

① **[명의 및 서명]** 운송인(carrier) 명의와 함께 운송인, 선장 또는 대리인에 의한 서명(signature)이 있어야 한다. 모든 서명에는 그것이 운송인, 선장 또는 대리인의 것이라는 확인, 즉 서명자의 자격(capacity) 표시가 있어야 한다.

특히 대리인(agent)이 서명한 경우, 운송인 또는 선장 중에 누구를 대표하거나 대신하는지를 구분하여 명시하여야 한다. 다만 선장의 대리인이 서명한 경우, 선장(master)의 명의를 추가 기재하지 아니하여도 된다.

② **[선적사실표시]** 물품이 신용장상에 기재된 적재항에서 지명선박에 본선선적된(shipped on board) 사실이 명시되어 있어야 한다. 선적의 표시방법은 i) 미리 인쇄된 문언, ii) 선적일자를 명시한 본선적재의 표기로 가능하다.

이때 해상화물운송장의 발행일자는 선적일자인 것으로 본다. 다만 해상화물운송장상에 선적일자를 명시한 본선적재의 표기를 별도 포함하고 있는 경우, 그 표기상에 명시된 일자를 선적일자로 본다(ICC Pub. 632, R. 192).

한편 운송서류의 선박명 관련 "예정된 선박"(intended vessel) 등의 단서가 있는 경우, 선적일자와 실제 선박명이 명시된 본선적재의 표기가 필수적이다.

이번 규칙은 해상화물운송장상 선적사실은 선적기일내뿐만 아니라 "신용장상에 기재된 적재항"에서 이루어졌음이 입증되어 있어야 함을 강조하고 있다.

③ **[적재·양륙항]** 신용장상에 기재된 적재항과 양륙항간의 운송사실이 명시되어 있어야 한다. 해상화물운송장의 적재항(port of loading)과 관련하여 i) 신용장상에 기재된 적재항과 다른 수령·수탁장소가 명시되어 있거나, 또는 ii) "예정된"(intended) 등의 단서가 있는 경우, 신용장상에 기재된 적재항, 선적일자 및 선박명이 명시된 본선적재의 표기가 별도로 있어야 한다. 이 규정은 iii) 본선적재나 선적사실이 미리 인쇄된 문언의 해상화물운송장에도 적용된다.

④ **[원본제시통수]** 단일의 원본이든 2통 이상의 원본이든 발행된 해상화물운송장상에 명시된 통수의 원본(original) 전체가 제시되어야 한다. 심지어 신용장이 1통의 원본 해상화물운송장을 요구하였더라도, 발행된 원본 통수가 2통 이상으로 명시된 경우, 발행된 전통의 원본이 제시되어야 할 것이다.

⑤ **[운송약관유무]** 해상화물운송장상에 운송조건(terms & conditions of carriage)이 포함되어 있거나 또는 운송조건은 별도의 자료를 참조하도록 나타나 있어야 한다(약식운송장). 이때 운송조건에 관한 내용은 심사하지 아니한다.

⑥ **[용선계약배제]** 해상화물운송장상에 용선계약(charter party)에 따른다는 어떠한 명시도 포함되어 있지 아니하여야 한다. 다만 신용장에서 용선계약부 선화증권을 특별히 요구하거나 허용한 경우에는 제외한다(제22조).

b. [해상운송 환적개념] 해상운송에서 "환적"(transhipment)이란 신용장상에 기재된 적재항으로부터 양륙항까지의 운송 동안에 하나의 선박(vessel)으로부터 양하하여 다른 선박에 재적하는 것을 말한다.

c. [환적서류 인수요건] ① 해상화물운송장상에는 물품이 "환적될 것이라거나

환적될 수 있음."(will or may be transhipped)을 명시할 수 있다. 다만 전체 운송이 단일의 동일한 해상화물운송장상에 커버되어 있어야 한다.

② 신용장에서 환적이 금지되어 있더라도, 해상화물운송장상에 컨테이너·트레일러·라쉬(LASH)선의 선적사실이 입증되면, "환적이 발생할 것이라거나 환적이 발생할 수 있음."(transhipment will or may take place)을 명시한 해상화물운송장을 인수할 수 있다. 이때에도 전항의 단서가 충족되어야 한다.

d. **[환적선택조항의 무시]** 해상운송장상에 "운송인이 환적할 권리를 유보하고 있음."(the carrier reserves the right to tranship)이란 선택권조항이 있는 경우, 환적에 관한 어떠한 의미도 없으므로 이를 무시하고 인수할 수 있다.

기타 해상화물운송장에 관한 사례는 전술한 선화증권의 경우와 같다.

제22조 용선계약부 선화증권

Article 22 Charter Party Bill of Lading. **a**. A bill of lading, however named, containing an indication that it is subject to a charter party (charter party bill of lading), must appear to :

i. be signed by :

- the master or a named agent for or on behalf of the master, or
- the owner or a named agent for or on behalf of the owner, or
- the charterer or a named agent for or on behalf of the charterer.

Any signature by the master, owner, charterer or agent must be identified as that of the master, owner, charterer or agent.

Any signature by an agent must indicate whether the agent has signed for or on behalf of the master, owner or charterer.

An agent signing for or on behalf of the owner or charterer must indicate the name of the owner or charterer.

ii. indicate that the goods have been shipped on board a named vessel at the port of loading stated in the credit by :

- pre-printed wording, or

• an on board notation indicating the date on which the goods have been shipped on board.

The date of issuance of the charter party bill of lading will be deemed to be the date of shipment unless the charter party bill of lading contains an on board notation indicating the date of shipment, in which case the date stated in the on board notation will be deemed to be the date of shipment.

iii. indicate shipment from the port of loading to the port of discharge stated in the credit. The port of discharge may also be shown as a range of ports or a geographical area, as stated in the credit.

iv. be the sole original charter party bill of lading or, if issued in more than one original, be the full set as indicated on the charter party bill of lading.

b. A bank will not examine charter party contracts, even if they are required to be presented by the terms of the credit.

번역 **제22조 용선계약부 선화증권.** a. 용선계약에 따른다는 명시를 내포하고 있는 선화증권(용선계약부 선화증권)은 그 명칭에 관계없이 반드시 다음 각 호와 같이 나타나 있어야 한다.

i. 다음과 같은 자에 의하여 서명되어 있어야 한다.

- 선장 또는 선장을 대표하거나 대신하는 지명대리인, 또는
- 선주 또는 선주를 대표하거나 대신하는 지명대리인, 또는
- 용선자 또는 용선자를 대표하거나 대신하는 지명대리인.

선장, 선주, 용선자 또는 대리인에 의한 모든 서명에는 반드시 동 선장, 선주, 용선자 또는 대리인의 것이라는 확인이 있어야 한다.

대리인에 의한 모든 서명에는 반드시 동 대리인이 선장, 선주 또는 용선자 중에 누구를 대표하거나 대신하여 서명하였는지의 여부를 명시하고 있어야 한다.

선주 또는 용선자를 대표하거나 대신하여 서명한 대리인은 반드시 동 선주 또는 용선자의 명의를 명시하여야 한다.

ii. 물품이 신용장상에 기재된 적재항에서 지명선박에 본선선적되었음을 다음과 같은 방법으로 명시하고 있어야 한다.

- 미리 인쇄된 문언, 또는
- 물품이 본선선적된 일자를 명시한 본선적재의 표기.

용선계약부 선화증권의 발행일자는 선적일자인 것으로 본다. 다만 용선계약부 선화증권이 선적일자를 명시하는 본선적재의 표기를 내포하고 있는 경우에는, 본선적재의 표기상에 기재된 일자를 선적일자로 본다.

iii. 신용장상에 기재된 적재항으로부터 양륙항까지의 선적을 명시하고 있어야 한다. 양륙항은 역시 신용장상에 기재된 바의 항구의 구역 또는 지리적인 지역으로 명시하여도 무방하다.

iv. 단일의 원본 용선계약부 선화증권, 또는 2통 이상의 원본으로 발행된 경우에는 용선계약부 선화증권상에 명시된 바의 전통이어야 한다.

b. 은행은 신용장의 조건에 의하여 용선계약서를 제시하도록 요구된 경우에도, 이를 심사하지 아니한다.

해설 본조는 구 제25조를 개정한 것으로서, "신용장이 요구한 경우, 은행이 인수한다."는 문장구조를 "서류는 반드시 갖추어져야 한다."라고 수정하고, 이 규칙 전체에 적용되는 "문면상"(제14조 a항), 서명방법의 "기타 인증"(제3조), "기타 모든 면에서 충족되어야 한다."(제2조)는 등을 삭제하였다.

또 본조는 운송인 명의요건을 삭제하면서 서명자 항목에 "용선자와 대리인"을 추가하고 서명자 자격의 표시방법을 표준화하였으며, 선장 대리인의 경우 "선장" 명의는 요구하지 아니하고, 신용장상에 기재된 적재항에서의 선적사실과 양륙항까지의 운송사실을 명시할 때 양륙항은 구역이나 지리적인 지역으로 기재할 수 있도록 허용하고 기타 "범선" 용어를 삭제한 것이 특징이다.

본조는 신용장이 용선계약부 선화증권을 요구하거나 허용하고 또 용선계약부 선화증권이 제시된 경우, 이에 적용할 수 있다(ISBP 제115항). 여기서 "용선계약부 선화증권"(charter party B/L)이란 "용선계약에 따른다."(subject to a charter party)는 어떠한 명시를 내포한 선화증권을 말한다(본조 a항).

예컨대 선화증권이 운송인이나 그 대리인의 서명과 UCP 600 제20조의 요건을 충족하더라도, "to be used with charter party", "freight payable as per charter party", "charter party contract number ABC 123", "issued pursuant to charter party" 등의 기재나 "Charter Party B/L"이란 제목이 있으면 용선계약에 따른 서류로 본다(ICC Pub. 680, p. 93; Pub. 697, Rs. 647 and 661).

즉, 용선계약에 따른다는 어떠한 명시를 내포하는 운송서류는 UCP 600 본조에 의거한 용선계약부 선화증권이 되며(ISBP 제116항), 용선계약부 선화증권은 UCP 600 본조 a항의 요건을 갖추어야 인수된다. 다만 신용장이 용선계약서의 제시를 요구하더라도, 은행은 이를 심사하지 아니한다(본조 b항).

a. [용선선화증권 인수요건] 용선계약에 따른다는 명시가 있는 용선계약부 선화증권은 그 명칭에 관계없이 반드시 다음 각 호의 요건을 갖추어야 한다.

① **[서명자격요건]** 선장, 선주, 용선자 또는 대리인에 의한 서명(signature)이 있어야 한다. 모든 서명에는 그것이 선장, 선주, 용선자 또는 대리인의 것이라는 확인, 즉 서명자의 자격표시가 있어야 한다(운송인 명의는 무시함).

특히 대리인(agent)이 서명한 경우는 선장, 선주 또는 용선자 중에 누구를 대표하거나 대신하는지를 구분하여 명시하여야 한다. 선주나 용선자의 대리인이 서명한 경우는 반드시 선주나 용선자의 명의를 기재하여야 하지만, 선장의 대리인이 서명한 경우는 선장(master) 명의를 추가 기재하지 아니하여도 된다.

결국 용선계약부 선화증권은 반드시 선장(함장), 용선자, 선주 또는 그 대리인의 서명이 있어야 하며, 이때 서명은 수기, 모사서명, 천공서명, 타인, 부호 또는 기타 모든 전자방식이나 기계방식으로도 할 수 있다(동 제3조).

기타 i) 선장(함장), 용선자 또는 선주가 서명하는 경우, "선장"("함장"), "용선자" 또는 "선주"란 자격을 명시하여야 하고, ii) 선장(함장)의 대리인이 서명하는 경우, 대리인이란 자격(선장의 명의는 불필요함)이 있어야 하며, iii) 용선자 또는 선주의 대리인이 서명하는 경우, 대리인이란 자격과 함께 용선자 또는 선주의 명의가 나타나 있어야 한다(ISBP 제118항).

예컨대 용선계약부 선화증권상에 대리인의 스탬프만 찍혀 있고 "선장의 대리인"이란 자격이 표시되지 아니한 경우는 하자사유가 된다. 따라서 선장을 대신하여 서명하려면, 적어도 "ABC Co., Ltd as agents for the master" 등의 표현으로 선장의 대리인임을 명시하여야 한다(ICC Pub. 632, R. 193).

그러나 용선계약부 선화증권은 운송인(carrier)의 명의를 필수로 하지 아니한다. 즉, 용선운송서류는 선장(함장), 선주 또는 그 대리인의 서명은 반드시 있어야 하지만, 운송인의 명의는 있어도 되고 없어도 된다(본조 a항).

이외의 서명요건에 관한 사례는 전술한 해상선화증권의 경우와 같다.

② **[선적사실표시]** 물품이 신용장상에 기재된 적재항에서 지명선박에 본선선적된(shipped on board) 사실이 명시되어 있어야 한다. 선적의 표시방법은 i) 미리 인쇄된 문언, ii) 선적일자를 명시한 본선적재의 표기로 가능하다.

이때 용선계약부 선화증권의 발행일자는 선적일자(date of shipment)로 본다. 다만 동 선화증권상에 선적일자를 명시한 본선적재(on board)의 표기를 별도 포함하고 있는 경우, 그 표기상에 명시된 일자를 선적일자로 본다.

이번 규칙은 용선계약부 선화증권상의 선적사실은 선적기일내에 "신용장상에 기재된 적재항"에서 이루어졌음이 입증되어 있어야 함을 강조하고 있다.

결국 용선계약부 선화증권상에 i) "본선선적됨"이란 등의 인쇄조항만 있고 본선적재 일자의 표기가 별도로 없으면 발행일자를 선적일자로 보며, ii) 본선적재 일자가 별도로 표기되어 있으면 그 일자가 선화증권의 발행일자 전후인 여부를 불문하고 본선적재의 표기일자를 선적일자로 본다(ISBP 제119항).

즉, 용선계약부 선화증권은 물품이 본선적재되었다는 표기가 있어야 하는데, 이를 인쇄조항으로 나타내고 별도 일자가 없으면 발행일자를 선적일자로 보고, 본선적재 일자의 표기가 있으면 그 표기일자를 선적일자로 본다.

예컨대 용선계약부 선화증권상의 본선적재 일자가 신용장이나 UCP에 제한조건이 없어 다른 서류상의 선적기간보다 늦게 발행·표기된 경우, 이는 모순된 하자가 아니며 그 표기일자를 선적일자로 본다(Pub. 697, R. 678).

본선적재 일자의 표기는 선화증권을 발행하고 서명한 동일인뿐만 아니라, 수권된 당사자로서 선장, 선주 또는 그 대리인의 어느 누구에 의하여도 정식 또는 약식으로 나타낼 수 있으며(Pub. 489, Case No. 243), 또 본선적재 일자의 표기에는 운송인의 서명을 요구하지 아니한다(*Ibid.*, Case No. 242).

나아가 용선계약부 선화증권은 물품이 "본선적재됨" 또는 "선적됨"이란 사실을 입증하고 있어야 하는데, 동 선화증권상에 본선적재되었다는 기재가 없는 경우, 이는 인수거절의 사유가 된다(Pub. 459, Case No. 93).

본선적재의 "shipped" 나 "on board"의 단어가 포함된 구절, 예컨대 "shipped in apparent good order", "laden on board", "clean on board" 등의 표현이 사용된 경우, 이는 "shipped on board"와 동일한 의미로 본다(ISBP 제120항).

기타 본선적재 표기에 관한 사례는 전술한 해상선화증권의 경우와 같다.

③ **[적재 · 양륙항]** 신용장상에 기재된 적재항과 양륙항간의 운송사실이 명시되어 있어야 한다. 이때 양륙항은 신용장상에 항구의 구역이나 지리적인 지역(geographical area)으로 기재되어 있으면, 역시 같은 항구의 구역이나 지리적인 지역으로 명시하여도 무방하다. 이는 용선계약관습을 반영한 것이다.

즉, 용선계약부 선화증권은 신용장상에 기재된 적재항과 양륙항을 명시하여야 하는데, 신용장에서 적재항이나 양륙항이 실제의 항구명 대신에 지리적인 지역이나 구역으로 기재된 경우, 선화증권상의 적재항은 약정된 지역 내에 있는 실제의 항구명을 명시하여야 하지만, 양륙항(port of discharge)은 단순히 지리적인 구역이나 지역으로 표시할 수 있다(ISBP 제121항).

예컨대 해상선화증권이 요구된 경우 선화증권의 양륙항은 실제의 항구명 대신에 "any Japanese port" 등으로 명시할 수 없으나(ICC Pub. 489, Case No. 240), 용선계약부 선화증권을 허용한 신용장의 양륙항이 "South China port"로 기재된 경우 동 선화증권의 양륙항을 "one South China port"라고 명시하여도 하자가 되지 아니한다. 이는 용선운송계약이 주로 도착지역이 같은 방향의 화물을 대상으로 한다는 특성을 반영한 것이다(Pub. 632, R. 168).

기타 적재 · 양륙항에 관한 사례는 전술한 해상선화증권의 경우와 같다.

④ **[원본제시통수]** 단일의 원본이든 2통 이상의 원본이든 발행된 용선계약부 선화증권상에 명시된 통수의 원본(original) 전체가 제시되어야 한다. 심지어 신용장이 1통의 원본 용선계약부 선화증권을 요구하였더라도, 발행된 원본 통수가 2통 이상으로 명시된 경우 전통의 원본이 제시되어야 할 것이다.

용선계약부 선화증권은 반드시 원본의 발행된 통수를 명시하여야 한다(ISBP

제117항). 동 서류는 "원본"(original)의 표지뿐만 아니라, "부본"(duplicate), "제3부본"(triplicate) 등의 표지도 원본으로서 인정되며, 또 "원본"의 표지가 없이 수기나 타자 등으로 작성된 것도 원본으로서 인정된다(ISBP 제28항).

결국 용선계약부 선화증권의 제시할 원본의 수는 신용장이나 UCP 600에서 요구된 수 또는 서류상에 기재된 수 이상이어야 하며, 특히 서류가 복수의 원본으로 발행된 경우 원본 전통을 제시하여야 한다(본조 a항 iv호).

용선계약부 선화증권의 원본성에 관한 사례는 UCP 600 제17조와 제20조의 경우와 같으며(ISBP 제93항), 추가적인 지침으로서 ICC 은행위원회가 1999년 7월 12일과 동월 29일(수정본)에 발표한 "UCP 500 제20조 b항 관련 '원본' 서류의 결정"이란 제목의 정책성명서가 있다(ISBP 제33항). 이는 ICC 은행위원회의 승인을 득한 것이므로 UCP 600 하에서도 효력을 갖는다.

따라서 서류의 원본성에 관한 판단은 UCP 600 제17조, ISBP 제28항 내지 제33항 및 동 ICC 은행위원회 정책성명서를 참조하여야 한다(부록).

기타 원본 제시통수에 관한 사례는 전술한 해상선화증권의 경우와 같다.

b. [용선계약서의 심사제외] 신용장이 용선계약부 선화증권과 관련하여 용선계약서(charter party contracts)를 요구하였더라도, 은행은 용선계약서를 심사하지 아니한다. 즉, 은행은 선화증권의 기초가 된 용선계약서와는 무관하다.

예컨대 신용장에서 용선계약부 선화증권을 허용하고 모든 서류는 발행인의 일자와 서명이 있어야 한다는 특수조건이 있는 경우, 선화증권상에 용선계약서의 일자가 다르게 나타나 있더라도 이는 하자가 되지 아니한다(*Ibid.*, R. 105).

c. [기타 ISBP 인수요건] 용선계약부 선화증권은 UCP 600 본조 외에 ISBP 등 국제표준은행관습상의 인수요건도 충족하여야 한다(동 제14조 d항).

① **[수화인 · 지시인]** 신용장에서 i) 기명식의 용선계약부 선화증권(straight charter party B/L), 예컨대 "X 은행에게 탁송할 것"(consigned to Bank X)이 요구된 경우, 이는 결코 수화인의 명의 앞부분에 "지시인에게"(to order) 등의 단어를 붙여 지시식으로 발행하여서는 아니되며, 또 ii) 지시식의 용선계약부 선화증권(order charter party B/L)이 요구된 경우, 그 수화인란에 특정인의 명의만

을 기재하여 기명식으로 발행하여서는 아니된다(ISBP 제122항).

그러나 용선계약부 선화증권상의 수화인 정보는 C/O 등 기타서류상의 수화인 정보와 모순되지 않은 한, 일치하지 아니하여도 된다. 즉, 선화증권상의 수화인 정보가 신용장조건에 일치하는 한, 기타서류상의 수화인은 개설의뢰인이나 다른 지정된 자를 표시할 수 있다(ISBP 제184항; ICC Pub. 697, R. 699).

② **[화주와 배서]** 용선계약부 선화증권은 권리증권이므로 지시식 선화증권이 발행된 경우, 반드시 화주나 그 대리인에 의한 배서(endorsement)가 있어야 한다(ISBP 제123항). 지시식 선화증권은 배서에 의하여 양도될 수 있다.

③ **[착화통지처]** 용선계약부 선화증권의 착화통지처(notify party)는 필수기재사항이 아니므로 신용장에서 지정하지 아니하는 한, 그 공란을 임의로 기재할 수 있다(ISBP 제124항). 예컨대 착화통지처가 "The XYZ"라고 요구된 경우, 선화증권상의 착화통지처란에 "The"란 단어 없이 "XYZ"라고 기재하여도 이는 동일한 당사자를 나타내는 것이므로 하자가 아니다(*Ibid.*, R. 273).

④ **[분할선적]** "분할선적"이란 물품을 둘 이상의 상이한 선박 또는 상이한 항해일정에 따라 선적하는 것을 말한다(동 제31조 b항).

신용장이 분할선적을 금지하더라도, 동일한 선박・항해일정・양륙항을 명시하는 한, 신용장에서 허용된 구역 내의 여러 적재항으로 기재된 복수의 용선계약부 선화증권 원본은 인수될 수 있다(ISBP 제125항).

전통의 복수 선화증권에서 선적일자가 서로 다른 경우, 최종일자를 제시기간의 계산에 고려하여야 하며, 이는 신용장상의 최종 선적기일 내에 있어야 한다.

예컨대 신용장에서 분할선적이 금지된 경우, 복수의 선화증권이 동일한 선박으로 여러 적재항에서 선적된 것으로 기재되어 있어도 무방하지만, 여러 양륙항을 명시하고 있으면 분할선적이므로 거절사유가 된다(*Ibid.*, R. 244).

다만 신용장에서 분할선적이 금지되고 여러 양륙항이 지정된 경우, 복수의 용선계약부 선화증권이 동일한 선박과 지정된 적재항에서 선적된 것으로 기재되어 있는 한, 여러 양륙항을 명시하더라도 인수된다(*Ibid.*, R. 242).

⑤ **[무고장서류]** 용선계약부 선화증권상에 물품이나 포장의 하자상태를 명시적

으로 나타내는 조항이나 표기가 있는 "고장부서류"는 인수되지 아니한다(동 제27조). 그러나 포장이 해상항해에 "불충분하다."라는 기재는 하자상태의 명시적인 표기라고 보지만, 동 "불충분할 수 있다."(may not be sufficient)라는 등의 기재는 하자사유가 될 수 없다(ISBP 제126항). 기타 무고장서류의 구체적인 사례는 전술한 해상선적 선화증권의 경우와 같다(ISBP 제106항).

신용장이 무고장 용선계약부 선화증권을 요구하거나 허용하더라도, 동 선화증권상에는 "무고장"(clean)이란 단어를 나타낼 필요가 없으며, 또 물품이나 포장의 하자에 관한 명시적인 조항이나 표기가 없고 UCP 600 본조의 인수요건을 충족하고 있으면 신용장의 "무고장 본선적재" 요건에 따른 것으로 본다(동 제27조 3문; 구 ISBP 제112항). "무고장"이란 단어의 표시여부에 관한 사례도 역시 전술한 해상선적 선화증권의 경우와 같다(ISBP 제106항).

한편 용선계약부 선화증권상에 미리 타이핑된 "무고장"이란 단어가 삭제되어 있다는 사실만으로는, 물품이나 포장의 하자에 관한 명시적인 조항이나 표기가 없는 한, 이를 고장부 선화증권으로 보지 아니한다(ISBP 제127항).

"무고장"이란 단어를 삭제한 용선계약부 선화증권의 효력에 관한 구체적인 사례는 전술한 해상선적 선화증권의 경우와 같다(ISBP 제107항).

⑥ **[물품명세]** 상업송장상의 물품명세는 신용장명세와 엄격히 일치하여야 하지만(동 제18조 c항), 용선계약부 선화증권상의 물품명세(goods description)는 신용장명세와 모순되지 아니하는 일반용어로 표시하여도 된다(동 제14조 e항; ISBP 제128항). 용선계약부 선화증권의 물품명세에 관한 구체적인 사례는 전술한 해상선적 선화증권의 경우와 같다(ISBP 제108항).

⑦ **[정정과 변경]** 용선계약부 선화증권상의 정정과 변경은 반드시 이를 발행한 동일인이나 선주, 용선자, 선장(함장) 또는 그 대리인의 인증이 나타나 있어야 한다. 인증은 이를 행한 주체의 표시와 서명이 있어야 한다(ISBP 제9항).

특히 대리인(agent)에 의한 인증의 경우 용선계약부 선화증권을 발행하였거나 서명한 대리인과 서로 다를 수 있으나, 그가 선주, 용선자 또는 선장(함장)의 대리인이란 확인이 있어야 한다(ISBP 제129항). 대리인에 의한 정정이나 변경에 관한 사례는 전술한 해상선적 선화증권의 경우와 같다(ISBP 제109항).

그러나 용선계약부 선화증권의 원본이 그 발행인이나 수권된 당사자의 인증으로 변경 또는 정정되었다고 하여, 사본(copies)에 대한 변경이나 정정의 경우도 그러한 당사자의 서명이나 인증이 요구되는 것은 아니다(ISBP 제130항).

⑧ **[운임과 추가비용]** 신용장에서 용선계약부 선화증권상의 운임선지급(freight prepaid)이나 운임착불(freight collect) 여부를 표시하도록 요구된 경우, 이는 반드시 신용장조건과 일치하게 표지되어 있어야 한다(ISBP 제131항).

특히 운임선지급이 요구된 경우, 운임의 지급 또는 선지급의 사실을 명확히 표시하는 단어가 타인되거나 기타의 방법으로 명시되어 있어야 하며, 기타 "운임선지급될 수 있음."(freight prepayable), "운임선지급되어야 함."(freight to be prepaid) 등의 단어는 운임이 선지급되었다는 증명으로 볼 수 없다(UCP 500 제33조 b항-c항). 용선계약부 선화증권상의 운임선지급의 증명에 관한 구체적인 사례는 전술한 해상선적 선화증권의 경우와 같다(ISBP 제111항).

따라서 신용장거래의 혼란과 오해를 방지하려면, 신용장의 개설신청과 개설당시부터 용선계약부 선화증권에 대한 운임의 선지급 또는 착불의 여부를 표시하도록 명확히 지시하여야 한다(ISBP 제2항과 제132항). 예컨대 Charter Party B/L … marked 'Freight Prepaid' 또는 'Freight Collect' 라고 기재한다.

한편 신용장에서 운임추가비용(additional costs)을 금지한 경우, 용선계약부 선화증권상에 그 추가비용의 명확한 기재나 적재·양하작업에 관련된 비용을 언급하는 FI·FO·FIO·FIOS 등의 운송조건으로 추가비용의 부과를 명시하여서는 아니된다. 다만 선화증권상에 물품의 양하지연이나 양하 후에 부과될 비용의 언급이 있는 것은 운임추가비용으로 보지 아니한다(ISBP 제133항).

예컨대 용선계약부 선화증권상에 양륙항에서의 체선료(demurrage), 컨테이너의 반납지연에 따른 비용 등의 부담을 언급하는 것은 운임추가비용으로 보지 아니한다(ICC Pub. 459, Case No. 117; ISBP 제113항).

그러나 신용장에서 특별히 금지하지 아니하는 한, 적재·양하작업 등의 운임추가비용을 언급하는 용선계약부 선화증권은 인수될 수 있다(동 제26조 c항).

제23조 항공운송서류

Article 23 Air Transport Document. **a.** An air transport document, however named, must appear to :

i. indicate the name of the carrier and be signed by :

- the carrier, or
- a named agent for or on behalf of the carrier.

Any signature by the carrier or agent must be identified as that of the carrier or agent.

Any signature by an agent must indicate that the agent has signed for or on behalf of the carrier.

ii. indicate that the goods have been accepted for carriage.

iii. indicate the date of issuance. This date will be deemed to be the date of shipment unless the air transport document contains a specific notation of the actual date of shipment, in which case the date stated in the notation will be deemed to be the date of shipment.

Any other information appearing on the air transport document relative to the flight number and date will not be considered in determining the date of shipment.

iv. indicate the airport of departure and the airport of destination stated in the credit.

v. be the original for consignor or shipper, even if the credit stipulates a full set of originals.

vi. contain terms and conditions of carriage or make reference to another source containing the terms and conditions of carriage. Contents of terms and conditions of carriage will not be examined.

b. For the purpose of this article, transhipment means unloading from one aircraft and reloading to another aircraft during the carriage from the airport of departure to the airport of destination stated in the credit.

c. i. An air transport document may indicate that the goods will or may be transhipped, provided that the entire carriage is covered by one and the same air transport document.

ii. An air transport document indicating that transhipment will or may take place is acceptable, even if the credit prohibits transhipment.

번역 **제23조 항공운송서류.** a. 항공운송서류는 그 명칭에 관계없이 반드시 다음 각 호와 같이 나타나 있어야 한다.

i. 운송인의 명의를 명시하고 또 다음과 같은 자에 의하여 서명되어 있어야 한다.

- 운송인, 또는
- 운송인을 대표하거나 대신하는 지명대리인.

운송인 또는 대리인에 의한 모든 서명에는 반드시 동 운송인 또는 대리인의 것이라는 확인이 있어야 한다.

대리인에 의한 모든 서명에는 반드시 동 대리인이 운송인을 대표하거나 대신하여 서명하였다는 것을 명시하고 있어야 한다.

ii. 물품이 운송을 위하여 인수되었음을 명시하고 있어야 한다.

iii. 발행일자를 명시하고 있어야 한다. 이러한 일자는 선적일자인 것으로 본다. 다만 항공운송서류가 실제의 선적일자에 관한 특정의 표기를 내포하고 있는 경우에는, 동 표기상에 기재된 일자를 선적일자로 본다.

기타 항공운송서류상에 취항번호 및 취항일자에 관련하여 나타나 있는 모든 정보는 선적일자를 결정하는데 있어서 고려되어서는 아니된다.

iv. 신용장상에 기재된 출발공항 및 목적공항을 명시하고 있어야 한다.

v. 신용장이 전통의 원본을 규정한 경우에도, 송화인 또는 화주용 원본이어야 한다.

vi. 운송의 제조건을 내포하고 있거나, 또는 운송의 제조건을 내포한 별도의 자료를 참조하도록 하고 있어야 한다. 이때 운송의 제조건에 관한 내용은 심사하지 아니한다.

b. 본조의 목적상, 환적(transhipment)이라 함은 신용장상에 기재된 출발공항으로부터 목적공항까지의 운송 동안에 하나의 항공기로부터 양하하여 별도의 항공기에 재적하는 것을 의미한다.

c. i. 전체 운송이 단일 및 동일한 항공운송서류에 의하여 커버되는 한, 항공운송서류는 물품이 환적될 것이라거나 또는 환적될 수 있음을 명시할 수 있다.

ii. 신용장이 환적을 금지한 경우에도, 환적이 발생할 것이라거나 또는 환적이 발생할 수 있음을 명시하고 있는 항공운송서류는 이를 인수하여도 된다.

해설 본조는 구 제27조를 개정한 것으로서, 문장구조를 "신용장이 요구한 경우, 은행이 인수한다."에서 "서류는 반드시 갖추어져야 한다."라고 수정하고, 이 규칙 전체에 적용되는 "문면상"(제14조 a항), 서명방법의 "기타 인증"(제3조), "기타 모든 면에서 충족되어야 한다."(제2조)는 등을 삭제하였다.

또 본조는 운송인 명의와 서명자 자격의 표시방법을 표준화하고, 신용장의 요구와 관계없이 실제의 선적일자를 기재한 특정의 표기가 있는 경우 이를 선적일자로 보도록 개정하였으며, 기타 항공운송시 "환적" 개념과 환적시의 인수조건, 환적금지시의 환적효과 등을 나누어 규정한 것이 특징적이다.

본조는 신용장이 공대공선적의 항공운송서류를 요구한 경우, 이에 적용할 수 있다(ISBP 제134항). 항공운송은 최근 무역상품이 고급화되고 점보제트기에 의한 화물운송이 급증함에 따라 주요 운송방식으로 등장하였으며, 동 운송조항은 항공운송의 특수성 때문에 UCP 500 개정 때부터 신설된 것이다.

즉, 본조는 신용장이 "항공화물운송장"(air waybill), "항공화물탁송장"(air consignment note) 등의 운송서류를 요구한 경우에 적용한다. 그러나 운송서류가 공대공선적(airport-to-airport shipment)을 증명하고 있는 한, "항공화물운송장", "항공화물탁송장" 등의 제목이 필수적인 것은 아니다(ISBP 제135항).

예컨대 신용장에서 "Air Waybill" 또는 "Master Air Waybill"(MAWB) 등으로 요구된 경우, 항공운송주선인이 발행한 "House Air Waybill"(HAWB)도 UCP 600 본조 a항 i호와 제14조 l항에 관련한 운송인형태의 서류요건을 갖추고 있으면, 신용장에서 이를 금지하지 아니하는 한 서류의 명칭에 관계 없이 인수될 수 있다(ICC Pub. 632, R. 199; Pub. 697, R. 681).

특히 운송주선인이 발행한 "House Air Waybill"이 UCP 600 본조의 모든 인수요건을 갖추고 있으면, 실제 운송인(actual carrier)의 부서는 필요하지 아니하며

(Pub. 632, R. 201), 또 운송주선인이 계약운송인(contractual carrier)의 자격으로 발행한 "Air Waybill"도 UCP 600 본조와 제14조 1항의 요건을 갖추고 있으면, 신용장에서 별도의 규정이 없는 한 인수될 수 있다(*Ibid.*, R. 157).

a. [항공운송서류 인수요건] 항공운송서류(air transport document)는 그 명칭에 관계없이 반드시 다음 각 호의 요건을 갖추어야 한다.

① **[명의 및 서명]** 운송인(carrier) 명의와 함께 운송인 또는 대리인에 의한 서명(signature)이 있어야 한다. 모든 서명에는 그것이 운송인 또는 대리인의 것이라는 확인, 즉 서명자의 자격(capacity) 표시가 있어야 한다. 이때 운송인의 명의를 UA, KE, OZ 등 국제항공운송협회(IATA)의 2자 약식코드로 기재하는 것은 아직 허용되지 아니한다(ICC Pub. 697, R. 660; ISBP 제141항).

특히 대리인(agent)이 서명한 경우, "운송인을 대표하거나 대신하여"(for or on behalf of the carrier) 서명하였다는 사실을 명시하여야 한다. 이때 대리인은 자신의 운송인이 목적공항까지 취항편(flight)이 없으면 다른 항공사의 취항번호를 인용하여 서명하더라도 하자가 되지 아니한다(*Ibid.*, R. 661).

그러나 ABC 운송인의 대리인인 XYZ 회사가 화주나 대리인의 서명란에 자신의 주체나 자격표시 없이 단순히 서명만 하고, "Signature of Carrier or his Agent" 제목의 서명란은 공란으로 둔 경우 하자가 된다(*Ibid.*, R. 680).

결국 원본 항공운송서류에는 반드시 서명과 운송인의 명의가 있어야 하며(ISBP 제137항), 이때 서명은 수기뿐만 아니라, 모사서명, 천공서명, 타인, 부호 또는 기타 모든 전자방식이나 기계방식으로도 할 수 있다(동 제3조). 또 대리인의 경우, 대리인이란 자격과 그가 대신하는 운송인의 명의가 있어야 한다.

예컨대 i) 항공화물운송장의 어딘가에 항공사의 명의가 있고 운송인이 서명하는 경우, 서명란에 "carrier"의 표시가 없어도 되지만, ii) 대리인이 서명하는 경우, 어딘가에 "carrier"의 단어가 없으면 "ABC as agent for XYZ Air, carrier (signature)"라고 서명하고, "carrier"의 단어가 있으면 "ABC as agent for XYZ Air (signature)"라고 서명하여도 된다(Pub. 632, R. 200).

한편 신용장이 "혼재업자용 항공화물운송장"이나 "운송주선인 항공화물운송장"(Forwarder's AWB) 등도 허용하고 있는 경우, 항공운송서류는 운송인의 명의 없이 운송주선인의 자격으로 서명하여도 된다(ISBP 제138항)

다만 신용장이 운송주선인 항공화물운송장의 제시를 허용한 경우에도, "항공운송서류"로서 인수되기 위하여는 운송인이나 그 대리인으로서의 서명요건을 제외한 UCP 600 본조 a항 ii호 내지 c항의 나머지 인수요건을 모두 충족하고 있어야 인수될 수 있다(ISBP 제19항, 제72항 및 제95항).

기타 운송인과 서명에 관한 사례는 전술한 복합운송서류의 경우와 같다.

② **[인수사실표시]** 물품이 운송을 위하여 인수된(accepted for carriage) 사실이 명시되어 있어야 한다. 이 규정은 종전과 같다. 즉, 항공운송서류는 본선적재의 요건으로서, 반드시 물품이 운송을 위하여 인수되었다는 사실의 표기가 있어야 한다(ISBP 제139항). 운송을 위한 인수사실의 표기는 이를 발행하고 서명한 동일인뿐만 아니라, 수권된 대리인에 의하여도 정식 또는 약식으로 나타낼 수 있으며, 또 운송인의 서명을 요구하지 아니한다(ISBP 제96항).

기타 인수사실표시에 관한 사례는 전술한 복합운송서류의 경우와 같다.

③ **[발행일자표시]** 운송서류의 발행일자(date of issuance)가 명시되어 있어야 한다. 이때 발행일자는 선적일자로 본다. 다만 신용장의 요구와 관계없이 실제의 선적일자를 기재한 특기가 있는 경우에는 이를 선적일자로 본다.

이외에 항공운송서류상에 나타나 있는 취항번호와 취항일자 등에 관련된 모든 정보는 선적일자를 결정하는데 있어서 고려되어서는 아니된다.

결국 항공운송서류상에 실제의 취항일자가 별도로 기재되어 있지 아니하는 한, 항공운송서류의 발행일자를 선적일자로 보며, 실제의 취항일자가 별도로 있으면 이에 기재된 일자를 선적일자로 본다(ISBP 제140항).

즉, 신용장이 항공운송서류상에 물품의 인수사실뿐만 아니라 실제의 선적일자(date of shipment)를 기재하도록 요구한 경우, 동 운송서류상에는 별도의 선적일자를 표기하여야 하고, 이러한 경우 기재된 일자를 선적일자로 본다. 이는 신용장의 요구가 없더라도 마찬가지로 해석되어야 할 것이다.

그러나 항공운송서류상의 "운송인 전용"(for carrier use only) 등과 같은 전형적인 제목의 공란에 표시되는 항공기의 취항일자나 취항번호 등의 기타 모든 정보는 실제의 선적일자를 결정하는데 있어서 고려되어서는 아니된다(구 ISBP 제150항). 이들 정보는 선적일자나 발송일자의 증명이 될 수 없다.

④ **[출발 · 목적지]** 신용장상에 기재된 출발공항(airport of departure)과 목적공항(airport of destination)이 명시되어 있어야 한다. 이 규정은 종전과 같다.

첫째, 항공운송서류는 반드시 신용장상에 기재된 출발공항과 목적공항을 명시하고 있어야 하며, 항공운송서류상의 공항명은 완전한 정식명칭 대신에 IATA에 등록된 3자 약식코드로 기재하여도 무방하다(ISBP 제141항).

예컨대 출발공항이나 목적공항을 "London Heathrow" 대신에 "LHR"라고 기재하여도 하자가 되지 아니한다(ISBP 제6항). 우리나라는 인천공항 ICH, 김포공항 GMP, 김해공항 PUS, 제주공항 CJU 등이 IATA에 등록되어 있다.

둘째, 출발공항과 목적공항이 신용장에서 실제의 공항명 대신에 지리적인 지역이나 구역(geographical area)으로 기재된 경우에도, 항공운송서류상의 출발공항과 목적공항은 약정된 지역 내에 있는 실제의 공항명을 명시하여야 한다(ISBP 제142항). 출발공항이나 목적공항이 지리적인 구역으로 요구된 운송서류에 관한 사례는 전술한 선화증권의 경우와 같다(ISBP 제100항 참조).

⑤ **[원본제시통수]** 신용장이 비록 전통의 원본을 요구하더라도, "송화인이나 화주용 원본"(original for consignor/shipper)이 포함되어 있어야 한다.

즉, 신용장이 전통의 원본(full set of originals) 또는 이와 유사한 표현으로 항공운송서류를 요구하더라도, 항공운송서류에는 반드시 "송화인이나 화주용 원본"(original for consignor/shipper)의 표지가 있어야 한다(ISBP 제136항).

본조에서 "전통의 원본"이란 요건은 송화인이나 화주용 원본을 제시하여야 충족된다. 항공운송서류는 관습상 "운송인용", "송화인용", "수화인용" 등의 3통 이상으로 발행되는데, 이 중에 송화인용 원본만 제시하여도 인수된다.

⑥ **[운송약관유무]** 운송서류상에 운송조건(terms & conditions of carriage)이 포함되어 있거나 또는 운송조건은 별도의 자료를 참조하도록 나타나 있어야 한다(약식운송서류). 이때 운송조건에 관한 내용은 심사하지 아니한다.

기타 서류상 운송조건에 관한 사례는 전술한 선화증권의 경우와 같다.

b. [항공운송 환적개념] 항공운송에서 "환적"(transhipment)이란 신용장상에 기재된 출발공항으로부터 목적공항까지의 운송 동안에 하나의 항공기로부터 양하하여 다른 항공기에 재적하는 것을 말한다.

즉, 항공운송에서 "환적"이란 신용장상에 기재된 출발공항으로부터 목적공항까지의 운송 동안에 하나의 항공기에서 다른 항공기로 양하하여 재적하는 것을 말한다. 두 공항 사이에서 물품의 양하와 재적이 발생하지 아니하면, 환적이 없는 것으로 본다(ISBP 제145항). 이는 해상운송의 경우와 같다.

예컨대 신용장에서 "From Copenhagen FOB to Tokyo" 조건의 선화증권(항공화물운송장)이 요구되고 환적도 허용된 경우, 코펜하겐에서 함부르크까지는 트럭으로 화물을 수송하고 함부르크항에서 본선적재한 사실이 기재된 선화증권은 적재항이 신용장과 불일치할 뿐만 아니라, 이는 적재항과 양륙항의 사이에서 해상선박간에 물품의 양하와 재적이 발생한 것이 아니므로, 신용장조건에 일치하는 환적이 있었다고 볼 수 없다(ICC Pub. 459, Case No. 113).

c. [환적서류 인수요건] ① 항공운송의 경우 운송서류상에는 물품이 "환적될 것이라거나 환적될 수 있음."(will or may be transhipped)을 명시할 수 있다. 다만 전체 운송이 단일의 동일한 운송서류상에 커버되어 있어야 한다.

② 신용장에서 환적이 금지되어 있더라도, 항공운송의 경우 "환적이 발생할 것이라거나 환적이 발생할 수 있음."(transhipment will or may take place)을 명시한 운송서류를 인수할 수 있다. 이때에도 전항의 단서가 충족되어야 하지만, 항공운송에서 환적은 컨테이너 등에의 선적여부를 불문하고 허용된다.

즉, 항공운송의 경우 신용장이 환적을 금지하더라도, 전체 운송이 단일의 동일한 항공운송서류로 커버되어 있는 한, 환적될 것이라거나 환적될 수 있다고 명시한 항공운송서류는 인수될 수 있으며, 분할선적이 발생하여도 마찬가지이다(*Ibid.*, R. 202). 이 조항에서는 운송인에게 환적권이 유보되어 있는 서류에 관한 언급이 없으나, 이러한 경우의 항공운송서류도 당연히 인수될 것이다.

따라서 환적을 사실상 금지하려면, 신용장에서 환적을 금지하고 UCP 600 제

23조 c항의 적용도 배제하여야 하며, 이러한 경우 환적될 것이라거나 환적될 수 있다고 명시한 항공운송서류는 인수되지 아니한다(*Ibid.*, R. 204).

기타 환적서류의 인수에 관한 사례는 전술한 복합운송서류의 경우와 같다.

d. [기타 ISBP 인수요건] 항공운송서류는 UCP 600 본조 외에 ISBP 등 국제표준은행관습상의 인수요건도 충족하여야 한다(동 제14조 d항).

① **[수화인 · 지시인]** 항공운송서류는 특성상 권리증권이 아니기 때문에, 반드시 i) 기명식 항공운송서류(straight AWB)의 형태로 발행하여야 하며, 또 ii) 신용장에서 지시식 항공운송서류(order AWB)가 요구되었더라도 "지시인에게"(to order) 등의 언급이 없이 수화인란에 특정인의 명의를 기재한 기명식 항공운송서류를 제시하여도 하자가 아니다(ISBP 제143항).

특히 항공운송서류상의 수화인 정보는 C/O 등 기타서류상의 수화인 정보와 모순되지 아니하는 한, 일치하지 아니하여도 된다. 즉, 항공운송서류상의 수화인 정보가 신용장조건에 일치하는 한, 기타서류상의 수화인은 개설의뢰인이나 다른 지정된 자를 표시할 수 있다(ISBP 제184항; ICC Pub. 697, R. 699).

다만 항공운송서류의 수화인으로서 개설의뢰인이 요구된 경우, 은행을 수화인으로 기명한 서류의 제시는 하자사유가 된다(Pub. 632, R. 76).

기타 항공운송서류는 지시식 운송서류가 아니기 때문에, 화주의 서명(signature)을 필요로 하지 아니한다. 예컨대 신용장조건과 UCP 600 본조의 규정에는 화주의 서명에 관한 어떠한 요구도 없는데, 항공화물운송장에 화주의 서명란이 있다는 이유로 화주의 서명을 주장하여서는 아니된다(*Ibid.*, R. 203).

② **[착화통지처]** 항공운송서류상의 착화통지처(notify party)는 필수기재사항이 아니므로(바르샤바협약 제8조), 신용장에서 요구하지 아니하는 한, 그 공란을 임의로 기재할 수 있다(ISBP 제144항). 항공운송서류상의 착화통지처에 관한 구체적인 사례는 전술한 선화증권의 경우와 같다(ISBP 제103항).

③ **[분할선적]** "분할선적"이란 물품을 둘 이상의 상이한 항공기 또는 상이한 운항일정에 따라 선적하는 것을 말한다(동 제31조 b항).

신용장이 분할선적을 금지하더라도, 동일한 항공기와 운항일정 및 동일한 목적공항을 명시하는 한, 신용장에서 허용된 구역 내의 여러 출발공항으로 기재된 복수의 원본 항공운송서류는 인수될 수 있다(ISBP 제146항).

이때 전통의 복수 항공운송서류에서 선적일자(date of shipment)가 서로 다른 경우, 이들 일자 중의 최종일자를 제시기간의 계산에 고려하여야 하며, 이는 신용장상에 명시된 최종의 선적기일 내에 있어야 한다.

분할선적이 금지된 경우 항공운송서류의 인수여부에 관한 구체적인 사례는 전술한 선화증권의 경우와 같다(ISBP 제105항).

한편 물품이 동일한 출발공항에서 동일한 운항일정과 목적지를 향하여 출발하더라도, 복수의 항공기에 나누어 선적하면 분할선적이 되므로, 이러한 항공운송서류는 분할선적이 금지된 경우 인수되지 아니한다(ISBP 제147항). 이에 관한 구체적인 사례는 후술한 육상운송서류의 경우와 같다(ISBP 제164항).

④ **[무고장서류]** 항공운송서류상에 물품이나 포장의 하자상태를 명시적으로 나타내는 조항이나 표기가 있는 "고장부서류"는 인수되지 아니한다(동 제27조). 그러나 포장이 항공운항에 "불충분하다."(is not sufficient)라는 기재는 하자상태의 명시적인 표기라고 보지만, 동 "불충분할 수 있다."라는 등의 기재는 하자를 구성하는 사유가 될 수 없다(ISBP 제148항). 기타 무고장서류에 관한 구체적인 사례는 전술한 선화증권의 경우와 같다(ISBP 제106항).

신용장이 "무고장 항공화물운송장"이나 "무고장 본선적재"의 표지를 요구하더라도, 항공운송서류상에는 "무고장"(clean)이란 단어를 나타낼 필요가 없으며, 또 물품이나 포장의 하자에 관한 명시적인 조항이나 표기가 없고 UCP 600 본조의 인수요건을 충족하고 있으면 신용장의 "무고장 본선적재" 요건에 따른 것으로 본다(동 제27조 3문; 구 ISBP 제161항). "무고장"이란 단어의 표시여부에 관한 사례도 역시 전술한 선화증권의 경우와 같다(ISBP 제106항).

한편 항공운송서류상에 미리 타이핑된 "무고장"이란 단어가 삭제되어 있다는 사실만으로는, 물품이나 포장의 하자에 관한 명시적인 조항이나 표기가 없는 한, 이를 고장부 운송서류로 보지 아니한다(ISBP 제149항).

"무고장"이란 단어를 미리 기재하였다가 삭제한 항공운송서류의 효력에 관한 구체적인 사례는 전술한 선화증권의 경우와 같다(ISBP 제107항).

⑤ [물품명세] 상업송장상의 물품명세는 신용장명세와 엄격히 일치하여야 하지만(동 제18조 c항), 항공운송서류상의 물품명세(goods description)는 신용장명세와 모순되지 아니하는 일반용어로 표시하여도 된다(동 제14조 e항; ISBP 제150항). 항공운송서류상의 물품명세에 관한 구체적인 사례는 전술한 선화증권의 경우와 같다(ISBP 제108항 참조).

⑥ [정정과 변경] 항공운송서류상의 정정과 변경은 반드시 이를 발행한 운송인 또는 수권된 모든 대리인의 인증이 나타나 있어야 한다. 이 때의 인증은 이를 행한 주체의 표시와 서명이 있어야 한다(ISBP 제9항과 제151항).

특히 대리인(agent)에 의한 인증의 경우 항공운송서류를 발행하였거나 서명한 대리인과 서로 다를 수 있으나, 그가 운송인의 대리인이란 자격(capacity)의 확인이 나타나 있어야 한다. 운송인의 대리인에 의한 정정이나 변경에 관한 사례는 전술한 선화증권의 경우와 같다(ISBP 제109항 참조).

그러나 항공운송서류의 원본이 그 발행인이나 수권된 당사자의 인증으로 변경 또는 정정되었다고 하여, 동 사본(copies)에 대한 변경이나 정정의 경우도 운송인이나 대리인 (또는 신용장의 요구에 따라 그 원본상에 나타난 화주)의 어떠한 서명이나 인증이 요구되는 것은 아니다(ISBP 제152항).

⑦ [운임과 추가비용] 신용장에서 항공운송서류상의 운임선지급(freight prepaid)이나 운임착불(freight collect) 여부를 표시하도록 요구된 경우, 이는 반드시 신용장조건과 일치하게 표지되어 있어야 한다(ISBP 제153항).

특히 운임선지급이 요구된 경우, 운임의 지급 또는 선지급의 사실을 명확히 표시하는 단어가 타인되거나 기타의 방법으로 명시되어 있어야 하며, 기타 "운임선지급될 수 있음."(freight prepayable), "운임선지급되어야 함."(freight to be prepaid) 등의 단어는 운임이 선지급되었다는 증명으로 볼 수 없다(UCP 500 제33조 b항-c항). 항공운송서류상의 운임선지급의 증명에 관한 구체적인 사례는 전술한 선화증권의 경우와 같다(ISBP 제111항 참조).

따라서 신용장거래의 혼란과 오해를 방지하려면, 신용장의 개설신청과 개설당시부터 항공운송서류의 요구조항에서 운임의 선지급 또는 착불의 여부를 표시하도록 명확히 지시하여야 한다(ISBP 제2항과 제154항). 예컨대 Air waybill … marked 'Freight Prepaid' 또는 'Freight Collect' 라고 기재한다.

한편 신용장에서 운임추가비용(additional costs)을 금지한 경우, 항공운송서류상에 그 추가비용의 명확한 기재나 적재·양하작업에 관련된 비용을 언급하는 FI·FO·FIO·FIOS 등의 선적조건으로 추가비용의 부과를 명시하여서는 아니 된다. 다만 항공운송서류상에 물품의 양하지연이나 양하 후에 부과될 비용의 언급이 있는 것은 운임추가비용으로 보지 아니한다(ISBP 제155항).

예컨대 항공운송서류상에 목적지에서의 체선료(demurrage), 컨테이너의 반납지연에 따른 비용 등의 부담을 언급하는 것은 운임추가비용으로 보지 아니한다(ICC Pub. 459, Case No. 117; ISBP 제113항).

그러나 신용장에서 특별히 금지하지 아니하는 한, 적재·양하작업 등의 운임추가비용을 언급하는 항공운송서류는 인수될 수 있다(동 제26조 c항).

만약 항공운송서류상에 미리 인쇄하여 운임경비(freight charges) "선지급"과 "착불"의 공란을 별도로 두고 있는 경우, i) 신용장에서 요구되는 운임선지급의 조건은 동 운송서류상의 "운임선지급"(freight prepaid)이란 표제 등의 공란에 운임경비를 기재하면 충족될 수 있으며, 반대로 ii) 신용장에서 요구되는 운임착불의 조건은 동 운송서류상의 "운임착불"(freight to collect)이란 표제 등의 공란에 운임경비를 기재하면 충족될 수 있다(ISBP 제156항).

제24조 도로 · 철도 · 내수로 운송서류

Article 24 Road, Rail or Inland Waterway Transport Documents. **a.** A road, rail or inland waterway transport document, however named, must appear to :

i. indicate the name of the carrier and :

- be signed by the carrier or a named agent for or on behalf of the carrier, or
- indicate receipt of the goods by signature, stamp or notation by

the carrier or a named agent for or on behalf of the carrier.

Any signature, stamp or notation of receipt of the goods by the carrier or agent must be identified as that of the carrier or agent.

Any signature, stamp or notation of receipt of the goods by the agent must indicate that the agent has signed or acted for or on behalf of the carrier.

If a rail transport document does not identify the carrier, any signature or stamp of the railway company will be accepted as evidence of the document being signed by the carrier.

ii. indicate the date of shipment or the date the goods have been received for shipment, dispatch or carriage at the place stated in the credit. Unless the transport document contains a dated reception stamp, an indication of the date of receipt or a date of shipment, the date of issuance of the transport document will be deemed to be the date of shipment.

iii. indicate the place of shipment and the place of destination stated in the credit.

b. i. A road transport document must appear to be the original for consignor or shipper or bear no marking indicating for whom the document has been prepared.

ii. A rail transport document marked "duplicate" will be accepted as an original.

iii. A rail or inland waterway transport document will be accepted as an original whether marked as an original or not.

c. In the absence of an indication on the transport document as to the number of originals issued, the number presented will be deemed to constitute a full set.

d. For the purpose of this article, transhipment means unloading from one means of conveyance and reloading to another means of conveyance, within the same mode of transport, during the carriage from the place of shipment, dispatch or carriage to the place of destination stated in the credit.

e. i. A road, rail or inland waterway transport document may indicate that the goods will or may be transhipped provided that the entire carriage is covered by one and the same transport document.

ii. A road, rail or inland waterway transport document indicating that transhipment will or may take place is acceptable, even if the credit prohibits transhipment.

번역 **제24조 도로 · 철도 · 내수로 운송서류.** a. 도로, 철도 또는 내수로 운송서류는 그 명칭에 관계없이 반드시 다음 각 호와 같이 나타나 있어야 한다.

i. 운송인의 명의를 명시하고 또 다음과 같아야 한다.

- 운송인 또는 운송인을 대표하거나 대신하는 지명대리인에 의하여 서명되어 있거나, 또는
- 운송인 또는 운송인을 대표하거나 대신하는 지명대리인에 의한 서명, 타인 또는 표기에 의하여 물품 수령을 명시하고 있어야 한다.

운송인 또는 대리인에 의한 물품 수령의 모든 서명, 타인 또는 표기에는 반드시 동 운송인 또는 대리인의 것이라는 확인이 있어야 한다.

대리인에 의한 물품 수령의 모든 서명, 타인 또는 표기에는 반드시 동 대리인이 운송인을 대표하거나 대신하여 서명 또는 행동하였다는 것을 명시하고 있어야 한다.

철도운송서류상에서 운송인이 확인되지 아니한 경우에는, 철도회사의 모든 서명 또는 타인을 운송인에 의하여 서명된 서류의 증거로서 인수하여야 한다.

ii. 선적일자 또는 물품이 신용장상에 기재된 장소에서 선적, 발송 또는 운송을 위하여 수령된 일자를 명시하고 있어야 한다. 운송서류가 일부된 수령타인, 수령일자의 표기 또는 선적일자를 내포하고 있지 아니하는 한, 운송서류의 발행일자를 선적일자로 본다.

iii. 신용장상에 기재된 선적장소 및 목적장소를 명시하고 있어야 한다.

b. i. 도로운송서류는 반드시 송화인 또는 화주용 원본으로 나타나거나, 또는 서류를 준비한 상대방을 명시하는 어떠한 표지도 함유하지 아니하여야 한다.

ii. "부본"이란 표지가 있는 철도운송서류는 원본으로서 인수하여야 한다.

iii. 철도 또는 내수로 운송서류는 원본이란 표지의 여부를 불문하고 원본으로서 인수하여야 한다.

c. 운송서류상에 발행된 원본의 통수에 관한 명시가 없는 경우에는, 제시된 통수는 전통을 구성하고 있는 것으로 본다.

d. 본조의 목적상, 환적(transhipment)이라 함은 신용장상에 기재된 선적, 발송 또는 운송장소로부터 목적장소까지의 운송 동안에 동일한 운송방식내에서 하나의 운반수단으로부터 양하하여 별도의 운반수단에 재적하는 것을 의미한다.

e. i. 전체 운송이 단일 및 동일한 운송서류에 의하여 커버되는 한, 도로, 철도 또는 내수로 운송서류는 물품이 환적될 것이라거나 또는 환적될 수 있음을 명시할 수 있다.

ii. 신용장이 환적을 금지한 경우에도, 환적이 발생할 것이라거나 또는 환적이 발생할 수 있음을 명시하고 있는 도로, 철도 또는 내수로 운송서류는 이를 인수하여도 된다.

해설 본조는 구 제28조를 개정한 것으로서, 문장구조를 "신용장이 요구한 경우, 은행이 인수한다."에서 "서류는 반드시 갖추어져야 한다."라고 수정하고, 이 규칙 전체에 적용되는 "문면상"(제14조 a항), 서명방법의 "기타 인증"(제3조), "기타 모든 면에서 충족되어야 한다."(제2조)는 등을 삭제하였다.

또 본조는 운송인 명의와 서명자 자격의 표시방법을 표준화하고, 철도운송에서 운송인 확인조항을 추가하고, 물품의 수령타인뿐만 아니라 수령일자나 선적일자가 명시되어야 함을 강조하였으며, 도로 · 철도 · 내수로 운송서류별로 원본의 판단기준을 추가하였다. 기타 운송방식별 "환적" 개념과 환적시의 인수조건, 환적 금지시의 환적효과 등을 나누어 규정한 것이 특징적이다.

본조는 신용장이 도로 · 철도 · 내수로 운송서류를 요구한 경우, 이에 적용할 수 있다(ISBP 제157항). 즉, 신용장에서 "도로화물운송장"(road waybill), "도로화물탁송장"(road consignment note), "철도화물탁송장"(railway consignment note), "내수로 운송서류"(inland waterway document) 등을 요구한 경우, 각 운송방식별로 그 명칭에 관계 없이 UCP 600 본조를 적용할 수 있다.

예컨대 신용장에서 "도로화물운송장"이 요구된 경우, "CMR"(국제도로화물운송협약)이란 제목의 트럭운송서류도 인수될 수 있다. CMR 운송서류는 유럽에서 통용되는 특수한 양식으로서, 도로운송을 커버하고 있는 한 그 명칭에 관계 없이 UCP 600 본조의 적용을 받는다(ICC Pub. 632, R. 207).

심지어 신용장에서 CMR 운송서류를 요구하였다가 "CMR"을 삭제하고 "트럭화물탁송장"(truck consignment note)으로 변경한 경우에도, CMR 번호를 내포한 운송서류는 하자가 아니다. 서류는 신용장상에 요구된 제목, 이와 유사한 제목 또는 제목이 없어도 된다(Pub. 697, R. 683; ISBP 제41항).

즉, CMR 서류가 요구되었다고 하여 "CMR 협약에 따른다."는 문언이 있어야 하는 것은 아니며, 철도화물운송장도 철도운송의 CIM(국제철도화물운송협약) 표준양식이나 내용에 따라야 하는 것은 아니다. 은행은 단지 UCP 600 요건과 신용장조건을 충족하는지만을 심사하여야 한다(*Ibid.*, Rs. 661 and 690).

a. [육상운송서류 인수요건] 도로·철도·내수로(road/rail/inland waterway) 운송서류는 그 명칭에 관계없이 반드시 다음 각 호의 요건을 갖추어야 한다.

① **[명의 및 서명]** 운송인(carrier) 명의와 함께 i) 운송인 또는 대리인에 의한 서명(signature)이 있거나, 또는 ii) 운송인 또는 대리인의 서명·타인·표기에 의한 물품 수령(receipt of the goods)의 표시가 있어야 한다.

물품 수령의 모든 서명·타인·표기에는 그것이 운송인 또는 대리인의 것이라는 확인, 즉 서명자의 자격(capacity) 표시가 있어야 한다. 예컨대 CMR 운송서류의 상단에 운송인의 정식 명칭과 주소 및 국가가 인쇄되어 있고 하단에 "운송인의 서명·타인"의 공란이 인쇄되어 있는 경우, 이에 운송인의 명의를 반복하지 아니하고 단순히 서명만 하여도 하자가 아니다(*Ibid.*, R. 682).

대리인이 서명·타인·표기한 경우, "운송인을 대표하거나 대신하여"(for or on behalf of the carrier) 서명·행동하였다는 사실을 명시하여야 한다.

철도운송서류의 경우 "운송인"이란 확인이 없더라도, 철도회사의 모든 서명·타인이 있는 한 이는 운송인에 의하여 서명된 서류로서 인수하여야 한다.

결국 도로·철도·내수로 운송서류는 문면상 "운송인"이란 별도의 확인이 나타나 있는 한, 서명란에 "운송인"의 용어를 반복하지 아니하여도 된다. 또 이들 운송서류상에 운송인의 명의를 표시하고 운송인이나 그 대리인이 서명하는 것을 원칙으로 하지만, 철도운송의 경우 국제은행관습상 그 특수성을 인정하여 운송인이나 그 대리인의 명의 없이 출발지의 철도회사나 철도역의 수령일자만 타인되어 있는 철도화물운송장도 인수하고 있다(ISBP 제159항).

한편 UCP 600 본조에는 이에 사용된 "운송인"에 관한 정의가 없으나, 이는 운송의무를 직접 이행하거나 그 이행을 조달할 것을 약정하는 모든 자, 즉 발행운송인(issuing carrier) · 실제 운송인(actual carrier) · 후속운송인(succeeding carrier) · 계약운송인(contracting carrier) 등을 포함한다(ISBP 제160항). 또 수익자가 직접 운송의무를 이행할 경우, 수익자도 운송인이 될 수 있다(Ibid., R. 670). 다만 운송인이나 그 대리인으로서 약정하지 아니하는 운송주선인이나 혼재업자(consolidator) 등은 제외한다(INCOTERMS 2000, FCA 서문).

예컨대 CMR 운송서류상에 "운송인"과 "후속운송인"이 운송계약의 연속된 관리자로서 함께 기재된 경우, 동 운송서류의 서명권자는 운송인, 후속운송인 또는 이들 대리인 중의 어느 누구도 될 수 있다(ICC Pub. 632, R. 208).

다만 동일한 운항일정과 물품의 CMR 운송서류상에 후속운송인이 아닌 복수의 운송인 명의가 기재된 경우는 하자가 된다(Pub. 697, R. 632).

기타 운송인과 서명에 관한 사례는 전술한 복합운송서류의 경우와 같다.

② **[선적일자표시]** 선적일자(date of shipment) 또는 물품이 신용장상에 기재된 장소에서 선적 · 발송 · 운송을 위한 수령일자가 명시되어 있어야 한다. 운송서류상에 일부된 수령타인, 수령일자의 표기나 선적일자가 있으면 이를 선적일자로 보지만, 기타 모든 경우 운송서류의 발행일자를 선적일자로 본다.

예컨대 신용장상의 선적기일이 2005년 7월 18일이고 CMR 서류상에 수령일자가 동년 7월 15일, 발행일자가 7월 20일로 표기된 경우, 선적일자는 7월 15일이 되며 이러한 표기는 UCP 600 본조의 요건에 부합된다(*Ibid*., R. 684).

이번 규칙은 운송서류상 선적사실은 지정된 선적기일내뿐만 아니라 "신용장상에 기재된 장소"에서 이루어졌음이 입증되어 있어야 함을 강조하고 있다.

결국 도로 · 철도 · 내수로 운송서류는 그 발행과 물품의 선적 · 발송 · 운송을 위한 수령(received for shipment, dispatch or carriage) 등의 증명이 있어야 하는데(본조 a항 ii호), 이러한 모든 서명, 타인 또는 수령표시는 반드시 운송인이나 그 대리인에 의하여야만 유효한 제시가 된다(본조 a항 i호).

운송인이 서명하는 경우 "운송인"이란 확인이 있어야 하고, 운송인의 대리인이 서명하는 경우 운송인의 명의와 자격도 표시하여야 한다(ISBP 제161항)

예컨대 i) 운송인이 서명하는 경우, 운송서류상의 어딘가에 "carrier"란 확인이 있어야 하며, 또 ii) 대리인이 서명하는 경우 "ABC as agent for XYZ, carrier"라고 운송인의 명의와 자격도 표시하여야 한다(ISBP 제137항).

또 CMR 물품수령 · 발행일자의 표기가 연/월은 타이핑하고 일자는 별도의 인증 없이 수기로 삽입되어 있어도 하자가 아니다(Ibid., R. 632; ISBP 제11항).

기타 선적사실표시에 관한 사례는 전술한 복합운송서류의 경우와 같다.

③ **[선적 · 목적지]** 신용장상에 기재된 선적장소(place of shipment)와 목적장소(place of destination)가 명시되어 있어야 한다. 이 규정은 종전과 같다.

즉, 도로 · 철도 · 내수로 운송서류는 수탁장소가 선적장소와 다르거나, 또는 최종 목적장소가 양륙장소와 다르더라도 신용장상에 기재된 선적장소와 최종 목적장소를 명시하여야 한다. 이에 관한 사례는 다른 운송서류와 같다.

한편 신용장에서 선적장소와 목적장소가 실제의 지명 대신에 지리적인 구역으로 기재된 경우에도, 도로 · 철도 · 내수로 운송서류상의 선적장소와 목적장소는 인용된 지역의 범위내에 있는 실제의 지명을 명시하여야 할 것이다. 왜냐하면 "지리적인 구역"의 예외는 용선계약부 선화증권만의 관습이기 때문이다. 이에 관한 사례는 전술한 선화증권의 경우와 같다(ISBP 제100항).

b. [육상운송서류별 원본기준] ① **[도로운송의 원본]** 도로운송서류는 "송화인이나 화주용 원본"(original for consignor or shipper)이어야 하거나, 또는 서류를 준비한 상대방을 나타내는 어떠한 표지도 내포하지 아니하여야 한다.

예컨대 신용장에서 "copy for consignor/shipper"의 CMR 서류가 요구된 경우, "copy for consignor/shipper"의 표지가 결여되었거나(ICC Pub. 632, R. 211), 또는 화주 이외의 당사자나 용도를 명시한 CMR 서류는 하자가 된다. 즉, UCP 600은 화주 이외의 당사자나 용도의 표지가 없는 CMR 서류도 인수하도록 개정하였다(Pub. 697, R. 649). 물론 신용장에서 "original for shipper", "copy for sender" 등의 세부조건 없이 CMR 서류만 요구된 경우, 이러한 용도의 표지가 전혀 없는 CMR 서류도 인수될 수 있다(Pub. 632, R. 157).

② **[철도운송의 부본]** 철도운송서류는 "부본"(duplicate)이란 표지가 있더라도 이를 원본으로서 인수하여야 한다. 이는 철도운송관습을 반영한 것이다.

③ **[철도·내수로 원본]** 철도·내수로 운송서류는 "원본"이란 표지의 여부를 불문하고 이를 원본으로서 인수하여야 한다(동 제17조 b항과 c항).

결국 신용장에서 도로·철도·내수로 운송서류가 요구된 경우, 각 운송서류는 "원본"(original)의 표지가 없어도 원본으로서 인수된다. 다만 도로운송서류의 경우 "화주용 원본"이란 표지가 있거나, 또는 서류를 전달하는 상대방의 어떠한 표지도 없어야 인수된다. 또 철도운송서류의 경우 철도회사의 인증이 있는 부본(탄소복사지 등)만으로도 원본으로서 인수된다(ISBP 제158항).

c. [육상운송서류의 원본통수] 운송서류상에 발행된 원본 통수에 관한 명시가 없는 경우, 제시된 통수는 전통(full set)을 구성하는 것으로 본다. 물론 운송서류상 발행된 원본 통수가 명시된 경우, 원본 전체가 제시되어야 한다.

신용장에서 서류를 요구하면, 기본적으로 원본서류를 제시하여야 하며(*Ibid.*, R. 137), 특히 복본의 서류를 요구한 경우 별도의 명시가 없는 한, 1통의 원본과 나머지는 사본으로 제시할 수 있다(동 제17조 e항).

모든 서류에 있어서 제시할 원본의 수는 반드시 신용장이나 UCP 600에서 요구된 수 이상 또는 서류상에 기재된 수 이상이어야 한다(ISBP 제29항).

그러나 도로·철도·내수로 운송서류의 경우에도 발행된 원본의 통수가 기재되어 있으면, 그 발행된 원본 전통이 제시되어야 한다(*Ibid.*, R. 215).

d. [육상운송 환적개념] 도로·철도·내수로운송에서 "환적"이란 각각 신용장상에 기재된 선적·발송·운송장소로부터 목적장소까지의 운송 동안에 동일한 운송방식내에서(within the same mode of transport) 하나의 운반수단으로부터 양하하여 다른 운반수단에 재적하는 것을 말한다.

즉, 도로·철도·내수로운송에서 "환적"이란 신용장상에 기재된 선적장소로부터 목적장소까지의 운송 동안에 하나의 운반수단에서 다른 운반수단으로 양하하여 재적하는 것을 말한다. 두 장소 사이에서 물품의 양하와 재적이 발생하지 아니하면, 환적이 없는 것으로 본다. 이는 해상운송의 경우와 같다.

예컨대 신용장에서 "From Copenhagen FOB to Tokyo" 조건의 선화증권(도로화물운송장)이 요구되고 환적도 허용된 경우, 코펜하겐에서 함부르크까지는 트럭으로 화물을 수송하고 함부르크항에서 본선적재한 사실이 기재된 선화증권은 적재항이 신용장과 불일치할 뿐만 아니라, 이는 적재항과 양륙항의 사이에서 해상선박간에 물품의 양하와 재적이 발생한 것이 아니므로, 신용장조건에 일치하는 환적이 있었다고 볼 수 없다(ICC Pub. 459, Case No. 113).

e. [환적서류 인수요건] ① 도로・철도・내수로 운송서류상에는 물품이 "환적될 것이라거나 환적될 수 있음."(will or may be transhipped)을 명시할 수 있다. 다만 전체 운송이 단일의 동일한 운송서류상에 커버되어 있어야 한다.

② 신용장에서 환적이 금지되어 있더라도, 도로・철도・내수로 운송서류상에 "환적이 발생할 것이라거나 환적이 발생할 수 있음."(transhipment will or may take place)을 명시한 서류를 인수할 수 있다. 이때에도 전항의 단서가 충족되어야 하지만, 컨테이너 등에의 선적여부를 불문하고 환적이 허용된다.

따라서 도로・철도・내수로 운송은 항상 환적이 허용되기 때문에, 환적금지가 유효하려면 신용장상에 환적금지조건과 UCP 600 본조 e항의 적용을 배제하는 조건이 나타나 있어야 한다. 이러한 경우 운송서류상에 환적될 것이라거나 환적될 수 있다고 명시하는 것은 하자가 된다(구 ISBP 제88항).

기타 환적서류의 인수에 관한 사례는 전술한 복합운송서류의 경우와 같다.

f. [기타 ISBP 인수요건] 도로・철도・내수로 운송서류는 UCP 600 본조 외에 ISBP 등 국제은행관습상의 인수요건도 충족하여야 한다(동 제14조 d항).

① **[수화인・지시인]** 도로・철도・내수로 운송서류는 권리증권이 아니기 때문에, 반드시 i) 기명식 운송서류(straight TD)의 형태로 발행하여야 하며, 또 ii) 신용장에서 지시식 운송서류(order TD)가 요구되었더라도 "지시인에게"(to order) 등의 언급이 없이 수화인란에 특정인의 명의를 기재한 기명식 운송서류를 제시하여도 인수된다(ISBP 제162항). 예컨대 신용장에서 수화인을 지정하지 아니한 경우, 은행을 기명한 CMR 서류는 하자가 아니다(*Ibid.*, R. 206).

특히 육상운송서류상의 수화인 정보는 C/O 등 기타서류상의 수화인 정보와 모순되지 아니하는 한, 일치하지 아니하여도 된다. 즉, 육상운송서류상의 수화인 정보가 신용장조건에 일치하는 한, 기타서류상의 수화인은 개설의뢰인이나 다른 지정된 자를 표시할 수 있다(ISBP 제184항; ICC Pub. 697, R. 699).

다만 이들 운송서류의 수화인으로서 개설의뢰인이 요구된 경우, 은행을 수화인으로 기명한 운송서류는 하자가 되며, 또 이들 운송서류는 지시증권이 아니하기 때문에 화주의 서명을 필요로 하지 아니한다(ISBP 제143항).

예컨대 CMR(국제도로화물운송협약) 서류양식에 그 송부인과 수령인의 서명란이 있더라도, 신용장조건과 UCP 600 본조에서 이들 서명이 요구되지 아니하는 한, 그 공란은 완성하지 아니하여도 된다(*Ibid.*, R. 205; ISBP 제38항).

즉, 신용장에서 CMR 서류를 요구하면서 화주의 서명과 타인, "화주용 사본"(copy for shipper) 등의 표지를 명확히 요구하지 아니한 경우, CMR 서류양식에 이들을 기재하지 아니하여도 하자가 되지 아니다(*Ibid.*, R. 247).

② **[착화통지처]** 도로·철도·내수로 운송서류상의 착화통지처(notify party)는 필수기재사항이 아니므로, 신용장에서 특별히 요구하지 아니하는 한, 그 공란을 임의로 기재할 수 있다(ISBP 제163항). 예컨대 CMR 수화인란에 개설의뢰인의 명의와 주소가 있는 한, 착화통지처란에는 개설의뢰인의 주소 없이 명의만 있어도 하자가 아니다(Pub. 697, R. 637). 기타 이들 운송서류상의 착화통지처에 관한 사례는 전술한 선화증권의 경우와 같다(ISBP 제103항).

③ **[분할선적]** 물품이 동일한 출발지에서 동일한 운항일정과 목적지를 향하여 출발하더라도, 복수의 운반수단(둘 이상의 트럭(로리), 기차, 선박 등)에 나누어 선적하면 분할선적이 되므로(동 제31조 b항), 이러한 운송서류는 분할선적이 금지된 경우 인수되지 아니한다(ISBP 제164항).

예컨대 물품을 서로 분리된 2대의 트럭에 나누어 선적하고 2통의 CMR 운송서류를 제시하는 것은 명백한 분할선적으로 보지만(Pub. 632, R. 241), 물품을 트레일러를 연결한 트럭에 선적하는 것은 분할선적으로 보지 아니한다. 즉, 트레일러와 트럭은 단일의 운반수단으로 본다(*Ibid.*, R. 246).

④ **[물품명세]** 상업송장상의 물품명세는 신용장명세와 엄격히 일치하여야 하지만(동 제18조 c항), 도로 · 철도 · 내수로 운송서류상의 물품명세(goods description)는 신용장명세와 모순되지 아니하는 일반용어로 표시하여도 된다(동 제14조 e항; ISBP 제165항). 이들 육상운송서류상의 물품명세에 관한 사례는 전술한 선화증권의 경우와 같다(ISBP 제108항).

⑤ **[정정과 변경]** 도로 · 철도 · 내수로 운송서류상의 정정과 변경은 반드시 이를 발행한 운송인 또는 그 지명된 대리인에 의한 인증이 나타나 있어야 한다. 이 때의 인증은 이를 행한 주체의 표시와 서명이 있어야 한다(ISBP 제9항).

특히 대리인(agent)에 의한 인증의 경우 운송서류를 발행하였거나 서명한 대리인과 서로 다를 수 있으나, 그가 운송인의 대리인이란 자격(capacity)의 확인이 나타나 있어야 한다(ISBP 제166항). 운송인의 대리인에 의한 정정이나 변경에 관한 사례는 전술한 선화증권의 경우와 같다(ISBP 제109항 참조).

그러나 도로 · 철도 · 내수로 운송서류의 원본이 그 발행인이나 수권된 당사자의 인증으로 변경 또는 정정되었다고 하여, 사본(copies)에 대한 변경이나 정정의 경우도 어떠한 서명이나 인증이 요구되는 것은 아니다(ISBP 제167항).

⑥ **[운임과 추가비용]** 신용장에서 도로 · 철도 · 내수로 운송서류상의 운임선지급(freight prepaid)이나 운임착불(freight collect) 여부를 표시하도록 요구된 경우, 이는 반드시 신용장조건과 일치하게 표지되어야 한다(ISBP 제168항).

특히 운임선지급이 요구된 경우, 운임의 지급 또는 선지급의 사실을 명확히 표시하는 단어가 타인되거나 기타의 방법으로 명시되어 있어야 하며, 기타 "운임선지급될 수 있음", "운임선지급되어야 함." 등의 단어는 운임이 선지급되었다는 증명으로 볼 수 없다(UCP 500 제33조 b항-c항).

예컨대 신용장에서 "freight prepaid"란 표기의 철도화물운송장이 요구된 경우, 서류상의 "carriage free"라는 기재는 운임선지급의 증명으로 볼 수 없으나, "franco de port"라는 기재는 충분한 증명으로 본다(*Ibid.*, Rs. 210 and 211). 기타 운임증명에 관한 사례들은 선화증권의 경우와 같다(ISBP 제111항 참조).

따라서 신용장거래의 혼란과 오해를 방지하려면, 신용장의 개설신청과 개설당시부터 운송서류조항에서 운임의 선지급 또는 착불의 여부를 표시하도록 명확히 지시하여야 한다(ISBP 제2항과 제169항). 예컨대 Railway Consignment Note··· marked 'Freight Prepaid' 또는 'Freight Collect' 라고 기재한다.

제25조 특사수령증 · 우편수령증 · 우송증명서

Article 25 Courier Receipt, Post Receipt or Certificate of Posting. **a.** A courier receipt, however named, evidencing receipt of goods for transport, must appear to :

i. indicate the name of the courier service and be stamped or signed by the named courier service at the place from which the credit states the goods are to be shipped ; and

ii. indicate a date of pickup or of receipt or wording to this effect. This date will be deemed to be the date of shipment.

b. A requirement that courier charges are to be paid or prepaid may be satisfied by a transport document issued by a courier service evidencing that courier charges are for the account of a party other than the consignee.

c. A post receipt or certificate of posting, however named, evidencing receipt of goods for transport, must appear to be stamped or signed and dated at the place from which the credit states the goods are to be shipped. This date will be deemed to be the date of shipment.

번역 **제25조 특사수령증 · 우편수령증 · 우송증명서.** a. 운송물품의 수령을 입증하는 특사수령증은 그 명칭에 관계없이 반드시 다음 각 호와 같이 나타나 있어야 한다.

i. 특사업체의 명의를 명시하고 또 신용장이 물품을 선적하도록 기재한 장소에서 지명된 특사업체에 의하여 타인 또는 서명되어 있어야 하며, 또

ii. 수집일자, 수령일자 또는 이러한 취지의 문언을 명시하고 있어야 한다. 이러한 일자는 선적일자인 것으로 본다.

b. 특사경비가 지급 또는 선지급되어야 한다는 요구는 특사경비를 수화인 이외의 당사자 부담으로 한다는 사실을 입증하고 있는 특사업체 발행의 운송서류에 의하여 충족될 수 있다.

c. 운송물품의 수령을 입증하는 우편수령증 또는 우송증명서는 그 명칭에 관계없이 반드시 신용장이 물품을 선적하도록 기재한 장소에서 타인 또는 서명되고 또 일부된 것으로 나타나 있어야 한다. 이러한 일자를 선적일자로 본다.

해설 본조는 구 제29조와 제33조 b항을 개정한 것으로서, 특사수령증을 전면에 배치하고, 문장구조를 "신용장이 요구한 경우, 은행이 인수한다."에서 "서류는 반드시 갖추어져야 한다."라고 수정하였으며, 내용 중 "속달업체", 이 규칙 전체에 적용되는 "문면상"(제14조 a항), 서명방법의 "기타 인증"(제3조), "기타 모든 면에서 충족되어야 한다."(제2조)는 등의 표현을 삭제하였다.

a. **[특사수령증 인수요건]** 운송물품의 수령을 입증하는 특사수령증(courier receipt)은 그 명칭에 관계없이 반드시 다음 각 호의 요건을 갖추어야 한다.

① **[명의 및 서명]** 특사업체(courier service) 명의와 함께 신용장상에 기재된 선적장소에서 지명된 특사업체에 의한 타인・서명이 있어야 한다.

물론 모든 타인・서명에는 그것이 특사업체의 것이라는 확인이 있어야 하며, 대리인에 의한 타인・서명이 허용되는지의 여부에 관하여는 언급이 없다.

다만 신용장의 요구에 따라 선적서류 1통씩을 개설의뢰인에게 직송하고 특사수령증을 첨부할 경우, 이는 매입은행에 대한 지시사항이기 때문에 신용장번호 등 다른 서류조건을 갖추지 아니하여도 된다(ICC Pub. 632, R. 274).

예컨대 신용장에서 선적서류 1통을 특정인에게 직송하였음을 입증하는 수익자진술서(beneficiary's statement)와 이를 발송한 특사수령증 사본을 첨부하고 모든 서류상에 신용장번호를 명시하도록 요구한 경우, 두 서류는 동일한 서류요건이므로 신용장번호는 수익자진술서에만 있어도 된다(Pub. 697, R. 696).

즉, 신용장에서 원본 특사수령증을 요구한 경우, 이는 수집일자와 서명란에 정식 또는 약식의 서명이 있어야 하지만(*Ibid.*, R. 637; ICC Opinion TA 654 rev), 비유통서류를 개설의뢰인에게 직송하고 첨부하는 특사수령증은 신용장번호가 없거나 서명란이 없어 서명이 누락되어도 무방하다(*Ibid.*, R. 636).

기타 운송인과 서명에 관한 사례는 전술한 복합운송서류의 경우와 같다.

② **[수령일자표시]** 물품의 수집일자(date of pickup), 수령일자 기타 이러한 취지의 문언이 명시되어 있어야 한다. 이러한 수령일자는 선적일자로 본다.

b. [특사경비의 선지급요건] 특사경비를 "지급 또는 선지급하여야 한다."(to be paid or prepaid)라는 신용장 요건은 특사수령증상에 특사경비가 수화인 이외의 당사자 계좌부담으로 한다는 사실만 입증되어 있어도 충족될 수 있다.

다만 운송서류상에 "운임을 선지급할 수 있다."(freight prepayable), "운임을 선지급하여야 한다."(freight to be prepaid)라는 등의 문언은 운임선지급의 증명을 구성하는 것으로 인수하여서는 아니된다(UCP 500 제33조 c항).

c. [우편수령증 인수요건] 운송물품의 수령을 입증하는 우편수령증·우송증명서는 그 명칭에 관계없이, 반드시 ① **[서명요건]** 신용장상에 기재된 선적장소에서 우편당국의 타인·서명(signature)이 있어야 하며, 또 ② **[수령일자]** 일자(date)가 명시되어 있어야 한다. 이러한 수령일자는 선적일자로 본다.

第26조 갑판적재·부지조항·운임추가경비

Article 26 "On Deck", "Shipper's Load and Count", "Said by Shipper to Contain" and Charges Additional to Freight. **a.** A transport document must not indicate that the goods are or will be loaded on deck. A clause on a transport document stating that the goods may be loaded on deck is acceptable.

b. A transport document bearing a clause such as "shipper's load and count" and "said by shipper to contain" is acceptable.

c. A transport document may bear a reference, by stamp or otherwise, to charges additional to the freight.

번역 第26조 갑판적재·부지조항·운임추가경비. a. 운송서류는 결코 물품이 갑판상에 적재되어 있다거나 또는 적재될 것이라고 명시하여서는 아니된다. 그러나 물품이 갑판상에 적재될 수 있다고 기재한 조항의 운송서류는 이를 인수하여도 된다.

b. "화주의 적재 및 계측에 따름."(shipper's load and count) 및 "화주의 내장신고에 따름."(said by shipper to contain)이라는 조항을 함유한 운송서류는 이를 인수하여도 된다.

c. 운송서류는 타인에 의하거나 또는 다른 방법으로 운임의 추가경비에 관한 참조사항을 함유할 수 있다.

해설 본조는 구 제31조와 제33조 d항을 통합한 것으로서, 문장구조를 "은행이 인수한다."에서 "서류는 갖추어져야 한다."라고 수정하고, 갑판적재규정의 적용범위에서 "해상운송이나 복합운송" 문언을 삭제한 것이 특징이다.

a. [갑판적재 운송서류] 운송서류상에는 절대로 물품이 "갑판상에 적재되어 있다거나 적재될 것이다."(the goods are or will be loaded on deck)라는 명시가 없어야 한다. 따라서 은행은 물품의 갑판적재를 명시적으로 기재한 운송서류를 인수거절하여야 한다. 만약 물품의 특성상 갑판적재가 불가피한 경우, 신용장상에 갑판적재를 허용하는 별도의 조항을 추가하여야 한다.

예컨대 선화증권상에 "소멸되기 쉬운 갑판적재의 화물은 화주의 위험부담"(perishable cargo on deck at shipper's risk)이란 갑판적재의 명확한 기재는 신용장에서 이를 허용하지 않은 한 거절사유가 된다(ICC Pub. 632, R. 209).

그러나 신용장에서 갑판적재를 허용한 경우, "선박의 책임 없이 화주의 위험부담으로 갑판적재됨."(shipped on deck at shipper's risk without liability to the vessel)을 기재한 선화증권은 거절사유가 되지 아니한다(*Ibid.*, R. 246).

한편 "물품이 갑판상에 적재될 수 있다."(the goods may be loaded on deck)라는 선택권조항이 있는 운송서류는 인수하여도 된다. 이는 선체의 균형과 채산성 때문에 갑판적재가 일상적인 컨테이너 운송관습을 반영한 것이다.

여기서 "may"의 의미는 갑판적재된 사실의 확인이 아니기 때문에, 이러한 선택권조항이 있는 운송서류는 거절사유가 될 수 없다(*Ibid.*, R. 104).

b. [부지조항 운송서류] 운송인이 "화주의 적재와 계측에 따름."(shipper's load and count), "화주의 내장신고에 따름."(said by shipper to contain) 등의 부지조항(the unknown clause)이 있는 운송서류는 이를 인수하여도 된다.

이는 컨테이너운송의 경우 운송인이 화물의 내용과 수량은 오직 화주의 내장신고서(container load plan)에 의존할 수밖에 없는 현실을 반영한 것이다.

예컨대 용선계약부 선화증권상에 중량이나 용적을 표시하면서 "화주"라는 용어가 부적절하여 품질 · 수량 · 용적 등은 "알지못함."(unknown)이라고 기재하는 조항은 이로 인하여 하자가 되지 아니한다(ICC Pub. 697, R. 677).

또 선화증권상에 컨테이너 일련번호(container number)가 있는데 송장상에 이를 기재하지 아니하더라도, 서류 상호간에 신용장번호, 물품명세, 컨테이너 개수 등이 모순이 없으면 하자가 되지 아니한다(Pub. 489, Case No. 250).

c. [추가경비 운송서류] 운송서류상에는 타인이나 기타의 방법으로 운임의 추가경비(additional charges)에 관한 참조사항을 명시하여도 된다. 예컨대 목적지까지의 주운임 이외에 화물의 적재, 양하 또는 이와 관련된 작업에 부수하여 지출된 추가경비에 관한 특기사항이 있더라도 이를 인수하여야 한다.

즉, 신용장에서 특별히 금지하지 않은 한, 적재 · 양하작업 등의 운임추가비용을 언급하는 운송서류는 인수될 수 있다. 다만 신용장에서 운임추가비용을 금지한 경우, 운송서류상에는 그 추가비용의 명확한 기재 또는 적재 · 양하작업에 관련된 FI · FO · FIO · FIOS 등의 운송조건으로 추가비용의 부과에 관하여 명시하여서는 아니된다. 기타 물품의 양하지연이나 양하 후에 부과될 비용의 언급이 있는 것은 운임추가비용으로 보지 아니한다(ISBP 제113항 등).

예컨대 신용장에서 "Costs additional to the freight charges are not acceptable."이라는 운임추가비용의 금지조항이 있더라도, 선화증권상에 양륙항에서의 체선료(demurrage) 부담을 언급하는 것은 운임추가비용으로 보지 아니하지만(ICC Pub. 459, Case No. 117), 반대로 양하작업은 화주의 위험과 비용부담으로 한다는 "Free Out"(FO) 운송조건을 언급하는 것은 신용장상의 운임추가비용 금지조건에 위배되는 하자서류로 본다(Pub. 489, Case No. 249).

제27조 무고장 운송서류

Article 27 Clean Transport Document. A bank will only accept a clean transport document. A clean transport document is one bearing no clause or notation expressly declaring a defective condition of the goods or their packaging. The word "clean" need not appear on a transport document, even if a credit has a requirement for that transport document to be "clean on board".

번역 **제27조 무고장 운송서류.** 은행은 단지 무고장 운송서류만을 인수하여야 한다. 무고장 운송서류라 함은 물품 또는 그 포장에 관한 하자 있는 상태를 명시적으로 선언하는 어떠한 조항 또는 표기도 함유하고 있지 아니한 운송서류를 말한다. 신용장상에 운송서류는 "무고장 본선적재"(clean on board)의 것이어야 한다는 요구가 있는 경우에도, "무고장"(clean)이란 문언이 당해 운송서류상에 반드시 나타나 있어야 할 필요는 없다.

해설 본조는 구 제32조를 일부 수정한 것으로서, "무고장"(clean)의 문언을 운송서류상에 반드시 명시할 필요가 없음을 강조한 것이 특징적이다.

[무고장서류 요건] 은행은 단지 무고장 운송서류만을 인수하여야 하며, 물품이나 포장에 관한 고장부(dirty) 운송서류는 인수하지 아니하여야 한다.

"무고장 운송서류"(clean transport document)란 물품이나 포장의 하자 있는 상태(defective condition)를 명시적으로 선언하는 어떠한 조항이나 표기도 내포하지 아니한 운송서류를 말한다. 즉, 물품이나 포장의 하자 있는 상태를 명시적으로 선언하지 아니하는 조항이나 표기(예컨대 "포장이 해상항해에 불충분할 수 있다.")는 거절사유를 구성하지 아니한다(ISBP 제106항).

예컨대 운송서류상에 ① 화물이 "container said to contain (STC)"라는 내장신고물임을 기재한 경우, ② 화물명세에 위험물조항으로서 "corrosive liquid Nos."

(부식성액체)라는 표기가 있는 경우, ③ 포장이 "open top container"라는 무개 컨테이너임을 기재한 경우, ④ 포장이 종이 자루로 이루어졌다는 "paper bag clause"(지물포장조항)가 있는 경우 등은 물품이나 포장의 하자에 관한 명시적인 선언이라고 볼 수 없다(ICC Pub. 459, Case Nos. 121 to 126).

한편 신용장에서 비록 "무고장 본선적재"(clean on board) 표식의 운송서류를 요구하였더라도, 당해 운송서류상에는 반드시 "무고장"(clean)의 문언을 명시하여야 할 필요가 없다(구 ISBP 제91항, 제112항, 제135항 및 제161항).

즉, 신용장이 "무고장 본선적재" 표식의 선화증권을 요구한 경우, 선화증권상에는 "무고장"이란 단어가 필요 없으며, 물품이나 포장의 하자에 관한 명시적인 조항이나 표기가 없고 UCP 600 제20조의 인수요건을 충족하고 있으면 이는 신용장의 "무고장 본선적재" 요건에 따른 것으로 본다(구 ISBP 제91항).

예컨대 신용장이 "Clean On Board B/L"을 요구하면 선화증권상에 "clean"이란 단어를 삽입하여야 한다고 주장하는 은행이 늘어나고 있으나, UCP 600에는 선화증권상에 "clean"이란 단어를 요구하는 어떠한 규정도 없기 때문에 이를 명시하지 아니한 서류를 하자로 보아서는 아니된다(Pub. 632, R. 119).

제28조 보험서류와 보험담보

Article 28 Insurance Document and Coverage. **a.** An insurance document, such as an insurance policy, an insurance certificate or a declaration under an open cover, must appear to be issued and signed by an insurance company, an underwriter or their agents or their proxies.

Any signature by an agent or proxy must indicate whether the agent or proxy has signed for or on behalf of the insurance company or underwriter.

b. Where the insurance document indicates it has been issued in more than one original, all originals must be presented.

c. Cover notes will not be accepted.

d. An insurance policy is acceptable in lieu of an insurance certificate or a declaration under an open cover.

e. The date of the insurance document must be no later than the date of shipment, unless it appears from the insurance document that the cover is effective from a date no later than the date of shipment.

f. i. The insurance document must indicate the amount of insurance coverage and be in the same currency as the credit.

ii. A requirement in the credit for insurance coverage to be for a percentage of the value of the goods, of the invoice value or similar is deemed to be the minimum amount of coverage required.

If there is no indication in the credit of the insurance coverage required, the amount of insurance coverage must be at least 110% of the CIF or CIP value of the goods.

When the CIF or CIP value cannot be determined from the documents, the amount of insurance coverage must be calculated on the basis of the amount for which honour or negotiation is requested or the gross value of the goods as shown on the invoice, whichever is greater.

iii. The insurance document must indicate that risks are covered at least between the place of taking in charge or shipment and the place of discharge or final destination as stated in the credit.

g. A credit should state the type of insurance required and, if any, the additional risks to be covered. An insurance document will be accepted without regard to any risks that are not covered if the credit uses imprecise terms such as “usual risks” or “customary risks”.

h. When a credit requires insurance against “all risks” and an insurance document is presented containing any “all risks” notation or clause, whether or not bearing the heading “all risks”, the insurance document will be accepted without regard to any risks stated to be excluded.

i. An insurance document may contain reference to any exclusion clause.

j. An insurance document may indicate that the cover is subject to a franchise or excess (deductible).

번역 **제28조 보험서류와 보험담보.** a. 보험증권, 보험증명서 또는 포괄예정보험하의 확정통지서와 같은 보험서류는 반드시 보험회사, 보험업자 또는 그 대리인이나 대행자에 의하여 발행되고 또 서명된 것으로 나타나 있어야 한다.

대리인 또는 대행자에 의한 모든 서명에는 반드시 동 대리인 또는 대행자가 보험회사 또는 보험업자 중에 누구를 대표하거나 대신하여 서명하였는지의 여부를 명시하고 있어야 한다.

b. 보험서류가 2통 이상의 원본으로 발행되었음을 명시하고 있는 경우에는, 반드시 전통의 원본이 제시되어야 한다.

c. 보험인수증은 이를 인수하지 아니한다.

d. 보험증권은 보험증명서 또는 포괄예정보험하의 확정통지서에 대신하여 이를 인수하여도 된다.

e. 보험서류상에 담보가 늦어도 선적일자로부터 유효하다고 나타나 있지 아니하는 한, 보험서류의 일자는 반드시 선적일자까지로 되어 있어야 한다.

f. i. 보험서류는 반드시 보험담보의 금액을 명시하여야 하고 또 신용장과 동일한 통화단위로 되어 있어야 한다.

ii. 신용장상에서 보험담보를 물품가액이나 송장가액의 백분율 또는 이와 유사한 방법으로 요구한 경우에는, 이는 요구된 보험담보의 최소금액을 말하는 것으로 본다.

신용장상에서 요구된 보험담보에 관한 어떠한 명시도 없는 경우에는, 보험담보의 금액은 반드시 적어도 물품의 CIF(운임 · 보험료포함인도) 또는 CIP(운송비 · 보험료지급인도) 가액의 110%가 되어야 한다.

서류로부터 CIF 또는 CIP 가액을 결정할 수 없을 때에는, 보험담보의 금액은 반드시 수리 또는 매입하도록 요청된 금액 또는 송장상에 표시된 총 물품가액 중에서 보다 큰 것에 기초하여 산출되어야 한다.

iii. 보험서류는 적어도 신용장상에 기재된 수탁장소 또는 선적장소와 양륙장소 또는 최종 목적장소 사이에 있는 위험이 담보된다는 것을 반드시 명시하고 있어야 한다.

g. 신용장은 요구된 보험의 종류 및 기타 담보되어야 할 추가적인 위험이 있는 경우에는 이를 기재하여야 한다. 신용장이 "통상적인 위험"(usual risks) 또는 "관습적인 위험"(customary risks)과 같은 불명확한 용어를 사용한 경우에는, 보

험서류는 담보되지 아니한 어떠한 위험에 대하여도 아무런 상관 없이 이를 인수하여야 한다.

h. 신용장이 "전위험"(all risks) 담보보험을 요구하고 또 보험서류가 어떠한 "전위험"(all risks)이란 표기 또는 조항을 내포하여 제시된 때에는, "전위험"(all risks)이란 표제를 함유하고 있는지의 여부를 불문하고, 보험서류는 면책되는 것으로 기재된 어떠한 위험에 대하여도 아무런 상관 없이 이를 인수하여야 한다.

i. 보험서류는 어떠한 면책조항에 관한 참조사항을 내포할 수 있다.

j. 보험서류는 담보가 소손면책률 또는 초과(공제)면책률을 전제로 한다는 사실을 명시할 수 있다.

해설 본조는 구 제34조, 제35조 및 제36조를 통합한 것으로서, 내용에서 "문면상", "선서명된 서류" 부분을 삭제하고, 서명권자에 "대행자"(proxy)를 포함시켰으며, 대리인 서명방법과 보험인수증 배제범위를 명확히 하였다.

기타 보험담보의 구간 및 금액표시를 의무화하고, 최소담보금액의 산정기준을 명확히 분류하고, 면책약관의 보험서류규정을 추가한 것이 특징적이다.

본조는 신용장이 보험증권(insurance policy)·보험증명서(insurance certificate), 포괄예정보험(open cover) 확정통지서 등의 보험서류를 요구한 경우, 이에 적용할 수 있다(ISBP 제170항). 기타 보험중개인이 발행하는 보험인수증(cover notes), 보험인수각서(slip), 보험계약각서(memorandum of contract) 등에는 본조의 규정이 적용되지 아니한다(본조 c항; MIA 제21조와 제89조).

a. [보험서류 발행요건] 보험서류는 반드시 보험회사, 보험업자 또는 이들 대리인이나 대행자에 의하여 발행되고 서명된 것이어야 한다. 즉, 보험서류에는 보험증권·보험증명서·포괄예정보험의 확정통지서 등이 있는데, 이러한 서류상에는 누가 발행하였든 불문하고 반드시 보험회사(insurance company), 보험업자(underwriter) 또는 이들 대리인(agent)이나 대행자(proxy)의 자격으로 발행하고 서명한 것으로 나타나 있어야 한다(ISBP 제171항 1문).

특히 대리인이나 대행자가 서명하는 경우, 보험회사 또는 보험업자 중에 누구를 대표하거나 대신하는지(for or on behalf of)를 구분하여 명시하여야 한다. 대리인의 서명방법은 운송서류의 경우와 유사하다. 은행은 서명자와 보험회사나 보험업자간의 자격과 관계를 확인하여야 한다(ICC Pub. 697, R. 685).

예컨대 신용장에서 보험증명서가 요구된 경우, 로이즈 보험업자(Underwriters of Lloyds)로부터 위임 받은 보험중개인(Company XXX)이 이를 대신하여 발행하고 서명한 보험증명서는 인수될 수 있다(Pub. 632, R. 212). 기타 보험서류상의 서명방법에 관한 구체적인 사례는 전술한 선화증권의 경우와 같다.

그러나 보험증명서상에 "XXX Logistics or Associates or Subsidiaries" 또는 "YYY Ltd. for and on behalf of the Underwriters at Lloyd's of London and Insurance Co."의 서명이 없으면 무효라는 단서가 있을 때, "XXX Truck Corp."이 아무런 입증 없이 서명한 것은 하자가 된다(Pub. 697, R. 697).

이 밖에 보험서류의 발행요건에 관한 ISBP 등 국제기준을 보면 다음과 같다.

① 보험서류는 문면상 필요하거나 신용장조건에서 요구된 경우, 원본은 모두 부서되어 있어야 한다(ISBP 제171항 2문). 예컨대 보험서류의 문면상 2통 이상의 원본이 발행되었다는 명시가 있거나, 신용장에서 2통 이상의 원본이 요구된 경우, 전통의 서류에 원본이라는 확인과 정당한 서명이 있어야 한다.

② 보험서류는 신용장에서 요구된 양식(form)으로 발행되어야 한다(ISBP 제179항 1문). 신용장에서 별도의 요구가 없는 한, 보험서류는 매수인이나 기타 물품에 대한 피보험이익을 갖는 모든 자가 보험자에게 직접 보험금을 청구할 수 있는 양도가능한 양식이어야 한다(INCOTERMS 2000, CIF(A3)).

예컨대 보험증권은 지시식(to order)으로 발행하지 아니하였더라도, 수익자를 피보험자로 명기하고 수익자의 배서가 있는 한, 이는 양도가능성을 갖추고 있기 때문에 인수거절의 사유가 될 수 없다(Pub 489, Case No. 254).

③ 보험서류는 필요한 경우 보험금을 지급하도록 지시하는 당사자의 배서(endorsement)가 있어야 한다. 특히 신용장에서 백지식 배서나 그 반대의 기명식 배서가 요구된 경우, 지참인식 보험서류도 인수된다(ISBP 제179항 2문).

예컨대 신용장에서 "Full set of insurance policy endorsed in blank"라고 요구된 경우, "bearer"(지참인) 앞으로 발행된 보험증권은 소지인의 배서에 의한 권리양도와 동일한 효력을 가지므로 이를 인수하여도 되지만(Pub. 632, R. 68), 백지배서가 없는 보험서류는 거절사유가 된다(Pub. 459, Case No. 128). 그러나 신용장에서 "Duly endorsed to Bank A"로 요구되었다고 하여 보험증권상에 이와 동일한 문구의 배서가 있어야 하는 것은 아니다(*Ibid.*, R. 277).

④ 신용장에서 피보험자(insured party)를 지정하지 아니한 경우, 보험서류는 화주나 수익자의 지시식으로 발행하되 반드시 배서되어 있어야 한다. 또 보험서류는 그 인도될 당시 또는 이전에 피보험이익을 갖는 자에게 보험금의 지급수령권이 이전하도록 발행되거나 배서되어 있어야 한다(ISBP 제180항).

예컨대 보험증명서가 수익자의 지시식으로 작성되고 배서에 의하여 피보험자에게 양도되는 양식으로 발행된 경우, 동 보험증명서는 수익자의 배서에 이어 매입은행의 배서도 추가되어 있어야 인수될 수 있다(*Ibid.*, R. 102).

b. [보험서류 전통제시] 보험서류상에 2통 이상의 원본으로 발행되었다는 명시가 있는 경우, 발행된 원본 전체(all originals)가 제시되어야 한다. 심지어 신용장이 1통의 원본 보험서류를 요구하였더라도, 보험서류상 발행된 원본 통수가 2통 이상으로 명시된 경우, 발행된 전통의 원본이 제시되어야 한다.

예컨대 신용장에서 1통의 원본 보험서류를 요구한 경우, 2통의 발행된 원본 중 1통의 원본과 나머지를 사본으로 제시하면 하자가 된다(*Ibid.*, R. 215).

한편 보험서류는 반드시 원본의 발행된 통수를 명시하여야 하는지에 관한 규정은 없으나, 이는 권리증권이기 때문에 선화증권의 경우처럼 원본의 발행된 통수를 명시하여야 합당할 것이다(ISBP 제70항, 제93항 및 제117항 참조).

보험서류는 "원본"(original)이란 표지뿐만 아니라, "부본"(duplicate), "제3부본"(triplicate) 등의 표지도 원본으로서 인정되며, "원본"이란 표지가 없이 수기나 타자 등으로 작성된 것도 원본으로서 인정된다(ISBP 제28항; 동 제17조).

결국 제시되어야 할 보험서류 원본의 수는 신용장이나 UCP 600에서 요구된 수 이상 또는 서류상에 기재된 수 이상이어야 한다(ISBP 제29항).

서류의 원본성에 관한 추가적인 지침으로서 ICC 은행위원회가 1999년 7월 12일과 동월 29일(수정본)에 발표한 "UCP 500 제20조 b항 관련 '원본' 서류의 결정"이란 제목의 정책성명서(policy statement)가 있다(ISBP 제33항). 이는 ICC 은행위원회의 승인을 득한 것이므로 UCP 600 하에서도 효력을 갖는다.

따라서 보험서류의 원본성에 관한 판단은 UCP 600 제17조, ISBP 제28항 내지 제33항 및 동 ICC 은행위원회 정책성명서를 참조하여야 한다(부록).

c. [보험인수증의 배제] 보험인수증(cover notes)은 이를 인수하지 아니한다. 즉, 보험인수증은 보험중개인뿐만 아니라 누가 발행하였든 보험서류로서 인정되지 아니한다(ISBP 제170항). 왜냐하면 보험인수증만으로는 보험자에게 손해보상의 청구가 불가능하다. 기타 보험인수각서(slip), 보험계약각서(memorandum) 등도 보험서류로서 인정되지 아니한다(MIA 제21조와 제89조).

다만 이것이 보험회사, 보험업자 또는 이들 대리인이나 대행자의 자격으로 발행하고 서명한 것으로 나타나 있으면 본조 a항의 규정이 적용된다. 즉, 보험중개인의 필묵지로 발행된 서류라 하더라도, 이에 보험회사, 보험업자 또는 이들 대리인이나 대행자의 서명이 있는 한, 정당한 보험서류로서 인수된다. 보험중개인은 지정된 보험자의 대리인으로서 서명할 수 있다(ISBP 제172항).

지정된 보험자의 표제가 없는 용지 또는 보험중개인의 표제가 인쇄된 용지를 사용하여 지정된 보험자의 대리인으로서 서명하는 경우, 서류상에는 보험자의 명의와 대리인의 자격이 나타나 있어야 한다(ISBP 제22항과 제40항).

예컨대 신용장에서 보험증권이나 보험증명서가 요구된 경우, 보험중개인의 표제가 인쇄된 용지에 ABC 보험회사의 명의와 "as agent"라고 자격을 명시하여 서명한 것은 인수될 수 있는 서류로 본다(*Ibid.*, Rs. 141 and 213).

d. [보험증권 대체제시] 신용장상에 보험증명서나 포괄예정보험의 확정통지서가 요구된 때에는, 보험증권(insurance policy)을 제시하여도 충분하다.

그러나 신용장상에 보험증권이 요구된 경우, 보험증명서나 보험확정통지서의 제시는 인수되지 아니한다. 왜냐하면 보험증명서나 보험확정통지서는 보험계약의 증거이지만, 보험금의 청구시 이들 서류와 보험증권간에 보험담보의 차이가 발생하는 경우 보험증권이 우선하기 때문이다(ICC Pub. 680, p. 131).

e. [보험담보 시기제한] 보험서류의 발행일자는 선적일자보다 늦어서는 아니된다. 운송이 시작되었는데, 보험담보가 개시되지 아니하면 보험서류를 요구한 신용장조건과 모순된다. 다만 선적일자보다 늦은 일자의 보험서류상에 보험담보가

선적일자로부터 소급하여 적용된다는 단서가 있는 경우는 제외한다.

즉, 보험서류의 발행일자는 신용장상에 기재된 장소에서의 본선적재·발송·수탁일보다 늦어서는 아니된다(구 ISBP 제189항). 이는 물품운송이 시작되었음에도 보험담보가 개시되지 아니한 보험서류는 하자로 본다는 것이다. 다만 보험서류상에 보험담보가 늦어도 본선적재·발송·수탁일로부터 유효하다는 소급보험의 단서가 있으면, 경과된 일자의 보험서류도 인수될 수 있다.

예컨대 운송서류상의 선적일자가 1999. 4. 4, 보험증명서의 발행일자가 동년 4. 23, 보험증명서의 출항일자(sailing date)가 동년 4. 4.자로 각각 기재된 경우, 보험증명서상의 출항일자는 보험담보가 동년 4. 4.자로부터 유효하다는 증거로 볼 수 없기 때문에 이는 하자사유가 된다(*Ibid.*, Rs. 214 and 216).

한편 보험서류상에 어떠한 "유효기일"(expiry date)이 명시되어 있는 경우, 이는 보험금청구의 제시를 위한 유효기일을 의미하는 것으로 보지 아니하며, 오히려 그러한 유효기일은 물품의 본선적재, 발송 또는 수탁을 위한 최종일자에 관련이 있다는 사실을 명확히 밝혀 두어야 한다(ISBP 제175항).

예컨대 보험증권상의 유효기일(validity)이 1995. 3. 13. - 3. 26.자로 기재된 경우, 물품의 송달은 늦어도 보험담보의 종료일인 동년 3월 26일까지 항해를 완료하여야 하는데 동년 3월 29일까지 도착되지 아니하였다는 통지는 하자사유가 될 수 있다. 다만 보험증권이 "Warehouse to Warehouse" 운송조항(제8조)의 ICC (A) 조건으로 부보된 경우에는 인수될 수 있다(*Ibid.*, R. 217).

f. [담보금액 · 담보구간] ① **[금액 · 통화단위]** 보험서류는 반드시 손해발생시 보험자가 부담하게 될 보험담보의 금액(amount)을 명시하고 있어야 하며, 이때의 통화단위(currency)는 신용장과 동일한 것이어야 한다.

즉, 보험서류는 신용장과 동일한 통화단위와 최소한 신용장에서 요구된 부보금액 이상으로 발행된 것이어야 인수될 수 있다(ISBP 제176항 1문).

기타 보험서류는 문면상 신용장상에 규정된 바의 기재내용을 포함하고 있어야 한다. 예컨대 신용장에서 물품의 수량(quantity)을 규정한 경우, 보험증권상에 피보험물품의 수량을 기재하지 아니하면 다른 서류상의 수량과 연관지을 수 없기 때문에 이는 하자사유가 된다(Pub. 489, Case No. 252).

② **[최소담보금액]** 신용장에서 보험담보를 물품가액이나 송장가액의 백분율 또는 이와 유사한 방법으로 요구한 경우, 이는 요구된 보험담보의 최소금액(minimum amount)을 말하는 것으로 본다. 따라서 보험담보의 최소금액을 초과하여 기재된 보험서류는 모두 인수가능하며, 최대금액의 한계는 없다.

신용장에서 보험담보의 금액에 관한 어떠한 명시도 없는 경우, 보험서류상의 담보금액은 적어도 CIF 또는 CIP 가액의 110% 이상이어야 한다.

서류상으로 CIF 또는 CIP 가액을 결정할 수 없을 때에는, 보험담보의 금액은 수리・매입의 청구금액 또는 송장상의 총 물품가액 중에서 보다 큰 것을 기초로 산출하여야 한다. 이때 담보금액의 최소비율은 신용장조건에 따른다.

즉, 신용장에서 보험서류의 최소백분율금액이 기재되어 있지 아니한 경우, 최소한의 부보금액은 송장이나 기타 요구서류에 반영된 금액을 기준으로 결정되는 CIF 또는 CIP 가액의 110% 이상이어야 한다(구 ISBP 제191항).

여기서 "110% 보험" 등의 표현은 부보금액이 지정되지 아니한 경우 보험부보의 최소금액으로서, 정확히 110%의 보험부보를 요구하는 것이 아니며, 기타 UCP는 최대백분율을 제한하지 아니한다(*Ibid.*, R. 216; ISBP 제176항 2문).

예컨대 신용장에서 "Insurance for 110% invoice value" 등의 표현으로 부보금액이 명시된 경우, 이는 최소금액을 말한다. 부보금액을 표시숫자로 제한하려면 "exactly X %" 등의 명확한 요구가 있어야 한다(*Ibid.*, Rs. 216 and 289).

한편 신용장이나 제시된 서류상으로 최종적인 송장금액이 당사자간의 대금의 할인・선지급・지급유예 등의 이유로 총 물품가액(gross value)의 일정한 부분만을 표시하는 것이 명백하더라도, 보험서류상의 보험담보에 관한 산정기준은 반드시 총 물품가액의 전체에 기초하여야 한다(ISBP 제178항).

예컨대 신용장금액은 USD 10,000 이지만 이중에 20%는 선지급하고 선적 후 80%만 청구하도록 요구된 경우, 수익자가 총 물품가액인 USD 10,000의 송장을 작성하고 선지급액을 공제한 USD 8,000를 하단에 기재하더라도, 부보금액의 산정기준은 총 물품가액인 USD 10,000로 하여야 한다(*Ibid.*, R. 216).

③ **[보험담보구간]** 보험서류에는 적어도 신용장상에 기재된 수탁장소나 선적장

소에서 양륙장소나 최종 목적장소까지의 위험이 담보된다는 명시가 있어야 한다. 적하보험은 적어도 신용장상에 기재된 운송구간(duration) 동안의 물품에 대한 멸실이나 손상의 위험을 계속하여 담보하고 있어야 한다.

즉, 보험서류는 적어도 신용장에 의하여 요구된 선적지점, 발송지점 또는 수탁지점에서 양륙지점 또는 최종 목적지점 사이의 운송구간에 있는 위험이 담보되어 있다는 사실을 반드시 표시하고 있어야 한다(구 ISBP 제188항).

예컨대 CIF 조건의 경우 물품의 멸실이나 손상의 위험에 대한 최소한의 담보기간은 물품이 선적항에서 본선의 난간을 통과한 때부터 목적항에 도착하여 매수인이 이를 수령한 때까지이다(INCOTERMS 2000, CIF A3(b)).

복합운송 보험서류의 경우 신용장에서 요구된 수령장소가, 예컨대 내륙지점의 Piscataway(NJ)이고 선적항이 New York, 목적항이 Sovetskaya Gavan인데 선적항에서 목적항의 구간만 커버한 것은 하자이다(Pub. 697, R. 679).

g. [보험담보 종류확정] 신용장은 요구된 보험의 종류(type)와 기타 담보되어야 할 추가위험(additional risks)을 명확히 기재하고 있어야 한다. 보험의 종류에는 적하보험의 일반약관, 즉 ICC (A), (B), (C) 약관 등이 있으며, 기타 추가위험에는 물품이나 항해의 특수성 때문에 할증보험료를 부담하여야 담보되는 전쟁위험, 동맹파업위험, 기타 수많은 특약담보위험 등이 있을 수 있다.

한편 신용장에서 "통상적인 위험"(usual risks), "관습적인 위험"(customary risks) 등의 불명확한 용어가 사용된 경우, 보험서류는 담보되지 아니한 어떠한 위험에 대하여도 아무런 상관없이 이를 인수하여야 한다. 담보되지 아니한 위험은 최종적으로 피보험자인 개설의뢰인이 부담하여야 할 것이다.

즉, 보험서류는 신용장에서 요구된 모든 종류의 위험을 담보하고 있어야 하며(ISBP 제173항), 또 보험담보에 관하여 각 보험자가 백분율이나 기타의 방법으로 분할담보(partial cover)를 위한 담보가액을 명확하게 반영하고 당해 선적에 대한 기타 모든 보험담보에 관계 없이 단독으로 자신의 책임부분을 부담한다는 분할담보의 보험서류가 발행되지 아니하는 한, 동일한 선적의 동일한 위험에 대한 보험은 단일의 보험서류상에 담보되어 있어야 한다(ISBP 제174항).

h. [전위험보험의 요건] 신용장에서 "전위험"(all risks) 담보보험이 요구된 때에는, 보험서류상에 "전위험"의 표기나 조항이 포함되어 있는 한, 보험서류는 "전위험"(all risks : A/R)이란 표제의 여부를 불문하고, 면책되는 것으로 기재된 어떠한 위험에 대하여도 아무런 상관없이 이를 인수하여야 한다.

즉, 전위험보험이 요구된 경우, 보험서류상에 "전위험"의 표기나 조항이 있으면 충분하고, 결코 "전위험"의 표제가 중요한 것은 아니다. 이 경우 은행은 면책이라고 기재된 위험에 대하여 아무런 책임 없이 이를 인수하여야 한다.

예컨대 "전위험" 담보의 보험증권상에 2000년도(Y2)를 전후하여 컴퓨터 장비의 기능마비에 기인한 손해는 담보하지 아니한다는 "Millennium" 약관이 있더라도, 이는 전위험담보의 보험증권으로서 인수될 수 있다(ICC Pub. 632, R. 219). 심지어 보험증권상에 "All Risks"라고만 표기되어 있더라도, 면책위험에 대하여 아무런 책임 없이 이를 인수하여야 한다(Pub. 489, Case No. 257).

특히 ICC (A)나 (A/R) 조건의 보험서류는 "전위험"의 표제가 없더라도, 이 보험은 보험목적의 멸실이나 손상에 관한 전위험을 담보하는 것이기 때문에(약관 제1조), "전위험" 담보의 신용장조건을 충족한다(ISBP 제173항).

i. [면책약관서류 허용] 보험서류는 어떠한 면책약관(exclusion clause)에 관한 참조사항이 포함되어 있더라도 이를 인수하여야 한다. 이는 최근 테러 행위 등 수많은 면책약관이 보험서류상에 등장하는 업계현실을 감안한 것이다.

즉, 보험서류는 신용장에서 요구된 모든 위험을 담보하되, 이들 위험에 관한 어떠한 면책조항을 내포하고 있어도 무방하다(ISBP 제173항). 이 부분은 구 ISBP 제186항의 내용과 상반되게 개정한 것이다. 신용장에서 담보위험을 특정하지 아니한 경우, 은행은 담보되지 아니한 어떠한 위험에 대하여 아무런 책임 없이 제시된 대로 보험서류를 인수하여야 한다(*Ibid.*, R. 218; 본조 h항).

예컨대 신용장에서 특별히 다른 기재가 없는 한, 보험서류상에 Institute Classification Clause, Cargo ISM Endorsement Clause, Institute Radioactive Contamination, Chemical, Biological, Biochemical and Electromagnetic Weapons Exclusion Clause, Institute Cyber Attack Exclusion Clause, Termination of

Transit Clause (Terrorism) 등은 허용된다(Pub. 697, R. 686).

j. [소손면책서류 허용] 보험서류는 소손면책률이나 초과(공제)면책률을 전제로 한 담보조항이 명시되어 있더라도 이를 인수하여야 한다. 보험자 면책률약관에는 2가지가 있다. 즉, ① 일정비율 미만의 소손은 보험자가 면책이지만 이를 초과하면 면책률 부분까지 전부를 담보하는 "소손면책률"(franchise), 그리고 ② 일정비율을 초과하면 면책률 부분을 공제하고 나머지 초과부분만을 담보하는 "초과공제면책률"(excess deductible)이 있는데, 은행은 위의 어떠한 면책률약관이 있더라도 이에 상관없이 보험서류를 인수하여야 한다.

예컨대 신용장에서 보험자 면책률조항을 금지하는 어떠한 규정도 없는 경우, 보험증권상에 30%의 소손면책률조항이 삽입되어 있더라도 이는 인수될 수 있다. 즉, 소손면책률의 상한에 대한 제한은 없다(ICC Pub. 632, R. 217).

다만 신용장에서 "백분율과 관계 없는"(irrespective of percentage : IOP) 보험담보가 요구된 경우, 보험서류상에는 위와 같은 보험담보의 소손면책률, 초과공제면책률 등에 따른다는 조항이 있어서는 아니된다(ISBP 제177항).

◇ 잡 칙(제29조-제33조)

제29조 제시의 유효기일 · 최종일자의 연장

Article 29 Extension of Expiry Date or Last Day for Presentation. a. If the expiry date of a credit or the last day for presentation falls on a day when the bank to which presentation is to be made is closed for reasons other than those referred to in article 36, the expiry date or the last day for presentation, as the case may be, will be extended to the first following banking day.

b. If presentation is made on the first following banking day, a nominated bank must provide the issuing bank or confirming bank with a statement on its covering schedule that the presentation was made within the time limits extended in accordance with sub-article 29 (a).

c. The latest date for shipment will not be extended as a result of sub-article 29 (a).

번역 **제29조 제시의 유효기일 · 최종일자의 연장.** a. 신용장의 유효기일 또는 제시를 위한 최종일자가 제36조에 언급된 것 이외의 이유로 제시가 행하여져야 할 은행의 휴업일에 도래한 경우에는, 동 유효기일 또는 제시를 위한 최종일자는 경우에 따라 다음 최초의 은행영업일까지 연장된다.

b. 제시가 다음 최초의 은행영업일에 행하여진 경우에는, 지정은행은 반드시 자신의 표지목록상에 동 제시가 제29조 a항에 따라 연장된 기한내에 행하여졌다는 부전을 첨부하여 개설은행 또는 확인은행에게 제공하여야 한다.

c. 선적을 위한 최종일자는 제29조 a항의 결과에 따라 연장되지 아니한다.

해설 본조는 구 제44조를 승계한 것으로서, 이 규칙 전체의 문맥상 조화를 위해 제시가 행하여지는 은행을 "지정은행", 통고 받는 은행을 "개설은행이나 확인은행"으로 단순화하고, "영업일"을 "은행영업일"(banking day)로 수정하였으며, 특히 기일연장시 근거는 표지목록상에 기재하되 "UCP" 완술의무를 삭제하고, 제c항은 구 제b항을 간결하게 재정리한 것이 특징적이다.

a. [은행휴업시 기일연장] 신용장의 유효기일이나 서류제시의 최종일자가 지정은행의 휴업일에 도래한 경우, 이는 당해 은행의 업무가 개시되는 다음 최초의 은행영업일까지 연장된다. 여기서 "휴업일"(closed day)이란 일요일·국경일 등 공휴일과 제시받는 지정은행의 통상적인 휴무일까지를 포함한다.

다만 UCP 600 제36조에 언급된 천재지변·전쟁·동맹파업 등 불가항력(force majeure)에 기인하여 은행업무가 중단되었다면, 이는 은행휴업일에 포함되지 아니한다. 따라서 동 업무중단 동안에 만기된 신용장은 사용할 수 없다.

대금의 지급도 신용장에서 지급하도록 약정된 장소와 예정일자에 즉시 사용가능한 자금으로 이루어져야 하는데, 예정일자가 당해 장소에서의 은행휴업일에 도래한 경우, 그 예정일자는 이어지는 최초의 은행영업일까지 연장된다(ISBP 제48항). 다만 환어음의 예정일자가 불가항력이 아닌 은행휴업일로 인하여 연장된 경우, 지급은행은 UCP 600 본조 b항에 따른 이유를 기재하여 개설은행에게 보상청구하여야 권리를 주장할 수 있다(ICC Pub. 632, R. 25).

그러나 일부 국가에 따라 은행에게 보장된 소위 "은혜일"(예, 영국은 3일), 자금의 송금소요기간 등은 예정일자에 가산하여서는 아니된다. 예컨대 일람후 60일 출급의 환어음을 수령한 경우, 은행의 서류심사기간인 제5은행영업일의 상당한 기간을 추가하여 예정일자를 계산하여서는 아니된다(*Ibid.*, R. 246).

b. [연장기한내 제시추기] 지정은행은 휴업일로 인하여 연장된 기한내에 제시된 서류를 인수한 경우, 반드시 표지목록상에 "Presented within the time limits extended in accordance with sub-article 29 (a) of UCP 600." 등과 같은 부전을 추기하여 개설은행이나 확인은행에게 통고하여야 한다.

다만 서류가 연장된 기한내에 제시되었음이 별도로 입증될 수 있다면, 개설은행은 동 부전이 없다는 이유로 이를 거절할 수 없다(*Ibid.*, R. 25). 즉, 지정은행의 표지목록이 유효기일과 제시기일 이후로 일부되어 있더라도, 서류가 신용장조건에 일치하다는 확인이 있으면 충분하다(*Ibid.*, Rs. 251 to 253).

나아가 선적서류를 제외한 기타 모든 서류는 연장된 기한내에 발행하여 제시하여도 무방하다(ICC Pub. 459, Case No. 147; UCP 400 제39조 b항).

c. [선적기일의 연장금지] 신용장의 유효기일이나 서류제시의 최종일자가 은행휴업일에 도래하여 연장되었다 하더라도, 신용장상에 요구된 선적기일은 이로 인하여 연장되지 아니한다. 물론 신용장상에 최종 선적기일의 명시가 없는 경우에도, 물품은 최소한 신용장의 유효기일 이내에 선적되어야 한다.

따라서 선적기일의 최종일자가 선적지국가의 공휴일이나 운송회사의 휴업일에 도래하는 경우, 이전 최후의 조업시간까지 선적을 완료하여야 한다.

제30조 신용장금액 · 수량 · 단가의 오차한도

Article 30 Tolerance in Credit Amount, Quantity and Unit Prices. a. The words "about" or "approximately" used in connection with the amount of the credit or the quantity or the unit price stated in the credit are to be construed as allowing a tolerance not to exceed 10% more or 10% less than the amount, the quantity or the unit price to which they refer.

b. A tolerance not to exceed 5% more or 5% less than the quantity is allowed, provided the credit does not state the quantity in terms of a stipulated number of packing units or individual items and the total amount of the drawings does not exceed the amount of the credit.

c. Even when partial shipments are not allowed, a tolerance not to exceed 5% less than the amount of the credit is allowed, provided that the quantity of the goods, if stated in the credit, is shipped in full and a unit price, if stated in the credit, is not reduced or that sub-article 30 (b) is not applicable. This tolerance does not apply when the credit stipulates a specific tolerance or uses the expressions referred to in sub-article 30 (a).

번역 **제30조 신용장금액 · 수량 · 단가의 오차한도.** a. 신용장상에 기재된 신용장의 금액, 수량 또는 단가와 관련하여 사용된 "약"(about) 또는 "대략"(approximately)이란 문언은 그것이 언급하는 금액, 수량 또는 단가보다 상하 10%를 초과하지 아니한 오차한도를 허용하는 것으로 해석하여야 한다.

b. 수량은 상하 5%를 초과하지 아니한 오차한도가 허용된다. 다만 신용장이 일정한 개수의 포장단위 또는 각개품목의 조건으로 수량을 기재하지 아니하고 또 어음발행의 총액이 신용장의 금액을 초과하지 아니할 것을 전제로 한다.

c. 신용장의 금액은 분할선적이 허용되지 아니한 때에도, 하향 5%를 초과하지 아니한 오차한도가 허용된다. 다만 신용장상에 기재된 물품의 수량이 전부 선적되고 또 신용장상에 기재된 단가가 감액되지 아니할 것, 또는 제30조 b항이 적용되지 아니할 것을 전제로 한다. 이러한 오차한도는 신용장이 특정의 오차한도를 규정하고 있거나 또는 제30조 a항에 언급된 표현을 사용하고 있을 때에는 적용하지 아니한다.

해설 본조는 구 제39조를 승계한 것으로서, 표현상 "개략" 등을 삭제하고, "허용한도"나 "과부족" 대신에 "오차한도"(tolerance)를 사용하고, "신용장상에 별도 규정이 없는 한" 등의 표현을 삭제하였으며(제1조), 신용장금액의 오차한도는 분할선적 여부와 관계없이 허용되도록 개정한 것이 특징적이다.

a. ["약"의 오차한도] 신용장에서 신용장금액 · 수량 · 단가와 관련하여 "약"(about), "대략"(approximately) 등의 문언이 사용된 경우, 이는 해당 항목에 언급된 숫자보다 상하 10%까지의 오차한도를 허용하는 것으로 본다. 다만 이러한 문언이 수식하지 아니하는 항목에 대하여는 적용되지 아니한다.

예컨대 신용장에서 수량에만 "approximate"가 사용된 경우, 선적수량은 상하 10%까지 오차가 허용되지만 환어음 금액은 본조 c항에 의거하여 신용장금액을 초과하지 아니한 하향 5%의 오차만 허용된다(ICC Pub. 632, R. 236).

또 "about"이 포장과 중량표시 중에 선택하도록 사용된 경우, 포장개수가 10% 오차를 벗어나더라도 중량이 10% 안에 있으면 인수된다(*Ibid.*, R. 239).

그러나 신용장에서 "5% 과부족 인수가능"(+/-5% acceptable) 조항이 있고 품목별 상세수량을 나누어 기재한 경우, 5%의 오차한도는 개별 수량뿐만 아니라 전체 수량에 대하여도 준수되어야 한다(*Ibid.*, R. 236; Pub. 697, R. 688).

b. [수량의 오차한도] 신용장거래에서 물품의 수량(quantity)은 일반적으로 상하 5%까지의 오차한도가 허용된다. 다만 신용장상에 수량표시가 일정한 개수의 포장단위나 각개품목의 단위로 기재되어 있어서는 아니되며, 또 이때 어음발행의 총액이 신용장의 금액을 초과하여 제시되어서도 아니된다.

즉, 신용장에서 물품수량의 과부족을 금지하거나, 또는 포장단위나 개별품목에 의한 수량표시가 없는 한, 송장 등 선적서류상의 수량표시는 상하 5%의 과부족이 허용된다. 다만 송장 등 선적서류에서 5%의 수량초과가 있더라도, 환어음금액은 결코 신용장의 금액을 초과하여서는 아니된다(ISBP 제65항).

예컨대 UCP 600 본조 b항에 따라 하향 5%의 범위내에서 부족한 수량을 선적하고 환어음금액도 신용장금액보다 부족하게 발행한 경우, UCP 600 하에서는 이 정도의 불일치된 금액을 거절할 근거가 없다(ICC Pub. 632, R. 237).

또 신용장에서 물품수량을 기재하고 "up to"나 "maximum" 등의 수량초과만을 금지한 경우, 이는 표시된 숫자에서 하향 5%까지의 수량부족을 허용하는 것으로 본다(Pub. 459, Case No. 137; Pub. 489, Case No. 270).

c. [금액의 오차한도] 신용장의 금액(amount)은 분할선적이 금지된 경우에도, 하향 5%까지의 오차한도가 허용된다. 다만 신용장상에 기재된 물품의 수량은 단위표시에 관계없이 전부 선적되어야 하고 단가의 감액도 없어야 하며, 이때 물품의 수량에 관한 상기 제b항의 오차한도가 허용되지도 아니한다.

즉, 송장금액은 분할선적이 금지된 경우도 수량 전체가 선적되고 단가가 감액되지 아니하는 한, -5% 이내의 오차한도로 발행할 수 있다(ISBP 제66항).

예컨대 신용장금액이 "USD 396,000 CIF"로 요구된 경우, 송장금액으로서 운임·보험료를 합하여 "USD 376,000 CIF"(-5% 이내)라고 기재하더라도 물품수량과 단가가 일치하는 한 하자가 아니다(ICC Pub. 459, Case No. 134).

그러나 이 조항은 신용장상에 금액에 관한 별도의 오차한도가 기재되어 있거

나. 상기 제a항에 있는 "약" 등의 표현이 사용된 때에는 적용되지 아니한다.

제31조 분할어음발행 · 분할선적

Article 31 Partial Drawings or Shipments. **a.** Partial drawings or shipments are allowed.

b. A presentation consisting of more than one set of transport documents evidencing shipment commencing on the same means of conveyance and for the same journey, provided they indicate the same destination, will not be regarded as covering a partial shipment, even if they indicate different dates of shipment or different ports of loading, places of taking in charge or dispatch. If the presentation consists of more than one set of transport documents, the latest date of shipment as evidenced on any of the sets of transport documents will be regarded as the date of shipment.

A presentation consisting of one or more sets of transport documents evidencing shipment on more than one means of conveyance within the same mode of transport will be regarded as covering a partial shipment, even if the means of conveyance leave on the same day for the same destination.

c. A presentation consisting of more than one courier receipt, post receipt or certificate of posting will not be regarded as a partial shipment if the courier receipts, post receipts or certificates of posting appear to have been stamped or signed by the same courier or postal service at the same place and date and for the same destination.

번역 **제31조 분할어음발행 · 분할선적.** a. 분할어음발행 또는 분할선적은 허용된다.

b. 제시가 동일한 운반수단에 의하고 또 동일한 운항일정에 따라 개시하는 선적을 입증한 2통 이상의 운송서류로 구성된 경우에는, 그것이 동일한 목적지를 명시하고 있는 한, 상이한 선적일자 또는 상이한 적재항, 수탁장소 또는 발송장

소를 명시하고 있다 하더라도 이는 분할선적을 커버하는 것으로 보지 아니한다. 제시가 2통 이상의 운송서류로 구성된 경우에는, 각통의 운송서류상에 입증되어 있는 최후의 선적일자를 선적일자로 본다.

제시가 동일한 운송방식 내에서 둘 이상의 운반수단에 의한 선적을 입증한 1통 이상의 운송서류로 구성된 경우에는, 운반수단이 동일한 목적지를 향하여 동일한 일자에 출발한다 하더라도 이는 분할선적을 커버하는 것으로 본다.

c. 제시가 2통 이상의 특사수령증, 우편수령증 또는 우송증명서로 구성된 경우에는, 동 특사수령증, 우편수령증 또는 우송증명서가 동일한 장소와 일자에서 동일한 목적지를 향하여 동일한 특사업체 또는 우송업체에 의하여 타인 또는 서명된 것으로 나타나 있으면, 이를 분할선적으로 보지 아니한다.

해설 본조는 구 제40조와 제43조 b항을 통합한 것으로서, "신용장상에 별도 규정이 없는 한"(제1조), "문면상"(제14조 a항), 서명의 "기타 인증"(제3조) 등의 표현을 삭제하고, 동일 운송방식내의 분할선적 및 여러 운송서류상의 선적일자 결정방법을 추가하고 조항 전체의 표현을 재정리한 것이 특징적이다.

a. [분할선적 · 어음 허용] 신용장상에 분할선적이나 분할어음발행에 관한 아무런 언급이 없는 경우, 분할선적과 분할어음발행은 허용된다. 즉, 신용장에서 분할선적이나 분할어음발행을 금지한 경우를 제외하고, 이를 허용하거나 이에 관한 지시가 없더라도 관념상 분할선적과 분할어음발행은 허용된다.

다만 개설은행이 분할선적을 허용하고 선적회수를 지정한 경우, 이러한 단서는 신용장상의 분할선적란(43P)이나 추가조건란(47A) 이외의 어느 위치에 표기하여도 유효하며, 이는 모든 당사자를 구속한다(ICC Pub. 697, R. 650).

분할선적이 허용된 경우, 송장 · 포장명세서 등은 각 완전한 1통씩 통합하여 제시하고, 서류 전체의 정보가 신용장조건에 일치하는 한 운송서류는 서로 다른 선박에의 선적을 증명하는 2통 이상 분리하여 제시하여도 무방하다. 이때 서류의 제시기간은 최초의 운송서류 일자로부터 기산한다(Pub. 632, R. 27).

b. ["분할선적"의 정의] 물품이 동일한 운반수단(means of conveyance)에 의하여 동일한 운항일정과 목적지를 향하고 있으면, 그것이 여러 차례 선적되었음을

입증하는 상이한 선적일자나 선적장소를 명시하고 있는 2통 이상의 운송서류로 구성되어 있더라도 이는 분할선적으로 보지 아니한다.

예컨대 3통의 독립된 철도화물탁송장이 제시되었으나, 물품이 동일한 장소에서 단일의 동일한 기차(train)에 의하여 동일한 운항일정과 목적지를 향하고 있는 한, 비록 3개의 화차(wagons)에 나누어 적재되었더라도, 이는 동일한 운반수단의 일부이므로 분할선적을 구성하지 아니한다(*Ibid.*, R. 243).

전통의 제시가 2통 이상의 운송서류로 구성된 경우, 각통의 운송서류상에 기재되어 있는 최후의 선적일자(latest date)를 선적일자로 본다. 이때 최후의 선적일자를 제시기간의 계산에 고려하여야 한다(ISBP 제105항; 동 제14조 c항).

결국 "분할선적"(partial shipment)이란 물품을 둘 이상의 수량단위로 분할하여, ① 동일한 운송방식 내의 동일한 목적지를 향하여 동일한 일자에 출발하였더라도 둘 이상의 운반수단에 선적한 경우, 또는 ② 둘 이상의 운반수단에 선적하여 전혀 다른 운항일정과 목적지를 향하는 경우 등을 말한다.

여기서 "운반수단"이란 선박·항공기·트럭 등 단일의 수송수단을 말하고, "운송방식"이란 해상·항공·도로운송 등 운송형태를 말한다(*Ibid.*, R. 241).

예컨대 2통의 제시된 CMR 운송서류가 동일한 운항일정과 목적지를 향하여 동일한 일자와 수령장소를 기재하고 있더라도, 물품이 서로 다른 트럭(trucks)에 적재된 경우, 이는 분할선적으로 본다. 다만 물품이 트레일러(trailer)가 붙은 트럭에 적재된 경우에는 분할선적이 아니다(*Ibid.*, Rs. 241 and 246).

c. [특사·우편물의 경우] 특사수령증이나 우편수령증의 경우, 서류가 2통 이상으로 구성되어 있더라도 동일한 수령장소와 일자 및 동일한 목적지를 향하고 동일한 특사업체나 우송업체에 의한 타인·서명이 나타나 있으면, 이를 분할선적으로 보지 아니한다. 이때에도 최후의 수령일자를 선적일자로 본다.

제32조 할부어음발행 · 할부선적

Article 32 Instalment Drawings or Shipments. If a drawing or shipment by instalments within given periods is stipulated in the credit and any instalment is not drawn or shipped within the period allowed for that instalment, the credit ceases to be available for that and any subsequent instalment.

번역 **제32조 할부어음발행 · 할부선적.** 신용장상에서 지정된 기간내의 할부방식에 의한 어음발행 또는 선적이 규정되어 있는데 어떠한 할부분이 당해 할부분을 위하여 허용된 기간내에 어음발행 또는 선적되지 아니한 경우에는, 동 신용장은 당해 할부분 및 후속되는 모든 할부분에 대하여 효력을 상실한다.

해설 본조는 구 제41조를 승계한 것으로서, "신용장상에 별도 규정이 없는 한"(제1조) 등의 표현을 삭제하였을 뿐이며, 종전과 변함이 없다.

본조는 동일한 수익자와 물품에 대한 기간과 수량을 별도로 지정한 경우에 적용된다. 예컨대 수익자가 동일하고 지급기한이 다르더라도, 기재된 물품이 전혀 달라 제조자와 서류가 각각 다른 명의로 작성된 경우, 이는 할부신용장이 아니기 때문에 본조의 규정을 적용할 수 없다(ICC Pub. 632, R. 248).

[할부 위반의 효과] 신용장상에 일정기간과 일정수량을 분절한(instalment) 할부선적이나 할부어음발행이 규정되어 있는데, 수익자가 각 할부분의 지정기간내에 지정수량을 선적하지 아니하거나 어음을 발행하지 아니하면 신용장은 해당 할부분뿐만 아니라 이후 모든 할부분에 대하여도 효력을 상실한다.

즉, 할부선적 · 어음발행에 관한 신용장조건의 위반은 개설의뢰인의 상업적 · 재정적인 위험으로 이어지기 때문에, 지정기간과 수량은 준수되어야 한다.

특히 신용장에서 각각의 기간과 수량을 지정한 할부선적이 요구된 경우, 송장은 각 지정된 할부계획과 일치하게 선적 · 작성하여야 한다(ISBP 제67항).

다만 개설은행이 어느 위반된 이후 할부분에 대한 승인을 통지하고 지급하면,

신용장은 이후 할부분에 대하여 다시 유효하게 회생한다(*Ibid.*, R. 290).

第33조 제시의 시간

Article 33 Hours of Presentation. A bank has no obligation to accept a presentation outside of its banking hours.

번역 **第33조 제시의 시간.** 은행은 자신의 은행영업시간 이외의 제시를 인수하여야 할 어떠한 의무도 부담하지 아니한다.

해설 본조는 구 제45조를 승계한 것으로서, 종전과 변함이 없다.

[영업시간외의 면책] 서류는 영업일자의 하루 중에도 지정은행의 영업시간(banking hours) 이전 또는 이후에 제시되어서는 아니된다. 은행은 이러한 서류를 인수할 의무가 없다. 여기서 "은행영업시간"이란 어떠한 만기일자의 자정까지가 아니라, 지정은행의 내규에 따른 일상적인 고객지원 업무시간까지를 의미한다. 우리나라의 경우 현재 대고객업무는 09:00-16:00까지 처리하고 있다.

예컨대 토요일의 경우 은행이 오전 영업시간내에 서류를 접수하였다면, 토요일도 접수일자로 계산된다(우리나라는 토요일이 휴무이다). 다만 신용장조건에서 은행창구가 아닌 신용장부서에 제시하도록 요구된 경우, 접수일자는 서류가 신용장부서에 전달된 영업일자로부터 계산된다(ICC Pub. 632, R. 64).

또 은행은 우편접수처가 영업하고 무역부서가 휴업하는 일자에 서류가 접수된 경우, 무역부서의 다음 첫 영업일자에 접수된 것으로 보고 접수의 수락여부를 결정할 수 있으며, 이때부터 심사기간이 계산된다(Pub. 697, R. 648).

◇ 면 책(제34조-제37조)

제34조 서류효력에 관한 면책

Article 34 Disclaimer on Effectiveness of Documents. A bank assumes no liability or responsibility for the form, sufficiency, accuracy, genuineness, falsification or legal effect of any document, or for the general or particular conditions stipulated in a document or superimposed thereon ; nor does it assume any liability or responsibility for the description, quantity, weight, quality, condition, packing, delivery, value or existence of the goods, services or other performance represented by any document, or for the good faith or acts or omissions, solvency, performance or standing of the consignor, the carrier, the forwarder, the consignee or the insurer of the goods or any other person.

번역 **제34조 서류효력에 관한 면책.** 은행은 모든 서류의 형식, 충분성, 정확성, 진정성, 위조 또는 법적 효력에 대하여, 또는 서류상에 규정되어 있거나 또는 이에 첨부되어 있는 일반조건 또는 특별조건에 대하여는 어떠한 의무 또는 책임도 부담하지 아니한다. 또 은행은 모든 서류에 의하여 표장된 물품, 서비스 또는 기타 채무이행의 명세, 수량, 중량, 품질, 상태, 포장, 인도, 가치 또는 존재 여부에 대하여, 또는 물품의 송화인, 운송인, 운송주선인, 수화인, 보험자 또는 기타 모든 자의 성실성, 작위 또는 부작위, 지급능력, 채무이행 또는 재정상태에 대하여도 어떠한 의무 또는 책임을 부담하지 아니한다.

해설 본조는 구 제15조를 승계한 것으로서, "물품"에 관련된 면책사항을 "서비스"와 "채무이행"에까지 확대한 부분 외에는 종전과 변함이 없다.

[은행의 면책사항] 일반적으로 신용장 거래은행은 신용장이 개설된 때부터 최종적인 수리·매입이 완료될 때까지 모든 서류의 효력, 송달 중의 사고, 불가항력 및 피지시자 행위에 대하여 어떠한 의무나 책임을 지지 아니한다.

특히 신용장 거래은행은 모든 서류의 효력에 관하여 어떠한 의무나 책임도 지지 아니하는데, 구체적으로 본조에 명시된 은행의 면책사항은 다음과 같다.

① 서류의 형식, 충분성, 정확성, 진정성, 위조(falsification), 법적 효력(legal effect) 및 서류상에 규정되거나 첨부된 일반조건 또는 특별조건

② 물품 등의 명세, 수량, 중량, 품질, 상태, 포장, 인도, 가치 또는 존재 여부

③ 물품의 송화인, 운송인, 운송주선인, 수화인, 보험자 또는 기타 모든 당사자의 성실성, 작위 또는 부작위, 지급능력, 채무이행 또는 재정상태 등.

은행은 실물거래를 확인할 수 없으며, 오로지 서류의 문면상으로만 확인할 수 밖에 없다. 따라서 은행은 서류의 진정성이나 위조(ICC Pub 459, Case No. 59), 타국에서 발행된 서류상 서명의 법적 효력 등을 확인할 책임이 없다. 은행의 부주의 여부는 법원의 판단에 따를 문제이다(Pub. 489, Case No. 218).

제35조 송달·번역에 관한 면책

Article 35 Disclaimer on Transmission and Translation. A bank assumes no liability or responsibility for the consequences arising out of delay, loss in transit, mutilation or other errors arising in the transmission of any messages or delivery of letters or documents, when such messages, letters or documents are transmitted or sent according to the requirements stated in the credit, or when the bank may have taken the initiative in the choice of the delivery service in the absence of such instructions in the credit.

If a nominated bank determines that a presentation is complying and forwards the documents to the issuing bank or confirming bank, whether or not the nominated bank has honoured or negotiated, an issuing bank or confirming bank must honour or negotiate, or reimburse that nominated bank, even when the documents have been lost in transit between the nominated bank and the issuing bank or confirming bank, or between the confirming bank and the issuing bank.

A bank assumes no liability or responsibility for errors in translation or interpretation of technical terms and may transmit credit terms without translating them.

번역 **제35조 송달·번역에 관한 면책.** 모든 통신, 서신 또는 서류가 신용장상에 기재된 요구에 따라 송달 또는 송부되거나 또는 신용장상에 그러한 지시가 없어 은행이 배달업체의 선택에 있어서 주도권을 가질 수 있었던 경우에는, 은행은 그러한 통신의 송달, 서신 또는 서류의 배달 중에 발생한 지연, 수송 중의 분실, 훼손 또는 기타 오류로 인하여 발생한 결과에 대하여는 어떠한 의무 또는 책임도 부담하지 아니한다.

지정은행이 제시가 일치하는 것이라고 결정하여 서류를 개설은행 또는 확인은행에게 발송한 경우에는, 서류가 지정은행과 개설은행 또는 확인은행 사이 또는 확인은행과 개설은행 사이의 수송 중에 분실되었다 하더라도, 동 지정은행이 수리 또는 매입하였는지의 여부와 관계없이 개설은행 또는 확인은행은 반드시 수리 또는 매입하거나 또는 당해 지정은행에게 보상하여야 한다.

은행은 전문용어의 번역 또는 해석상의 오류에 대하여는 어떠한 의무 또는 책임도 부담하지 아니하며, 또 신용장 용어를 번역함이 없이 송달할 수 있다.

해설 본조는 구 제16조를 승계한 것으로서, 제목에 "번역"을 추가하고, 은행간 수송 중에 분실된 서류의 면책조항을 신설한 것이 특징적이다.

[은행의 면책사항] 신용장 거래은행은 모든 통신, 서신 또는 서류의 송달 중에 발생한 지연, 분실, 훼손, 기타 오류 또는 전문용어의 번역이나 해석상의 오류에 대하여 고객인 개설의뢰인이나 수익자에게 어떠한 의무나 책임을 지지 아니한다. 구체적으로 본조에 명시된 은행의 면책사항은 다음과 같다.

① 통신의 송달 중에 발생한 지연, 훼손 또는 오류

② 서신 또는 서류의 배달 중에 발생한 지연, 분실 또는 훼손

③ 전문용어의 번역이나 해석상 오류(용어를 번역 없이 송달할 수도 있음.)

송달사고의 은행면책은 신용장상에 기재된 요구절차에 따른 경우뿐만 아니라, 그러한 지시가 없어 은행이 배달업체를 주도적으로 선택한 경우에도 적용된다. 여기서 "은행"(bank)이란 개설은행에만 국한되지 아니하고, 통지은행·양도은행·지정은행 등에도 공히 적용된다(ICC Pub. 632, R. 118).

한편 지정은행의 경우 일치하는 서류를 개설은행이나 확인은행에게 발송한 후 은행간의 수송 중에 분실된 때에는, 이에 책임을 지지 아니하며 대금을 보상받을 수 있다. 개설은행이나 확인은행은 지정은행이 수리·매입을 완료한 여부와 관계없이 서류의 일치가 확인되는 한, 당해 은행에게 보상하여야 한다.

예컨대 지정은행이 일치하는 서류를 발송하였으나 수송 중에 분실된 경우, 개설은행은 상환청구 없이 지급하여야 한다. 다만 서류는 신용장에 명시된 방법으로 발송되어야 하며, 기타의 위험은 송부은행에게 남는다(*Ibid.*, R. 114).

즉, 개설은행은 서류를 2편으로 발송하도록 요구할 수도 있고, 1편으로만 발송된 서류가 분실된 경우 개설은행이나 확인은행은 사본을 요구하여 일치하는 제시가 확인되는 한, 이에 수리 또는 매입하여야 한다(Pub. 697, R. 651).

第36조 불가항력

Article 36 Force Majeure. A bank assumes no liability or responsibility for the consequences arising out of the interruption of its business by Acts of God, riots, civil commotions, insurrections, wars, acts of terrorism, or by any strikes or lockouts or any other causes beyond its control.

A bank will not, upon resumption of its business, honour or negotiate under a credit that expired during such interruption of its business.

번역 第36조 불가항력. 은행은 천재지변, 폭동, 소요, 반란, 전쟁, 폭력행위에 의하거나, 또는 모든 동맹파업, 직장폐쇄 또는 기타 은행의 통제를 벗어난 모든 원인에 의한 은행의 업무중단으로 인하여 발생한 결과에 대하여는 어떠한 의무 또는 책임도 부담하지 아니한다.

은행은 자신의 업무를 재개하더라도, 그러한 업무중단 동안에 만기된 신용장에 따라서는 수리 또는 매입하지 아니한다.

해설 본조는 구 제17조를 승계한 것으로서, 불가항력의 위험항목에 "폭력행위"(acts of terrorism)를 추가한 부분 외에는 종전과 변함이 없다.

[은행의 면책사항] 신용장 거래은행은 자신이 통제할 수 없는 불가항력으로 인한 은행의 업무중단에 대하여 어떠한 의무나 책임을 지지 아니한다. 은행이 업무를 재개하더라도, 업무중단 동안에 만기된 신용장은 효력을 갖지 못한다(동 제29조 a항). 여기서 "은행"(bank)이란 모든 은행에 적용되며(ICC Pub. 632, R. 178), 구체적으로 본조에 명시된 은행의 면책사항은 다음과 같다.

① 천재지변, 폭동, 소요, 반란, 전쟁, 폭력행위

② 모든 동맹파업, 직장폐쇄

③ 기타 은행의 통제를 벗어난 모든 원인 등.

예컨대 정부의 제재조치 동안에 만기된 신용장은 효력을 갖지 못하며, 이때의 비용과 자금에 관한 소송은 각국의 사법규정에 의한다(*Ibid*., R. 120).

그러나 확인신용장의 경우 개설은행이 무역분쟁으로 폐업되더라도, 확인은행은 일치하는 제시에 대하여 지급책임이 있으며, 반대로 확인은행이 폐업되더라도 개설은행의 지급책임은 유효하게 존속한다(Pub. 459, Case No. 61).

제37조 피지시자 행위에 관한 면책

Article 37 Disclaimer for Acts of an Instructed Party. **a.** A bank utilizing the services of another bank for the purpose of giving effect to the instructions of the applicant does so for the account and at the risk of the applicant.

b. An issuing bank or advising bank assumes no liability or responsibility should the instructions it transmits to another bank not be carried out, even if it has taken the initiative in the choice of that other bank.

c. A bank instructing another bank to perform services is liable for any commissions, fees, costs or expenses ("charges") incurred by that bank in connection with its instructions.

If a credit states that charges are for the account of the beneficiary and charges cannot be collected or deducted from proceeds, the issuing bank remains liable for payment of charges.

A credit or amendment should not stipulate that the advising to a beneficiary is conditional upon the receipt by the advising bank or second advising bank of its charges.

d. The applicant shall be bound by and liable to indemnify a bank against all obligations and responsibilities imposed by foreign laws and usages.

번역 **제37조 피지시자 행위에 관한 면책.** a. 은행은 개설의뢰인의 지시를 실행할 목적으로 별도 은행의 서비스를 이용할 경우에는 동 개설의뢰인의 비용과 위험부담으로 이를 행하는 것이다.

b. 개설은행 또는 통지은행은 당해 기타 은행의 선택에 있어서 주도권을 갖고 있었다 하더라도 자신이 별도 은행에게 송달한 지시가 이행되지 아니한데 대하여는 어떠한 의무 또는 책임도 부담하지 아니한다.

c. 별도 은행에게 서비스를 이행하도록 지시한 은행은 자신의 지시와 관련하여 당해 은행에 의하여 발생된 모든 수수료, 요금, 비용 또는 지출금("경비")을 부담하여야 할 의무를 진다.

신용장상에서 경비는 수익자의 부담으로 한다고 기재되어 있고 또 경비가 징수될 수 없거나 또는 대금으로부터 공제될 수 없는 경우에는, 개설은행은 동 경비를 지급하여야 할 의무를 진다.

신용장 또는 변경상에서는 수익자에 대한 통지는 통지은행 또는 제2통지은행에 의한 경비의 수령을 조건부로 한다고 규정하여서는 아니된다.

d. 개설의뢰인은 외국의 법률 및 관행에 의하여 부과되는 모든 의무와 책임에

대하여 구속되며 또 은행에게 보상하여야 할 의무를 진다.

해설 본조는 구 제18조를 개정한 것으로서, 당사자 관계를 "은행", "수익자"로 구체화하고, 통지은행 경비의 선납조건을 금지한 것이 특징적이다.

a. **[비용 · 위험의 면책]** 은행이 개설의뢰인의 지시를 수행할 목적으로 타은행의 서비스를 이용하여 신용장을 통지 · 확인 · 변경하거나 수리 또는 매입하는 경우, 이로 인한 모든 비용과 위험은 개설의뢰인의 부담으로 한다.

예컨대 신용장에서 은행수수료를 부담할 당사자를 지정하지 아니한 경우, 1차적으로는 개설은행이 자신의 지시사항에 관련된 타은행(통지 · 매입)의 경비를 부담하여야 하며(본조 c항), 개설은행이 타은행의 서비스를 이용한 이들 경비는 개설의뢰인으로부터 징수할 수 있다(ICC Pub. 489, Case No. 220).

b. **[지시불이행의 면책]** 개설은행이나 통지은행은 각 지시자의 지시에 따른 경우뿐만 아니라 자신이 주도적으로 선택한 타은행에게 송달한 지시사항이 이행되지 아니하였더라도, 이에 대하여 어떠한 의무나 책임을 지지 아니한다.

즉, 은행은 개설의뢰인의 지시사항을 이행하기 위하여 타은행을 주도적으로 선택하였더라도 그 지시사항이 이행되지 아니한데 대하여 면책이다. 이는 4반세기 동안 UCP에서 지켜져 내려온 원칙이다(ICC Pub. 459, Case No. 62).

c. **[타은행이용의 경비]** 타은행에게 서비스의 이행을 지시한 은행은 자신의 지시사항과 관련하여 타은행에게 발생한 모든 경비(charges)를 부담하여야 한다. 여기서 "경비"란 해당 은행의 수수료 · 요금 · 비용 · 지출금 등을 포함한다.

신용장상에 은행의 경비는 "수익자 부담"(for account of beneficiary)이라고 기재하고 있으나, 이를 징수할 수 없거나 대금에서 공제할 수 없는 경우 해당 서비스를 지시한 개설은행이 모든 경비를 부담하여야 한다.

예컨대 신용장에서 L/C 개설비용을 제외한 모든 은행의 경비를 수익자 부담으로 규정한 경우, L/C 개설 이후 변경, 확인 등 기타 경비와 서류심사비용, 수익자 국가의 요금 등을 수익자가 부담하여야 하므로, 개설은행은 공제할 경비의 금액이나 요율을 명확하게 기재하여야 한다(ICC Pub. 697, R. 656).

한편 신용장에서 모든 은행의 경비는 "개설의뢰인 부담"이라고 규정한 경우, 이는 지정은행의 경비도 포함하는 것이며, 개설의뢰인으로부터의 징수여부와 관계없이 개설은행이 이를 부담하여야 한다(Pub. 632, R. 122).

그러나 신용장을 개설할 때 수익자가 통지은행의 경비를 선납하는 조건부로 통지하여서는 아니된다. 이는 통지은행에게 불필요한 부담이 될 수 있다.

d. [외국법 · 관행의 면책] 신용장이 개설되어 사용되기까지 외국의 법률과 관행(foreign laws and usages)에 의하여 부과되는 모든 의무와 책임은 은행이 이를 감당할 필요가 없다. 이는 궁극적으로 개설의뢰인의 부담에 속한다.

즉, 개설의뢰인은 개설은행과 지정은행이 신용장을 취급하는데 따른 외국의 법률과 관행상 부과되는 조세 등 모든 결과에 대하여 상호간 보상약정(reimbursement agreement)에 따라 보상할 의무가 있다(ICC Pub. 680, p. 156).

◇ 양 도(제38조-제39조)

제38조 양도가능 신용장

Article 38 Transferable Credits. **a.** A bank is under no obligation to transfer a credit except to the extent and in the manner expressly consented to by that bank.

b. For the purpose of this article :

Transferable credit means a credit that specifically states it is "transferable". A transferable credit may be made available in whole or in part to another beneficiary ("second beneficiary") at the request of the beneficiary ("first beneficiary").

Transferring bank means a nominated bank that transfers the credit or, in a credit available with any bank, a bank that is specifically authorized by the issuing bank to transfer and that transfers the credit. An issuing bank may be a transferring bank.

Transferred credit means a credit that has been made available by the transferring bank to a second beneficiary.

c. Unless otherwise agreed at the time of transfer, all charges (such as commissions, fees, costs or expenses) incurred in respect of a transfer must be paid by the first beneficiary.

d. A credit may be transferred in part to more than one second beneficiary provided partial drawings or shipments are allowed.

A transferred credit cannot be transferred at the request of a second beneficiary to any subsequent beneficiary. The first beneficiary is not considered to be a subsequent beneficiary.

e. Any request for transfer must indicate if and under what conditions amendments may be advised to the second beneficiary. The transferred credit must clearly indicate those conditions.

f. If a credit is transferred to more than one second beneficiary, rejection of an amendment by one or more second beneficiary does not invalidate the acceptance by any other second beneficiary, with respect to which the transferred credit will be amended accordingly. For any second beneficiary that rejected the amendment, the transferred credit will remain unamended.

g. The transferred credit must accurately reflect the terms and conditions of the credit, including confirmation, if any, with the exception of:

- the amount of the credit,
- any unit price stated therein,
- the expiry date,
- the period for presentation, or
- the latest shipment date or given period for shipment,

any or all of which may be reduced or curtailed.

The percentage for which insurance cover must be effected may be increased to provide the amount of cover stipulated in the credit or these articles.

The name of the first beneficiary may be substituted for that of the applicant in the credit.

If the name of the applicant is specifically required by the credit to appear in any document other than the invoice, such requirement must be reflected in the transferred credit.

h. The first beneficiary has the right to substitute its own invoice and draft, if any, for those of a second beneficiary for an amount not in excess of that stipulated in the credit, and upon such substitution the first beneficiary can draw under the credit for the difference, if any, between its invoice and the invoice of a second beneficiary.

i. If the first beneficiary is to present its own invoice and draft, if any, but fails to do so on first demand, or if the invoices presented by the first beneficiary create discrepancies that did not exist in the presentation made by the second beneficiary and the first beneficiary fails to correct them on first demand, the transferring bank has the right to present the documents as received from the second beneficiary to the issuing bank, without further responsibility to the first beneficiary.

j. The first beneficiary may, in its request for transfer, indicate that honour or negotiation is to be effected to a second beneficiary at the place to which the credit has been transferred, up to and including the expiry date of the credit. This is without prejudice to the right of the first beneficiary in accordance with sub-article 38 (h).

k. Presentation of documents by or on behalf of a second beneficiary must be made to the transferring bank.

번역 **제38조 양도가능 신용장.** a. 은행은 당해 은행에 의하여 명시적으로 동의된 이외의 범위와 방법으로 신용장을 양도하여야 할 어떠한 의무도 지지 아니한다.

b. 본조의 목적상,

양도가능 신용장(transferable credit)이라 함은 그것이 "양도가능한" 것임을 특별히 기재하고 있는 신용장을 의미한다. 양도가능 신용장은 수익자("제1수익자")의 요청에 따라 그 전부 또는 일부를 별개의 수익자("제2수익자")가 사용가능하도록 발급되어질 수 있다.

양도은행(transferring bank)이라 함은 신용장을 양도하는 지정은행, 또는 모든 은행에서 사용가능한 신용장의 경우에는 개설은행에 의하여 양도하도록 특별히 수권되어 있고 또 신용장을 양도하는 은행을 의미한다. 개설은행은 양도은행이 될 수 있다.

양도된 신용장(transferred credit)이라 함은 제2수익자가 사용가능하도록 양도은행에 의하여 발급된 신용장을 의미한다.

c. 양도의 당시에 별도의 합의가 없는 한, 양도에 관련하여 발생된 모든 경비(수수료, 요금, 비용, 지출금 등)는 반드시 제1수익자에 의하여 지급되어야 한다.

d. 분할어음발행 또는 분할선적이 허용되는 한, 신용장은 2인 이상의 제2수익자에게 분할하여 양도될 수 있다.

양도된 신용장은 제2수익자의 요청이 있다 하더라도, 어떠한 후속되는 수익자에게는 양도될 수 없다. 제1수익자는 후속되는 수익자로 보지 아니한다.

e. 모든 양도요청은 반드시 제2수익자에게 변경을 통지할 수 있는지의 여부와 어떠한 조건하에서 이를 통지할 수 있는지를 명시하여야 한다. 양도된 신용장은 반드시 그러한 조건을 명확하게 기재하여야 한다.

f. 신용장이 2인 이상의 제2수익자에게 양도된 경우에는, 1인 이상의 제2수익자가 변경을 거절한다 하더라도 이로 인하여 양도된 신용장이 결국 변경되어지는 것에 관련한 기타 모든 제2수익자의 승낙을 무효로 하지 아니한다. 변경을 거절한 모든 제2수익자에 대하여는, 양도된 신용장은 변경됨이 없이 존속한다.

g. 양도된 신용장은 다음과 같은 조건을 제외하고, 반드시 확인(있는 경우)을 포함하여 신용장의 제조건을 정확하게 반영하고 있어야 한다.

- 신용장의 금액,
- 이에 기재된 모든 단가,
- 유효기일,
- 제시를 위한 기간, 또는
- 최종의 선적일자 또는 지정된 선적기간,

이들 중의 일부 또는 전부는 감액 또는 단축될 수 있다.

보험담보를 위하여 부보하여야 할 백분율은 신용장 또는 이 규칙상에 규정된 부보금액을 제공하는 규모까지 증액될 수 있다.

제1수익자의 명의는 신용장상에 있는 개설의뢰인의 명의에 대체될 수 있다.

개설의뢰인의 명의가 송장 이외의 모든 서류상에 나타나 있도록 신용장에 의하여 특별히 요구된 경우에는, 그러한 요구는 반드시 양도된 신용장상에 반영되어 있어야 한다.

h. 제1수익자는 신용장상에 규정된 금액을 초과하지 아니한 금액에 대하여 제2수익자의 송장 및 환어음(있는 경우)을 자신의 것으로 대체할 권리를 가지며, 또 그러한 대체시에 제1수익자는 자신의 송장과 제2수익자의 송장 사이에 차액이 있는 경우 이에 대하여 신용장에 따른 환어음을 발행할 수 있다.

i. 제1수익자가 자신의 송장 및 환어음(있는 경우)을 제시하여야 함에도 불구하고 최초의 요구시에 이를 행하지 아니한 경우, 또는 제1수익자에 의하여 제시된 송장이 제2수익자에 의하여 행하여진 제시상에는 존재하지 아니한 하자를 유

발하고 있으나 제1수익자가 최초의 요구시에 이를 정정하지 아니한 경우에는, 양도은행은 제1수익자에 대한 더 이상의 책임이 없이 제2수익자로부터 수령한 바의 서류를 개설은행에게 제시할 권리를 갖는다.

j. 제1수익자는 자신의 양도요청상에서 신용장의 유효기일을 포함한 기일까지 신용장이 양도되었던 장소에서 제2수익자에 대한 수리 또는 매입이 이행되어야 함을 명시할 수 있다. 이러한 경우에도 제38조 h항에 따른 제1수익자의 권리는 침해받지 아니한다.

k. 제2수익자에 의하거나 또는 이를 대신하는 서류의 제시는 반드시 양도은행에게 행하여져야 한다.

해설 본조는 구 제48조를 개정한 것으로서, "양도가능 신용장"과 "양도은행", "양도된 신용장" 정의를 새로 도입하고, 개설은행도 양도은행이 될 수 있게 규정을 정리하였다. 기타 양도변경의 직접통지와 재양도 금지조항을 명료하게 하고, 확인을 수정금지조항에 추가하고, 제1수익자가 기한내 하자정정을 못한 결과, 제2수익자의 서류제시처 등의 규정을 추가한 것이 특징적이다.

a. [양도은행 책임범위] 개설은행을 포함한 양도은행은 자신이 명시적으로 동의한 범위와 방법내에서만 신용장을 양도할 의무가 있다. 제1수익자는 원신용장의 범위를 초과하여 양도요청을 할 수 없으며, 따라서 양도은행은 이를 벗어난 양도요청을 거절하거나 무시할 수 있다(ICC Pub. 489, Case No. 284).

또 신용장이 개설은행 앞 지급조건으로 사용가능한 경우, 통지은행은 양도수권이 있더라도 이를 양도할 수 없으며(Pub. 632, Rs. 45 and 187), 또 제1수익자의 일치하는 제시 이후에는 이를 양도할 수 없다(*Ibid.*, R. 257).

한편 양도은행은 확인은행이 아닌 한, 서류를 수리하거나 매입할 의무가 없다(*Ibid.*, Case No. 286). 다만 양도은행은 자신이 동의한 범위내에서 양도한 신용장이나 변경된 신용장에 대한 제2수익자의 이해관계를 보호할 의무가 있다(*Ibid.*, R. 267). 특히 제2수익자의 서류를 인수하여 제시인의 승인 없이 개설은행에게 송부하였다면, 이에 지급할 의무가 있다(*Ibid.*, Rs. 264 and 266).

b. [양도관련 용어정의] ① "양도가능 신용장"이란 신용장상에 "양도가능

한"(transferable) 것이라는 특별한 기재가 있는 신용장을 말한다. 이 밖에 "divisible", "fractionable", "assignable", "transmissible" 등의 용어가 사용되었거나 양도에 관한 어떠한 기재도 없는 신용장은 당연히 "양도불능 신용장"(non-transferable credit)이 된다. 결과적으로 양도가능 신용장은 제1수익자의 요청에 따라 그 전부 또는 일부를 제2수익자가 사용하게 할 수 있는 것이다.

② "양도은행"이란 신용장을 양도하는 지정은행 또는 자유매입 신용장의 경우 개설은행으로부터 특별히 수권되어 신용장을 양도하는 은행을 말한다. 물론 개설은행은 스스로 양도은행이 될 수 있다. 이때 제1수익자는 개설은행에게 직접 신용장의 전부 또는 일부를 제2수익자에게 양도하도록 요청하여야 한다.

자유매입 신용장의 경우에도, 특별히 수권되지 아니한 은행은 결코 양도은행이 될 수 없으며(ICC Pub. 459, Case Nos. 152 and 160), 따라서 수익자는 수권된 지정은행에서만 양도요청을 하여야 한다(Pub. 489, Case No. 285).

다만 자유매입 신용장의 경우 개설은행은 당사자간의 합의가 있는 한, 수익자의 편의를 위하여 여러 은행을 양도은행으로 지명할 수 있으며, 이때 양도은행은 서류처리 · 지급의 지정은행인 것으로 본다(*Ibid.*, Rs. 256 and 265).

③ "양도된 신용장"이란 제1수익자의 요청에 따라 양도은행이 제2수익자 앞으로 사용가능하도록 발급한 신용장, 즉 신용장 양도통지서를 말한다. 이때 양도된 내용은 개설은행에게 통고할 필요가 없다(*Ibid.*, Case No. 154).

결과적으로 제2수익자는 본조의 규정에 따라 수정이 허용된 조건을 제외하고, 제1수익자와 동일한 조건의 보호를 받는다. 예컨대 유효기일내에 서류를 제시하면, 이후의 환어음 만기일자에 지급이 보장된다(*Ibid.*, Rs. 261 and 269).

c. **[양도경비 지급책임]** 양도에 관련하여 발생한 모든 경비(수수료, 요금, 비용, 지출금 등)는 양도의 당시에 별도로 합의하지 아니하는 한, 제1수익자의 부담에 속한다. 물론 양도시 모든 경비를 제2수익자의 부담으로 한다는 등 별도의 합의를 할 수 있으나, 기타 별도의 합의가 없는 한 양도은행은 이러한 경비가 지급확정되기까지는 신용장의 양도를 행하지 아니하여도 된다.

이는 UCP 600 제37조(피지시자행위)의 원칙과도 일치하며, 또 양도은행의 경비를 제1수익자가 최종적으로 부담하게 하는 것은 제2수익자와 직접적인 계약관계에 없는 양도은행을 보호하기 위함이다(ICC Pub. 680, p. 160).

d. [분할양도와 재양도] 신용장은 분할어음발행이나 분할선적이 허용되는 한, 2인 이상의 제2수익자에게 분할하여 양도할 수 있다. 즉, 신용장에서 분할어음발행이나 분할선적을 금지하지 아니하는 한, UCP 600 하에서 분할어음발행과 분할선적이 허용되므로, 신용장은 2인 이상에게 분할 양도할 수 있다(제31조 a항). 이때 분할분의 총합은 신용장금액을 초과하지 아니하여야 한다.

한편 신용장은 1단계 양도되면, 제2수익자의 요청이 있더라도 후속되는 제3수익자에게 다시 양도될 수 없다. 다만 제1수익자는 후속되는 수익자로 보지 아니한다. 즉, 제2수익자는 양도된 신용장을 제1수익자에게 반납할 수 있다.

예컨대 제1수익자는 제2수익자가 양도된 분할분을 사용하지 아니하고 반납한 경우, 원신용장의 유효기일이 만료되지 않은 한 이를 제3자 앞으로 재양도(re-transfer)를 요청할 수 있으며(ICC Pub. 489, Case No. 288), 이때 양도은행은 제2수익자의 미사용분을 확인하여야 한다(*Ibid.*, Rs. 45 and 268).

다만 보증신용장에서처럼 1단계 양도된 신용장의 후속되는 재양도가 필요한 경우, 원신용장상에 "Transferred credit may also be transferred." 등의 조건을 명시하여야 하고 양도은행이 이에 동의하여야 한다(Pub. 697, R. 651).

e. [양도변경 직접통지] 제1수익자의 양도요청상에는 장차 은행이 신용장의 변경을 제2수익자에게 직접 통지하는 것을 허용하는지의 여부와 이때 허용조건이 있다면 이를 명시하여야 한다. 변경의 통지에 관한 제1수익자의 허용조건이 있는 경우, 은행은 양도된 신용장상에 이를 명확하게 기재하여야 한다.

즉, 제1수익자는 신용장의 변경시 반드시 동의를 받아야 할 직접당사자이다. 만약 제2수익자의 요구에 따라 조건변경이 있을 경우, 제1수익자는 스스로 동의권한을 포기할 것인지의 여부를 양도요청서에서 명확히 밝혀야 한다.

그러나 제1수익자는 더 이상 거래의 당사자로서 역할을 포기하지 않은 한, 변경의 통지에 관한 거부권을 유지하는 것이 바람직하다(Pub. 632, R. 262).

f. [양도변경 효력분리] 신용장이 2인 이상의 제2수익자(양수인)에게 양도된 경우, 일부 양수인이 이러한 변경을 거절한다 하더라도 변경을 승낙한 양수인에 대

하여는 새로 변경된 신용장이 효력을 발생한다. 이때 변경을 거절한 양수인에 대하여는 변경되기 이전의 원신용장이 계속 효력을 유지한다.

즉, 2인 이상의 제2수익자에게 양도된 신용장은 상호 별개의 신용장이므로, 각 분할분의 양수인은 그 분할분의 범위내에서만 서류를 제시할 수 있다(ICC Pub. 459, Case No. 156). 이때 변경의 승낙여부에 관한 양수인의 최종통보는 서류를 제시할 때까지 가능하다(Pub. 489, Case No. 283; 동 제10조 c항).

g. [양도조건 수정제한] 양도된 신용장은 반드시 확인(있는 경우)을 포함하여 원신용장의 조건을 명확하게 반영하여야 한다. 즉, 신용장은 원신용장의 조건내에서만 양도하여야 한다. 예컨대 원신용장이 CFR 조건으로 개설된 경우 이를 FOB 조건으로 변경하거나(*Ibid.*, Case No. 290), 또는 원신용장에서 선적전검사증명서(PSI)가 요구된 경우 이를 삭제할 수 없다(*Ibid.*, R. 260).

예외적으로 다음과 같은 신용장조건은 이를 수정하여 양도할 수 있다.

① 원신용장보다 "감액 또는 단축"이 허용된 조건 :

- 신용장의 금액
- 신용장상의 모든 단가
- 유효기일
- 제시를 위한 기간
- 최종의 선적일자 또는 선적기간

② 원신용장만큼 "증액"이 허용된 조건 :

- 각 양도분의 보험담보를 위한 부보금액의 백분율

③ 개설의뢰인의 "명의" 대신에 제1수익자 명의의 기재 등.

다만 원신용장에서 송장 외의 모든 서류상에 개설의뢰인의 명의를 기재하도록 요구된 경우, 그러한 요구는 반드시 양도된 신용장상에 반영되어야 한다.

그러나 원신용장에서 제1수익자에게 신용장조건을 변경하여 양도요청할 수 있도록 허용하고 양도은행이 변경신용장을 양도한 경우, 양도은행과 개설은행은 변경신용장의 양도조건에 대하여 의무를 부담하여야 한다(*Ibid.*, R. 269).

h. [송장 · 환어음 대체권] 제1수익자는 신용장의 원금액을 초과하지 아니한 범

위내에서 제2수익자의 송장과 환어음(있는 경우) 대신에 자신의 것으로 대체할 권리가 있다. 또 제1수익자는 자신의 송장과 제2수익자의 송장 사이에 차액이 있을 때에는 그 차액청구를 위한 별도의 환어음을 발행할 수 있다.

이는 제1수익자의 임의사항이다. 제1수익자가 환어음만 대체하고 송장은 제2수익자의 것으로 제시하거나(ICC Pub. 459, Case No. 157), 개설의뢰인의 명의가 없는 송장, 송장번호나 다른 서류상의 화주와 발행인이 불일치한 송장, 금액이 신용장보다 낮은 송장 등은 여타의 기재내용이 신용장조건과 일치하는 한 하자가 되지 아니한다(Pub. 489, Case No. 291; *Ibid.*, Rs. 262 and 271).

또 신용장에서 송장 대신에 물품명세·선적·금액·원산지·수출입자 등을 수록한 "원산지가액복합증명서"(combined certificate of value and origin)가 요구된 경우, 제1수익자는 이를 대체 제시하여도 된다(Pub. 697, R. 652).

다만 제1수익자가 제2수익자의 송장과 환어음을 대체하지 못할 경우, 신용장에 따른 제1수익자의 권리가 박탈되고 제2수익자가 개설은행에게 직접 제시하여 접촉할 위험은 있지만, 기타 개설의뢰인에 대한 제1수익자의 지분에 대한 지급청구권까지 모두 박탈되는 것은 아니다(Pub. 632, Rs. 88 and 270).

i. **[송장대체권 행사기한]** 은행에 의한 최초의 요구시(on first demand) 제1수익자가 자신의 송장과 환어음(있는 경우)을 제시하지 못하면, 양도은행은 제1수익자에 대하여 더 이상의 책임 없이 제2수익자로부터 수령한 서류(송장과 환어음 포함)를 그대로 개설은행에게 제시할 권리가 있다(*Ibid.*, R. 262).

여기서 "최초의 요구시"란 지정은행에 의하여 요구된 최초의 요구시를 말한다. 즉, 제1수익자에게는 서류의 수령 후 제5은행영업일이 허용되면서 동시에 제2수익자에게도 결제를 위한 동일한 기간이 허용된다(*Ibid.*, R. 261).

만약 제1수익자가 대체하여 제시한 송장상에 새로운 하자가 있어 은행이 최초의 요구시 제1수익자가 이를 정정하지 아니한 경우도, 양도은행은 더 이상의 책임 없이 제2수익자의 서류를 그대로 개설은행에게 송부할 수 있다.

이때 양도은행은 제시인의 승인 없이 제1수익자의 서류를 개설은행에게 유출할 수는 없으며, 그 처리상태를 제시인에게 통고하여야 한다(*Ibid.*, R. 259).

j. **[사용장소 · 기일 지정권]** 제1수익자는 양도요청시에 신용장 유효기일의 만기일자까지 신용장을 양도한 장소(place)에서 제2수익자에 대한 수리나 매입을 이행하도록 제2수익자의 사용기일과 장소를 지정할 수 있다.

다만 원신용장에서 다른 장소에서의 수리나 매입이 제한된 때에는 제외된다. 예컨대 신용장이 확인은행의 창구에서만 사용가능한 경우, 제1수익자는 다른 통지은행을 양도장소로 지정할 수 없다(ICC Pub. 459, Case No. 158).

물론 이 경우에도 제1수익자는 제2수익자의 송장과 환어음 대신에 자신의 것으로 대체하고 그 차액에 대한 환어음을 발행하는 권리가 보장된다.

k. **[제2수익자의 제시처]** 신용장이 양도되면 제2수익자에 의하거나 또는 이를 대신하는 모든 서류는 반드시 양도은행에게 제시하여야 한다. 이는 제2수익자의 서류를 개설은행이나 기타 은행이 아닌 양도은행에 제시하도록 하여 제1수익자에게 송장과 환어음의 대체권을 보장해 주기 위한 것이다. 물론 양도은행이 개설은행이라면, 모든 서류는 개설은행에게 직접 제시하여야 한다.

예컨대 신용장이 타국의 제2수익자에게 양도된 경우, 제2수익자는 신용장의 유효기일내에 양도은행에게 서류를 제시하여야 하며, 이때 제1수익자는 유효기일 이후에도 송장 대체권을 행사할 수 있다(ICC Pub. 489, Case No. 287).

다만 양도은행은 본조의 규칙을 수정하여 서류를 개설은행에게 직접 제시하도록 할 수 있으며, 이 경우 개설은행에게 해당 조치를 통지하여야 한다. 반대로 개설은행도 본조의 규칙을 수정하여 서류를 본인에게 직접 제시하도록 할 수 있으며, 이 경우 양도은행에게 수정사유를 알려야 한다(Pub. 697, R. 653).

제39조 대금의 양도

Article 39 Assignment of Proceeds. The fact that a credit is not stated to be transferable shall not affect the right of the beneficiary to assign any proceeds to which it may be or may become entitled under the credit, in accordance with the provisions of applicable law. This article relates only to the assignment of proceeds and not to the assignment of the right to perform under the credit.

번역 **제39조 대금의 양도.** 신용장이 양도가능한 것으로 기재되지 아니한 사실은 수익자가 동 신용장하에서 수권될 수 있거나 또는 수권되어 있을 수 있는 모든 대금을 적용가능한 법률의 규정에 따라 양도할 권리에 영향을 미치지 아니한다. 본조의 규정은 단지 대금의 양도에 관계되는 것일 뿐이며, 신용장하에서 이행할 권리의 양도에 관계되는 것은 아니다.

해설 본조는 구 제49조를 승계한 것으로서, 종전과 변함이 없다.

수익자는 신용장이 "양도가능한"(transferable) 것으로 기재되어 있지 아니하더라도, 신용장하에서 자신에게 부여된 모든 대금(proceeds)에 대하여 이에 적용가능한 특정의 법률에 따라 양도권을 행사할 수 있다. 즉, 양도불능 신용장인 경우에도, 수익자는 자신에게 부여된 채권인 대금의 청구권을 적용가능한 법률에 따라 다른 당사자에게 양도할 수 있다. 이때 수익자는 자신이 신용장하에서 이행할 권리나 의무까지를 다른 당사자에게 양도할 수는 없다.

UCP상에서 대금의 양도에 관한 규정은 1974년 개정 때부터 미국의 의견을 반영하여 도입한 것으로서, 영국 · 일본 등 주요 국가에서도 이미 인정하고 있는 제도이다. 미국은 오래 전부터 담보거래(UCC 제9장)의 원리를 도입하여 신용장법에 대금의 양도에 관한 규정을 두고 있다(UCC Sec. 5-114(a)-(f)).

여기서 "대금의 양도"(assignment of proceeds)란 수익자가 ① 신용장조건을 이행하는 권리와 의무를 유보하면서, 그 이행에 앞서 ② 대금의 청구권만을 다른 양수인에게 처분하는 것을 말한다. 다만 양수인은 수익자가 신용장조건을 모두 완수하였을 때 비로소 은행으로부터 대금을 지급받을 수 있다.

또 "대금"(proceeds)이란 신용장에 따라 개설은행이나 모든 지정은행이 제시의 수리나 매입과 동시에 지급하거나 교부하는 현금, 수표, 인수된 환어음 또는 기타의 금전적 가액이나 가액의 지급 등을 말한다(UCC 5-114(a)).

결론적으로 신용장 대금의 양도는 신용장의 양도와 본질적으로 다르다. 첫째, 대금의 양도가 이루어진 경우, 신용장조건을 이행하는 당사자는 수익자인 반면에,

은행으로부터 대금을 청구하는 당사자는 양수인이 된다. 둘째, 신용장의 양도(transfer of credits)가 이루어진 경우, 신용장조건을 이행하는 당사자와 은행으로부터 대금을 청구하는 당사자가 모두 양수인이 된다.

Ⅲ. UCP 600의 평가와 활용

Ⅲ

UCP 600의 평가와 활용

1. UCP 600의 주요내용 요약

(1) 총칙과 통지조항(제1조–제12조)

1. [UCP의 적용] UCP 600은 이 규칙에 따른다는 문언이 있는 한, 보증신용장(가능한 범위)과 모든 화환신용장에 적용하며, 모든 관계당사자를 구속한다.

2. [정의] 이 규칙의 목적상, 통지은행, 개설의뢰인, 은행영업일, 수익자, 일치하는 제시, 확인(확인은행), 신용장, 수리, 개설은행, 매입, 지정은행, 제시(제시인) 등 이 규칙에 반복적으로 사용되는 용어의 명확한 정의를 두고 있다.

3. [해석] 이 규칙의 목적상, 단수와 복수, 취소불능성, 서명방법, 증명방법, 은행지점, 발행인 수식어, '신속히' 등, '당일경', 선적시 '까지' 등, 만기의 '부터' 등, 월의 '상순' 등에 관한 문언이나 표현의 명확한 해석을 하고 있다.

4. [신용장의 독립성] a. 신용장은 본질적으로 그 기초가 되는 매매계약이나 기타의 계약관계로부터 완전히 독립된 거래이다. 즉, ① 은행확약은 개설의뢰인이 개설은행이나 수익자와의 관계에 기초하여 주장하는 청구권이나 항변으로부터

독립되어 있으며, 또 ② 수익자도 은행 상호간이나 개설은행과 개설의뢰인간에 존재하는 계약관계를 원용하여 은행약정에 개입할 수 없다.

b. 개설은행은 개설의뢰인이 신용장 전체의 일부로서 기초계약의 사본, 견적송장 등을 포함시켜 개설하려는 어떠한 시도도 이를 제지하여야 한다.

5. **[신용장의 추상성]** 신용장에서 은행은 서류만으로 거래하는 것이지, 서류에 관련될 수 있는 물품・서비스・채무이행 등의 현실을 거래하지 아니한다.

6. **[사용가능성・유효기일과 장소]** a. 신용장은 사용가능처란에 지정은행을 기재하여야 하며, 이 경우 신용장은 개설은행에서도 사용가능하다.

b. 신용장은 일람출급・연지급・인수・매입의 사용방법을 지정하여야 한다.

c. 신용장은 결코 개설의뢰인을 지급인으로 하여 개설하여서는 아니된다.

d. 신용장은 수리나 매입의 제시를 위한 유효기일을 기재하여야 하며, 또 신용장의 사용가능처인 은행의 장소는 제시를 위한 장소가 된다.

e. 서류의 제시는 반드시 신용장 유효기일까지 이행되어야 한다.

7. **[개설은행의 확약]** a. 개설은행은 개설은행 앞의 일람출급・연지급・인수를 위한 일치하는 제시에 대하여, 또는 지정은행 앞의 일람출급・연지급・인수・매입을 위한 일치하는 제시가 부도된 때 수리하여야 한다.

b. 개설은행은 신용장을 개설한 당시부터 취소불능한 수리의 의무를 진다.

c. 개설은행은 지정은행이 일치하는 서류를 발송하면 이에 보상하여야 하며, 특히 인수・연지급신용장의 경우 지정은행이 만기 이전에 선지급하였거나 구매한 여부에 관계없이 만기에 일치하는 제시의 대금을 보상하여야 한다.

8. **[확인은행의 확약]** a. 확인은행은 확인은행 앞의 일람출급・연지급・인수를 위한 일치하는 제시에 대하여, 또는 별도 지정은행 앞 일람출급・연지급・인수・매입을 위한 일치하는 제시가 부도된 때 수리하여야 한다. 또 확인은행 앞의 매입을 위한 일치하는 제시에 대하여 상환청구없이 매입하여야 한다.

b. 확인은행은 신용장에 확인을 추가한 당시부터 취소불능한 의무를 진다.

c. 확인은행은 별도 지정은행이 일치하는 서류를 발송하면 이에 보상하여야 하며, 특히 인수・연지급신용장의 경우 별도 지정은행이 만기 이전에 선지급하였거

나 구매한 여부에 관계없이 만기에 제시의 대금을 보상하여야 한다.

d. 통지은행이 신용장의 확인을 요청받았으나 이를 행할 용의가 없는 경우, 지체없이 개설은행에게 통고하여야 하고, 확인없이 신용장을 통지할 수 있다.

9. **[신용장 · 변경의 통지]** a. 통지은행은 확인은행이 아닌 한, 수익자에 대한 수리나 매입의 확약을 추가함이 없이 신용장을 통지하는 것이다.

b. 통지은행은 신용장의 외관상 진정성에 관한 확신과 자신의 통지가 신용장조건을 정확하게 반영하고 있다는 사실에 관하여 책임을 져야 한다.

c. 제2통지은행의 경우도 신용장의 외관상 진정성과 자신의 통지가 신용장조건을 정확하게 반영하고 있다는 사실에 관하여 책임을 져야 한다.

d. 신용장 변경의 모든 통지도 동일한 통지은행 경로를 이용하여야 한다.

e. 은행이 통지를 행하지 아니할 경우 지시은행에게 즉시 통고하여야 한다.

f. 통지은행이 신용장의 외관상 진정성을 확신할 수 없는 경우 지시은행에게 즉시 통고하고, 이를 통지하기로 한 때에는 수익자에게도 통고하여야 한다.

10. **[변경]** a. 신용장은 양도가능 신용장을 제외하고, 개설은행 · 확인은행(있는 경우) · 수익자 전원의 합의없이는 이를 변경하거나 취소할 수 없다.

b. 개설은행은 변경을 개설한 당시부터 변경된 신용장에 의한 의무를 지며, 확인은행의 경우 확인을 연장하는 한 변경을 통지한 당시부터 의무를 진다.

c. 수익자에게는 신용장의 변경에 관한 승낙을 통보할 때까지는 원신용장의 효력이 유지되고, 자신이 승낙을 통보한 때부터 변경의 효력이 발생한다.

d. 통지은행은 수익자의 승낙 여부를 당초 지시은행에게 통고하여야 한다.

e. 변경에 관한 일부승낙은 허용되지 아니하며, 이는 거절의 통고로 본다.

f. 일정한 기간에 거절통고가 없으면 변경의 승낙으로 보는 것은 무효이다.

11. **[전신 · 예고신용장]** a. 신용장의 인증된 전신은 그 자체를 유효한 신용장으로 본다. 다만 전신상에서 세부사항을 추후 통지한다거나 우편확인서를 유효한 신용장으로 한다고 기재한 경우, 동 전신은 효력을 갖지 못한다.

b. 신용장의 사전통지는 유효한 신용장을 개설할 용의가 있는 경우에만 송부하고, 이러한 경우 이와 모순되지 아니한 신용장을 즉시 개설하여야 한다.

12. [지정] a. 지정은행은 확인은행이 아닌 한, 수익자에 대하여 명시적으로 합의하지 아니하면 반드시 수리나 매입의 의무를 부담하지 아니하며, 지정은행에 의한 서류의 수령·심사·발송은 수리나 매입으로 보지 아니한다(c항).

b. 인수·연지급신용장의 경우, 개설은행은 지정은행이 만기 이전에 선지급하였거나 구매한 여부와 관계없이 만기에 일치하는 제시를 보상하여야 한다.

(2) 의무와 책임조항(제13조–제16조)

13. [은행간 보상의무] a. 신용장에서 제3은행에게 보상청구하도록 기재한 경우, 당시의 유효한 ICC 은행간 보상규칙(URR)의 적용여부를 기재하여야 한다.

b. 신용장상에 URR 준거문언이 없더라도, 개설은행은 ① 보상은행에게 적합한 보상수권을 제공하고, ② 보상은행의 보상불이행으로 인한 청구은행의 모든 지출금과 이자손실 및 ③ 보상은행의 경비 등을 부담하여야 한다. 이 경우 ④ 청구은행은 보상은행에게 일치성증명서를 제공하지 아니하여도 된다.

c. 보상은행의 보상불이행에 대한 최종적인 책임은 개설은행에게 있다.

14. [서류심사의 기준] a. 지정은행·확인은행·개설은행은 서류만에 기초하여 서류가 문면상 일치하는 제시를 구성하는지의 여부를 심사하여야 한다.

b. 일치하는 제시의 여부를 결정하는 최대기간은 제시의 익일로부터 제5은행영업일이며, 이는 유효기일이나 제시기일의 만기에 영향을 받지 아니한다.

c. 1통 이상의 원본 운송서류를 포함한 제시는 늦어도 이 규칙상에 표현된 선적일자 이후 제21월력일까지 및 신용장의 유효기일까지는 이루어져야 한다.

d. 서류상의 자료는 신용장, 서류 자체 및 국제표준은행관습의 상호 관계를 기준으로 판단할 때 당해서류, 기타 모든 규정된 서류 내지 신용장상의 자료와 반드시 동일하여야 할 필요는 없으나, 결코 이와 모순되어서는 아니된다.

e. 상업송장 이외의 요구된 서류상에 있는 물품·서비스·채무이행의 명세는 신용장상의 명세와 모순되지 아니한 일반용어로 기재하여도 된다.

f. 주요서류 이외의 서류는 그 내용이 해당서류의 기능을 완수하고 신용장조건 및 서류 상호간에 모순되지 아니하는 한, 제시된 대로 인수하여야 한다.

g. 신용장상에 요구되지 아니한 서류는 이를 무시하고 반송하여도 된다.

h. 신용장상에 어떠한 조건이 기재되었으나 그 서류를 규정하지 아니한 경우, 은행은 그러한 조건이 기재되지 아니한 것으로 보고 무시하여야 한다.

i. 서류의 일자는 개설일자 이전은 무방하지만, 제시일자 이후는 아니된다.

j. 서류상에 수익자이나 개설의뢰인의 주소는 각각 신용장과 동일한 국가에 있는 한 모두 동일할 필요가 없으며, 주소의 연락처 세부사항은 무시한다.

k. 서류상에 화주나 송화인은 신용장 수익자와 동일하여야 할 필요가 없다.

l. 운송서류는 인수요건을 충족하는 한, 어떠한 당사자도 발행할 수 있다.

15. **[일치하는 제시]** a. 개설은행은 일치하는 제시에 대하여 수리하여야 한다.

b. 확인은행은 일치하는 제시에 대하여 수리·매입하고 개설은행에게 서류를 발송하여야 하며, 또 지정은행은 일치하는 제시에 대하여 수리·매입한 때에는 반드시 확인은행이나 개설은행에게 서류를 발송하여야 한다(c항).

16. **[하자서류 거절통고]** a. 지정은행·확인은행·개설은행은 각각 일치하지 아니한 제시에 대하여 수리·매입을 거절할 수 있다.

b. 개설은행은 일치하지 아니한 제시에 대하여 서류심사의 최대기간 내에서 독자적인 판단으로 개설의뢰인에게 하자의 권리포기 여부를 교섭할 수 있다.

c. 은행의 거절통고는 반드시 1회에 한하여 행하여야 하며, 거절통고의 내용에는 ① 거절한다는 의사표시, ② 거절에 관련된 모든 하자사유, ③ 서류의 보유·반송·제시인의 사전지시에 따르는지 여부를 구분 기재하여야 한다.

d. 은행의 거절통고는 제시의 익일로부터 제5은행영업일의 종료시간까지 전신수단이나 그것이 불가능한 때에는 기타 신속한 수단으로 행하여야 한다.

e. 은행은 거절통고시 보유하고 있던 서류를 언제든지 반송할 수 있다.

f. 개설은행이나 확인은행은 본조의 규정에 따른 하자통고의무를 다하지 못한 경우에는 더 이상 서류가 불일치하다는 주장을 제기할 수 없다.

g. 은행이 하자통고를 행한 때에는 선급금과 이자의 반환을 청구할 수 있다.

(3) 서류조항(제17조-제28조)

17. **[원본서류와 사본]** a. 서류는 적어도 1통의 원본이 제시되어야 한다.

b. 서류는 자체에 원본을 부정하는 명시가 없는 한, 외관상으로 서류 발행인에

의한 원천적인 서명, 표지, 타인 또는 부표가 있으면 원본으로 본다.

c. 서류는 ① 발행인의 수기로 기록, 타자, 천공 또는 타인된 것, ② 발행인의 필묵지상에 작성된 것, ③ '원본'이라고 기재된 것도 역시 원본으로 본다.

d. 사본이 요구된 경우, 원본 또는 사본 중 어느 것을 제시하여도 된다.

e. 복본이 요구된 경우, 1통의 원본과 나머지를 사본으로 제시하여도 된다.

18. [상업송장] a. 상업송장은 ① 수익자가 발행하고(양도가능 신용장 제외), ② 개설의뢰인의 명의 앞으로 작성된 것이어야 하며(〃), ③ 신용장과 동일한 통화단위로 작성되어야 하지만, ④ 반드시 서명을 필요로 하지 아니한다.

b. 은행은 신용장금액을 초과한 금액의 상업송장을 인수할 수 있다.

c. 상업송장상의 물품명세는 반드시 신용장명세와 일치하여야 한다.

19. [복합운송서류] a. 복합운송서류는 다음과 같은 요건을 갖추어야 한다.

① 운송인 명의와 함께 운송인이나 선장 또는 대리인에 의한 서명

② 신용장상에 기재된 장소에서 발송・수탁・본선선적된 사실

③ 신용장상에 기재된 발송・수탁・선적장소와 최종 목적장소의 명시

④ 단일이나 복수의 원본 운송서류상에 명시된 통수의 원본 전체의 제시

⑤ 운송조건이 포함되어 있거나 별도의 자료를 참조하도록 한 명시

⑥ 용선계약에 따른다는 어떠한 명시도 포함되어 있지 아니한 것 등.

b. 복합운송에서 "환적"이란 신용장상에 기재된 선적장소로부터 최종 목적장소까지 하나의 운반수단에서 양하하여 다른 운반수단에 재적하는 것을 말한다.

c. 복합운송에서 ① 운송서류는 물품이 "환적될 것이라거나 환적될 수 있음." 을 명시할 수 있으며, 또 ② 환적이 금지된 경우도 이를 인수할 수 있다.

20. [선화증권] a. 선화증권은 다음과 같은 요건을 갖추어야 한다.

① 운송인 명의와 함께 운송인, 선장 또는 대리인에 의한 서명

② 신용장상에 기재된 적재항에서 지명선박에 본선선적된 사실

③ 신용장상에 기재된 적재항과 양륙항간의 운송된 사실

④ 단일이나 복수의 원본 선화증권상에 명시된 통수의 원본 전체의 제시

⑤ 운송조건이 포함되어 있거나 별도의 자료를 참조하도록 한 명시

⑥ 용선계약에 따른다는 어떠한 명시도 포함되어 있지 아니한 것 등.

b. 해상운송에서 "환적"이란 신용장상에 기재된 적재항으로부터 양륙항까지 하나의 선박으로부터 양하하여 다른 선박에 재적하는 것을 말한다.

c. 해상운송에서 ① 선화증권은 물품이 "환적될 것이라거나 환적될 수 있음."을 명시할 수 있으며, 또 ② 환적이 금지된 경우도 컨테이너・트레일러・라쉬선의 선적사실이 입증되면, 이를 명시한 선화증권을 인수할 수 있다.

d. 운송인이 환적권을 유보하고 있다는 선택권조항은 이를 무시할 수 있다.

21. [해상화물운송장] a. 해상화물운송장은 다음의 요건을 갖추어야 한다.

① 운송인 명의와 함께 운송인, 선장 또는 대리인에 의한 서명

② 신용장상에 기재된 적재항에서 지명선박에 본선선적된 사실

③ 신용장상에 기재된 적재항과 양륙항간의 운송된 사실

④ 단일이나 복수의 원본 운송서류상에 명시된 통수의 원본 전체의 제시

⑤ 운송조건이 포함되어 있거나 별도의 자료를 참조하도록 한 명시

⑥ 용선계약에 따른다는 어떠한 명시도 포함되어 있지 아니한 것 등.

b. 해상운송에서 "환적"이란 신용장상에 기재된 적재항으로부터 양륙항까지 하나의 선박으로부터 양하하여 다른 선박에 재적하는 것을 말한다.

c. 해상운송에서 ① 해상화물운송장은 물품이 "환적될 것이라거나 환적될 수 있음."을 명시할 수 있으며, 또 ② 환적이 금지된 경우도 컨테이너・트레일러・라쉬선의 선적사실이 입증되면, 이를 명시한 운송서류를 인수할 수 있다.

d. 운송인이 환적권을 유보하고 있다는 선택권조항은 이를 무시할 수 있다.

22. [용선선화증권] a. 용선계약부 선화증권은 다음의 요건을 갖추어야 한다.

① 선장, 선주, 용선자 또는 대리인에 의한 서명(운송인 명의 제외)

② 신용장상에 기재된 적재항에서 지명선박에 본선선적된 사실

③ 신용장상에 기재된 적재항과 양륙항(양륙항의 지리적 지역표시 가능)

④ 단일이나 복수의 원본 선화증권상에 명시된 통수의 원본 전체의 제시

b. 용선계약서가 요구되었더라도, 은행은 용선계약서를 심사하지 아니한다.

23. [항공운송서류] a. 항공운송서류는 다음과 같은 요건을 갖추어야 한다.

① 운송인 명의와 함께 운송인 또는 대리인에 의한 서명

② 물품이 운송을 위하여 인수된 사실

③ 운송서류의 발행일자(별도의 기재가 없는 한, 이를 선적일자로 본다).

④ 신용장상에 기재된 출발공항과 목적공항

⑤ 전통의 원본이 요구되었더라도, 송화인/화주용 원본

⑥ 운송조건이 포함되어 있거나 별도의 자료를 참조하도록 한 명시

b. 항공운송에서 "환적"이란 신용장상에 기재된 출발공항으로부터 목적공항까지 하나의 항공기로부터 양하하여 다른 항공기에 재적하는 것을 말한다.

c. 항공운송에서 ① 운송서류는 물품이 "환적될 것이라거나 환적될 수 있음."을 명시할 수 있으며, 또 ② 환적이 금지된 경우도 이를 인수할 수 있다.

24. **[육상운송서류]** a. 육상운송서류는 다음과 같은 요건을 갖추어야 한다.

① 운송인 명의와 함께 운송인 · 대리인에 의한 서명이나 물품수령의 표시

② 선적일자 또는 신용장상에 기재된 장소에서의 운송을 위한 수령일자

③ 신용장상에 기재된 선적장소와 목적장소

b. ① 도로운송서류는 송화인/화주용 원본 또는 상대방의 표지가 없는 것이어야 하고, ② 철도운송서류는 "부본"도 원본으로 보며, 또 ③ 철도 · 내수로 운송서류는 원본의 표지여부를 불문하고 이를 원본으로서 인수하여야 한다.

c. 운송서류상에 원본 통수의 명시가 없으면, 전통을 구성한 것으로 본다.

d. "환적"이란 신용장상에 기재된 선적장소로부터 목적장소까지 각 운송방식내 하나의 운반수단으로부터 양하하여 다른 운반수단에 재적하는 것을 말한다.

e. 육상운송에서 ① 운송서류는 물품이 "환적될 것이라거나 환적될 수 있음."을 명시할 수 있으며, 또 ② 환적이 금지된 경우도 이를 인수할 수 있다.

25. **[특사수령증 · 우편수령증]** a. 특사수령증은 다음의 요건을 갖추어야 한다.

① 특사업체 명의와 함께 신용장상에 기재된 장소에서 지명업체의 서명

② 수집일자, 수령일자 기타 이러한 취지의 문언(이는 선적일자로 본다).

b. 특사경비의 "선지급"에 관한 요건은 특사수령증상에 특사경비가 수화인 이외의 당사자 계좌부담으로 한다는 사실만 있어도 충족될 수 있다.

c. 우편수령증이나 우송증명서의 요건은 ① 신용장상에 기재된 장소에서 당국의 서명과 ② 일자가 명시되어 있어야 한다(이는 선적일자로 본다).

26. [갑판적재 · 부지조항 · 운임추가경비] a. 운송서류는 물품이 갑판상에 적재되어 있다거나 적재될 것이라는 명시가 없어야 한다(선택권조항은 예외).

b. "화주의 적재와 계측에 따름.", "화주의 내장신고에 따름." 등의 운송인 부지조항(the unknown clause)이 있는 운송서류는 이를 인수하여도 된다.

c. 운송서류는 운임의 추가경비에 관한 참조사항을 명시하여도 인수된다.

27. [무고장 운송서류] 은행은 무고장 운송서류만을 인수하여야 하는데, "무고장"란 물품이나 포장의 하자에 관한 명시적인 표기가 없는 경우를 말한다.

28. [보험서류] a. 보험증권 · 보험증명서 · 포괄예정보험 확정통지서 등 보험서류는 보험회사, 보험업자, 대리인이나 대행자가 발행 서명한 것이어야 한다.

b. 보험서류는 복수의 원본으로 발행된 경우, 원본 전체가 제시되어야 한다.

c. 보험인수증(cover notes)은 이를 인수하지 아니한다.

d. 보험증권은 보험증명서나 포괄예정보험 확정통지서를 대신할 수 있다.

e. 보험서류의 발행일자는 선적일자보다 늦어서는 아니된다. 다만 보험담보가 선적일자로부터 소급하여 적용된다는 단서가 있는 경우는 제외한다.

f. 보험서류는 ① 신용장과 동일한 통화단위와 담보금액을 명시하되, ② 이것이 백분율로 요구된 경우 최소금액으로서, 별도의 명시가 없는 한 CIF/CIP 가액의 110% 이상을 명시하여야 하며, 또 ③ 신용장상에 기재된 수탁장소나 선적장소에서 양륙장소나 최종 목적장소까지의 위험을 담보하고 있어야 한다.

g. 신용장은 요구된 보험의 종류와 기타 추가위험을 명확히 기재하고 있어야 하며, "통상적인 위험" 등의 불명확한 용어가 사용된 경우, 보험서류는 담보되지 아니한 어떠한 위험이 있어도 상관없이 이를 인수하여야 한다.

h. "전위험" 담보보험이 요구된 때에는, 보험서류상에 "전위험"의 표기나 조항이 있으면 "전위험"이란 표제의 여부를 불문하고 이를 인수하여야 한다.

i. 보험서류는 어떠한 면책조항에 관한 참조사항이 있어도 이를 인수한다.

j. 보험서류는 어떠한 소손면책률약관이 있어도 이를 인수하여야 한다.

(4) 잡칙조항(제29조-제33조)

29. [유효기일 · 제시기일의 연장] a. 신용장의 유효기일이나 서류제시의 최종일자가 은행휴업일에 도래한 경우, 다음 최초의 은행영업일까지 연장된다.

b. 서류가 은행휴업일로 인하여 연장된 기한내에 제시되면, 표지목록상에는 UCP 600 제29조 a항에 따라 연장된 기한내에 제시되었음을 표기하여야 한다.

c. 신용장상에 요구된 선적기일은 이로 인하여 연장되지 아니한다.

30. [금액 · 수량 · 단가의 오차한도] a. 신용장금액 · 수량 · 단가와 관련한 "약", "대략" 등의 문언은 해당 항목의 상하 10%까지 오차한도를 허용한다.

b. 수량은 개수의 포장단위나 각개품목의 단위를 제외하고 환어음 총액이 신용장금액을 초과하지 아니하는 한, 상하 5%까지의 오차한도가 허용된다.

c. 신용장금액은 분할선적이 금지된 경우에도, 수량이 전부 선적되고 단가의 감액이 없는 한, 하향 5%까지의 오차한도가 허용된다.

31. [분할어음 · 분할선적] a. 분할선적과 분할어음은 기본적으로 허용된다.

b. 물품이 동일한 운항일정과 목적지를 향하고 있으면, 동일한 운반수단에 여러 차례 선적된 복수의 운송서류도 이를 분할선적으로 보지 아니한다.

c. 복수의 특사수령증이나 우편수령증도 동일한 수령장소와 일자 및 동일한 목적지를 향하고 동일한 업체의 서명이 있으면, 이는 분할선적이 아니다.

32. [할부어음 · 할부선적] 할부선적이나 할부어음발행이 요구된 경우, 각 할부분이 허용된 기간내에 선적되지 아니하거나 발행되지 아니하면 신용장은 해당 할부분뿐만 아니라 이후 모든 할부분에 대하여도 효력을 상실한다.

33. [제시의 시간] 은행은 영업시간 외의 제시를 수리하지 아니하여도 된다.

(5) 면책조항(제34조-제37조)

34. [서류효력의 면책] 은행은 다음과 같은 서류의 효력에 관하여 면책된다.

① 서류의 형식, 충분성, 정확성, 진정성, 위조(falsification), 법적 효력(legal effect) 및 서류상에 규정되거나 첨부된 일반조건 또는 특별조건

② 물품 등의 명세, 수량, 중량, 품질, 상태, 포장, 인도, 가치 또는 존재여부

③ 물품의 송화인, 운송인, 운송주선인, 수화인, 보험자 또는 기타 모든 당사자의 성실성, 작위 또는 부작위, 지급능력, 채무이행 또는 재정상태 등.

35. **[송달 · 번역의 면책]** 은행은 다음과 같은 송달 · 번역에 관하여 면책된다.

① 통신의 송달 중에 발생한 지연, 훼손 또는 오류

② 서신 또는 서류의 배달 중에 발생한 지연, 분실 또는 훼손

③ 전문용어의 번역이나 해석상 오류(용어를 번역 없이 송달할 수도 있음.)

특히 지정은행이 개설 · 확인은행에게 서류를 발송한 후 은행간의 수송 중에 분실된 때에는, 이에 대하여 책임을 지지 아니하며 대금을 보상받을 수 있다.

36. **[불가항력]** 은행은 다음과 같은 불가항력에 관하여 면책된다.

① 천재지변, 폭동, 소요, 반란, 전쟁, 폭력행위

② 모든 동맹파업, 직장폐쇄

③ 기타 은행의 통제를 벗어난 모든 원인 등.

37. **[피지시자 행위의 면책]** a. 은행이 개설의뢰인의 지시를 수행할 목적으로 타 은행의 서비스를 이용할 때의 비용과 위험은 개설의뢰인의 부담으로 한다.

b. 개설은행이나 통지은행은 타은행에게 송달한 지시사항이 이행되지 아니하였더라도, 이에 대하여 어떠한 의무나 책임을 지지 아니한다.

c. 타은행에게 서비스의 이행을 지시한 은행(개설은행 등)은 자신의 지시사항과 관련하여 타은행에게 발생한 모든 경비를 부담하여야 한다.

d. 개설의뢰인은 신용장이 개설된 후 외국의 법률과 관행에 의하여 부과되는 모든 의무와 책임에 대하여 구속되며, 은행에게 이를 보상하여야 한다.

(6) 양도조항(제38조-제39조)

38. **[양도가능 신용장]** a. 개설은행을 포함한 양도은행은 자신이 명시적으로 동의한 범위와 방법내에서만 신용장을 양도할 의무를 진다.

b. 양도가능 신용장, 양도은행, 양도된 신용장의 명확한 정의를 두고 있다.

c. 양도경비는 별도로 합의하지 아니하는 한, 제1수익자의 부담에 속한다.

d. 분할어음발행이나 분할선적이 허용되는 한, 신용장은 복수의 제2수익자에게 분할양도가 가능하지만, 후속되는 제3수익자에게 다시 양도할 수 없다.

e. 양도요청상에는 은행이 신용장의 변경을 제2수익자에게 직접 통지하는 것을 허용하는지의 여부와 이때 허용조건이 있다면 이를 명시하여야 한다.

f. 신용장이 복수의 제2수익자에게 양도된 경우, 변경을 승낙한 양수인에게 는 변경된 신용장, 변경을 거절한 양수인에게는 원신용장이 효력을 유지한다.

g. 양도된 신용장은 원신용장의 조건을 명확하게 반영하여야 한다. 다만 ① 신용장금액 · 단가 · 유효기일 · 제시기일 · 최종 선적기일 등은 감액 또는 단축이 허용되고, ② 부보금액의 백분율은 원신용장만큼 증액이 허용되며, 또 ③ 개설의뢰인의 명의는 제1수익자의 명의로 대체하여 이를 양도할 수 있다.

h. 제1수익자는 제2수익자의 송장과 환어음을 자신의 것으로 대체할 권리가 있으며, 또 송장 사이에 차액이 있을 경우 그 차액을 청구할 수 있다.

i. 양도은행은 제1수익자가 최초 요구시 송장과 환어음을 대체하지 못하면, 이에 더 이상의 책임 없이 제2수익자의 서류를 개설은행에게 제시할 수 있다.

j. 제1수익자는 양도요청시 신용장 유효기일의 만기일자까지 신용장을 양도한 장소에서 제2수익자에 대한 수리 · 매입이 이루어지도록 지정할 수 있다.

k. 제2수익자 등에 의한 모든 서류의 제시는 양도은행에게만 행하여야 한다.

39. [대금의 양도] 수익자는 신용장하에서 자신에게 부여된 모든 대금(proceeds)에 대하여 이에 적용가능한 법률에 따라 양도권을 행사할 수 있다.

2. UCP 600의 효과와 과제

(1) UCP 600의 긍정적 효과

UCP 600은 3년 이상의 장기간 동안 400명 이상의 ICC 은행위원회 초안그룹, 자문그룹 및 각 국내위원회의 많은 관계자들이 참여하여 심도 있게 검토하였고, 전세계적으로 금융업계뿐만 아니라, 운송 · 보험업계의 산업발전을 반영하고자 노력하였으며, 5,000개 이상의 다양한 의견을 수렴하여 이들의 애로사항을 타개하

는 방향으로 개선되었다는 점에서 커다란 의의가 있다.16)

UCP 600의 특징은 앞서 언급한 바대로 ① 구 규칙에서의 불명확한 문언들을 삭제하고 용어의 정의와 해석조항을 신설한 것은 새로운 변화로 평가되며, ② 서류심사기간을 제5은행영업일로 단축하여 업무처리를 빠르게 하고 시장에서 신용장을 매력적으로 만들었다는 점에서 긍정적인 효과가 기대된다.

또 UCP 600은 ③ 인수·연지급신용장의 경우 만기 이전에 수익자에게 자금을 선지급할 수 있도록 규정을 추가하여 수출입업무에 신용장의 이용도를 높이고, ④ 서류심사과정에서 야기된 많은 분쟁을 줄이고자 노력하여 은행의 의무이행에 소요된 시간과 부담을 덜어줌으로써 커다란 도움이 되고 있다.

(2) UCP 600의 일부 문제점

UCP 600은 영원히 완전한 규칙일 수 없고, 전세계의 지역관습과 이해관계를 모두 반영하지 못하였으며, 기타 다음의 문제점들이 지적되고 있다.

① UCP 600은 주로 은행의 이익에 편중하여 작성되었다. UCP 600 초안그룹은 대부분 금융업계의 대표로 구성되고, 무역업계나 운송·보험업계가 소외되었으며, 결국 개정과정에서 그들의 주장은 종종 무시되곤 하였다.17)

현실적으로 신용장의 이용은 감소추세에 있는 반면, 은행의 하자수수료 징수나 복잡한 이용절차 등 고객보다 은행 위주로 운용되고 있다. 따라서 향후 개정시 무역업계, 운송·보험업계, 법조계 등의 다양한 참여가 필요하다.

② UCP 600은 전자문서의 사용이 보편화된 시대에 전자제시를 위한 eUCP에 관한 언급이 전혀 없다(제1조). eUCP는 신용장상에 준거문언을 둔 경우, eUCP뿐만 아니라 UCP도 이에 자동 적용되지만(eUCP 제e2조 a항), UCP 600 준거문언만 있는 신용장의 경우 eUCP가 이에 자동 적용되지는 아니한다.

물론 UCP 600은 명시규정이 없어도 EDI, SWIFT 등 전자신용장에 적용이 가능하다고 해석할 수 있으나, 이때 UCP와 eUCP 조항의 우선순위도 문제가 될 수 있다. 다만 eUCP 신용장의 경우는 eUCP 규정이 우선한다(동조 b항).

---

16) Gary Collyer, "A look back at the UCP revision", *Insights into UCP 600*, ICC Publication No. 682, 2008, pp. 183~186; 서정두, 전게논문, pp. 104~107.

17) Bacon, "Who speaks for the exporter?", *DCINSIGHT*, Vol. 12 No. 3, 2006. 7-9, p. 6.

③ UCP 600은 신용장상에 사용가능처와 사용방법의 기재가 없는 경우에 대한 구제조항이 없다. 즉, UCP 600 제6조 a-b항에서 신용장은 사용가능한 은행, 그리고 일람출급・연지급・인수・매입 중의 사용방법을 기재하도록 하고 있을 뿐이므로, 이를 명시하지 아니한 신용장의 경우 혼란이 예상된다.

신용장에서 사용가능처의 기재가 없는 경우 이를 자유매입 신용장으로 보고[18], 일람출급・인수 등 사용방법의 지정이 없는 경우 이를 일람출급으로 보는 것이 일반적인 관례이다(본고 제2장 제6조 참조). 어떠한 경우이든 이들 모두 불완전・불명확한 신용장이기 때문에 구제조항의 명문화가 필요하다.

④ UCP 600은 서류심사에서 "상당한 기간", "상당한 주의" 등 상당성의 개념을 포기하였다(제14조). 서류심사의 "상당한 기간" 개념은 1951년 UCP 때부터 등장하였으며, UCC도 이를 견지하고 있다(제5-108조 b항). 또 주의의무는 1933년 UCP 제정시 등장하여 1962년에는 "상당한 주의"로 구체화되었다.

"상당한 기간"이란 세계적으로 표준화된 개념이 없기 때문에 이를 보다 명확하게 하고자 제5영업일만을 규정한 것이라고 하나[19], 사법관할권과 준거법에 따라서는 합리성을 둘러싼 문제가 일소될 수 없다. 오히려 간단한 서류심사도 제5영업일을 보장하는 불합리성으로 인하여 수익자는 기간내의 하자치유권을 행사할 수 없게 되므로, 보다 안전한 구제방안을 검토할 필요가 있다.[20]

⑤ UCP 600은 하자통고시 "지체없이" 행하게 한 규정을 삭제하고, 제5영업일내에 전신이나 기타 신속한 수단으로 이를 행하도록 하였다(제16조 d항).

이는 은행의 강박문제를 해소하고 규정의 일관성을 위해 개정한 것이라고 하나, 수익자는 통고지연으로 인하여 하자치유나 재판매의 기회를 상실할 수 있고, 결국 신용장제도의 편익을 약화시키는 요인으로 작용할 수 있다.[21]

---

18) UCP 600 제1차 초안에서는 "신용장에서 사용가능처의 기재가 없는 경우, 이는 개설은행에서만 사용가능한 것으로 한다."라고 규정한 바 있으나, 조정과정에서 삭제되었다.

19) John Turnbull, "View of the UCP Consulting Group", *DCINSIGHT*, Vol. 12 No. 1, 2006. 1-3, p. 6.

20) Kim Christensen, "'Reasonable' refusals", DCINSIGHT, Vol. 11 No. 1, 2005. 1-3, pp. 14~15; Pavel Andrle, "On 'reasonable time' and holding documents at disposal of the presenter", *DCINSIGHT*, Vol. 11 No. 4, 2005. 10-12, pp. 6~7

21) George, "Delete 'reasonable time' and 'without delay' from the UCP", *DCINSIGHT*, Vol. 11 No. 3, 2005. 7-9, pp. 15~16; Dolan, "Another view of notice 'without delay', disposal and preclusion", *DCINSIGHT*, Vol. 11 No. 2, 2005. 4-6, pp. 18~19.

⑥ UCP 600은 수익자와 개설의뢰인의 주소는 각각 동일한 국가내에 있는 한, 동일할 필요가 없다는 규정을 신설하였다(제14조 j항). 이는 ISBP가 송장상에 수익자와 개설의뢰인의 주소를 관대하게 허용한 것을 전체에 확대한 것이나, 동일한 국가내의 동명이인에 의한 사기 등에 악용될 소지가 있다.[22]

따라서 동일한 국가내의 서로 다른 주소도 허용하되, 전주소 등으로 동일인임을 입증하여 모순되지 아니하게 일치하도록 하는 보완조치가 필요하다.

⑦ UCP 600은 보험서류의 발행일자에 관하여 보험업계의 관행과 모순되는 규정을 계속 유지하고 있다(제28조 e항). 즉, 선적일자보다 늦은 보험서류는 소급보험의 단서가 없는 한 인수하지 아니한다는 규정은 보험서류의 발행일자와 적하보험의 담보기간이 전혀 무관하다는 업계관행에 배치되는 것이다.[23]

적하보험 담보시기는 ICC 일반약관(Duration Clause)에 규정된 바대로 운송이 시작된 때부터 시작되고, UCP 600 동조 f항 iii호에서 이를 반영한 담보기간을 신설하였으므로, 보험서류의 발행일자를 제한할 필요가 없다.

⑧ UCP 600은 서류송달 중 분실, 테러행위 등에 관한 면책규정을 추가하였으나(제35조와 제36조), 이에 따른 문제점이 우려된다. 즉, 지정은행과 개설·확인은행간 서류송달 중 분실된 경우 후자에게 책임을 귀속시키고 있다.[24]

서류의 분실은 제시의 지정은행에게 책임이 더 클 수 있으나, 이를 수령하지 못한 개설·확인은행에게 귀속시키는 규정은 문제가 있다고 본다. 또 테러행위로 인한 업무중단을 불가항력항목에 포함시켰으나, 이것이 국내 본·지점의 창구·전산업무 등 어느 정도까지 면책되는지를 명확히 할 필요가 있다.

---

22) Heinz Hertl, "Addresses, agents and transport documents", *DCINSIGHT*, Vol. 12 No. 1, 2006. 1-3, pp. 5~6.

23) T.O. Lee, "A call for consistency with transport conventions", *DCINSIGHT*, Vol. 12 No. 3, 2006. 7-9, p. 6.

24) ICC, *Unpublished Opinions of the ICC Banking Commission 1995-2004*, ICC Publication No. 660, 2005, R. 548; N. Keller, "More on those troublesome exclusion clauses", *DCINSIGHT*, Vol. 14 No. 2, 2008. 4-6, p. 6.

3. L/C 수출입자의 업무요령

UCP 600은 신용장 실무가들에게 하자의 UNPAID 사고를 예방하고 부당한 하자통고의 대항근거를 제공해 주고 있다. 궁극적으로 L/C 수출입자와 거래은행은 이를 충분히 숙지하여 신용장업무를 시작하는 것이 바람직하다.[25)]

(1) 수입자의 신용장 업무요령

수입자는 신용장결제의 목적달성을 위하여는 요구할 서류의 종류, 특수조건 등을 명확히 지시하고 신용장 개설신청서부터 신중히 작성하여야 한다.

① 신용장 개설신청서는 완전하고 정확하게 작성하여야 한다. 불완전하거나 부정확한 지시는 혼란과 오해를 초래할 가능성이 있다. 다만 과도한 명세는 서류의 준비나 일치성 여부의 판단을 어렵게 하므로 자제하도록 한다.

② 애매한 용어는 사용하지 아니하도록 한다. 예컨대 i) 서류의 발행인에 "first class", "qualified" 등, ii) 운임증명에 "freight prepayable", "freight to be prepaid" 등, iii) 보험담보에 "usual risks", "customary risks" 등, iv) 선적기일에 "prompt", "immediately" 등의 용어는 피하는 것이 바람직하다.

③ 수출자의 선적사기가 우려될 경우 수입자의 대리인이 서명한 검사증명서를 요구하는 신용장조건을 설정하는 것이 안전하며, 또 개설은행으로부터 선적서류의 하자사유를 연락 받은 경우 하자내용이 거래에 영향을 미치는 중대한 사항인지를 신속히 확인하고 하자서류의 처리지시를 내려야 한다.

(2) 수출자의 신용장 검토사항

수출자가 신용장조건과 일치하는 서류를 제시하기 위한 첫 단계는 은행으로부터 신용장을 수령하였을 때 반드시 그 기재내용을 면밀히 검토하는 일이다.

① 신용장의 진위여부를 확인하여야 한다. 통지은행이 신용장의 진위를 점검하

---

25) 서정두, 『ISBP 국제표준은행관습』, 삼영사, 2008, pp. 211~215.

였다 할지라도, 수출자는 독자적으로 진위 여부를 재확인해 보아야 한다. UCP 600에서도 통지은행은 신용장의 외관상 진위 여부에 관한 확인의무만을 부여하고 있으므로 그 이상의 역할을 기대할 수 없다(제9조 b항).

운송서류의 수화인이 개설은행의 지시식이 아닌 수입자나 제3자의 명의로 요구되어 있는 경우, 원본서류 중 1통 이상을 수입자에게 직송하도록 요구되어 있는 경우 등은 일단 의구심을 갖고 신용장의 진위를 확인하여야 한다.

② 개설은행의 신뢰도를 검토하여야 한다. 신용장은 개설은행이 파산되거나 지급불능상태에 빠지는 경우, 수입자의 파산으로 인하여 고의로 지급거절하는 경우, 수입국가의 외환사정악화나 정치불안이 있는 경우에 부도될 수 있다.

③ 신용장 자체의 기재내용을 점검하여야 한다. 예컨대 신용장에 "irrevocable"이란 용어, UCP 준거문언, 지급확약문언, 보상방법(reimbursement), 신용장이 매매계약서의 내용과 조건에 부합하는지 등을 검토하여야 한다.

④ UNPAID에 악용될 내용이 있는지를 확인하여야 한다. 즉, 수입자가 고의로 실행불가능한 조건을 삽입하였다가 시황에 따라 정정해 주든지 이를 거부하든지 하려는 경우가 있다. 예컨대 국내에 상대국의 영사가 없는데도 상대국 영사의 인증을 필한 원산지증명서를 요구하는 것은 문제가 될 수 있다.

또 개설은행의 실수로 신용장의 기재내용이 상호 모순되는 경우도 있다. 예컨대 상품의 수량과 단가의 합산이 신용장금액과 모순되는 경우, 가격조건은 "FOB"로 하고 보험서류나 "Freight Prepaid" B/L을 표시하는 경우 등이다.

기타 수입자가 선택적으로 악용할 소지가 있는 조건으로서, i) Inspection certificate signed by buyer's agent required. ii) Shipment must be effected by a vessel which will be advised from buyer by cable before shipment. iii) Shipment sample should be approved by buyer before shipment and buyer's certificate to that effect required. 등의 조건수락은 신중하여야 한다.

⑤ 신용장상에 불명료한 점이 발견되면, 지체 없이 수입자에게 직접 요청하든지 또는 통지은행을 통하여 변경을 요구하여야 한다. 변경사항이 i) 매매계약과 불일치하는 것은 수입자에게 직접 전신을 보내 요구하는 것이 바람직하고, ii) 신용장 자체의 모순이나 필수사항의 누락, 개설은행의 실수 등의 사항들은 통지은

행을 통하여 개설은행에게 요청하는 방법이 보다 효과적이다.

(3) 수출자의 UNPAID 해결방법

수출자가 신용장서류를 구비하고 매입은행을 통하여 개설은행에 제시하였으나, 하자로 UNPAID 통고된 경우 다음과 같은 방법을 생각할 수 있다.

① 가장 신속한 방법으로서 보완서류를 개설은행에게 재발송한다. 만약 지정된 장소와 기일내에 지적된 하자사항을 보완한 재제시가 이루어지면, 이는 신용장조건과 일치하는 제시가 되므로 더 이상 문제될 것이 없다. 그러나 이러한 경우 기일을 경과하여 보완서류를 제시하는 것은 허용되지 아니한다.

② 보완이 불가능한 하자인 경우 수입자와 접촉하여 하자서류의 권리포기 인수를 설득하는 방법이 있다. 경우에 따라서는 어느 정도까지의 물품대금의 할인에도 응하여 주는 것이 문제의 확산을 방지하는데 도움이 될 수 있다.

③ 하자서류의 인수가 최종적으로 불가능하다고 판단되면, 신속하게 제3의 구매자를 물색하거나 상품의 반송까지도 검토 결정하여 개설은행에 보관된 선적서류의 처리에 관한 지시를 보내 주어야 한다(UCP 600 제16조 c항).

4. L/C 거래은행의 업무요령

(1) 매입은행의 하자 처리방법

신용장조건과 불일치하는 서류를 만드는 일은 결코 있어서는 아니되지만 불가피한 이유로 하자사유(discrepancies)가 발생한 경우, 이를 접수한 매입은행은 다음과 같은 방법으로 하자서류를 처리하는 것이 바람직하다.

① 수출자에게 서류를 반송하여 보완 후 재제시를 하도록 할 수 있다. 이는 서류검토의 경험이 보다 많은 은행이 수출자의 권리를 보호해 주는 가장 좋은 방법이다. 보완된 제시는 서류제시의 유효기일 내에서만 가능하다.

② 보완이 불가능한 하자가 있는 경우 개설은행에 전신으로 조회한 후 그 회

신의 결과에 따라 처리하는 것이 바람직하다. 이는 하자서류에 대한 개설은행의 인수 또는 거절 여부를 사전에 알아보는 가장 확실한 방법이지만, 개설은행의 회신이 늦어지는 경우 불이익을 당할 우려가 있다.

③ 매입은행이 독자적으로 하자보상장(letter of indemnity) 또는 상환청구권유보(reserve) 조건하에 하자서류를 매입하는 방법이 있다. 매입은행으로서는 특정 하자에 대하여 문제가 야기될 경우 수출자의 귀책사유임을 좀더 명확히 하여 추후의 상환청구권 행사를 확실히 해 두는 방법이다. 다만 유보조건부 매입은 UCP 600하에서 전혀 보호받지 못한다는 점에 유의하여야 한다.

④ 보완이 절대적으로 불가능한 중대한 하자사항으로서 신용장에 의거한 수출대금의 회수가 의문시 될 경우 수출자와 협의하여 선적서류를 "approval basis" 또는 "collection basis"로 개설은행에 발송하는 방법이 있다.

이 경우 개설은행이 문제없이 인수하면 이자 등의 부담이 오히려 경감되는 장점도 있다. 서류를 "collection basis"로 발송할 경우, 이는 더 이상 신용장거래가 아니므로 UCP 600의 보호를 받을 수 없다는 점에 주의하여야 한다.

(2) 개설은행의 하자 처리방법

개설은행은 신용장의 제1당사자로서 조건불일치를 예방하고 하자발생시 이를 슬기롭게 처리하여 수출입거래를 원활히 하는데 목표를 두어야 한다.

① 신용장조건은 완전하고 정확하게 기재되어 있어야 한다. 경우에 따라서는 수출자가 불완전한 조건의 신용장개설에 대한 책임을 주장할 수 있다.

② 서류에 하자가 발견되면 수입자와 권리포기(waiver)를 협의할 것인지, 아니면 독자적인 판단으로 처리할 것인지를 검토한다. 특히 수출자가 하자에 관한 양해를 요청해 온 경우, 개설은행은 하자내용을 구체적으로 적시하여 수입자에게 인수여부를 조회한 후 그 결과에 따라 처리하는 것이 바람직하다.

③ 개설은행이 최종적으로 하자통고를 결정한 경우 이는 신속하게 처리하여야 한다. UCP 600에 의하면 은행이 서류를 접수한 후 이를 심사하고 하자를 결정・통고하기까지 서류의 수령익일로부터 제5은행영업일내에 모두 처리하여야 하고, 이를 위반한 경우 권리가 배제된다(제14조 b항과 제16조 f항).

④ 하자통고문은 서류의 제시인에게 직접 전신수단이나 기타 신속한 방법으로 전달하여야 하며, 이때의 하자통고문에는 i) 지급거절의 의사표시를 명확히 하고, ii) 1회에 한해 하자사유를 모두 기재하고, iii) 접수된 서류를 유보·반송·제시인의 사전지시에 따르고 있는지를 명시하여야 한다(제16조 c항).

예컨대 하자통고문은 "1. L/C No.: LCxxx, 2. Your Ref.: ABxxx, 3. Date and Amount of Refusal: 16APR2003 USD724,200.00, 4. Discrepancies: …, 5. Disposal of Documents: Holding Documents at Your Disposal and Waiting Your Further Instructions." 등의 전신문 양식으로 작성하여 발송한다.

부록(APPENDICES)

부록 1. ISBP 681, 2007

International Standard Banking Practice [ISBP] for the Examination of Documents under Documentary Credits, 2007 Revision
(화환신용장 서류심사를 위한 국제표준은행관습)

- **Foreword** (전문)

When the publication *International Standard Banking Practice for the Examination of Documents under Documentary Credits* was approved by ICC in 2002, it was widely acclaimed by letter of credit practitioners worldwide. The ISBP, as it is commonly called, provided an intelligent checklist of items document checkers could refer to in determining how ICC's rules on documentary credits, at the time called UCP 500, applied in daily practice. As such, it filled a needed gap in the market between the general principles in the UCP and the daily job of the practitioner.

Now that UCP 500 has been replaced by UCP 600, it has become necessary to update the ISBP to bring it in line with the new rules. Though much of the ISBP remains unchanged from the 2002 version, certain alterations have had to be made. These are essentially to remove paragraphs from ISBP where the principle has been incorporated in UCP 600; to make technical adjustments in capitalization; to substitute UCP 600 article references for those of UCP 500; to change dates (from 2006 to 2007); and to incorporate changes in ISBP paragraphs necessary to bring the wording in line with wording in UCP 600. Though some of these changes are minor, practitioners would be well advised to have this latest version of the ISBP at hand.

In addition to giving needed guidance to the practitioner, the ISBP was originally created to help reduce the large percentage of documents refused for discrepancies on first presentation. Anecdotal evidence suggests that this objective has been partially attained. Though refusals remain a serious problem with letters of credit, their numbers appear to be declining, in part because of the effectiveness of the checklist contained in the ISBP. Practitioners are urged to refer to this publication whenever doubts arise as to how to structure and check documents in credits utilizing UCP 600.

This revision of the ISBP has been developed by the same Drafting Group that created the final version of UCP 600. Their contribution in time and effort is gratefully acknowledged, and their names and professional affiliations appear below.

Chair

Gary Collyer - Technical Adviser to the ICC Commission on Banking Technique and Practice

Members

Nicole Keller - Vice President, Service International Products, Dresdner Bank AG, Frankfurt, Germany; Representative to the ICC Commission on Banking Technique and Practice; Trade Finance Advisor, KfW IPEX Bank;

Laurence Kooy - Legal Adviser, BNP Paribas, Paris, France; Representative to the ICC Commission on Banking Technique and Practice;

Katja Lehr - Business Manager, Trade Services Standards, SWIFT, La Hulpe, Belgium, then Vice President, Membership Representation, International Financial Services Association, New Jersey, USA; Representative to the ICC Commission on Banking Technique and Practice;

Ole Malmqvist - Vice President (retired), Danske Bank, Copenhagen, Denmark; Representative to the ICC Commission on Banking Technique and Practice;

Paul Miserez - Head of Trade Finance Standards, SWIFT, LaHulpe, Belgium; Representative to the ICC Commission on Banking Technique and Practice;

René Mueller - Director, Credit Suisse, Zurich, Switzerland; Representative to the ICC Commission on Banking Technique and Practice;

Chee Seng Soh - Consultant, Association of Banks in Singapore, Singapore; Representative to the ICC Commission on Banking Technique and Practice;

Dan Taylor - President and CEO, International Financial Services Association, New Jersey, USA; Vice Chairman, ICC Commission on Banking Technique and Practice;

Alexander Zelenov - Director, Vnesheconombank, Moscow, Russia; Vice Chairman, ICC Commission on Banking Technique and Practice;

Ron Katz - Policy Manager, ICC Commission on Banking Technique and Practice, International Chamber of Commerce, Paris, France.

Guy Sebban

Secretary General, International Chamber of Commerce, Paris, France

June 2007

번역 화환신용장 서류심사를 위한 국제표준은행관습(ISBP)이란 출판물은 2002년 ICC(국제상업회의소)에 의하여 승인되었을 때에, 범세계적으로 신용장 실무가들에 의하여 널리 호평을 받았다. 통칭되는 ISBP는 서류심사자들이 당시 UCP 500으로 칭하였던 화환신용장에 관한 ICC의 규칙을 일상 실무에 어떻게 적용할 것인지를 결정하는 데 참고할 수 있었던 현명한 품목별 심사목록을 제공해 주었다. 그렇듯이, ISBP는 UCP상의 일반원칙과 실무가들의 일상 업무 사이의 시장 현실에 필요한 격차를 채워주었다.

지금은 UCP 500이 UCP 600에 의하여 대체되었으므로, 새로운 규칙과 조화시키기 위하여 ISBP를 개선하는 것이 필요하게 되었다. 비록 ISBP의 대부분이 2002년 본에서 변경되지 않고 남아 있지만, 일정한 변화는 이루어졌다. 이들 변화란 본질적으로 원칙이 UCP 600상에 삽입된 경우 ISBP로부터 조항을 삭제하는 것, UCP 500의 조항참조를 UCP 600의 것으로 대체하는 것, 일자를 (2006년부터 2007년까지로) 변경하는 것, 그리고 ISBP 조항에 있어서 UCP 600상의 문언과 조화시키기 위하여 필요한 문언의 변경을 삽입하는 것 등이다. 비록 이들 변경의 일부는 사소한 것이지만, 실무가들은 이번 ISBP의 최근 본을 입수하고 있는 것이 훨씬 바람직할 것이다.

ISBP는 실무가들에게 필요한 지침을 제공할 뿐만 아니라, 원천적으로는 서류의 1차 제시에서 하자로 인한 높은 거절비율을 낮추는데 도움을 주고자 제정되었다. 많은 일화의 증거가 보여주듯이 이러한 목표는 일부 달성되고 있다. 거절은 신용장에 관한 심각한 문제를 남기지만, 그 숫자가 감소되는 것으로 나타나고 있다. 이는 부분적으로 ISBP상에 내포된 심사목록의 효과 덕분이다. 실무가들은 UCP 600을 활용하는 신용장상에 서류를 어떻게 조직화하고 심사하여야 하는지에 관하여 의문이 제기될 때마다 이번 출판물을 참조할 것을 권장하는 바이다.

이번 ISBP의 개정은 UCP 600의 최종본을 작성하였던 동일한 초안그룹에 의하여 진행되어 왔다. 그들의 시간과 노력에 대한 공헌에 기꺼이 감사드리면서, 그들의 성명과 전문직의 소속을 아래와 같이 밝혀 드리고자 한다.

의장

Gary Collyer - ICC 은행기술실무위원회 기술고문

위원

Nicole Keller - 독일 프랑크푸르트의 드레스너은행 국제상품서비스 부회장, ICC 은행기술실무위원회 위원 겸 KfW 아이펙스은행 무역금융고문

Laurence Kooy - 프랑스 파리의 BNP 파리바스 법률고문 겸 ICC 은행기술실무위원회 위원

Katja Lehr - 벨기에 라훌프의 SWIFT 무역서비스표준원 영업부장, 미국 뉴저지주의 국제금융서비스협회(IFSA) 당시 부회장이었던 회원대표 겸 ICC 은행기술실무위원회 위원

Ole Malmqvist - 덴마크 코펜하겐의 단스케은행 부회장(전직) 겸 ICC 은행기술실무위원회 위원

Paul Miserez - 벨기에 라훌프의 SWIFT 무역금융표준원 원장 겸 ICC 은행기술실무위원회 위원

René Mueller - 스위스 쭈리히의 쑤이쎄신용 이사 겸 ICC 은행기술실무위원회 위원

Chee Seng Soh - 싱가폴은행협회 자문역 겸 ICC 은행기술실무위원회 위원

Dan Taylor - 미국 뉴저지주의 국제금융서비스협회(IFSA) 회장 및 최고경영자 겸 ICC 은행기술실무위원회 부의장

Alexander Zelenov - 러시아 모스코바의 Vnesheconom은행 이사 겸 ICC 은행기술실무위원회 부의장

Ron Katz - 프랑스 파리의 국제상업회의소, ICC 은행기술실무위원회 정책부장
Guy Sebban
국제상업회의소 사무총장
2007년 6월

• Introduction (서문)

Since the approval of International Standard Banking Practice (ISBP) by the ICC Banking Commission in 2002, ICC Publication No. 645 has become an invaluable aid to banks, corporates, logistics specialists and insurance companies alike, on a global basis. Participants in ICC seminars and workshops have indicated that rejection rates have dropped due to the application of the 200 practices that are detailed in ISBP.

However, there have also been comments that although ISBP Publication No. 645 was approved by the Banking Commission, its application had no clear relationship with UCP 500. With the approval of UCP 600 in October 2006, it has become necessary to provide an updated version of the ISBP. It is emphasized that this is an updated version as opposed to a revision of ICC Publication No. 645. Where it was felt appropriate, paragraphs that appeared in Publication No. 645 and that have now been covered in effectively the same text in UCP 600 have been removed from this updated version of ISBP.

As a means of creating a relationship between the UCP and ISBP, the introduction to UCP 600 states : "During the revision process, notice was taken of the considerable work that had been completed in creating the *International Standard Banking Practice for the Examination of Documents under Documentary Credits* (ISBP), ICC Publication No. 645. This publication has evolved into a necessary companion to the UCP for determining compliance of documents with the terms of letters of credit. It is the expectation of the Drafting Group and the Banking Commission that the application of the principles contained in the ISBP, including subsequent revisions thereof, will continue during the time UCP 600 is in force. At the time UCP 600 is implemented, there will be an updated version of the ISBP to bring its contents in line with the substance and style of the new rules."

The international standard banking practices documented in this publication are consistent with UCP 600 and the Opinions and Decisions of the ICC Banking Commission. This document does not amend UCP 600. It explains how the practices articulated in UCP 600 are applied by documentary practitioners. This publication and the UCP should be read in their entirety and not in isolation. It is, of course, recognized that the law in some countries may compel results different from those stated here.

No single publication can anticipate all the terms or the documents that may be used in connection with documentary credits or their interpretation under UCP 600 and the standard practice it reflects. However, the Task Force that prepared Publication No. 645 endeavoured to cover terms commonly seen on a day-to-day basis and the documents most often presented under documentary credits. The Drafting Group have reviewed and updated this publication to conform with UCP 600.

It should be noted that any term in a documentary credit which modifies or excludes the applicability of a provision of UCP 600 may also have an impact on international standard banking practice. Therefore, in considering the practices described in this publication, parties must take into account any term in a documentary credit that expressly modifies or excludes a rule contained in UCP 600. This principle is implicit throughout this publication. Where examples are given, these are solely for the purpose of illustration and are not exhaustive.

This publication reflects international standard banking practice for all parties to a documentary credit. Since applicants' obligations, rights and remedies depend upon their undertaking with the issuing bank, the performance of the underlying transaction and the timeliness of any objection under applicable law and practice, applicants should not assume that they may rely on these provisions in order to excuse their obligations to reimburse the issuing bank. The incorporation of this publication into the terms of a documentary credit should be discouraged, as UCP 600 incorporates international standard banking practice, which includes the practices described in this publication.

번역 2002년 ICC 은행위원회에 의하여 국제표준은행관습(ISBP)이 승인된 이후 ICC 출판물 제645호는 세계적인 기준에서 은행, 기업, 물류 전문가 및 보험회사들에게 공히 귀중한 도움이 되어 왔다. ICC 세미나와 워크숍의 참가자들은 ISBP상에 상세히 열거되어 있는 200개 관습들의 적용 덕분에 거절률이 떨어지고 있음을 지적해 왔다.

그러나 ISBP 출판물 제645호가 은행위원회에 의하여 승인되었음에도 불구하고, 이것의 적용에 관한 UCP 500과의 명확한 관계가 설정되지 아니하였다는 논평이 또한 제기되어 왔다. 2006년 10월에 UCP 600이 승인되면서, ISBP의 개선본을 제공하는 것이 필요하게 되었다. 이번은 ICC 출판물 제645호의 개정에 반대되는 개선본이란 점이 강조되고 있다. 적절하다고 느껴졌던 경우, 출판물 제645호상에는 나타났으나 지금 UCP 600상에서 동일한 본문으로 효과적으로 커버되어 있는 조항은 이번 ISBP의 개선본으로부터 삭제되었다.

UCP와 ISBP 간의 관계를 설정하기 위한 방편으로서, UCP 600의 서문에 다음과 같이 기재하고 있다. "[UCP] 개정과정 동안에, ICC 출판물 제645호의 **화환신용장 서류심사를 위한 국제표준은행관습**(ISBP)의 제정을 통하여 완성되었던 상당한 노력에 주목하였다. 이번 출판물은 신용장조건과 서류의 일치성을 결정하기 위한 UCP의 필요한 지침서로 발전하였다. 초안그룹과 은행위원회는 후속적인 ISBP의 개정을 포함하여 ISBP상에 내포된 원칙의 적용이 UCP 600이 시행되는 기간 동안에도 계속될 것이라고 기대하고 있다. UCP 600이 이행되는 기간에, 새로운 규칙의 실체와 문체에 그 내용을 조화시키기 위하여 ISBP의 개선본이 나올 것이다."

이번 출판물상에 수록된 국제표준은행관습들은 UCP 600과 ICC 은행위원회의 의견 및 판정과 일관성이 있다. 이번 문서는 UCP 600을 변경하지 아니한다. 이것은 서류의 실무가들이 UCP 600상에 조문화된 관습들을 어떻게 적용하여야 하는지를 설명하고 있다. 이번 출판물과 UCP는 이들 전체로 이해하여야 하며 별개로 이해하여서는 아니된다. 물론 일부 국가의 법률에 따라서는 여기에 기재된 결과와 다른 것을 강제할 수도 있는 것으로 알려져 있다.

단일의 출판물로는 화환신용장이나 UCP 600과 이에 반영되어 있는 표준관습하에서 화환신용장의 해석에 관련하여 사용될 수 있는 모든 조건이나 서류를 예견할 수는 없다. 그러나 출판물 제645호를 준비한 작업부는 일상생활의 기준에서 통상적으로 발견된 조건과 화환신용장하에서 가장 빈번하게 제시된 서류를 커버하고자 노력을 다하였다. 또한 초안그룹은 이번 출판물을 UCP 600과 일치시키기 위하여 검토하고 개선해 왔다.

UCP 600 규정의 적용가능성을 수정하거나 배제하는 화환신용장상의 모든 조건은 역시 국제표준은행관습에 대하여도 영향을 미칠 수 있음을 주지하여야 한다. 따라서 이번 출판물상에 기술된 관습들을 고려함에 있어서는, 당사자들은 반드시 UCP 600상에 내포된 규칙을 명시적으로 수정하거나 배제하는 화환신용장상의 모든 조건을 감안하여야 한다. 이러한 원칙은 이번 출판물의 전반에 걸쳐 의미가 있다. 사례가 제시된 경우, 이들은 단지 설명을 목적으로 하는 것일 뿐이며 절대적인 것은 아니다.

이번 출판물은 화환신용장의 모든 당사자를 위한 국제표준은행관습을 반영하고 있다. 개설의뢰인의 의무와 권리 및 구제방법은 개설은행과의 약정사항, 기초적인 거래의 이행여부 및 적용가능한 법률과 관습하에서의 모든 반대규정의 시의성 여부에 달려 있다. 그러므로 개설의뢰인은 개설은행에게 보상하여야 할 의무를 면하기 위하여 이들 ISBP 규정에 의존할 수 있다고 생각하여서는 아니된다. 이번 출판물을 화환신용장의 조건으로 삽입하는 것은 억제하여야 한다. 왜냐하면 UCP 600이 이번 출판물상에 기술된 관습들을 포함한 국제표준은행관습을 삽입하고 있기 때문이다.

□ PRELIMINARY CONSIDERATIONS (예비적 고려)

• The Application and Issuance of the Credit(신용장 개설신청과 개설)

1. The terms of a credit are independent of the underlying transaction even if a credit expressly refers to that transaction. To avoid unnecessary costs, delays and disputes in the examination of documents, however, the applicant and beneficiary should carefully consider which documents should be required, by whom they should be produced and the time frame for presentation.

번역 1. 신용장의 조건은 신용장이 그 기초적인 거래를 명시적으로 참조하고 있다 하더라도, 그러한 거래와는 독립되어 있다. 그러나 서류의 심사에 있어서 불필요한 비용, 지연 및 분쟁을 피하기 위하여는, 개설의뢰인과 수익자는 요구되어야 할 서류의 종류, 서류의 작성인 및 제시를 위한 시간구조를 신중하게 고려하여야 한다.

2. The applicant bears the risk of any ambiguity in its instructions to issue or amend a credit. Unless expressly stated otherwise, a request to issue or amend a credit authorizes an issuing bank to supplement or develop the terms in a manner necessary or desirable to permit the use of the credit.

번역 2. 개설의뢰인은 신용장의 개설 또는 변경의 지시에 있어서 모든 애매함에 대한 위험을 부담하여야 한다. 별도의 명시적인 기재가 없는 한, 신용장의 개설 또는 변경의 요청은 개설은행에 대하여 신용장의 사용을 허용하는데 필요하거나 바람직한 방법으로 조건을 보충 또는 신설할 수 있도록 수권하는 것이다.

3. The applicant should be aware that UCP 600 contains articles such as 3, 14, 19, 20, 21, 23, 24, 28 (i), 30 and 31 that define terms in a manner that may produce unexpected results unless the applicant fully acquaints itself with these provisions. For example, a credit requiring presentation of a bill of lading and containing a prohibition against transhipment will, in most cases, have to exclude UCP 600 sub-article 20 (c) to make the prohibition against transhipment effective.

번역 3. 개설의뢰인은 UCP 600의 제3조, 제14조, 제19조, 제20조, 제21조, 제23조, 제24조, 제28조 i항, 제30조 및 제31조 등에는 개설의뢰인이 이들 규정을 충분히 숙지하지 아니하면, 기대하지 아니한 결과를 가져올 수 있는 방법으로 조건을 정의한 조항들이 내포되어 있다는 것을 인식하여야 한다. 예컨대 선화증권의 제시를 요구하고 환적금지조건을 내포하고 있는 신용장은 대부분의 경우 환적금지가 유효하도록 하기 위하여는 UCP 600 제20조 c항의 적용을 배제하여야 한다.

4. A credit should not require presentation of documents that are to be issued or countersigned by the applicant. If a credit is issued including such terms, the beneficiary must either seek amendment or comply with them and bear the risk of failure to do so.

번역 4. 신용장은 개설의뢰인이 발행 또는 부서하도록 하는 서류의 제시를 요구하여서는 아니된다. 그러한 조건을 포함한 신용장이 개설된 경우에는, 수익자는 반드시 조건의 변경 또는 준수의 여부를 선택하여야 하고, 이를 행하지 아니한 경우의 위험을 부담하여야 한다.

5. Many of the problems that arise at the examination stage could be avoided or resolved by careful attention to detail in the underlying transaction, the credit application and issuance of the credit as discussed.

번역 5. 심사단계에서 야기되는 대부분의 문제들은 기초적인 거래, 신용장 개설신청서 및 협의된 바대로의 신용장개설 등의 세부사항에 대한 신중한 주의에 의하여 이를 회피하거나 해결할 수 있다.

☐ GENERAL PRINCIPLES (일반원칙)

• Abbreviations (약어)

6. The use of generally accepted abbreviations, for example "Ltd" instead of "Limited", "Int'l" instead of "International", "Co." instead of "Company", "kgs" or "kos" instead of "kilos", "Ind" instead of "Industry", "mfr" instead of "manufacturer" or "mt" instead of "metric tons" - or vice versa - does not make a document discrepant.

번역 6. 일반적으로 인정된 약어, 예컨대 "Limited" 대신의 "Ltd", "International" 대신의 "Int'l", "Company" 대신의 "Co.", "kilos" 대신의 "kgs" 나 "kos", "Industry" 대신의 "Ind", "manufacturer" 대신의 "mfr" 또는 "metric tons" 대신의 "mt" - 또는 그 반대어 - 등의 사용으로 인하여 서류가 하자 있는 것으로 되지 아니한다.

7. Virgules (slash marks "/") may have different meanings and, unless apparent in the context used, should not be used as a substitute for a word.

번역 7. 선택어(사선부호 "/")는 여러 가지의 의미를 가질 수 있으며, 또 이는 사용된 관계에 있어서 명백하지 아니하는 한, 어떠한 단어의 대체어로서 사용하여서는 아니된다.

• **Certifications and Declarations** (증명과 신고)

8. A certification, declaration or the like may either be a separate document or contained within another document as required by the credit. If the certification or declaration appears in another document which is signed and dated, any certification or declaration appearing on that document does not require a separate signature or date if the certification or declaration appears to have been given by the same entity that issued and signed the document.

번역 8. 증명, 신고 또는 기타 동종의 사항은 별도의 서류로 하거나 또는 신용장에서 요구된 다른 서류 내에 내포시킬 수 있다. 증명 또는 신고가 서명되고 일부된 다른 서류 내에 나타나는 경우에는, 그 증명 또는 신고가 해당서류를 발행하고 서명한 동일한 주체에 의하여 제공된 것으로 나타나는 한, 이 서류상에 나타나는 모든 증명 또는 신고는 별도의 서명이나 일자를 요구하지 아니한다.

• **Corrections and Alterations** (정정과 변경)

9. Corrections and alterations of information or data in documents, other than documents created by the beneficiary, must appear to be authenticated by the party who issued the document or by a party authorized by the issuer to do so. Corrections and alterations in documents which have been legalized, visaed, certified or similar, must appear to be authenticated by the party who legalized, visaed, certified etc., the document. The authentication must show by whom the authentication has been made and include the signature or initials of that party. If the authentication appears to have been made by a party other than the issuer of the document, the authentication must clearly show in which capacity that party has authenticated the correction or alteration.

번역 9. 수익자가 작성한 서류 이외의 서류상의 정보나 자료에 대한 정정 또는 변경은 반드시 그 서류를 발행한 당사자 또는 발행인으로부터 이를 수권받은 당사자에 의하여 인증된 것으로 나타나 있어야 한다. 공인, 사증, 증명 또는 기타 유사한 인증이 되어 있는 서류상의 정정 또는 변경은 반드시 그 서류를 공인, 사증, 증명 등을 행한 당사자에 의하여 인증된 것으로 나타나 있어야 한다. 인증은 반드시 그 인증을 행한 주체를 표시하고 동 당사자의 서명 또는 약식서명을 포함하고 있어야 한다. 인증이 서류의 발행인 이외의 당사자에 의하여 행하여졌음이 나타나는 경우에는, 그 인증은 동 당사자가 정정 또는 변경을 인증한 자격을 명확히 표시하여야 한다.

10. Corrections and alterations in documents issued by the beneficiary itself, except drafts, which have not been legalized, visaed, certified or similar, need not be authenticated. See also "Drafts and Calculation of Maturity Date".

번역 10. 환어음을 제외하고, 수익자 자신이 발행한 서류로서 공인, 사증, 증명 또는 기타 유사한 인증이 되어 있지 아니한 서류상의 정정 또는 변경은 인증되어야 할 필요가 없다. 아울러 "환어음과 만기일자 계산" 편을 참조 바란다.

11. The use of multiple type styles or font sizes or handwriting in the same document does not, by itself, signify a correction or alteration.

번역 11. 동일한 서류상에 복수의 활자체나 활자크기 또는 수기의 사용은 그 자체만으로는 정정 또는 변경을 의미하지 아니한다.

12. Where a document contains more than one correction or alteration, either each correction must be authenticated separately or one authentication must be linked to all corrections in an appropriate way. For example, if the document shows three corrections numbered 1, 2 and 3, one statement, such as "Correction numbers 1, 2 and 3 above authorized by XXX" or similar, will satisfy the requirement for authentication.

번역 12. 서류가 둘 이상의 정정 또는 변경을 내포하고 있는 경우에는, 반드시 각각의 정정이 별도로 인증되거나, 아니면 하나의 인증이 모든 정정에 적절한 방법으로 연결되어 있어야 한다. 예컨대 서류가 제1호, 제2호 및 제3호의 세 가지 정정을 표시하고 있는 경우에는, "상기 제1호, 제2호 및 제3호의 정정은 XXX에 의하여 인증됨." 또는 기타 유사한 하나의 기재는 인증의 요건을 충족하는 것으로 한다.

- **Dates** (일자)

13. Drafts, transport documents and insurance documents must be dated even if a credit does not expressly so require. A requirement that a document, other than those mentioned above, be dated may be satisfied by reference in the document to the date of another document forming part of the same presentation (e.g., where a shipping certificate is issued which states "date as per bill of lading number xxx" or similar terms). Although it is expected that a required certificate or declaration in a separate document be dated, its compliance will depend on the type of certification or declaration that has been requested, its required wording and the wording that appears within it. Whether other documents require dating will depend on the nature and content of the document in question.

번역 13. 환어음, 운송서류 및 보험서류는 신용장에서 명시적으로 요구하지 아니하더라도 반드시 일부되어 있어야 한다. 상기 언급된 서류 이외의 서류인 경우 일부되어야 한다는 요구는 동일한 제시의 부분을 구성하는 다른 서류의 일자에 대한 서류상의 참조에 의하여도 충족될 수 있다(예컨대 선적증명서가 "선화증권 제xxx호에 따른 일자" 또는 기타 유사한 조건을 명시하여 발행되는 경우). 별도의 서류로 요구된 증명 또는 신고인 경우 일부되어야 하는 것으로 기대하고 있다 하더라도, 그 일치성 여부는 요구된 증명 또는 신고의 종류, 그 요구된 문언

및 이에 나타난 문언에 달려 있다. 기타 서류의 경우 일자가 요구되는지의 여부는 문제되는 서류의 성질과 내용에 달려 있다.

14. Any document, including a certificate of analysis, inspection certificate and pre-shipment inspection certificate, may be dated after the date of shipment. However, if a credit requires a document evidencing a pre-shipment event (e.g., pre-shipment inspection certificate), the document must, either by its title or content, indicate that the event (e.g., inspection) took place prior to or on the date of shipment. A requirement for an "inspection certificate" does not constitute a requirement to evidence a pre-shipment event. Documents must not indicate that they were issued after the date they are presented.

번역 14. 분석증명서, 검사증명서 및 선적전검사증명서를 포함한 모든 서류는 선적일자 이후로 일부되어 있어도 된다. 그러나 신용장이 선적전의 사실을 입증하는 서류(예컨대 선적전검사증명서)를 요구하는 경우에는, 서류는 반드시 제목이나 내용에 의하여 그 사실(예컨대 검사)이 선적일자의 이전이나 당일에 행하여졌음을 명시하고 있어야 한다. "검사증명서"의 요구는 선적전의 사실을 입증하는 요구를 구성하지 아니한다. 서류는 결코 이를 제시하는 일자 이후에 발행된 것으로 명시하여서는 아니된다.

15. A document indicating a date of preparation and a later date of signing is deemed to be issued on the date of signing.

번역 15. 서류의 준비일자와 함께 이후의 서명일자를 명시하고 있는 서류는 서명일자에 발행된 것으로 본다.

16. Phrases often used to signify time on either side of a date or event :

a. "within 2 days after" indicates a period from the date of the event until 2 days after the event.

b. "not later than 2 days after" does not indicate a period, only a latest date. If an advice must not be dated prior to a specific date. If an advice must not be dated prior to a specific date, the credit must so state.

c. "at least 2 days before" indicates that something must take place not later than 2 days before an event. There is no limit as to how early it may take place.

d. "within 2 days of" indicates a period 2 days prior to the event until 2 days after the event.

번역 16. 일자 또는 사실 중의 어느 한 쪽을 기준으로 하여 시간을 의미하는데 자주 사용되는 구절은 다음과 같이 정의된다.

a. "이후 2일 이내"(within 2 days after)라 함은 사실의 일자로부터 그 사실 이후 2일까지의 기간을 명시하는 것이다.

b. "이후 2일까지"(not later than 2 days after)라 함은 기간을 명시하는 것이 아니라, 단지 최종일자를 명시하는 것이다. 어떠한 통지가 특정일자의 이전에 일부되어서는 아니될 경우에는, 신용장은 반드시 이를 기재하여야 한다.

c. "적어도 이전의 2일"(at least 2 days before)이라 함은 무슨 일이 사실 이전의 2일까지는 반드시 발생하여야 함을 명시하는 것으로서, 그 일이 발생할 수 있는 기점에 관하여는 전혀 제한이 없다.

d. "무엇의 2일 이내"(within 2 days of)라 함은 사실 이전의 2일에서 그 사실 이후 2일까지의 기간을 명시하는 것이다.

17. The term "within" when used in connection with a date excludes that date in the calculation of the period.

번역 17. "이내"(within)란 용어가 어느 일자와 관련하여 사용된 경우에는, 기간의 계산에 있어서 해당 일자는 제외한다.

18. Dates may be expressed in different formats, e.g., the 12th of November 2007 could be expressed as 12 Nov 07, 12Nov07, 12.11.2007, 12.11.07, 2007.11.12, 11.12.07, 121107, etc. Provided that the date intended can be determined from the document or from other documents included in the presentation, any of these formats are acceptable. To avoid confusion it is recommended that the name of the month should be used instead of the number.

번역 18. 일자는 여러 가지의 형식으로 표현하여도 된다. 예컨대 2007년 11월 12일(the 12th of November 2003)은 12 Nov 07, 12Nov07, 12.11.2007, 12.11.07, 2007.11.12, 11.12.07, 121107 등으로 표현할 수 있다. 다만 의도된 일자가 당해 서류 또는 제시에 포함된 기타 서류로부터 결정될 수 있다면, 이들 중의 어떠한 형식도 인수가능한 것이다. 혼란을 피하기 위하여는, 월은 숫자 대신에 명칭을 사용할 것을 권장한다.

- **Documents for which the UCP 600 Transport Articles Do Not Apply** (UCP 600 운송조항이 적용되지 아니하는 서류)

19. Some documents commonly used in relation to the transportation of goods, e.g., Delivery Order, Forwarder's Certificate of Receipt, Forwarder's Certificate of Shipment, Forwarder's Certificate of Transport, Forwarder's Cargo Receipt and Mate's Receipt, do not reflect a contract of carriage and are not transport documents as defined in UCP 600 articles 19-25. As such, UCP 600 sub-article 14 (c) would not apply to these documents. Therefore, these documents will be examined in the same manner as other documents for which there are no specific provisions in UCP 600, i.e., under sub-article 14 (f). In any event, documents must be presented not later than the expiry date for presentation as stated in the credit.

번역 19. 물품의 운송과 관련하여 통상적으로 사용되는 일부 서류, 예컨대 인도지시서, 운송주선인 수령증명서, 운송주선인 선적증명서, 운송주선인 운송증명서, 운송주선인 화물수령증, 본선수령증 등은 운송계약을 반영하지 아니하며, 또 UCP 600 제19조 내지 제25조에 정의된 바의 운송서류에 해당하지 아니한다. 그러한 이유로 UCP 600 제14조 c항의 규정은 이들 서류에 적용하지 아니한다. 따라서 이들 서류는 UCP 600상에 특별한 규정을 두고 있지 아니하는 경우의 기타 서류와 동일한 방법으로, 즉 UCP 600 제14조 f항의 규정에 따라 심사하여야 한다. 어떠한 경우에도, 서류는 반드시 신용장상에 기재된 제시를 위한 유효기일까지 제시되어야 한다.

20. Copies of transport documents are not transport documents for the purpose of UCP 600 articles 19-25 and sub-article 14 (c). The UCP 600 transport articles apply where there are original transport documents presented. Where a credit allows for the presentation of a copy transport document rather than an original, the credit must explicitly state the details to be shown. Where copies (non-negotiable) are presented, they need not evidence signature, dates, etc.

번역 20. 운송서류의 사본은 UCP 600 제19조 내지 제25조 및 제14조 c항의 목적상 운송서류에 해당하지 아니한다. UCP 600 운송조항은 제시된 원본 운송서류가 있는 경우에 적용한다. 신용장이 원본 대신에 사본 운송서류의 제시를 허용하는 경우에는, 신용장은 반드시 이를 표시하는 세부사항을 명시적으로 기재하여야 한다. 사본(비유통성)이 제시된 경우에는, 이는 반드시 서명, 일자 등의 입증을 필요로 하지 아니한다.

- **Expressions Not Defined in UCP 600** (UCP 600상에 정의되지 않은 표현)

21. Expressions such as "shipping documents", "stale documents acceptable", "third party documents acceptable" and "exporting country" should not be used as they are not defined in UCP 600. If used in a credit, their meaning should be made apparent. If not, they have the following meaning under international standard banking practice :

a. "shipping documents" - all documents (not only transport documents), except drafts, required by the credit.

b. "stale documents acceptable" - documents presented later than 21 calendar days after the date of shipment are acceptable as long as they are presented no later than the expiry date for presentation as stated in the credit.

c. "third party documents acceptable" - all documents, excluding drafts but including invoices, may be issued by a party other than the beneficiary. If it is the intention of the issuing bank that the transport or other documents may show a shipper other than the beneficiary, the clause is not necessary because it is already permitted by sub-article 14 (k).

d. "exporting country" - the country where the beneficiary is domiciled, or the country of origin of the goods, or the country of receipt by the carrier or the country from which shipment or dispatch is made.

번역 21. "선적서류", "기일경과서류 인수가능", "제3자 서류 인수가능", "수출국가" 등의 표현은 UCP 600 상에 정의되지 아니한 것이므로 이를 사용하지 아니하도록 하여야 한다. 신용장에서 이를 사용한 경우에는, 그 의미가 명확히 나타나 있어야 한다. 그렇지 아니한 경우, 이는 국제표준은행관습에 따라 다음과 같은 의미를 갖는다.

a. "선적서류"(shipping documents)라 함은 (운송서류뿐만 아니라) 환어음을 제외하고 신용장에 의하여 요구된 모든 서류를 의미한다.

b. "기일경과서류 인수가능"(stale documents acceptable)이라 함은 서류가 신용장상에 기재된 제시를 위한 유효기일까지 제시되는 한, 선적일자 이후 제21월력일을 경과하여 제시된 서류도 인수가능한 것임을 의미한다.

c. "제3자 서류 인수가능"(third party documents acceptable)이라 함은 환어음을 제외하고 송장을 포함한 모든 서류를 수익자 이외의 당사자가 발행하여도 된다는 것을 의미한다. 개설은행의 의도가 운송서류 또는 기타 서류상에 수익자 이외의 화주를 표시하여도 된다는 것이라면, 이는 이미 UCP 600 제14조 k항에 의하여 허용되어 있기 때문에 별도의 조항을 필요로 하지 아니한다.

d. "수출국가"(exporting country)라 함은 수익자가 거주하는 국가, 물품의 원

산지국가, 운송인에 의한 수령국가 또는 선적이나 발송이 행하여진 국가 등을 의미한다.

• **Issuer of Documents** (서류의 발행인)

22. If a credit indicates that a document is to be issued by a named person or entity, this condition is satisfied if the document appears to be issued by the named person or entity. It may appear to be issued by a named person or entity by use of its letterhead, or if there is no letterhead, the document appears to have been completed or signed by, or on behalf of the named person or entity.

번역 22. 신용장에서 서류는 어느 지명된 자 또는 주체에 의하여 발행된 것이어야 한다고 명시한 경우에는, 이 조건은 서류가 지명된 자 또는 주체에 의하여 발행된 것으로 나타난 경우에 충족되어진다. 서류는 어느 지명된 자 또는 주체의 표제를 사용하여 그러한 자 또는 주체에 의하여 발행된 것으로 나타낼 수 있으며, 또 표제가 없는 경우에는 서류는 지명된 자 또는 주체에 의하거나 또는 이를 대신하여 완성 또는 서명된 것으로 나타나 있어야 한다.

• **Language** (언어)

23. Under international standard banking practice, it is expected that documents issued by the beneficiary will be in the language of the credit. When a credit states that documents in two or more languages are acceptable, a nominated bank may, in its advice of the credit, limit the number of acceptable languages as a condition of its engagement in the credit.

번역 23. 국제표준은행관습에 따르면, 수익자에 의하여 발행되는 서류는 신용장의 언어로 작성되어 있어야 하는 것으로 기대된다. 신용장에서 둘 이상의 언어로 작성된 서류도 인수가능한 것임을 명시하는 경우에는, 지정은행은 그 신용장을 통지함에 있어서 신용장상에 있는 자신의 확약에 대한 조건으로서 인수가능한 언어의 수를 제한할 수 있다.

- **Mathematical Calculations** (수리적 계산)

24. Detailed mathematical calculations in documents will not be checked by banks. Banks are only obliged to check total values against the credit and other required documents.

번역 24. 서류상의 상세한 수리적 계산은 은행이 점검하지 아니한다. 은행은 단지 신용장과 기타 요구된 서류에 대한 총액을 점검할 의무만 부담한다.

- **Misspellings or Typing Errors** (오자 또는 입력착오)

25. A misspelling or typing error that does not affect the meaning of a word or the sentence in which it occurs does not make a document discrepant. For example, a description of the merchandise as "mashine" instead of "machine", "fountan pen" instead of "fountain pen" or "modle" instead of "model" would not make the document discrepant. However, a description as "model 123" instead of "model 321" would not be regarded as a typing error and would constitute a discrepancy.

번역 25. 오자 또는 입력착오는 그 발생한 단어 또는 문장의 의미에 영향을 미치지 아니하는 한, 서류를 하자 있는 것으로 하지 아니한다. 예컨대 "machine" 대신의 "mashine", "fountain pen" 대신의 "fountan pen", "model" 대신의 "modle"이라고 하는 상품의 명세는 서류를 하자 있는 것으로 하지 아니한다. 그러나 "model 321" 대신의 "model 123"이라고 하는 명세는 입력착오로 보지 아니하며, 이는 하자를 구성하게 된다.

• **Multiple Pages and Attachments or Riders** (복수지면 · 부속물 · 첨부물)

26. Unless the credit or a document provides otherwise, pages which are physically bound together, sequentially numbered or contain internal cross references, however named or entitled, are to be examined as one document, even if some of the pages are regarded as an attachment. Where a document consists of more than one page, it must be possible to determine that the pages are part of the same document.

번역 26. 신용장 또는 서류상에 별도의 규정이 없는 한, 물리적으로 함께 철하여져 있거나, 일련된 번호가 있거나 또는 내부의 교차된 참조번호를 내포하고 있는 지면은 그 명칭이나 제목을 불문하고 일부의 지면이 부속물로 보여지더라도 이를 하나의 서류로서 심사되어야 한다. 서류가 둘 이상의 지면으로 구성되어 있는 경우에는, 반드시 이들 지면이 동일한 서류의 일부라는 것을 결정할 수 있어야 한다.

27. If a signature or endorsement is required to be on a document consisting of more than one page, the signature is normally placed on the first or last page of the document, but unless the credit or the document itself indicates where a signature or endorsement is to appear, the signature or endorsement may appear anywhere on the document.

번역 27. 둘 이상의 지면으로 구성된 서류상에 서명 또는 배서가 요구되는 경우에는, 서명은 서류의 최초면 또는 최종면에 위치하여야 정상적이다. 그러나 신용장 또는 서류 자체가 서명 또는 배서를 나타낼 장소를 명시하지 아니하는 한, 서명 또는 배서는 서류상의 어떠한 장소에도 나타낼 수 있다.

- **Originals and Copies** (원본과 사본)

28. Documents issued in more than one original may be marked "Original", "Duplicate", "Triplicate", "First Original", "Second Original", etc. None of these markings will disqualify a document as an original.

번역 28. 둘 이상의 원본으로 발행된 서류는 "원본"(original), "부본"(duplicate), "제3부본"(triplicate), "제1원본"(first original), "제2원본"(second original) 등으로 표기할 수 있다. 이러한 표기가 전혀 없는 서류도 원본으로서의 자격을 상실하지 아니한다.

29. The number of originals to be presented must be at least the number required by the credit, the UCP 600 or, where the document itself states how many originals have been issued, the number stated on the document.

번역 29. 제시되어야 할 원본의 수는 반드시 신용장이나 UCP 600에 의하여 요구된 수 이상, 또는 서류 자체에서 발행된 원본의 수를 기재하고 있는 경우에는, 그 서류상에 기재된 수 이상이어야 한다.

30. It can sometimes be difficult to determine from the wording of a credit whether it requires an original or a copy, and to determine whether that requirement is satisfied by an original or a copy.

For example, where the credit requires :

a. "Invoice", "One Invoice" or "Invoice in 1 copy", it will be understood to be a requirement for an original invoice.

b. "Invoice in 4 copies", it will be satisfied by the presentation of at least one original and the remaining number as copies of an invoice.

c. "One copy of Invoice", it will be satisfied by presentation of either a copy or an original of an invoice.

번역 30. 가끔 신용장의 문언으로는 그것이 원본 또는 사본을 요구하는지의 여부를 결정하거나, 또는 동 요구가 원본 또는 사본에 의하여 충족되는지의 여부를 결정하는 것이 어려울 때가 있을 수 있다.

예컨대 다음과 같은 경우가 있다.

a. 신용장이 "송장"(invoice), "한 통의 송장"(one invoice) 또는 "송장 1통"(invoice in 1 copy)을 요구하는 경우에는, 이는 원본 송장을 요구하는 것으로 이해하여야 한다.

b. 신용장이 "송장 4통"(invoice in 4 copies)을 요구하는 경우에는, 이는 적어도 한 통 이상을 원본으로 하고 나머지 수를 송장의 사본으로 제시하면 충족되는 것으로 한다.

c. 신용장이 "한 통의 송장 사본"(one copy of invoice)을 요구하는 경우에는, 이는 송장의 사본 또는 원본 중의 어떠한 제시에 의하여도 충족되는 것으로 한다.

31. Where an original would not be accepted in lieu of a copy, the credit must prohibit an original, e.g., "photocopy of invoice - original document not acceptable in lieu of photocopy", or the like. Where a credit calls for a copy of a transport document and indicates the disposal instructions for the original of that transport document, an original transport document will not be acceptable.

번역 31. 사본 대신에 원본을 인수하지 아니하고자 할 경우에는, 신용장은 반드시 예컨대 "송장의 사진복사본 - 사진복사본 대신에 원본서류는 인수가능한 것이 아님." 또는 이와 유사한 표현으로 원본을 금지시켜야 한다. 신용장이 운송서류의 사본을 요구하고 당해 운송서류의 원본에 대한 처분지시를 명시하고 있는 경우에는, 원본 운송서류는 인수가능한 것이 아니다.

32. Copies of documents need not be signed.

번역 32. 서류의 사본은 반드시 서명을 필요로 하지 아니한다.

33. In addition to UCP 600 article 17, the ICC Banking Commission Policy Statement, document 470/871 (Rev), titled "The Determination of an 'Original' Document in the Context of UCP 500 sub-Article 20 (b)" is recommended for further guidance on originals and copies and remains valid under UCP 600. The content of the Policy Statement appears in the Appendix of this publication, for reference purposes.

번역 33. UCP 600 제17조에 추가하여, "UCP 500 제20조 b항 관련 '원본' 서류의 결정"이란 제목의 ICC 은행위원회 정책성명서(문서 제470/871호)(수정본)는 원본과 사본에 관한 추가적인 지침으로서 권장하는 바이며, 또 이는 UCP 600 하에서도 효력을 유지한다. 동 정책성명서의 내용은 참조의 목적으로 이 출판물의 부록에 나타나 있다.

- **Shipping Marks** (선적화인)

34. The purpose of a shipping mark is to enable identification of a box, bag or package. If a credit specifies the details of a shipping mark, the documents mentioning the marks must show these details, but additional information is acceptable provided it is not in conflict with the credit terms.

번역 34. 선적화인의 목적은 상자, 자루 또는 포장물의 확인을 가능하게 하는데 있다. 신용장이 선적화인의 세부사항을 기술한 경우에는, 화인을 기재하는 서류는 반드시 이들 세부사항을 표시하고 있어야 한다. 다만 추가적인 정보는 그것이 신용장조건과 모순되지 아니하는 한 인수가능한 것이다.

35. Shipping marks contained in some documents often include information in excess of what would normally be considered "shipping marks" and could include information such as the type of goods, warnings as to the handling of fragile goods, net and/or gross weight of the goods, etc. The fact that some documents show such additional information while others do not is not a discrepancy.

번역 35. 일부 서류상에 내포되는 선적화인은 종종 정상적으로 "선적화인"이라고 보여지는 것 이상의 정보를 포함하는 경우가 있으며, 또 물품의 종류, 파손되기 쉬운 물품의 취급에 관한 경고, 물품의 순중량 및/또는 총중량 등과 같은 정보를 포함할 수 있다. 일부 서류가 다른 서류에 없는 그러한 추가적인 정보를 표시하고 있다는 사실은 하자에 해당하지 아니한다.

36. Transport documents covering containerized goods will sometimes only show a container number under the heading "Shipping marks". Other documents that show a detailed marking will not be considered to be in conflict for that reason.

번역 36. 컨테이너화된 물품을 커버하는 운송서류는 가끔 "선적화인"이란 표제에 따른 컨테이너 번호만을 표시하는 경우가 있다. 기타 서류가 상세한 화인을 표시하는 경우에는 이를 이유로 하여 모순된 것으로 보지 아니한다.

- **Signatures** (서명)

37. Even if not stated in the credit, drafts, certificates and declarations by their nature require a signature. Transport documents and insurance documents must be signed in accordance with the provisions of UCP 600.

번역 37. 신용장상에 기재되지 아니하였다 하더라도, 환어음, 증명서 및 신고서는 본질적으로 서명이 요구된다. 운송서류와 보험서류는 반드시 UCP 600의 규정에 따라 서명되어 있어야 한다.

38. The fact that a document has a box or space for a signature does not necessarily mean that such box or space must be completed with a signature. For example, banks do not require a signature in the area titled "Signature of shipper or their agent" or similar phrases commonly found on transport document, such as air waybills or road transport documents. If the content of a document indicates that it requires a signature to establish its validity (e.g., "This document is not valid unless signed" or similar terms), it must be signed.

번역 38. 서류상에 서명을 위한 공란 또는 공간이 있다는 사실은 결코 그러한 공란 또는 공간을 서명으로 완성하여야 함을 의미하는 것은 아니다. 예컨대 은행은 항공화물운송장이나 도로운송서류와 같은 운송서류상에 통상적으로 발견되는 "화주 또는 이들 대리인의 서명" 또는 이와 유사한 구절의 제목이 있는 지역에 서명을 요구하지 아니한다. 서류의 내용상 그 효력을 발생하기 위한 서명(예컨대 "이 서류는 서명되지 아니하는 한, 유효하지 아니한다." 또는 이와 유사한 조건)을 요구한다는 명시가 있는 경우에는, 이는 반드시 서명되어 있어야 한다.

39. A signature need not be handwritten. Facsimile signatures, perforated signatures, stamps, symbols (such as chops) or any electronic or mechanical means of authentication are sufficient. However, a photocopy of a signed document does not qualify as a signed original document, nor does a signed document transmitted through a fax machine, absent an original signature. A requirement for a document to be "signed and stamped", or a similar requirement, is also fulfilled by a signature and the name of the party typed, or stamped, or handwritten, etc.

번역 39. 서명은 반드시 수기로 하여야 할 필요가 없다. 모사서명, 천공서명, 타인, 부호(관인 등) 또는 모든 전자방식이나 기계방식의 인증으로도 충분하다. 그러나 서명된 서류의 사진복사본은 서명된 원본서류로서의 자격이 없으며, 또 서명된 서류를 모사기기로 전송하는 것도 원본서명이 결여되는 것이다. 서류가 "서명 및 타인" 되어야 한다는 요구 또는 이와 유사한 요구는 이를 타자, 타인 또는 수기한 당사자의 명의와 서명에 의하여도 완수되어진다.

40. A signature on a company letterhead paper will be taken to be the signature of that company, unless otherwise stated. The company name need not be repeated next to the signature.

번역 40. 회사의 표제가 있는 용지의 서명은 별도의 명시가 없는 한, 당해 회사의 서명인 것으로 본다. 회사의 명의는 서명의 다음에 반복하여야 할 필요가 없다.

- **Title of Documents and Combined Documents** (서류제목과 통합서류)

41. Documents may be titled as called for in the credit, bear a similar title or be untitled. For example, a credit requirement for a "Packing List" may also be satisfied by a document containing packing details whether titled "Packing Note", "Packing and Weight List", etc., or an untitled document. The content of a document must appear to fulfil the function of the required document.

번역 41. 서류는 신용장상에 요구된 대로의 제목, 이와 유사한 제목 또는 제목을 붙이지 아니할 수 있다. 예컨대 "포장명세서"에 관한 신용장의 요구는 "포장메모", "포장 및 중량명세서" 등의 제목을 붙이든 제목이 없는 서류이든 불문하고 포장의 세부사항을 내포하는 서류에 의하여도 충족될 수 있다. 서류의 내용은 반드시 요구된 서류의 기능을 완수하도록 나타나 있어야 한다.

42. Documents listed in a credit should be presented as separate documents. If a credit requires a packing list and a weight list, such requirement will be satisfied by presentation of two separate documents, or by presentation of two original copies of a combined packing and weight list, provided such document states both packing and weight details.

번역 42. 신용장상에 열거된 서류는 별도의 서류로서 제시되어야 한다. 신용장이 포장명세서와 중량명세서를 요구하는 경우에는, 그러한 요구는 두 가지의 별도의 서류를 제시하거나 또는 하나의 통합된 포장 및 중량명세서의 원본 두 통을 제시함으로써 충족되어진다. 다만 그러한 서류는 포장과 중량의 세부사항을 모두 기재하고 있어야 한다.

☐ DRAFTS AND CALCULATION OF MATURITY DATE
(환어음과 만기일자 계산)

• Tenor (기한)

43. The tenor must be in accordance with the terms of the credit.

a. If a draft is drawn at a tenor other than sight, or other than a certain period after sight, it must be possible to establish the maturity date from the data in the draft itself.

b. As an example of where it is possible to establish a maturity date from the data in the draft, if a credit calls for drafts at a tenor 60 days after the bill of lading date, where the date of the bill of lading is 12 July 2007, the tenor could be indicated on the draft in one of the following ways :

i. "60 days after bill of lading date 12 July 2007", or

ii. "60 days after 12 July 2007", or

iii. "60 days after bill of lading date" and elsewhere on the face of the draft state "bill of lading date 12 July 2007", or

iv. "60 days date" on a draft dated the same day as the date of the bill of lading, or

v. "10 September 2007", i.e., 60 days after the bill of lading date.

c. If the tenor refers to xxx days after the bill of lading date, the on board date is deemed to be the bill of lading date even if the on board date is prior to or later than the date of issuance of the bill of lading.

d. UCP 600 article 3 provides guidance that where the words "from" and “after” are used to determine maturity dates, the calculation of the maturity commences the day following the date of the document, shipment or other event, i.e., 10 days after or from March 1 is March 11.

e. If a bill of lading showing more than one on board notation is presented under a credit which requires drafts to be drawn, for example, at 60 days after or from bill of lading date, and the goods according to both or all on board notations were shipped from ports within a permitted geographical area or region, the earliest of these on board dates will be used for calculation of the maturity date. Example : the credit requires shipment from European port, and the bill of lading evidences on board vessel “A” from Dublin August 16 and on board vessel “B” from Rotterdam August 18. The draft should reflect 60 days from the earliest on board date in a European port, i.e., August 16.

f. If a credit requires drafts to be drawn, for example, at 60 days after or from bill of lading date, and more than one set of bills of lading is presented under one draft, the date of the last bill of lading will be used for the calculation of the maturity date.

번역 43. 기한은 반드시 신용장의 조건과 일치하여야 한다.

a. 환어음이 일람출급이나 일람후 정기출급 이외의 기한으로 발행되는 경우에는, 반드시 환어음 자체의 자료로부터 만기일자의 확정이 가능하여야 한다.

b. 환어음의 자료로부터 만기일자의 확정이 가능한 경우의 사례로서, 신용장이 선화증권 일자 이후 60일 기한의 환어음을 요구한 경우에는, 선화증권의 일자가 2007년 7월 12일이라고 할 때, 그 기한은 다음과 같은 방법 중의 하나에 의하여 환어음상에 명시할 수 있다.

i. “선화증권 일자 2007년 7월 12일 이후 60일”, 또는

ii. “2007년 7월 12일 이후 60일”, 또는

iii. “선화증권 일자 이후 60일” 및 환어음의 기타 문면상에 “선화증권 일자 2007년 7월 12일”을 기재하거나, 또는

iv. 선화증권의 일자와 동일한 날자로 일부된 환어음상의 “60일 일자”, 또는

v. “2007년 9월 10일”, 즉 선화증권 일자 이후 60일.

c. 기한이 선화증권 일자 이후 xxx일로 언급되어 있는 경우에는, 본선적재 일자가 선화증권의 발행일자보다 빠르거나 또는 늦더라도 본선적재 일자는 선화증권 일자인 것으로 본다.

d. UCP 600 제3조는 "부터"(from)와 "이후"(after)란 단어가 만기일자를 결정하는데 사용되는 경우에는 만기의 계산은 서류, 선적 또는 기타 사실의 일자 다음의 일자, 즉 3월 1일 이후 또는 부터 10일은 3월 11일에 시작한다는 지침을 규정하고 있다.

e. 둘 이상의 본선적재 표기가 있는 선화증권이, 예컨대 선화증권 일자 이후 또는 부터 60일의 환어음 발행을 요구하는 신용장에 따라 제시되고, 또 본선적재 표기의 양쪽 또는 모두와 일치하는 물품이 허용된 지리적인 지역이나 지방 내의 항구로부터 선적된 경우에는, 이들 본선적재 일자 중의 최초일자를 만기일자의 계산에 사용하여야 한다. 예컨대 신용장이 유럽항으로부터의 선적을 요구하는데, 선화증권이 8월 16일 듀브린항으로부터의 "A" 선박 본선적재와 8월 18일 노텔담항으로부터의 "B" 선박 본선적재를 입증하고 있는 경우에는, 환어음은 유럽항에서 최초의 본선적재 일자, 즉 8월 16일부터 60일을 반영하고 있어야 한다.

f. 신용장이, 예컨대 선화증권 일자 이후 또는 부터 60일의 환어음 발행을 요구하는데, 두 통 이상의 선화증권이 한 통의 환어음에 따라 제시된 경우에는, 최후의 선화증권 일자를 만기일자의 계산에 사용하여야 한다.

44. While the examples refer to bill of lading dates, the same principles apply to all transport documents.

번역 44. 전항의 사례는 선화증권 일자를 언급하고 있지만, 기타 모든 운송서류에도 동일한 원칙이 적용된다.

• **Maturity Date** (만기일자)

45. If a draft states a maturity date by using an actual date, the date must have been calculated in accordance with the requirements of the credit.

번역 45. 환어음이 실제의 일자를 사용하여 만기일자를 기재하는 경우에는, 만기일자는 반드시 신용장의 요구와 일치하게 계산되어 있어야 한다.

46. For drafts drawn "at xxx days sight", the maturity date is established as follows :

a. in the case of complying documents, or in the case of non-complying documents where the drawee bank has provided a notice of refusal, the maturity date will be xxx days after the date of receipt of documents by the drawee bank.

b. in the case of non-complying documents where the drawee bank has provided a notice of refusal and subsequent approval, at the latest xxx days after the date of acceptance of the draft by the drawee bank. The date of acceptance of the draft must be no later than the date the issuing bank accepts the waiver of the applicant.

번역 46. "일람후 xxx일" 출급으로 발행된 환어음에 있어서, 만기일자는 다음과 같이 확정되어진다.

a. 일치하는 서류의 경우, 또는 불일치하는 서류로서 지급인은행이 거절통고를 발송하지 아니한 경우에는, 만기일자는 지급인은행에 의한 서류의 수령일자 이후 xxx일이 된다.

b. 불일치하는 서류로서 지급인은행이 거절통고와 후속적인 승인을 발송한 경우에는, 만기일자는 지급인은행에 의한 환어음의 인수일자 이후 최종의 xxx일이 된다. 환어음의 인수일자는 반드시 개설은행이 개설의뢰인의 권리포기를 승낙한 일자까지이어야 한다.

47. In all cases the drawee bank must advise the maturity date to the presenter. The calculation of tenor and maturity dates, as shown above, would also apply to credits designated as being available by deferred payment, i.e., where there is no requirement for a draft to be presented by the beneficiary.

번역 47. 어떠한 경우에도 지급인은행은 반드시 제시인에게 만기일자를 통지하여야 한다. 기한과 만기일자의 계산은 또한 연지급방식으로 사용하도록 지정되어 있는 신용장, 즉 수익자가 환어음을 제시하도록 하는 요구가 전혀 없는 경우에도 상기의 규정된 바에 따라 이에 적용된다.

- **Banking Days, Grace Days, Delays in Remittance**

(은행영업일, 은혜일, 송금지연)

48. Payment must be available in immediately available funds on the due date at the place where the draft or documents are payable, provided such due date is a banking day in that place. If the due date is a non-banking day, payment will be due on the first banking day following the due date. Delays in the remittance of funds, such as grace days, the time it takes to remit funds, etc., must not be in addition to the stated or agreed due date as defined by the draft or documents.

번역 48. 지급은 반드시 환어음이나 서류에 대한 지급가능한 장소에서의 예정일자에 즉시 사용가능한 자금에서 사용할 수 있어야 한다. 다만 그러한 예정일자는 당해 장소에서의 은행영업일이어야 한다. 예정일자가 은행휴업일인 경우에는, 지급은 그 예정일자에 이어지는 최초의 은행영업일에 만료되는 것으로 한다. 은혜일, 자금의 송금에 소요되는 기간 등으로 인한 자금의 송금지연은 환어음이나 서류에 의하여 정의된 바대로 기재되거나 합의된 예정일자에 가산하여서는 아니된다.

- **Endorsement** (배서)

49. The draft must be endorsed, if necessary.

번역 49. 환어음은 필요한 경우 반드시 배서되어 있어야 한다.

- **Amounts** (금액)

50. The amount in words must accurately reflect the amount in figures if both are shown, and indicate the currency, as stated in the credit.

번역 50. 문자금액은 숫자금액과 함께 표시하는 경우에는, 반드시 신용장상에 기재된 바대로 숫자금액을 정확히 반영하고 통화단위를 명시하여야 한다.

51. The amount must agree with that of the invoice, unless as a result of UCP 600 sub-article 18 (b).

번역 51. 금액은 UCP 600 제18조 b항의 결과에 따르지 아니하는 한, 반드시 송장의 금액과 일치하여야 한다.

- **How the Draft is Drawn** (환어음의 발행방법)

52. The draft must be drawn on the party stated in the credit.

번역 52. 환어음은 반드시 신용장상에 기재된 당사자 앞으로 발행되어야 한다.

53. The draft must be drawn by the beneficiary.

번역 53. 환어음은 반드시 수익자에 의하여 발행되어야 한다.

- **Drafts on the Applicant** (개설의뢰인 앞 환어음)

54. A credit may be issued requiring a draft drawn on the applicant as one of the required documents, but must not be issued available by drafts drawn on the applicant.

번역 54. 신용장은 개설의뢰인 앞으로 발행된 환어음을 요구된 서류 중의 하나로서 요구하여 개설할 수 있으나, 결코 개설의뢰인 앞으로 발행된 환어음에 의하여 사용가능하도록 개설되어서는 아니된다.

- **Corrections and Alterations** (정정과 변경)

55. Corrections and alterations on a draft, if any, must appear to have been authenticated by the drawer.

번역 55. 환어음상의 정정과 변경이 있는 경우에는, 반드시 그 발행인에 의하여 인증되었음이 나타나 있어야 한다.

56. In some countries a draft showing corrections or alterations will not be acceptable even with the drawer's authentication. Issuing banks in such countries should make a statement in the credit to the effect that no correction or alteration must appear in the draft.

번역 56. 일부 국가에서는 정정과 변경을 표시하는 환어음은 그 발행인의 인증이 있더라도 인수가능한 것이 되지 아니한다. 그러한 국가에서의 개설은행은 어떠한 정정 또는 변경도 환어음상에 나타나서는 아니된다는 취지를 신용장상에 명시하여야 한다.

□ INVOICES (송장)

• Definition of Invoice (송장의 정의)

57. A credit requiring an "invoice" without further definition will be satisfied by any type of invoice presented (commercial invoice, customs invoice, tax invoice, final invoice, consular invoice, etc.). However, invoices identified as "provisional", "pro-forma" or the like are not acceptable. When a credit requires presentation of a commercial invoice, a document titled "invoice" will be acceptable.

번역 57. 신용장에서 더 이상의 정의 없이 "송장"(invoice)을 요구하는 경우에는, 이는 모든 종류의 제시된 송장(상업송장, 세관송장, 세무송장, 최종송장, 영사송장 등)에 의하여 충족될 수 있다. 그러나 "가송장"(provisional), "견적송장"(pro-forma) 또는 이와 유사한 표현으로 확인된 송장은 인수가능한 것이 아니다. 신용장이 상업송장의 제시를 요구하는 때에는, "송장"이란 제목의 서류도 인수가능한 것이 된다.

• Description of the Goods, Services or Performance and other General Issues Related to Invoices
(물품 · 서비스 · 채무이행 명세와 기타 송장 관련 일반사항)

58. The description of the goods, services or performance in the invoice must correspond with the description in the credit. There is no requirement for a mirror image. For example, details of the goods may be stated in a number of areas within the invoice which, when collated together, represent a description of the goods corresponding to that in the credit.

번역 58. 송장상의 물품, 서비스 또는 채무이행의 명세는 반드시 신용장상의 명세와 일치하여야 한다. 여기에 완전일치성의 어떠한 요구가 있는 것은 아니다. 예컨대 물품의 세부사항은 송장 내부의 여러 지면에 기재되어 상호 조합될 때에 비로소 신용장상의 명세와 일치하는 물품의 명세가 나타나도록 할 수 있다.

59. The description of goods, services or performance in an invoice must reflect what has actually been shipped or provided. For example, where there are two types of goods shown in the credit, such as 10 trucks and 5 tractors, an invoice that reflects only shipment of 4 trucks would be acceptable provided the credit does not prohibit partial shipment. An invoice showing the entire goods description as stated in the credit, then stating what has actually been shipped, is also acceptable.

번역 59. 송장상의 물품, 서비스 또는 채무이행의 명세는 반드시 실제로 선적되어졌거나 제공되어진 것을 반영하고 있어야 한다. 예컨대 신용장상에 트럭 10대와 트랙터 5대와 같이 두 종류의 물품이 표시되어 있는 경우에는, 신용장이 분할선적을 금지하지 아니하는 한, 트럭 4대의 선적만을 반영하는 송장도 인수가능한 것이 된다. 신용장상에 기재된 바의 전체 물품명세를 표시하는 송장은 실제로 선적되어진 것을 기재하고 있을 때에 비로소 인수가능한 것이다.

60. An invoice must evidence the value of the goods shipped or services or performance provided. Unit price(s), if any, and currency shown in the invoice must agree with that shown in the credit. The invoice must show any discounts or deductions required in the credit. The invoice may also show a deduction covering advance payment, discount, etc., not stated in the credit.

번역 60. 송장은 반드시 선적된 물품 또는 제공된 서비스나 채무이행의 가액을 입증하고 있어야 한다. 송장상에 표시된 단가(있는 경우)와 통화단위는 반드시 신용장상에 표시된 것과 일치하여야 한다. 송장은 반드시 신용장상에 요구된 모든 할인액이나 공제액을 표시하고 있어야 한다. 송장은 또한 신용장상에 기재되지 아니한 선수금을 커버하는 공제액, 할인액 등을 표시할 수 있다.

61. If a trade term is part of the goods description in the credit, or stated in connection with the amount, the invoice must state the trade term specified, and if the description provides the source of the trade term, the same source must be identified (e.g., a credit term "CIF Singapore Incoterms 2000" would not be satisfied by "CIF Singapore Incoterms"). Charges and costs must be included within the value shown against the stated trade term in the credit and invoice. Any charges and costs shown beyond this value are not allowed.

번역 61. 정형거래조건이 신용장에서 물품명세의 일부를 이루거나 또는 금액과 관련하여 기재된 경우에는, 송장은 반드시 특정의 정형거래조건을 기재하고 있어야 하며, 또 물품명세에 정형거래조건의 법원(法源)을 규정하고 있는 경우에는, 반드시 이와 동일한 법원이 확인되어 있어야 한다(예컨대 "인코텀즈 2000의 CIF 싱가폴항"의 신용장조건은 "인코텀즈의 CIF 싱가폴항"으로는 충족되지 아니한다). 경비와 비용은 반드시 신용장과 송장상에 기재된 정형거래조건에 대응하여 표시된 가액의 범위내에서 포함되어 있어야 한다. 이러한 가액을 초과하여 표시된 어떠한 경비와 비용도 허용되지 아니한다.

62. Unless required by the credit, an invoice need not be signed or dated.

번역 62. 신용장에 의한 요구가 없는 한, 송장은 반드시 서명이나 일자를 필요로 하지 아니한다.

63. The quantity of merchandise, weights and measurements shown on the invoice must not conflict with the same quantities appearing on other documents.

번역 63. 송장상에 표시된 상품의 수량, 중량 및 용적은 결코 기타 서류상에 나타나는 동일한 수량과 모순되어서는 아니된다.

64. An invoice must not show :
a. over-shipment (except as provided in UCP 600 sub-article 30 (b)), or
b. merchandise not called for in the credit (including samples, advertising materials, etc.) even if stated to be free of charge.

번역 64. 송장은 결코 다음의 사항을 표시하여서는 아니된다.
a. 초과선적(UCP 600 제30조 b항에 규정된 경우를 제외함), 또는
b. 경비의 면제가 기재되어 있더라도 신용장상에 요구되지 아니한 상품(견본, 광고물 등을 포함함).

65. The quantity of the goods required in the credit may vary within a tolerance of +/- 5%. This does not apply if a credit states that the quantity must not be exceeded or reduced, or if a credit states the quantity in terms of a stipulated number of packing units or individual items. A variance of up to + 5% in the goods quantity does not allow the amount of the drawing to exceed the amount of the credit.

번역 65. 신용장상에 요구된 물품의 수량은 5% 과부족의 오차한도 이내에서 변경할 수 있다. 이는 신용장에서 수량은 결코 초과되거나 감소되어서는 아니된다고 기재한 경우, 또는 신용장에서 수량을 규정된 숫자의 포장단위나 개별품목의 조건으로 기재한 경우에는 적용되지 아니한다. 물품수량에서 5%까지의 초과변경이 있더라도 환어음 금액이 신용장금액을 초과하는 것은 허용되지 아니한다.

66. Even when partial shipments are prohibited, a tolerance of 5% less in the credit amount is acceptable, provided that the quantity is shipped in full and that any unit price, if stated in the credit, has not been reduced. If no quantity is stated in the credit, the invoice will be considered to cover the full quantity.

번역 66. 분할선적이 금지된 경우에도, 수량의 전체가 선적되고 신용장상에 기

재된 경우의 모든 단가가 감소되지 아니하는 한, 신용장 금액에서 하향 5%의 오차한도는 인수가능한 것이다. 신용장상에 어떠한 수량도 기재되지 아니한 경우에는, 송장은 전체의 수량을 커버하는 것으로 보아야 한다.

67. If a credit calls for instalment shipments, each shipment must be in accordance with the instalment schedule.

번역 67. 신용장이 할부선적을 요구하는 경우에는, 각각의 선적은 반드시 할부계획과 일치하게 이루어져야 한다.

□ TRANSPORT DOCUMENT COVERING AT LEAST TWO DIFFERENT MODES OF TRANSPORT

(둘 이상의 상이한 운송방식을 커버하는 운송서류)

- **Application of UCP 600 Article 19** (UCP 600 제19조의 적용)

68. If a credit requires presentation of a transport document covering transportation utilizing at least two modes of transport (multimodal or combined transport document), and if the transport document clearly shows that it covers a shipment from the place of taking in charge or port, airport or place of loading to the place of final destination mentioned in the credit, UCP 600 article 19 is applicable. In such circumstances, the transport document must not indicate that shipment or dispatch has been effected by only one mode of transport, but it may be silent regarding the modes of transport utilized.

번역 68. 신용장이 적어도 둘 이상의 운송방식을 사용하는 운송을 커버하는 운송서류(복합운송서류 또는 혼합운송서류)를 요구하고, 또 운송서류가 신용장상에 언급된 수탁장소나 적재항, 적재공항 또는 적재장소로부터 최종 목적장소까지의 선적을 커버한다는 것을 명시적으로 표시하는 경우에는, UCP 600 제19조가 적용가능한 것이다. 그러한 사정에서는, 운송서류는 결코 선적 또는 발송이 단지 하나의 운송방식에 의하여 행하여졌음을 명시하여서는 아니되지만, 사용된 운송방식에 관하여 침묵할 수는 있다.

69. In all places where the term "multimodal transport document" is used within this document, it also includes the term "combined transport document". A document need not be titled "multimodal transport document" or "combined transport document" to be acceptable under UCP 600 article 19, even if such expressions are used in the credit.

번역 69. "복합운송서류"란 용어가 이러한 서류의 범위 내에서 사용되는 모든 장소에서는, 이는 또한 "혼합운송서류"란 용어를 포함한다. 신용장상에 "복합운송서류" 또는 "혼합운송서류"란 표현이 사용되어 있다 하더라도, 서류는 UCP 600 제19조에 따라 인수가능하도록 하기 위하여 반드시 이러한 제목을 필요로 하지 아니한다.

- **Full Set of Originals** (전통의 원본)

70. A UCP 600 article 19 transport document must indicate the number of originals that have been issued. Transport documents marked "First Original", "Second Original", "Third Original", "Original", "Duplicate", "Triplicate", etc., or similar expressions are all originals. Multimodal transport documents need not be marked "original" to be acceptable under a credit. In addition to UCP 600 article 17, the ICC Banking Commission Policy Statement, document 470/871(Rev), titled "The Determination of an 'Original' Document in the Context of UCP 500 sub-Article 20 (b)" is recommended for further guidance on originals and copies and remains valid under UCP 600. The content of the Policy Statement appears in the Appendix of this publication, for reference purposes.

번역 70. UCP 600 제19조 운송서류는 반드시 발행된 원본의 숫자를 명시하여야 한다. "제1원본"(first original), "제2원본"(second original), "제3원본"(third original), "원본"(original), "부본"(duplicate), "제3부본"(triplicate) 등의 표지 또는 이와 유사한 표현이 있는 운송서류는 모두 원본이 된다. 복합운송서류는 신용장에 따라 인수가능하도록 하기 위하여 반드시 "원본"이란 표지를 필요로 하지 아니한다. UCP 600 제17조에 추가하여, "UCP 500 제20조 b항 관련 '원본' 서류의 결정"이란 제목의 ICC 은행위원회 정책성명서(문서 제470/871호)(수정본)는 원본과 사본에 관한 추가적인 지침으로서 권장하는 바이며, 또 이는 UCP 600 하에서도 효력을 유지한다. 동 정책성명서의 내용은 참조의 목적으로 이 출판물의 부록에 나타나 있다.

- **Signing of Multimodal Transport Documents** (복합운송서류 서명)

71. Original multimodal transport documents must be signed in the form described in UCP 600 sub-article 19 (a) (i) and indicate the name of the carrier, identified as the carrier.

a. If an agent signs a multimodal transport document on behalf of the carrier, the agent must be identified as agent and must identify on whose behalf it is signing, unless the carrier has been identified elsewhere on the multimodal transport document.

b. If the master (captain) signs the multimodal transport document, the signature of the master (captain) must be identified as "master" ("captain"). In this event, the name of the master (captain) need not be stated.

c. If an agent signs the multimodal transport document on behalf of the master (captain), the agent must be identified as agent. In this event, the name of the master (captain) need not be stated.

번역 71. 원본 복합운송서류는 반드시 UCP 600 제19조 a항 i호에 기술된 형식으로 서명되어 있어야 하며, 또 운송인으로서 확인된 운송인의 명의를 명시하고 있어야 한다.

a. 대리인이 운송인을 대신하여 복합운송서류에 서명하는 경우에는, 대리인은

반드시 대리인으로서 확인되어 있어야 하며, 또 운송인이 복합운송서류상의 어느 장소에도 확인되어 있지 아니하는 한, 반드시 그가 대신하여 서명하고 있는 자를 확인하고 있어야 한다.

b. 선장(함장)이 복합운송서류에 서명하는 경우에는, 선장(함장)의 서명은 반드시 "선장"("함장")으로서 확인되어 있어야 한다. 이러한 경우 선장(함장)의 명의는 기재되어야 할 필요가 없다.

c. 대리인이 선장(함장)을 대신하여 복합운송서류에 서명하는 경우에는, 대리인은 반드시 대리인으로서 확인되어 있어야 한다. 이러한 경우 선장(함장)의 명의는 기재되어야 할 필요가 없다.

72. If a credit states "Freight Forwarder's Multimodal transport document is acceptable" or used a similar phrase, then the multimodal transport document may be signed by a freight forwarder in the capacity of a freight forwarder, without the need to identify itself as carrier or agent for the named carrier. In this event, it is not necessary to show the name of the carrier.

번역 72. 신용장이 "운송주선인 복합운송서류도 인수가능한 것이다."라고 기재하거나 또는 이와 유사한 구절을 사용하는 경우에는, 이에 복합운송서류는 운송주선인이 자신을 운송인 또는 지명된 운송인의 대리인으로서 확인할 필요가 없이 운송주선인의 자격으로서 서명할 수 있다. 이러한 경우 운송인의 명의는 표시하여야 할 필요가 없다.

• **On Board Notations** (본선적재 표기)

73. The issuance date of a multimodal transport document will be deemed to be the date of dispatch, taking in charge or shipped on board unless it bears a separate dated notation evidencing dispatch, taking in charge or shipped on board from the location required by the credit, in which event the date of the notation will be deemed to be the date of shipment whether or not the date is before or after the issuance date of the document.

번역 73. 신용장에 의하여 요구된 위치로부터의 발송, 수탁 또는 본선선적을 입증하는 별도의 일부된 표기를 함유하지 아니하는 한, 복합운송서류의 발행일자는 발송, 수탁 또는 본선선적의 일자인 것으로 본다. 별도의 일부된 표기가 있는 경우에는, 표기일자가 서류의 발행일자 이전 또는 이후인 여부를 불문하고 그 표기일자는 선적일자인 것으로 본다.

74. "Shipped in apparent good order", "Laden on board", "clean on board" or other phrases incorporating words such as "shipped" or "on board" have the same effect as "Shipped on board".

번역 74. "외관상 양호한 상태로 선적됨", "본선적재됨", "무고장 본선적재" 또는 기타의 "선적됨"이나 "본선적재"와 같은 단어를 삽입한 구절은 "본선선적됨"(shipped on board)과 동일한 효력을 갖는다.

• **Place of Taking in Charge, Dispatch, Loading on Board and Destination** (수탁・발송・본선적재・목적장소)

75. If a credit gives a geographical range for the place of taking in charge, dispatch, loading on board and destination (e.g., "Any European

Port"), the multimodal transport document must indicate the actual place of taking in charge, dispatch, shipped on board and destination, which must be within the geographical area or range stated in the credit.

번역 75. 신용장이 수탁, 발송, 본선적재 및 목적장소에 관한 지리적인 구역(예컨대 "모든 유럽항")을 제공하는 경우에는, 복합운송서류는 반드시 실제의 수탁, 발송, 본선선적 및 목적장소를 명시하여야 하며, 이는 반드시 신용장상에 기재된 지리적인 지역 또는 구역 내에 있어야 한다.

- **Consignee, Order Party, Shipper and Endorsement, Notify Party**
  (수화인, 지시인, 화주와 배서, 착화통지처)

76. If a credit requires a multimodal transport document to show that the goods are consigned to a named party, e.g., "consigned to Bank X" (a "straight" consignment), rather than "to order" or "to order of Bank X", the multimodal transport document must not contain words such as "to order" or "to order of" that precede the name of that named party, whether typed or pre-printed. Likewise, if a credit requires the goods to be consigned "to order" or "to order of" a named party, the multimodal transport document must not show that the goods are consigned straight to the named party.

번역 76. 신용장에서 물품을 어느 지명된 당사자에게 탁송하도록 표시하는 복합운송서류, 예컨대 "지시인에게" 또는 "X 은행의 지시인에게"라는 것보다 "X 은행에게 탁송할 것"("기명식" 탁송)을 요구하는 경우에는, 복합운송서류는 결코 동 지명된 당사자의 명의를 타자하든 미리 인쇄하든 불문하고 그 앞부분에 "지시인에게" 또는 "그의 지시인에게"와 같은 단어를 내포하여서는 아니된다. 마찬가지로, 신용장에서 물품을 "지시인에게" 또는 어느 지명된 당사자 "그의 지시인에게" 탁송하도록 요구하는 경우에는, 복합운송서류는 결코 물품을 지명된 당사자에게 기명식으로 탁송하도록 표시하여서는 아니된다.

77. If a multimodal transport document is issued to order or to order of the shipper, it must be endorsed by the shipper. An endorsement indicating that it is made for or on behalf of the shipper is acceptable.

번역 77. 복합운송서류가 지시식 또는 화주의 지시식으로 발행된 경우에는, 이는 반드시 화주에 의하여 배서되어 있어야 한다. 화주를 대표하거나 대신하여 배서되어 있음을 명시하는 배서는 인수가능한 것이다.

78. If a credit does not stipulate a notify party, the respective field on the multimodal transport document may be left blank or completed in any manner.

번역 78. 신용장이 착화통지처를 명시하지 아니한 경우에는, 복합운송서류상의 해당되는 공란은 백지로 남겨 두거나 기타 어떠한 방법으로도 완성할 수 있다.

- **Transhipment and Partial Shipment** (환적과 분할선적)

79. In a multimodal transport, transhipment will occur, i.e., unloading from one means of conveyance and reloading to another means of conveyance (whether or not in different modes of transport) during the carriage from the place of dispatch, taking in charge or shipment to the place of final destination stated in the credit.

번역 79. 복합운송에서 환적이라 함은 발생하되, 즉 신용장상에 기재된 발송, 수탁 또는 선적장소로부터 최종 목적장소까지의 운송 동안에 (상이한 운송방식인 여부를 불문하고) 하나의 운반수단으로부터 양하하여 별도의 운반수단에 재적하는 것을 말한다.

80. If a credit prohibits partial shipments and more than one set of original multimodal transport documents are presented covering shipment, dispatch or taking in charge from one or more points of origin (as specifically allowed, or within the geographical area or range stated in the credit), such documents are acceptable, provided that they cover the movement of goods on the same means of conveyance and same journey and are destined for the same destination. In the event that more than one set of multimodal transport documents are presented and if they incorporate different dates of shipment, dispatch or taking in charge, the latest of these dates will be taken for the calculation of any presentation period, and such date must fall on or before any latest date of shipment, dispatch or taking in charge specified in the credit.

번역 80. 신용장이 분할선적을 금지하고, 또 둘 이상의 원본 복합운송서류가 (특별히 허용되었거나 또는 신용장상에 기재된 지리적인 지역 또는 구역 내에 있는) 하나 이상의 원산지점으로부터의 선적, 발송 또는 수탁을 커버하여 제시된 경우에는, 그러한 서류는 동일한 운반수단과 동일한 운항에 의한 물품의 이동을 커버하고 또 동일한 목적지를 향하고 있는 한 인수가능한 것이다. 둘 이상의 복합운송서류가 제시되고 또 서로 다른 선적, 발송 또는 수탁일자를 삽입하고 있는 경우에는, 이들 일자 중의 최종일자를 모든 제시기간의 계산에 고려하여야 하며, 또 그러한 일자는 반드시 신용장상에 명시된 어떠한 최종의 선적, 발송 또는 수탁일자의 당일 또는 이전에 있어야 한다.

81. Shipment on more than one means of conveyance (more than one truck (lorry), vessel, aircraft, etc.) is a partial shipment, even if such means of conveyance leave on the same day for the same destination.

번역 81. 둘 이상의 운반수단(둘 이상의 트럭(로리), 선박, 항공기 등)에 선적하는 것은 이들 운반수단이 동일한 날짜에 동일한 목적지를 향하여 출발하더라도 분할선적이 된다.

• **Clean Multimodal Transport Documents** (무고장 복합운송서류)

82. Clauses or notations on multimodal transport documents that expressly declare a defective condition of the goods or packaging are not acceptable. Clauses or notations that do not expressly declare a defective condition of the goods or packaging (e.g., "packaging may not be sufficient for the journey") do not constitute a discrepancy. A statement that the packaging "is not sufficient for the journey" would not be acceptable.

번역 82. 물품 또는 포장의 하자 있는 상태를 명시적으로 선언하는 복합운송서류상의 조항 또는 표기는 인수가능한 것이 아니다. 물품 또는 포장의 하자 있는 상태를 명시적으로 선언하지 아니하는 조항 또는 표기(예컨대 "포장이 운항에 불충분할 수 있다.")는 하자를 구성하지 아니한다. 포장이 "운항에 불충분하다." 라는 기재는 인수가능한 것이 되지 아니한다.

83. If the word "clean" appears on a multimodal transport document and has been deleted, the multimodal transport document will not be deemed to be claused or unclean unless it specifically bears a clause or notation declaring that the goods or packaging are defective.

번역 83. "무고장"(clean)이란 단어가 복합운송서류상에 나타나 있으나 삭제된 경우에는, 복합운송서류는 물품 또는 포장이 하자 있음을 선언하는 조항 또는 표기를 특별히 함유하지 아니하는 한, 이를 조건부 또는 고장부인 것으로 보지 아니한다.

- **Goods Description** (물품명세)

84. A goods description in the multimodal transport document may be shown in general terms not in conflict with that stated in the credit.

번역 84. 복합운송서류상의 물품명세는 신용장상에 기재된 명세와 모순되지 아니하는 일반용어로 표시할 수 있다.

- **Corrections and Alterations** (정정과 변경)

85. Corrections and alterations on a multimodal transport document must be authenticated. Such authentication must appear to have been made by the carrier or master (captain) or any one of their agents who may be different from the agent that may have issued or signed it, provided they are identified as an agent of the carrier or master (captain).

번역 85. 복합운송서류상의 정정과 변경은 반드시 인증되어 있어야 한다. 그러한 인증은 반드시 운송인, 선장(함장) 또는 복합운송서류를 발행하였거나 서명하였을 수 있는 대리인과 서로 다를 수 있는 이들 대리인 중의 어느 하나에 의하여 행하여졌음이 나타나 있어야 한다. 다만 대리인의 경우에는 운송인 또는 선장(함장)의 대리인으로서 확인되어 있어야 한다.

86. Non-negotiable copies of multimodal transport documents do not need to include any signature on, or authentication of, any alterations or corrections that may have been made on the original.

번역 86. 복합운송서류의 비유통성 사본은 그 원본상에 행하여졌을 수 있는 어떠한 변경 또는 정정에 관한 어떠한 서명 또는 인증을 포함하여야 할 필요가 없다.

- **Freight and Additional Costs** (운임과 추가비용)

87. If a credit requires that a multimodal transport document show that freight has been paid or is payable at destination, the multimodal transport document must be marked accordingly.

번역 87. 신용장에서 복합운송서류는 운임이 지급되었다거나 또는 목적지에서 지급될 수 있다는 사실을 표시하도록 요구하는 경우에는, 복합운송서류는 반드시 이와 일치하게 표지되어 있어야 한다.

88. Applicants and issuing banks should be specific in stating the requirements of documents to show whether freight is to be prepaid or collected.

번역 88. 개설의뢰인과 개설은행은 서류의 요건을 기재함에 있어서 운임의 선지급 또는 착불로 할 것인지의 여부를 표시하도록 명확히 하여야 한다.

89. If a credit states that costs additional to freight are not acceptable, a multimodal transport document must not indicate that casts additional to the freight have been or will be incurred. Such indication may be by express reference to additional costs or by the use of shipment terms which refer to costs associated with the loading or unloading of goods, such as Free In (FI), Free Out (FO), Free In and Out (FIO) and Free In and Out Stowed (FIOS). A reference in the transport document to costs which may be levied as a result of a delay in unloading the goods or after the goods have been unloaded, e.g., costs covering the late return of containers, is not considered to be an indication of additional costs in this context.

번역 89. 신용장에서 운임의 추가비용은 인수가능한 것이 아니라고 기재하는 경우에는, 복합운송서류는 결코 운임의 추가비용이 부과되었다거나 또는 부과될 것이라는 명시가 있어서는 아니된다. 그러한 명시는 추가비용에 대한 명확한 언급에 의하거나 또는 적재비면책(FI), 양하비면책(FO), 적재비와 양하비면책(FIO), 적재비와 적부양하비면책(FIOS) 등 물품의 적재 또는 양하와 관련된 비용을 언급하는 선적조건의 사용에 의하여 할 수 있다. 다만 운송서류에서 물품의 양하지연에 기인하거나 또는 물품이 양하된 이후에 부과될 수 있는 비용, 예컨대 컨테이너의 반납지연을 커버하는 비용 등의 언급은 이와 관계된 추가비용의 명시인 것으로 보지 아니한다.

- **Goods Covered by more than One Multimodal Transport Document**
  (둘 이상의 복합운송서류로 커버된 물품)

90. If a multimodal transport document states that the goods in a container are covered by that multimodal transport document plus one or more other multimodal transport documents, and the document states that all multimodal transport documents must be surrendered or words of similar effect, this means that all multimodal transport documents related to that container must be presented in order for the container to be released. Such a multimodal transport document is not acceptable unless all the multimodal transport documents form part of the same presentation under the same credit.

번역 90. 복합운송서류에서 컨테이너 물품은 동 복합운송서류에 추가하여 하나 이상의 기타 복합운송서류로 커버되어 있다고 기재하고, 또 모든 복합운송서류가 반드시 제공되어야 한다거나 또는 이와 유사한 취지의 단어를 기재한 경우에는, 이는 동 컨테이너에 관련된 모든 복합운송서류는 반드시 컨테이너가 인도될 수 있도록 제시되어야 한다는 것을 의미한다. 그러한 복합운송서류는 모든 복합운송서류가 동일한 신용장에 따른 동일한 제시의 일부를 형성하지 아니하는 한 인수가능한 것이 아니다.

☐ BILL OF LADING (선화증권)

• Application of UCP 600 Article 20 (UCP 600 제20조의 적용)

91. If a credit requires presentation of a bill of lading ("marine", "ocean" or "port-to-port" or similar) covering sea shipment only, UCP 600 article 20 is applicable.

번역 91. 신용장이 해상선적만을 커버하는 ("해상", "해양", "항대항" 또는 이와 유사한 표현의) 선화증권의 제시를 요구하는 경우에는, UCP 600 제20조가 적용가능한 것이다.

92. To comply with UCP 600 article 20, a bill of lading must appear to cover a port-to-port shipment but need not be titled "marine bill of lading", "ocean bill of lading", "port-to-port bill of lading" or similar.

번역 92. UCP 600 제20조를 충족하기 위하여는, 선화증권은 반드시 항대항선적을 커버하는 것으로 나타나 있어야 하지만, 반드시 "해상선화증권", "해양선화증권", "항대항선화증권" 또는 이와 유사한 제목을 필요로 하지 아니한다.

• Full Set of Originals (전통의 원본)

93. A UCP 600 article 20 transport document must indicate the number of originals that have been issued. Transport documents marked "First Original", "Second Original", "Third Original", "Original", "Duplicate", "Triplicate", etc., or similar expressions are all originals. Bills of lading need not be marked "original" to be acceptable as an original bill of lading. In addition to UCP 600 article 17, the ICC Banking Commission Policy Statement, document 470/871(Rev), titled "The Determination of an 'Original' Document in the Context of UCP 500 sub-Article 20 (b)" is recommended for further guidance on originals and copies and remains valid under UCP 600. The content of the Policy Statement appears in the Appendix of this publication, for reference purposes.

번역 93. UCP 600 제20조 운송서류는 반드시 발행된 원본의 숫자를 명시하여야 한다. "제1원본"(first original), "제2원본"(second original), "제3원본"(third original), "원본"(original), "부본"(duplicate), "제3부본"(triplicate) 등의 표지 또는 이와 유사한 표현이 있는 운송서류는 모두 원본이 된다. 선화증권은 원본 선화증권으로서 인수가능하도록 하기 위하여 반드시 "원본"이란 표지를 필요로 하지 아니한다. UCP 600 제17조에 추가하여, "UCP 500 제20조 b항 관련 '원본' 서류의 결정"이란 제목의 ICC 은행위원회 정책성명서(문서 제470/871호)(수정본)는 원본과 사본에 관한 추가적인 지침으로서 권장하는 바이며, 또 이는 UCP 600 하에서도 효력을 유지한다. 동 정책성명서의 내용은 참조의 목적으로 이 출판물의 부록에 나타나 있다.

- **Signing of Bills of Lading** (선화증권의 서명)

94. Original bills of lading must be signed in the form described in UCP 600 sub-article 20 (a) (i) and indicate the name of the carrier, identified as the carrier.

a. If an agent signs a bill of lading on behalf of the carrier, the agent must be identified as agent and must identify on whose behalf it is signing, unless the carrier has been identified elsewhere on the bill of lading.

b. If the master (captain) signs the bill of lading, the signature of the master (captain) must be identified as "master" ("captain"). In this event, the name of the master (captain) need not be stated.

c. If an agent signs the bill of lading on behalf of the master (captain), the agent must be identified as agent. In this event, the name of the master (captain) need not be stated.

번역 94. 원본 선화증권은 반드시 UCP 600 제20조 a항 i호에 기술된 형식으로 서명되어 있어야 하며, 또 운송인으로서 확인된 운송인의 명의를 명시하고 있어야 한다.

a. 대리인이 운송인을 대신하여 선화증권에 서명하는 경우에는, 대리인은 반드시 대리인으로서 확인되어 있어야 하며, 또 운송인이 선화증권상의 어떠한 장소에도 확인되어 있지 아니하는 한, 반드시 그가 대신하여 서명하고 있는 자를 확인하고 있어야 한다.

b. 선장(함장)이 선화증권에 서명하는 경우에는, 선장(함장)의 서명은 반드시 "선장"("함장")으로서 확인되어 있어야 한다. 이러한 경우 선장(함장)의 명의는 기재되어야 할 필요가 없다.

c. 대리인이 선장(함장)을 대신하여 선화증권에 서명하는 경우에는, 대리인은 반드시 대리인으로서 확인되어 있어야 한다. 이러한 경우 선장(함장)의 명의는 기재되어야 할 필요가 없다.

95. If a credit states "Freight Forwarder's Bill of Lading is acceptable" or uses a similar phrase, then the bill of lading may be signed by a freight forwarder in the capacity of a freight forwarder, without the need to identify itself as carrier or agent for the named carrier. In this event, it is not necessary to show the name of the carrier.

번역 95. 신용장이 "운송주선인 선화증권도 인수가능한 것이다."라고 기재하거나 또는 이와 유사한 구절을 사용하는 경우에는, 이에 선화증권은 운송주선인이 자신을 운송인 또는 지명된 운송인의 대리인으로서 확인할 필요가 없이 운송주선인의 자격으로서 서명할 수 있다. 이러한 경우 운송인의 명의는 표시하여야 할 필요가 없다.

- **On Board Notations** (본선적재 표기)

96. If a pre-printed "Shipped on board" bill of lading is presented, its issuance date will be deemed to be the date of shipment unless it bears a separate dated on board notation, in which event the date of the on board notation will be deemed to be the date of shipment whether or not the on board date is before or after the issuance date of the bill of lading.

번역 96. "본선선적됨"(shipped on board)이라고 미리 인쇄된 선화증권이 제시된 경우에는, 이에 별도의 일부된 본선적재 표기를 함유하지 아니하는 한, 선화증권의 발행일자는 선적일자인 것으로 본다. 별도의 일부된 본선적재 표기가 있는 경우에는, 본선적재 일자가 선화증권의 발행일자 이전 또는 이후인 여부를 불문하고 본선적재 표기의 일자는 선적일자인 것으로 본다.

97. "Shipped in apparent good order", "Laden on board", "clean on board" or other phrases incorporating words such as "shipped" or "on board" have the same effect as "Shipped on board".

번역 97. "외관상 양호한 상태로 선적됨", "본선적재됨", "무고장 본선적재" 또는 기타의 "선적됨"이나 "본선적재"와 같은 단어를 삽입한 구절은 "본선선적됨"(shipped on board)과 동일한 효력을 갖는다.

- **Ports of Loading and Ports of Discharge** (적재항과 양륙항)

98. While the named port of loading, as required by the credit, should appear in the port of loading field within the bill of lading, it may instead be stated in the field headed "Place of receipt" or the like, if it is clear that the goods were transported from that place of receipt by vessel and provided there is an on board notation evidencing that the goods were loaded on that vessel at the port stated under "Place of receipt" or like term.

번역 98. 신용장에서 요구된 바의 지명된 적재항은 선화증권 내부의 적재항 공란에 나타나 있어야 하지만, 이를 대신하여 "수령장소" 또는 기타 유사한 표제의 공란에 기재할 수 있다. 다만 물품이 그러한 수령장소로부터 선박에 의하여 운송되어진다는 사실이 명확하여야 하며, 또 물품이 "수령장소" 또는 기타 유사한 용어에 따라 기재된 항구에서 선박상에 적재되었다는 사실을 입증하는 본선 적재 표기가 있어야 한다.

99. While the named port of discharge, as required by the credit, should appear in the port of discharge field within the bill of lading, it may be stated in the field headed "Place of final destination" or the like if it is clear that the goods were to be transported to that place of final destination by vessel and provided there is a notation evidencing that the port of discharge is that stated under "Place of final destination" or like term.

번역 99. 신용장에서 요구된 바의 지명된 양륙항은 선화증권 내부의 양륙항 공란에 나타나 있어야 하지만, 이를 "최종 목적장소" 또는 기타 유사한 표제의 공란에 기재할 수 있다. 다만 물품이 그러한 최종 목적장소까지 선박에 의하여 운송되기로 예정되어 있다는 사실이 명확하여야 하며, 또 양륙항이 "최종 목적장소" 또는 기타 유사한 용어에 따라 기재된 항구와 같다는 사실을 입증하는 표기가 있어야 한다.

100. If a credit gives a geographical area or range of ports of loading or discharge (e.g., "Any European Port"), the bill of lading must indicate the actual port of loading or discharge, which must be within the geographical area or range stated in the credit.

번역 100. 신용장이 적재항 또는 양륙항에 관한 지리적인 지역 또는 구역(예컨대 "모든 유럽항")을 제공하는 경우에는, 선화증권은 반드시 실제의 적재항 또는 양륙항을 명시하여야 하며, 이는 반드시 신용장상에 기재된 지리적인 지역 또는 구역 내에 있어야 한다.

- **Consignee, Order Party, Shipper and Endorsement, Notify Party**
  (수화인, 지시인, 화주와 배서, 착화통지처)

101. If a credit requires a bill of lading to show that the goods are consigned to a named party, e.g., "consigned to Bank X" (a "straight" bill of lading), rather than "to order" or "to order of Bank X", the bill of lading must not contain words such as "to order" or "to order of" that precede the name of that named party, whether typed or pre-printed. Likewise, if a credit requires the goods to be consigned "to order" or "to order of" a named party, the bill of lading must not show that the goods are consigned straight to the named party.

번역 101. 신용장에서 물품을 어느 지명된 당사자에게 탁송하도록 표시하는 선화증권, 예컨대 "지시인에게" 또는 "X 은행의 지시인에게"라는 것보다 "X 은행에게 탁송할 것"("기명식" 선화증권)을 요구하는 경우에는, 선화증권은 결코 동 지명된 당사자의 명의를 타자하든 미리 인쇄하든 불문하고 그 앞부분에 "지시인에게" 또는 "그의 지시인에게"와 같은 단어를 내포하여서는 아니된다. 마찬가지로, 신용장에서 물품을 "지시인에게" 또는 어느 지명된 당사자 "그의 지시인에게" 탁송하도록 요구하는 경우에는, 선화증권은 결코 물품을 지명된 당사자에게 기명식으로 탁송하도록 표시하여서는 아니된다.

102. If a bill of lading is issued to order or to order of the shipper, it must be endorsed by the shipper. An endorsement indicating that it is made for or on behalf of the shipper is acceptable.

번역 102. 선화증권이 지시식 또는 화주의 지시식으로 발행된 경우에는, 이는 반드시 화주에 의하여 배서되어 있어야 한다. 화주를 대표하거나 대신하여 배서되어 있음을 명시하는 배서는 인수가능한 것이다.

103. If a credit does not state a notify party, the respective field on the bill of lading may be left blank or completed in any manner.

번역 103. 신용장이 착화통지처를 기재하지 아니한 경우에는, 선화증권상의 해당되는 공란은 백지로 남겨 두거나 기타 어떠한 방법으로도 완성할 수 있다.

- **Transhipment and Partial Shipment** (환적과 분할선적)

104. Transhipment is the unloading from one vessel and reloading to another vessel during the carriage from the port of loading to the port of discharge stated in the credit. If it does not occur between these two ports, unloading and reloading is not considered to be transhipment.

번역 104. 환적이라 함은 신용장상에 기재된 적재항으로부터 양륙항까지의 운송 동안에 하나의 선박으로부터 양하하여 별도의 선박에 재적하는 것을 말한다. 양하와 재적이 두 항구 사이에서 발생하지 아니한 경우에는, 이는 환적인 것으로 보지 아니한다.

105. If a credit prohibits partial shipments and more than one set of original bills of lading are presented covering shipment from one or more ports of loading (as specifically allowed, or within the geographical area or range stated in the credit), such documents are acceptable provided that they cover the shipment of goods on the same vessel and same journey and are destined for the same port of discharge. In the event that more than one set of bills of lading are presented and incorporate different dates of shipment, the latest of these dates of shipment will be taken for the calculation of any presentation period and must fall on or before the latest shipment date specified in the credit. Shipment on more than one vessel is a partial shipment, even if the vessels leave on the same day for the same destination.

번역 105. 신용장이 분할선적을 금지하고, 또 둘 이상의 원본 선화증권이 (특별히 허용되었거나 또는 신용장상에 기재된 지리적인 지역 또는 구역 내에 있는) 하나 이상의 적재항으로부터의 선적을 커버하여 제시된 경우에는, 그러한 서류는 동일한 선박과 동일한 항해에 의한 물품의 선적을 커버하고 또 동일한 양륙항을 향하고 있는 한 인수가능한 것이다. 둘 이상의 선화증권이 제시되고 또 서로 다른 선적일자를 삽입하고 있는 경우에는, 이들 선적일자 중의 최종일자를 모든 제시기간의 계산에 고려하여야 하며, 또 이는 반드시 신용장상에 명시된 최종의 선적일자의 당일 또는 이전에 있어야 한다. 둘 이상의 선박에 선적하는 것은 이들 선박이 동일한 날자에 동일한 목적지를 향하여 출항하더라도 분할선적이 된다.

- **Clean Bills of Lading** (무고장 선화증권)

106. Clauses or notations on bills of lading which expressly declare a defective condition of the goods or packaging are not acceptable. Clauses or notations which do not expressly declare a defective condition of the goods or packaging (e.g., "packaging may not be sufficient for the sea journey") do not constitute a discrepancy. A statement that the packaging "is not sufficient for the sea journey" would not be acceptable.

번역 106. 물품 또는 포장의 하자 있는 상태를 명시적으로 선언하는 선화증권상의 조항 또는 표기는 인수가능한 것이 아니다. 물품 또는 포장의 하자 있는 상태를 명시적으로 선언하지 아니하는 조항 또는 표기(예컨대 "포장이 해상항해에 불충분할 수 있다.")는 하자를 구성하지 아니한다. 포장이 "해상항해에 불충분하다."라는 기재는 인수가능한 것이 되지 아니한다.

107. If the word "clean" appears on a bill of lading and has been deleted, the bill of lading will not be deemed to be claused or unclean unless it specifically bears a clause or notation declaring that the goods or packaging are defective.

번역 107. "무고장"(clean)이란 단어가 선화증권상에 나타나 있으나 삭제된 경우에는, 선화증권은 물품 또는 포장이 하자 있음을 선언하는 조항 또는 표기를 특별히 함유하지 아니하는 한, 이를 조건부 또는 고장부인 것으로 보지 아니한다.

- **Goods Description** (물품명세)

108. A goods description in the bill of lading may be shown in general terms not in conflict with that stated in the credit.

번역 108. 선화증권상의 물품명세는 신용장상에 기재된 명세와 모순되지 아니하는 일반용어로 표시할 수 있다.

- **Corrections and Alterations** (정정과 변경)

109. Corrections and alterations on a bill of lading must be authenticated. Such authentication must appear to have been made by the carrier, master (captain) or any of their agents (who may be different from the agent that may have issued or signed it), provided they are identified as an agent of the carrier or the master (captain).

번역 109. 선화증권상의 정정과 변경은 반드시 인증되어 있어야 한다. 그러한 인증은 반드시 운송인, 선장(함장) 또는 이들 대리인 중의 어느 하나(이는 선화증권을 발행하였거나 서명하였을 수 있는 대리인과 서로 다를 수 있다.)에 의하여 행하여졌음이 나타나 있어야 한다. 다만 대리인의 경우에는 운송인 또는 선장(함장)의 대리인으로서 확인되어 있어야 한다.

110. Non-negotiable copies of bills of lading do not need to include any signature on, or authentication of, any alterations or corrections that may have been made on the original.

번역 110. 선화증권의 비유통성 사본은 그 원본상에 행하여졌을 수 있는 어떠한 변경 또는 정정에 관한 어떠한 서명 또는 인증을 포함하여야 할 필요가 없다.

- **Freight and Additional Costs** (운임과 추가비용)

111. If a credit requires that a bill of lading show that freight has been paid or is payable at destination, the bill of lading must be marked accordingly.

번역 111. 신용장에서 선화증권은 운임이 지급되었다거나 또는 목적지에서 지급될 수 있다는 사실을 표시하도록 요구하는 경우에는, 선화증권은 반드시 이와 일치하게 표지되어 있어야 한다.

112. Applicants and issuing banks should be specific in stating the requirements of documents to show whether freight is to be prepaid or collected.

번역 112. 개설의뢰인과 개설은행은 서류의 요건을 기재함에 있어서 운임의 선지급 또는 착불로 할 것인지의 여부를 표시하도록 명확히 하여야 한다.

113. If a credit states that costs additional to freight are not acceptable, a bill of lading must not indicate that costs additional to the freight have been or will be incurred. Such indication may be by express reference to additional costs or by the use of shipment terms which refer to costs associated with the loading or unloading of goods, such as Free In (FI), Free Out (FO), Free In and Out (FIO) and Free In and Out Stowed (FIOS). A reference in the transport document to costs which may be levied as a result of a delay in unloading the goods or after the goods have been unloaded, e.g., costs covering the late return of containers, is not considered to be an indication of additional costs in this context.

번역 113. 신용장에서 운임의 추가비용은 인수가능한 것이 아니라고 기재하는 경우에는, 선화증권은 결코 운임의 추가비용이 부과되었다거나 또는 부과될 것이라는 명시가 있어서는 아니된다. 그러한 명시는 추가비용에 대한 명확한 언급에 의하거나 또는 적재비면책(FI), 양하비면책(FO), 적재비와 양하비면책(FIO), 적재비와 적부양하비면책(FIOS) 등 물품의 적재 또는 양하와 관련된 비용을 언급하는 선적조건의 사용에 의하여 할 수 있다. 다만 운송서류에서 물품의 양하지연에 기인하거나 또는 물품이 양하된 이후에 부과될 수 있는 비용, 예컨대 컨테이너의 반납지연을 커버하는 비용 등의 언급은 이와 관계된 추가비용의 명시인 것으로 보지 아니한다.

- **Goods Covered by more than One Bill of Lading**
  (둘 이상의 선화증권으로 커버된 물품)

114. If a bill of lading states that the goods in a container are covered by that bill of lading plus one or more other bills of lading, and the bill of lading states that all bills of lading must be surrendered, or words of similar effect, this means that all bills of lading related to that container must be presented in order for the container to be released. Such a bill of lading is not acceptable unless all the bills of lading form part of the same presentation under the same credit.

번역 114. 선화증권에서 컨테이너 물품은 동 선화증권에 추가하여 하나 이상의 기타 선화증권으로 커버되어 있다고 기재하고, 또 모든 선화증권이 반드시 제공되어야 한다거나 또는 이와 유사한 취지의 단어를 기재한 경우에는, 이는 동 컨테이너에 관련된 모든 선화증권은 반드시 컨테이너가 인도될 수 있도록 제시되어야 한다는 것을 의미한다. 그러한 선화증권은 모든 선화증권이 동일한 신용장에 따른 동일한 제시의 일부를 형성하지 아니하는 한 인수가능한 것이 아니다.

☐ CHARTER PARTY BILL OF LADING (용선계약부 선화증권)

• Application of UCP 600 Article 22 (UCP 600 제22조의 적용)

115. If a credit requires presentation of a charter party bill of lading or if a credit allows presentation of a charter party bill of lading and a charter party bill of lading is presented, UCP 600 article 22 is applicable.

번역 115. 신용장이 용선계약부 선화증권의 제시를 요구하거나 또는 신용장이 용선계약부 선화증권의 제시를 허용하고 또 용선계약부 선화증권이 제시된 경우에는, UCP 600 제22조가 적용가능한 것이다.

116. A transport document containing any indication that it is subject to a charter party is a charter party bill of lading under UCP 600 article 22.

번역 116. 용선계약에 따른다는 어떠한 명시를 내포하는 운송서류는 UCP 600 제22조에 의거한 용선계약부 선화증권이 된다.

• Full Set of Originals (전통의 원본)

117. A UCP 600 article 22 transport document must indicate the number of originals that have been issued. Transport document marked "First Original", "Second Original", "Third Original", "Original", "Duplicate", "Triplicate", etc., or similar expressions are all originals. Charter party bills of lading need not be marked "original" to be acceptable under a credit. In addition to UCP 600 article 17, the ICC Banking Commission Policy Statement, document 470/871(Rev), titled "The Determination of an 'Original' Document in the Context of UCP 500 sub-Article 20(b)" is recommended for further guidance on originals and copies and remains valid under UCP 600. The content of the Policy Statement appears in the Appendix of this publication, for reference purposes.

번역 117. UCP 600 제22조 운송서류는 반드시 발행된 원본의 숫자를 명시하여야 한다. "제1원본"(first original), "제2원본"(second original), "제3원본"(third original), "원본"(original), "부본"(duplicate), "제3부본"(triplicate) 등의 표지 또는 이와 유사한 표현이 있는 운송서류는 모두 원본이 된다. 용선계약부 선화증권은 신용장에 따라 인수가능하도록 하기 위하여 반드시 "원본"이란 표지를 필요로 하지 아니한다. UCP 600 제17조에 추가하여, "UCP 500 제20조 b항 관련 '원본' 서류의 결정"이란 제목의 ICC 은행위원회 정책성명서(문서 제470/871호)(수정본)는 원본과 사본에 관한 추가적인 지침으로서 권장하는 바이며, 또 이는 UCP 600 하에서도 효력을 유지한다. 동 정책성명서의 내용은 참조의 목적으로 이 출판물의 부록에 나타나 있다.

- **Signing of Charter Party Bills of Lading** (용선계약부 선화증권 서명)

118. Original charter party bills of lading must be signed in the form described in UCP 600 sub-article 22 (a) (i).

a. If the master (captain), charterer or owner signs the charter party bill of lading, the signature of the master (captain), charterer or owner must be identified as "master" ("captain"), "charterer" or "owner".

b. If an agent signs the charter party bill of lading on behalf of the master (captain), charterer or owner, the agent must be identified as agent of the master (captain), charterer or owner. In this event, the name of the master (captain) need not be stated, but the name of the charterer or owner must appear.

번역 118. 원본 용선계약부 선화증권은 반드시 UCP 600 제22조 a항 i호에 기술된 형식으로 서명되어 있어야 한다.

a. 선장(함장), 용선자 또는 선주가 용선계약부 선화증권에 서명하는 경우에는,

선장(함장), 용선자 또는 선주의 서명은 반드시 "선장"("함장"), "용선자" 또는 "선주"로서 확인되어 있어야 한다.

b. 대리인이 선장(함장), 용선자 또는 선주를 대신하여 용선계약부 선화증권에 서명하는 경우에는, 대리인은 반드시 선장(함장), 용선자 또는 선주의 대리인으로서 확인되어 있어야 한다. 이러한 경우 선장(함장)의 명의는 기재되어야 할 필요가 없으나, 용선자 또는 선주의 명의는 반드시 나타나 있어야 한다.

- **On Board Notations** (본선적재 표기)

119. If a pre-printed "Shipped on board" charter party bill of lading is presented, its issuance date will be deemed to be the date of shipment unless it bears an on board notation, in which event the date of the on board notation will be deemed to be the date of shipment whether or not the on board date is before or after the issuance date of the document.

번역 119. "본선선적됨"이라고 미리 인쇄된 용선계약부 선화증권이 제시된 경우에는, 본선적재 표기를 함유하지 아니하는 한, 선화증권의 발행일자는 선적일자인 것으로 본다. 본선적재 표기가 있는 경우에는, 본선적재 일자가 서류의 발행일자 이전 또는 이후인 여부를 불문하고 본선적재 표기의 일자는 선적일자인 것으로 본다.

120. "Shipped in apparent good order", "Laden on board", "clean on board" or other phrases incorporating words such as "shipped" or "on board" have the same effect as "Shipped on board".

번역 120. "외관상 양호한 상태로 선적됨", "본선적재됨", "무고장 본선적재" 또는 기타의 "선적됨"이나 "본선적재"와 같은 단어를 삽입한 구절은 "본선선적됨"(shipped on board)과 동일한 효력을 갖는다.

• **Ports of Loading and Ports of Discharge** (적재항과 양륙항)

121. If a credit gives a geographical area or range of ports of loading or discharge (e.g., "Any European Port"), the charter party bill of lading must indicate the actual port or ports of loading, which must be within the geographical area or range indicated but may show the geographical area or range of ports as the port of discharge.

번역 121. 신용장이 적재항 또는 양륙항에 관한 지리적인 지역 또는 구역(예컨대 "모든 유럽항")을 제공하는 경우에는, 용선계약부 선화증권은 반드시 실제의 적재항이나 적재항들을 명시하여야 하며, 이는 반드시 명시된 지리적인 지역 또는 구역 내에 있어야 한다. 다만 양륙항에 관하여는 지리적인 지역 또는 구역으로써 항구를 표시할 수 있다.

• **Consignee, Order Party, Shipper and Endorsement, Notify Party** (수화인, 지시인, 화주와 배서, 착화통지처)

122. If a credit requires a charter party bill of lading to show that the goods are consigned to a named party, e.g., "consigned to Bank X" (a "straight" bill of lading), rather than "to order" or "to order of Bank X", the charter party bill of lading must not contain words such as "to order" or "to order of" that precede the name of that named party, whether typed or pre-printed. Likewise, if a credit requires the goods to be consigned "to order" or "to order of" a named party, the charter party bill of lading must not show that the goods are consigned straight to the named party.

번역 122. 신용장에서 물품을 어느 지명된 당사자에게 탁송하도록 표시하는 용선계약부 선화증권, 예컨대 "지시인에게" 또는 "X 은행의 지시인에게"라는 것보다 "X 은행에게 탁송할 것"("기명식" 선화증권)을 요구하는 경우에는, 용선계약부 선화증권은 결코 동 지명된 당사자의 명의를 타자하든 미리 인쇄하든 불문하고 그 앞부분에 "지시인에게" 또는 "그의 지시인에게"와 같은 단어를 내포하여서는 아니된다. 마찬가지로, 신용장에서 물품을 "지시인에게" 또는 어느 지명된 당사자 "그의 지시인에게" 탁송하도록 요구하는 경우에는, 용선계약부 선화증권은 결코 물품을 지명된 당사자에게 기명식으로 탁송하도록 표시하여서는 아니된다.

123. If a charter party bill of lading is issued to order or to order of the shipper, it must be endorsed by the shipper. An endorsement indicating that it is made for or on behalf of the shipper is acceptable.

번역 123. 용선계약부 선화증권이 지시식 또는 화주의 지시식으로 발행된 경우에는, 이는 반드시 화주에 의하여 배서되어 있어야 한다. 화주를 대표하거나 대신하여 배서되어 있음을 명시하는 배서는 인수가능한 것이다.

124. If a credit does not state a notify party, the respective field on the charter party bill of lading may be left blank or completed in any manner.

번역 124. 신용장이 착화통지처를 기재하지 아니한 경우에는, 용선계약부 선화증권상의 해당되는 공란은 백지로 남겨 두거나 기타 어떠한 방법으로도 완성할 수 있다.

- **Partial Shipment** (분할선적)

125. If a credit prohibits partial shipments, and more than one set of original charter party bills of lading are presented covering shipment from one or more ports of loading (as specifically allowed, or within the geographical area or range stated in the credit), such document are acceptable, provided that they cover the shipment of goods on the same vessel and same journey and are destined for the same port of discharge, range of ports or geographical area. In the event that more than one set of charter party bills of lading are presented and incorporate different dates of shipment, the latest of these dates of shipment will be taken for the calculation of any presentation period and must fall on or before the latest shipment date specified in the credit. Shipment on more than one vessel is a partial shipment, even if the vessels leave on the same day for the same destination.

번역 125. 신용장이 분할선적을 금지하고, 또 둘 이상의 원본 용선계약부 선화증권이 (특별히 허용되었거나 또는 신용장상에 기재된 지리적인 지역 또는 구역 내에 있는) 하나 이상의 적재항으로부터의 선적을 커버하여 제시된 경우에는, 그러한 서류는 동일한 선박과 동일한 항해에 의한 물품의 선적을 커버하고 또 동일한 양륙항을 향하고 있는 한 인수가능한 것이다. 둘 이상의 용선계약부 선화증권이 제시되고 또 서로 다른 선적일자를 삽입하고 있는 경우에는, 이들 선적일자 중의 최종일자를 모든 제시기간의 계산에 고려하여야 하며, 또 이는 반드시 신용장에 명시된 최종의 선적일자의 당일 또는 이전에 있어야 한다. 둘 이상의 선박에 선적하는 것은 이들 선박이 동일한 날자에 동일한 목적지를 향하여 출항하더라도 분할선적이 된다.

- **Clean Charter Party Bills of Lading** (무고장 용선계약부 선화증권)

126. Clauses or notations on charter party bills of lading which expressly declare a defective condition of the goods or packaging are not acceptable. Clauses or notations that do not expressly declare a defective condition of the goods or packaging (e.g., "packaging may not be sufficient for the sea journey") do not constitute a discrepancy. A statement that the packaging "is not sufficient for the sea journey" would not be acceptable.

번역 126. 물품 또는 포장의 하자 있는 상태를 명시적으로 선언하는 용선계약부 선화증권상의 조항 또는 표기는 인수가능한 것이 아니다. 물품 또는 포장의 하자 있는 상태를 명시적으로 선언하지 아니하는 조항 또는 표기(예컨대 "포장이 해상항해에 불충분할 수 있다.")는 하자를 구성하지 아니한다. 포장이 "해상항해에 불충분하다."라는 기재는 인수가능한 것이 되지 아니한다.

127. If the word "clean" appears on a charter party bill of lading and has been deleted, the charter party bill of lading will not be deemed to be claused or unclean unless it specifically bears a clause or notation declaring that the goods or packaging are defective.

번역 127. "무고장"(clean)이란 단어가 용선계약부 선화증권상에 나타나 있으나 삭제된 경우에는, 용선계약부 선화증권은 물품 또는 포장이 하자 있음을 선언하는 조항 또는 표기를 특별히 함유하지 아니하는 한, 이를 조건부 또는 고장부인 것으로 보지 아니한다.

- **Goods Description** (물품명세)

128. A goods description in charter party bills of lading may be show in general terms not in conflict with that stated in the credit.

번역 128. 용선계약부 선화증권상의 물품명세는 신용장상에 기재된 명세와 모순되지 아니하는 일반용어로 표시할 수 있다.

- **Corrections and Alterations** (정정과 변경)

129. Corrections and alterations on charter party bills of lading must be authenticated. Such authentication must appear to have been made by the owner, charterer, master (captain) or any of their agents (who may be different from the agent that may have issued or signed it), provided they are identified as an agent of the owner, charterer or the master (captain).

번역 129. 용선계약부 선화증권상의 정정과 변경은 반드시 인증되어 있어야 한다. 그러한 인증은 반드시 선주, 용선자, 선장(함장) 또는 이들 대리인 중의 어느 하나(이는 용선계약부 선화증권을 발행하였거나 서명하였을 수 있는 대리인과 서로 다를 수 있다.)에 의하여 행하여졌음이 나타나 있어야 한다. 다만 대리인의 경우에는 선주, 용선자 또는 선장(함장)의 대리인으로서 확인되어 있어야 한다.

130. Non-negotiable copies of charter party bills of lading do not need to include any signature on, or authentication of, any alterations or corrections that may have been made on the original.

번역 130. 용선계약부 선화증권의 비유통성 사본은 그 원본상에 행하여졌을 수 있는 어떠한 변경 또는 정정에 관한 어떠한 서명 또는 인증을 포함하여야 할 필요가 없다.

- **Freight and Additional Costs** (운임과 추가비용)

131. If a credit requires that a charter party bill of lading show that freight has been paid or is payable at destination, the charter party bill of lading must be marked accordingly.

번역 131. 신용장에서 용선계약부 선화증권은 운임이 지급되었다거나 또는 목적지에서 지급될 수 있다는 사실을 표시하도록 요구하는 경우에는, 용선계약부 선화증권은 반드시 이와 일치하게 표지되어 있어야 한다.

132. Applicants and issuing banks should be specific in stating the requirements of documents to show whether freight is to be prepaid or collected.

번역 132. 개설의뢰인과 개설은행은 서류의 요건을 기재함에 있어서 운임의 선지급 또는 착불로 할 것인지의 여부를 표시하도록 명확히 하여야 한다.

133. If a credit states that costs additional to freight are not acceptable, a charter party bill of lading must not indicate that costs additional to the freight have been or will be incurred. Such indication may be by express reference to additional costs or by the use of shipment terms which refer to costs associated with the loading or unloading of goods, such as Free In (FI), Free Out (FO), Free In and Out (FIO) and Free In and Out Stowed (FIOS). A reference in the transport document to costs which may be levied as a result of a delay in unloading the goods or after the goods have been unloading, is not considered to be an indication of additional costs in this context.

번역 133. 신용장에서 운임의 추가비용은 인수가능한 것이 아니라고 기재하는 경우에는, 용선계약부 선화증권은 결코 운임의 추가비용이 부과되었다거나 또는 부과될 것이라는 명시가 있어서는 아니된다. 그러한 명시는 추가비용에 대한 명확한 언급에 의하거나 또는 적재비면책(FI), 양하비면책(FO), 적재비와 양하비면책(FIO), 적재비와 적부양하비면책(FIOS) 등 물품의 적재 또는 양하와 관련된 비용을 언급하는 선적조건의 사용에 의하여 할 수 있다. 다만 운송서류에서 물품의 양하지연에 기인하거나 또는 물품이 양하된 이후에 부과될 수 있는 비용의 언급은 이와 관계된 추가비용의 명시인 것으로 보지 아니한다.

□ AIR TRANSPORT DOCUMENT (항공운송서류)

- **Application of UCP 600 Article 23** (UCP 600 제23조의 적용)

134. If a credit requires presentation of an air transport document covering an airport-to-airport shipment, UCP 600 article 23 is applicable.

번역 134. 신용장이 공대공선적을 커버하는 항공운송서류의 제시를 요구하는 경우에는, UCP 600 제23조가 적용가능한 것이다.

135. If a credit requires presentation of an “air waybill”, “air consignment note” or similar, UCP 600 article 23 applies. To comply with UCP 600 article 23, an air transport document must appear to cover an airport-to-airport shipment but need not be titled “air waybill”, “air consignment note” or similar.

번역 135. 신용장이 “항공화물운송장”, “항공화물탁송장” 또는 이와 유사한 표현의 제시를 요구하는 경우에는, UCP 600 제23조가 적용된다. UCP 600 제23조를 충족하기 위하여는, 항공운송서류는 반드시 공대공선적을 커버하는 것으로 나타나 있어야 하지만, 반드시 “항공화물운송장”, “항공화물탁송장” 또는 이와 유사한 제목을 필요로 하지 아니한다.

- **Original Air Transport Document** (원본 항공운송서류)

136. The air transport document must appear to be the original for consignor or shipper. A requirement for a full set of originals is satisfied by the presentation of a document indicating that it is the original for consignor or shipper.

번역 136. 항공운송서류는 반드시 송화인 또는 화주용 원본인 것으로 나타나 있어야 한다. 전통의 원본에 관한 요건은 그것이 송화인 또는 화주용 원본이라고 명시하는 서류의 제시에 의하여 충족되어진다.

- **Signing of Air Transport Documents** (항공운송서류의 서명)

137. An original air transport document must be signed in the form described in UCP 600 sub-article 23 (a) (i) and indicate the name of the carrier, identified as carrier. If an agent signs an air transport document on behalf of a carrier, the agent must be identified as agent and must identify on whose behalf it is signing, unless the carrier has been identified elsewhere on the air transport document.

번역 137. 원본 항공운송서류는 반드시 UCP 600 제23조 a항 i호에 기술된 형식으로 서명되어 있어야 하며, 또 운송인으로서 확인된 운송인의 명의를 명시하고 있어야 한다. 대리인이 운송인을 대신하여 항공운송서류에 서명하는 경우에는, 대리인은 반드시 대리인으로서 확인되어 있어야 하며, 또 운송인이 항공운송서류상의 어떠한 장소에도 확인되어 있지 아니하는 한, 반드시 그가 대신하여 서명하고 있는 자를 확인하고 있어야 한다.

138. If a credit states "House air waybill is acceptable" or "Freight Forwarder's air waybill is acceptable" or uses a similar phrase, then the air transport document may be signed by a freight forwarder in the capacity of a freight forwarder without the need to identify itself as a carrier or agent for a named carrier. In this event, it is not necessary to show the name of the carrier.

번역 138. 신용장이 "혼재업자용 항공화물운송장도 인수가능한 것이다." 또는 "운송주선인 항공화물운송장도 인수가능한 것이다."라고 기재하거나 또는 이와 유사한 구절을 사용하는 경우에는, 이에 항공운송서류는 운송주선인이 자신을 어느 운송인 또는 지명된 운송인의 대리인으로서 확인할 필요가 없이 운송주선인의 자격으로서 서명할 수 있다. 이러한 경우 운송인의 명의는 표시하여야 할 필요가 없다.

- **Goods Accepted for Carriage, Date of Shipment, and Requirement for an Actual Date of Dispatch**
  (운송을 위한 물품인수, 선적일자 및 실제의 발송일자 요건)

139. An air transport document must indicate that the goods have been accepted for carriage.

번역 139. 항공운송서류는 반드시 물품이 운송을 위하여 인수되었다는 사실을 명시하고 있어야 한다.

140. The date of issuance of an air transport document is deemed to be the date of shipment unless the document shows a separate notation of the flight date, in which case this will be deemed to be the date of shipment. Any other information appearing on the air transport document relative to the flight number and date will not be considered in determining the date of shipment.

번역 140. 서류상에 별도의 취항일자 표기를 표시하고 있지 아니하는 한, 항공운송서류의 발행일자는 선적일자인 것으로 본다. 별도의 취항일자 표기가 있는 경우에는, 이는 선적일자인 것으로 본다. 기타 항공운송서류상에 취항번호와 취항일자에 관련하여 나타나 있는 모든 정보는 선적일자를 결정하는데 있어서 고려되어서는 아니된다.

- **Airports of Departure and Destination** (출발공항과 목적공항)

141. An air transport document must indicate the airport of departure and airport of destination as stated in the credit. The identification of airports by the use of IATA codes instead of writing out the name in full (e.g., LHR instead of London Heathrow) is not a discrepancy.

번역 141. 항공운송서류는 반드시 신용장상에 기재된 대로의 출발공항과 목적공항을 명시하고 있어야 한다. 공항명 전체를 기술하는 대신에 국제항공운송협회(IATA)의 코드를 사용하여(예컨대 London Heathrow 대신의 LHR) 공항을 확인하는 것은 하자가 되지 아니한다.

142. If a credit gives a geographical area or range of airports of departure or destination (e.g., "Any European Airport"), the air transport document must indicate the actual airport of departure or destination, which must be within the geographical area or range stated in the credit.

번역 142. 신용장이 출발공항 또는 목적공항에 관한 지리적인 지역 또는 구역(예컨대 "모든 유럽공항")을 제공하는 경우에는, 항공운송서류는 반드시 실제의 출발공항 또는 목적공항을 명시하여야 하며, 이는 반드시 신용장상에 기재된 지리적인 지역 또는 구역 내에 있어야 한다.

• **Consignee, Order Party and Notify Party** (수화인 · 지시인 · 착화통지처)

143. An air transport document should not be issued "to order" or "to order of" a named party, because it is not a document of title. Even if a credit calls for an air transport document made out "to order" or "to order of" a named party, a document presented showing goods consigned to that party, without mention of "to order" or "to order of", is acceptable.

번역 143. 항공운송서류는 권리증권이 아니기 때문에, "지시인에게" 또는 어느 지명된 당사자 "그의 지시인에게"라고 발행되어서는 아니된다. 신용장이 "지시인에게" 또는 어느 지명된 당사자 "그의 지시인에게"라고 작성된 항공운송서류를 요구하더라도, "지시인에게" 또는 "그의 지시인에게"라는 언급이 없이 동 당사자에게 탁송된 물품을 표시하여 제시된 서류는 인수가능한 것이다.

144. If a credit does not state a notify party, the respective field on the air transport document may be left blank or completed in any manner.

번역 144. 신용장이 착화통지처를 기재하지 아니한 경우에는, 항공운송서류상의 해당되는 공란은 백지로 남겨 두거나 기타 어떠한 방법으로도 완성할 수 있다.

• **Transhipment and Partial Shipment** (환적과 분할선적)

145. Transhipment is the unloading from one aircraft and reloading to another aircraft during the carriage from the airport of departure to the airport of destination stated in the credit. If it does not occur between these two airports, unloading and reloading is not considered to be transhipment.

번역 145. 환적이라 함은 신용장상에 기재된 출발공항으로부터 목적공항까지의 운송 동안에 하나의 항공기로부터 양하하여 별도의 항공기에 재적하는 것을 말한다. 양하와 재적이 두 공항 사이에서 발생하지 아니한 경우에는, 이는 환적인 것으로 보지 아니한다.

146. If a credit prohibits partial shipments and more than one air transport document is presented covering dispatch from one or more airports of departure (as specifically allowed, or within the geographical area or range stated in the credit), such documents are acceptable, provided that they cover the dispatch of goods on the same aircraft and same flight and are destined for the same airport of destination. In the event that more than one air transport document is presented incorporating different dates of shipment, the latest of these dates of shipment will be taken for the calculation of any presentation period and must fall on or before the latest shipment date specified in the credit.

번역 146. 신용장이 분할선적을 금지하고, 또 둘 이상의 항공운송서류 원본이 (특별히 허용되었거나 또는 신용장상에 기재된 지리적인 지역 또는 구역 내에 있는) 하나 이상의 출발공항으로부터의 발송을 커버하여 제시된 경우에는, 그러한 서류는 동일한 항공기와 동일한 운항에 의한 물품의 발송을 커버하고 또 동일한 목적공항을 향하고 있는 한 인수가능한 것이다. 둘 이상의 항공운송서류가 서로 다른 선적일자를 삽입하여 제시되는 경우에는, 이들 선적일자 중의 최종일자를 모든 제시기간의 계산에 고려하여야 하며, 또 이는 반드시 신용장상에 명시된 최종의 선적일자의 당일 또는 이전에 있어야 한다.

147. Shipment on more than one aircraft is a partial shipment, even if the aircraft leave on the same day for the same destination.

번역 147. 둘 이상의 항공기에 선적하는 것은 그 항공기가 동일한 날자에 동일한 목적지를 향하여 출발하더라도 분할선적이 된다.

- **Clean Air Transport Documents** (무고장 항공운송서류)

148. Clauses or notations on an air transport document which expressly declare a defective condition of the goods or packaging are not acceptable. Clauses or notations on the air transport document which do not expressly declare a defective condition of the goods or packaging (e.g., "packaging may not be sufficient for the air journey") do not constitute a discrepancy. A statement that the packaging "is not sufficient for the air journey" would not be acceptable.

번역 148. 물품 또는 포장의 하자 있는 상태를 명시적으로 선언하는 항공운송서류상의 조항 또는 표기는 인수가능한 것이 아니다. 물품 또는 포장의 하자 있는 상태를 명시적으로 선언하지 아니하는 항공운송서류상의 조항 또는 표기(예컨대 "포장이 항공운항에 불충분할 수 있다.")는 하자를 구성하지 아니한다. 포장이 "항공운항에 불충분하다."라는 기재는 인수가능한 것이 되지 아니한다.

149. If the word "clean" appears on an air transport document and has been deleted, the air transport document will not be deemed to be claused or unclean unless it specifically bears a clause or notation declaring that the goods or packaging are defective.

번역 149. "무고장"(clean)이란 단어가 항공운송서류상에 나타나 있으나 삭제된 경우에는, 항공운송서류는 물품 또는 포장이 하자 있음을 선언하는 조항 또는 표기를 특별히 함유하지 아니하는 한, 이를 조건부 또는 고장부인 것으로 보지 아니한다.

• **Goods Description** (물품명세)

150. A goods description in an air transport document may be shown in general terms not in conflict with that stated in the credit.

번역 150. 항공운송서류상의 물품명세는 신용장상에 기재된 명세와 모순되지 아니하는 일반용어로 표시할 수 있다.

• **Corrections and Alterations** (정정과 변경)

151. Corrections and alterations on air transport documents must be authenticated. Such authentication must appear to have been made by the carrier or any of its agents (who may be different from the agent that may have issued or signed it), provided it is identified as an agent of the carrier.

번역 151. 항공운송서류상의 정정과 변경은 반드시 인증되어 있어야 한다. 그러한 인증은 반드시 운송인이나 또는 그 대리인 중의 어느 하나(이는 항공운송서류를 발행하였거나 서명하였을 수 있는 대리인과 서로 다를 수 있다.)에 의하여 행하여졌음이 나타나 있어야 한다. 다만 대리인의 경우에는 운송인의 대리인으로서 확인되어 있어야 한다.

152. Copies of air transport documents do not need to include any signature of the carrier or agent (or shipper, even if required by the credit to appear on the original air transport document), nor any authentication of any alterations or corrections that may have been made on the original.

번역 152. 항공운송서류의 사본은 그 원본상에 행하여졌을 수 있는 어떠한 변경 또는 정정에 관한 운송인 또는 대리인 (또는 신용장에서 원본 항공운송서류 상에 나타내도록 요구된 경우의 화주)의 어떠한 서명뿐만 아니라, 어떠한 인증도 포함하여야 할 필요가 없다.

- **Freight and Additional Costs** (운임과 추가비용)

153. If a credit requires that an air transport document show that freight has been paid or is payable at destination, the air transport document must be marked accordingly.

번역 153. 신용장에서 항공운송서류는 운임이 지급되었다거나 또는 목적지에서 지급될 수 있다는 사실을 표시하도록 요구하는 경우에는, 항공운송서류는 반드시 이와 일치하게 표지되어 있어야 한다.

154. Applicants and issuing banks should be specific in stating the requirements of documents to show whether freight is to be prepaid or collected.

번역 154. 개설의뢰인과 개설은행은 서류의 요건을 기재함에 있어서 운임의 선지급 또는 착불로 할 것인지의 여부를 표시하도록 명확히 하여야 한다.

155. If a credit states that costs additional to freight are not acceptable, an air transport document must not indicate that costs additional to the freight have been or will be incurred. Such indication may be by express reference to additional costs or by the use of shipment terms that refer to costs associated with the loading or unloading of goods. A reference in the transport document to costs which may be levied as a result of a delay in unloading the goods or after the goods have been unloaded is not considered an indication of additional costs in this context.

번역 155. 신용장에서 운임의 추가비용은 인수가능한 것이 아니라고 기재하는 경우에는, 항공운송서류는 결코 운임의 추가비용이 부과되었다거나 또는 부과될 것이라는 명시가 있어서는 아니된다. 그러한 명시는 추가비용에 대한 명확한 언급에 의하거나 또는 물품의 적재 또는 양하와 관련된 비용을 언급하는 선적조건의 사용에 의하여 할 수 있다. 운송서류에서 물품의 양하지연에 기인하거나 또는 물품이 양하된 이후에 부과될 수 있는 비용의 언급은 이와 관계된 추가비용의 명시로 보지 아니한다.

156. Air transport documents often have separate boxes which, by their pre-printed headings. indicate that they are for freight charges "prepaid" and for freight charges "to collect", respectively. A requirement in a credit for an air transport document to show that freight has been prepaid will be fulfilled by a statement of the freight charges under the heading "Freight Prepaid" or a similar expression or indication, and a requirement that an air transport document show that freight has to be collected will be fulfilled by a statement of the freight charges under the heading "Freight to Collect" or a similar expression or indication.

번역 156. 항공운송서류는 종종 미리 인쇄된 표제로 운임경비 "선지급"(prepaid)과 운임경비 "착불"(collect)을 위하여 각각 명시한 별도의 공란을 두고 있다. 신용장에서 항공운송서류는 운임이 선지급되었음을 표시하도록 하는 요구는 "운임선지급"이란 표제 또는 이와 유사한 표현이나 명시에 따른 운임경비의 기재에 의하여 충족되는 것으로 한다. 또 항공운송서류는 운임이 착불되어야 함을 표시하도록 하는 요구는 "운임착불"이란 표제 또는 이와 유사한 표현이나 명시에 따른 운임경비의 기재에 의하여 충족되는 것으로 한다.

□ ROAD, RAIL OR INLAND WATERWAY TRANSPORT DOCUMENTS (도로 · 철도 · 내수로 운송서류)

• **Application of UCP 600 Article 24** (UCP 600 제24조의 적용)

157. If a credit requires presentation of a transport document covering movement by road, rail or inland waterway, UCP 600 article 24 is applicable.

번역 157. 신용장이 도로, 철도 또는 내수로에 의한 이동을 커버하는 운송서류의 제시를 요구하는 경우에는, UCP 600 제24조가 적용가능한 것이다.

• **Original and Duplicate of Road, Rail or Inland Waterway Transport Documents** (도로 · 철도 · 내수로 운송서류의 원본과 부본)

158. If a credit requires a rail or inland waterway transport document, the transport document presented will be accepted as an original whether or not it is marked as an original. A road transport document must appear to be the original for consignor or shipper or bear no marking indicating for whom the document has been prepared. With respect to rail waybills, the practice of many railway companies is to provide the shipper or consignor with only a duplicate (often a carbon copy) duly authenticated by the railway company's stamp. Such a duplicate will be accepted as an original.

번역 158. 신용장이 철도 또는 내수로 운송서류를 요구하는 경우에는, 제시된 운송서류는 원본으로서의 표지 여부를 불문하고 원본으로서 인수된다. 도로운송서류는 반드시 송화인 또는 화주용 원본인 것으로 나타나거나, 또는 서류가 전달되는 상대방을 명시하는 어떠한 표지도 함유하지 아니하여야 한다. 철도화물탁송장에 관하여는, 대부분의 철도회사관습은 화주 또는 송화인에게 철도회사의 타인에 의하여 정히 인증된 부본(종종 탄소복사본)만을 제공하고 있다. 그러한 부본은 원본으로서 인수된다.

- **Carrier and Signing of Road, Rail or Inland Waterway Transport Documents** (도로 · 철도 · 내수로 운송서류의 운송인과 서명)

159. The term "carrier" need not appear at the signature line provided the transport document appears to be signed by the carrier or an agent on behalf of the carrier, if the carrier is otherwise identified as the "carrier" on the transport document. International standard banking practice is to accept a railway bill evidencing date stamp by the railway company or railway station of departure without showing the name of the carrier or a named agent signing for or on behalf of the carrier.

번역 159. 운송인이 운송서류상에 "운송인"으로서 별도의 확인되어 있는 경우에는, 운송서류가 운송인이나 또는 운송인을 대신하는 대리인에 의하여 서명된 것으로 나타나 있는 한, "운송인"(carrier)이란 용어는 반드시 서명의 행간에 나타나 있어야 할 필요가 없다. 국제표준은행관습은 운송인의 명의 또는 운송인을 대표하거나 대신하여 서명하는 어느 지명된 대리인의 명의를 표시함이 없이 출발지의 철도회사 또는 철도역에서 일자의 타인이 입증되어 있는 철도화물운송장을 인수하도록 하고 있다.

160. The term "carrier" used in UCP 600 article 24 includes terms in transport documents such as "issuing carrier", "actual carrier", "succeeding carrier" and "contracting carrier".

번역 160. UCP 600 제24조에 사용된 "운송인"(carrier)이란 용어는 "발행운송인", "실제 운송인", "후속운송인", "계약운송인" 등과 같은 운송서류상의 용어들을 포함한다.

161. Any signature, stamp or notation of receipt on the transport document must appear to be made either by :

a. the carrier, identified as the carrier, or

b. a named agent acting or signing for or on behalf of the carrier and indicating th name and capacity of the carrier on whose behalf that agent is acting or signing.

번역 161. 운송서류상의 모든 서명, 타인 또는 수령표시는 반드시 다음의 어느 자에 의하여 행하여진 것으로 나타나 있어야 한다.

a. 운송인으로서 확인된 운송인, 또는

b. 운송인을 대표하거나 대신하여 행동하거나 서명하고, 동 대리인이 대신하여 행동하거나 서명하고 있는 운송인의 명의와 자격을 명시하는 어느 지명된 대리인.

- **Order Party and Notify Party** (지시인과 착화통지처)

162. Transport documents which are not documents of title should not be issued "to order" or "to order of" a named party. Even if a credit calls for a transport document which is not a document of title to be made out "to order" or "to order of" a named party, such a document showing goods consigned to that party, without mention of "to order" or "to order of", is acceptable.

번역 162. 권리증권이 아닌 운송서류는 "지시인에게" 또는 어느 지명된 당사자 "그의 지시인에게"라고 발행되어서는 아니된다. 신용장이 "지시인에게" 또는 어느 지명된 당사자 "그의 지시인에게"라고 작성된 권리증권이 아닌 운송서류를 요구하더라도, "지시인에게" 또는 "그의 지시인에게"라는 언급이 없이 동 당사자에게 탁송된 물품을 표시하는 그러한 서류는 인수가능한 것이다.

163. If a credit does not stipulate a notify party, the respective field on the transport document may be left blank or completed in any manner.

번역 163. 신용장이 착화통지처를 명시하지 아니한 경우에는, 운송서류상의 해당되는 공란은 백지로 남겨 두거나 기타 어떠한 방법으로도 완성할 수 있다.

- **Partial Shipment** (분할선적)

164. Shipment on more than one means of conveyance (more than one truck (lorry), train, vessel, etc.) is a partial shipment, even if such means of conveyance leave on the same day for the same destination.

번역 164. 둘 이상의 운반수단(둘 이상의 트럭(로리), 기차, 선박 등)에 선적하는 것은 이들 운반수단이 동일한 날짜에 동일한 목적지를 향하여 출발하더라도 분할선적이 된다.

- **Goods Description** (물품명세)

165. A goods description in the transport document may be shown in general terms not in conflict with that stated in the credit.

번역 165. 운송서류상의 물품명세는 신용장상에 기재된 명세와 모순되지 아니하는 일반용어로 표시할 수 있다.

- **Corrections and Alterations** (정정과 변경)

166. Corrections and alterations on a UCP 600 article 24 transport document must be authenticated. Such authentication must appear to have been made by the carrier or any one of their named agents, who may be different from the agent that may have issued or signed it, provided they are identified as an agent of the carrier.

번역 166. UCP 600 제24조 운송서류상의 정정과 변경은 반드시 인증되어 있어야 한다. 그러한 인증은 반드시 운송인이나 또는 운송서류를 발행하였거나 서명하였을 수 있는 대리인과 서로 다를 수 있는 그 지명된 대리인 중의 어느 하나에 의하여 행하여졌음이 나타나 있어야 한다. 다만 대리인의 경우에는 운송인의 대리인으로서 확인되어 있어야 한다.

167. Copies of UCP 600 article 24 transport documents do not need to include any signature on, or authentication of, any alterations or corrections that may have been made on the original.

번역 167. UCP 600 제24조 운송서류의 사본은 그 원본상에 행하여졌을 수 있는 어떠한 변경 또는 정정에 관한 어떠한 서명 또는 인증을 포함하여야 할 필요가 없다.

- **Freight and Additional Costs** (운임과 추가비용)

168. If a credit requires that a UCP 600 article 24 transport document show that freight has been paid or is payable at destination, the transport document must be marked accordingly.

번역 168. 신용장에서 UCP 600 제24조 운송서류는 운임이 지급되었다거나 또는 목적지에서 지급될 수 있다는 사실을 표시하도록 요구하는 경우에는, 운송서류는 반드시 이와 일치하게 표지되어 있어야 한다.

169. Applicants and issuing banks should be specific in stating the requirements of documents to show whether freight is to be prepaid or collected.

번역 169. 개설의뢰인과 개설은행은 서류의 요건을 기재함에 있어서 운임의 선지급 또는 착불로 할 것인지의 여부를 표시하도록 명확히 하여야 한다.

□ INSURANCE DOCUMENT AND COVERAGE (보험서류와 담보)

• **Application of UCP 600 Article 28** (UCP 600 제28조의 적용)

170. If a credit requires presentation of an insurance document such as an insurance policy, insurance certificate or declaration under an open cover, UCP 600 article 28 is applicable.

번역 170. 신용장이 보험증권, 보험증명서 또는 포괄예정보험하의 확정통지서와 같은 보험서류의 제시를 요구하는 경우에는, UCP 600 제28조가 적용가능한 것이다.

• **Issuers of Insurance Documents** (보험서류의 발행인)

171. Insurance documents must appear to have been issued and signed by insurance companies or underwriters or their agents or proxies. If required by the insurance document or in accordance with the credit terms, all originals must appear to have been countersigned.

번역 171. 보험서류는 반드시 보험회사나 보험업자 또는 이들 대리인이나 대행자에 의하여 발행되고 서명된 것으로 나타나 있어야 한다. 보험서류에 의하거나 또는 신용장조건에 따라 요구된 경우에는, 모든 원본은 반드시 부서된 것으로 나타나 있어야 한다.

172. An insurance document is acceptable if issued on an insurance broker's stationery, provided the insurance document has been signed by an insurance company or its agent or proxy, or by an underwriter or its agent or proxy. A broker may sign as agent for the named insurance company or named underwriter.

번역 172. 보험서류가 보험회사 또는 그 대리인이나 대행자에 의하거나, 또는 보험업자 또는 그 대리인이나 대행자에 의하여 서명되어 있는 한, 보험서류는 보험중개인의 필묵지로 발행된 경우에도 인수가능한 것이다. 중개인은 지명된 보험회사 또는 지명된 보험업자를 위한 대리인으로서 서명할 수 있다.

- **Risks to Be Covered** (담보위험)

173. An insurance document must cover the risks defined in the credit. Even though a credit may be explicit with regard to risks to be covered, there may be reference to exclusion clauses in the document. If a credit requires "all risks" coverage, this is satisfied by the presentation of an insurance document evidencing any "all risks" clause or notation, even if it is stated that certain risks are excluded. An insurance document indicating that it covers Institute Cargo Clauses (A) satisfies a condition in a credit calling for an "all risks" clause or notation.

번역 173. 보험서류는 반드시 신용장상에 정의된 위험을 담보하고 있어야 한다. 신용장이 담보위험에 관하여 명시적이라 하더라도, 서류상에는 면책조항에 관한 참조사항을 둘 수 있다. 신용장이 "전위험" 담보를 요구하는 경우에는, 이는 일정한 위험이 면책된다는 기재가 있더라도, 어떠한 "전위험"이란 조항 또는 표기를 입증하는 보험서류의 제시에 의하여 충족되어진다. 협회적하약관 (A) 조건을 담보하는 것으로 명시하는 보험서류는 "전위험"이란 조항 또는 표기를 요구하는 신용장상의 조건을 충족한다.

174. Insurance covering the same risk for the same shipment must be covered under one document unless the insurance documents for partial cover each clearly reflect, by percentage or otherwise, the value of each insurer's cover and that each insurer will bear its share of the liability severally and without pre-conditions relating to any other insurance cover that may have been effected for that shipment.

번역 174. 분할담보의 보험서류가 백분율이나 기타의 방법으로 각 보험자의 담보가액을 각각 명확하게 반영하고, 또 각 보험자가 당해 선적에 부보되었을 수 있는 기타 모든 보험담보에 관한 전제조건 없이 단독으로 자신의 책임부분을 부담하기로 하지 아니하는 한, 동일한 선적의 동일한 위험을 담보하는 보험은 반드시 단일의 서류에 따라 담보되어 있어야 한다.

- **Dates** (일자)

175. An Insurance document that incorporates an expiry date must clearly indicate that such expiry date relates to the latest date that loading on board or dispatch or taking in charge of the goods (as applicable) is to occur, as opposed to an expiry date for the presentation of any claims thereunder.

번역 175. 보험서류가 유효기일을 삽입하는 경우에는, 반드시 그러한 유효기일이 이에 따른 어떠한 보험금청구의 제시를 위한 유효기일에 반대되는 것으로서, (적용가능한) 물품의 본선적재나 발송 또는 수탁이 이루어져야 할 최종일자에 관련이 있다는 사실을 명확히 명시하고 있어야 한다.

- **Percentage and Amount** (백분율과 금액)

176. An insurance document must be issued in the currency of, and, as a minimum for, the amount required by the credit. The UCP does not provide for any maximum percentage of insurance coverage.

번역 176. 보험서류는 반드시 신용장의 통화단위와 최소한 신용장에 의하여 요구된 금액으로 발행되어야 한다. UCP는 보험담보의 어떠한 최대백분율에 관하여는 규정하지 아니한다.

177. If a credit requires the insurance cover to be irrespective of percentage, the insurance document must not contain a clause stating that the insurance cover is subject to a franchise or an excess deductible.

번역 177. 신용장이 백분율과 관계 없는 보험담보를 요구하는 경우에는, 보험서류는 결코 보험담보가 소손면책률 또는 초과공제면책률에 따른다고 기재하는 조항을 내포하여서는 아니된다.

178. If it is apparent from the credit or from the documents that the final invoice amount only represents a certain part of the gross value of the goods (e.g., due to discounts, pre-payments or the like, or because part of the value of the goods is to be paid at a later date), the calculation of insurance cover must be based on the full gross value of the goods.

번역 178. 최종적인 송장금액이 (예컨대 할인, 선지급 또는 이와 유사한 이유, 또는 물품가액의 일부가 이후의 일자에 지급 예정되어 있기 때문에) 총 물품가액의 일정한 부분만을 표시한다는 것이 신용장으로부터 또는 서류로부터 명백한 경우에도, 보험담보에 관한 계산은 반드시 총 물품가액의 전체에 기초하고 있어야 한다.

- **Insured Party and Endorsement** (피보험자와 배서)

179. An insurance document must be in the form as required by the credit and, where necessary, be endorsed by the party to whose order claims are payable. A document issued to bearer is acceptable where the credit requires an insurance document endorsed in blank and vice versa.

번역 179. 보험서류는 반드시 신용장에 의하여 요구된 양식으로 되어 있어야 하며, 또 필요한 경우 보험금을 지급하도록 하는 지시당사자에 의하여 배서되어 있어야 한다. 신용장이 백지식이나 그 반대의 배서된 보험서류를 요구하는 경우에는, 지참인식으로 발행된 서류도 인수가능한 것이다.

180. If a credit is silent as to the insured party, an insurance document evidencing that claims are payable to the order of the shipper or beneficiary would not be acceptable unless endorsed. An insurance document should be issued or endorsed do that the right to receive payment under it passes upon, or prior to, the release of the documents.

번역 180. 신용장이 피보험자에 관하여 침묵하는 경우에는, 화주나 수익자의 지시인에게 보험금을 지급하도록 입증하고 있는 보험서류는 배서가 없는 한, 인수가능한 것이 되지 아니한다. 보험서류는 이에 따른 지급수령권이 서류의 인도 당시 또는 이전에 이전하도록 발행되거나 배서되어 있어야 한다.

□ CERTIFICATES OF ORIGIN (원산지증명서)

• Basic Requirement (기본요건)

181. A requirement for a certificate of origin will be satisfied by the presentation of a signed, dated document that certifies to the origin of the goods.

번역 181. 원산지증명서의 요건은 물품의 원산지를 증명하고 있는 서명되고 일부된 서류의 제시에 의하여 충족되는 것으로 한다.

• Issuers of Certificates of Origin (원산지증명서의 발행인)

182. A certificate of origin must be issued by the party stated in the credit. However, if a credit requires a certificate of origin to be issued by the beneficiary, the exporter or the manufacturer, a document issued by a chamber of commerce will be deemed acceptable, provided it clearly identifies the beneficiary, the exporter or the manufacturer as the case may be. If a credit does not state who is to issue the certificate, then a document issued by any party, including the beneficiary, is acceptable.

번역 182. 원산지증명서는 반드시 신용장상에 기재된 당사자에 의하여 발행되어야 한다. 그러나 신용장이 수익자, 수출자 또는 제조업자에 의하여 발행된 원산지증명서를 요구하는 경우에는, 상업회의소에 의하여 발행된 서류는 수익자, 수출자 또는 제조업자를 각 경우에 따라 명시적으로 확인하고 있는 한, 인수가능한 것으로 본다. 신용장이 증명서를 발행하여야 할 당사자를 기재하지 아니한 경우에는, 이에 수익자를 포함하여 어떠한 당사자에 의하여 발행된 서류도 인수가능한 것이다.

- **Contents of Certificates of Origin** (원산지증명서의 내용)

183. The certificate of origin must appear to relate to the invoiced goods. The goods description in the certificate of origin may be shown in general terms not in conflict with that stated in the credit or by any other reference indicating a relation to the goods in a required document.

번역 183. 원산지증명서는 반드시 송장물품에 관련이 있는 것으로 나타나 있어야 한다. 원산지증명서상의 물품명세는 신용장상에 기재된 명세와 모순되지 아니하는 일반용어 또는 요구된 서류상의 물품에 대한 관계를 명시하는 기타 모든 언급에 의하여 이를 표시할 수 있다.

184. Consignee information, if shown, must not be in conflict with the consignee information in the transport document. However, if a credit requires a transport document to be issued "to order", "to the order of shipper", "to order of the issuing bank" or "consigned to the issuing bank", the certificate of origin may show the applicant of the credit, or another party named therein, as consignee. If a credit has been transferred, the name of the first beneficiary as consignee would also be acceptable.

번역 184. 수화인 정보를 표시할 경우에는 결코 운송서류상의 수화인 정보와 모순되지 아니하여야 한다. 그러나 신용장이 "지시인에게", "화주의 지시인에게", "개설은행의 지시인에게" 또는 "개설은행에게 탁송됨."이라고 발행된 운송서류를 요구하는 경우에는, 원산지증명서는 신용장 개설의뢰인 또는 이에 지명된 기타 당사자를 수화인으로서 표시할 수 있다. 신용장이 양도된 경우에는, 제1수익자의 명의를 수화인으로서 표시하더라도 역시 인수가능한 것이 된다.

185. The certificate of origin may show the consignor or exporter as a party other than the beneficiary of the credit or the shipper on the transport document.

번역 185. 원산지증명서는 송화인 또는 수출자를 신용장의 수익자 또는 운송서류상의 화주 이외의 당사자로서 표시할 수 있다.

Afterword*(후기)

* *The information contained on this Afterword is not part of the official ISBP Pub. or approved by the ICC Commission on Banking Technique and Practice. The information contained herein is intended to provide a historical perspective and is solely the work of the author.*
(이 후기에 내포된 정보는 공식적인 ISBP 출판물의 일부이거나 ICC 은행기술실무위원회의 승인을 득한 것이 아니며, 이에 내포된 정보는 역사적인 배경을 소개할 의도로 필자가 단독으로 작성한 것임).

Since the early days of letters of credit, bankers and banking groups have been collecting and documenting banking practices. The national rules established prior to the development of the first *Uniform Customs and Practice for Documentary Credits* ("UCP") were, in fact, collections of banking practice in a number of individual countries. These national documents, created in the early 1900s established basic rules for letters of credit in Argentina, Czechoslovakia, France, Germany, Italy, Sweden and the United States. The first paragraph of the *Regulations Affecting Export Commercial Letters of Credit* created in the United States in 1920 stated: "Payments under Export Commercial Credits advised to the undersigned are made in conformity with the following regulations, which are in accord with the standard practice adopted by the New York Bankers Commercial Credit Conference of 1920". Note the reference to "standard practice".

These rules and practices, distributed by banks to their correspondents throughout the world, were simply an articulation of how banks handled letters of credit and were intended to inform their correspondents of the practices they followed in their own countries. Ultimately, these practices were documented more formally and on a global scale in the first UCP, at the time entitled *Uniform Customs and Practice for Commercial Documentary Credits.* Even after this, it was not unusual for banks and banking groups to continue documenting banking practices in the form of checklist that were often used during the process of document examination.

After the revision of UCP 400 and the introduction of UCP 500 in 1993, banks in the United States decided to focus their attention on documenting the various banking practices in the US and Mexico to supplement those articulated in the UCP. With the introduction of UCP 500, these practices were highlighted in Article 13 in the sentence "Compliance of the stipulated documents on their face with the terms and conditions of the Credit shall be determined by international standard banking practice as reflected in these Articles." While this reference was restricted to the articles of the UCP, it was felt that standard banking practices were composed of many practices not specifically articulated in the UCP. In 1996, these practices were published in the *Standard Banking Practices for the Examination of Letter of Credit Documents* ("SBPED") by the US Council on International Banking (now the International Financial Services Association). Like the documents distributed in the early 1900s, the SBPED were distributed by banks to their correspondents worldwide.

In May 2000, a request was made for the International Chamber of Commerce to undertake a similar project on a more global scale. As a result, a working group was established to collect and document global banking practices that were not included in the UCP. The result of their work was the publication in January 2003 of the *International Standard Banking Practice for the Examination of Documents under Documentary Credits* ("ISBP"). This publication was updated in 2007 to bring it in line with the latest revision of the UCP, UCP 600.

Dan Taylor

President and CEO of the International Financial Services Association; and Vice Chairman of the ICC Commission on Banking Technique and Practice

번역 초기의 신용장 이후 은행가와 은행그룹은 은행관습들을 수집하고 기록해 왔다. 최초의 **화환신용장 통일규칙 및 관례**("UCP")가 개발되기 이전에 확립된 국내규칙들은 사실상 수많은 개별국가의 은행관습들을 수집한 것이었다. 1900년대 초에 탄생한 이러한 국내문서들은 아르헨티나, 체코슬로바키아, 프랑스, 독일, 이탈리아, 스웨덴, 미국 등에서 신용장에 관한 기본규칙을 확립해 주었다. 1920년 미국에서 제정된 **수출용 상업신용장 관리규약**의 첫 문단은 다음과 같이 기재하였다. "서명자에게 통지된 수출용 상업신용장하에서 지급은 1920년의 뉴욕 은행가

상업신용장회의에서 채택된 표준관습에 따른 다음의 규약과 일치하게 이루어진다." "표준관습"에 대한 참조를 유의하기 바란다.

은행에 의하여 전세계적으로 환거래처에 배포된 이러한 규칙과 관습들은 단순히 은행이 신용장을 취급하는 방법에 관하여 조문화한 것이었으며, 그들이 자신의 국가에서 지키는 관습들에 관하여 환거래처에 알려주고자 의도된 것이었다. 궁극적으로 이러한 관습들은 당시 **상업화환신용장 통일규칙 및 관례**라는 명칭의 최초의 UCP상에서 보다 정식적이고 세계적인 규모로 기록되었다. UCP 이후에도 은행과 은행그룹은 통상적으로 서류심사의 과정 동안에 자주 사용된 점검목록의 양식상에 은행관습들을 계속 기록하였다.

UCP 400이 개정되고 1993년에 UCP 500이 소개된 이후, 미국의 은행들은 UCP상에 조문화된 관습들을 보충하기 위하여 미국과 멕시코에 있는 다양한 은행관습들을 기록하는데 주의를 집중하기로 결의하였다. UCP 500이 소개되면서, 이러한 관습들은 제13조의 "규정된 서류의 문면상 신용장 제조건과 일치성 여부는 이 규칙상에 반영된 국제표준은행관습에 의하여 결정되어야 한다."라는 문장에 의하여 부각되었다. 이 참조는 UCP의 조항에 제한되어 있지만, 표준은행관습이란 UCP상에 특별히 조문화되어 있지 아니한 다수의 관습들로 구성되는 것으로 인식되었다. 이러한 관습들은 1996년에 미국 국제은행위원회(현 국제금융서비스협회)에 의하여 **신용장 서류심사를 위한 표준은행관습**("SBPED")으로 출판되었다. SBPED는 1900년대 초에 배포된 문서들처럼 은행에 의하여 범세계적으로 환거래처에 배포되었다.

2000년 5월에 국제상업회의소로부터 보다 세계적인 규모에서 이와 유사한 과제를 수행하자는 요청이 있었다. 결국 작업부가 구성되어 UCP상에 포함되지 아니한 세계적인 은행관습들을 수집하고 기록하였다. 이들의 작업결과는 2003년 1월에 **화환신용장 서류심사를 위한 국제표준은행관습**("ISBP")으로 출판되었다. 동 출판물은 2007년에 와서 UCP의 최근 개정본인 UCP 600과 조화시키기 위하여 개선되었다.

Dan Taylor

국제금융서비스협회 회장 및 최고경영자 겸 ICC 은행기술실무위원회 부의장

Appendix (부록)

The Determination of an "Original" Document in the Context of UCP 500 sub-Article 20 (b)* (UCP 500 제20조 b항 관련 "원본"서류의 결정)

* *Decision approved by the ICC Commission on Banking Technique and Practice and published on 12 July 1999* (이 결정은 ICC 은행기술실무위원회의 승인을 득하여 1999년 7월 12일에 출판된 것임).

1. Background (배경)

Over a period of several years there have been a number of queries raised with the ICC Banking Commission as to the determination, by banks, of what is an "original" document under a letter of credit and the necessity, if any, for such a document to be so marked.

For ease of reference the text of sub-Article 20 (b) reads :

"Unless otherwise stipulated in the Credit, banks will also accept as an original document(s), a document(s) produced or appearing to have been produced :

i. by reprographic, automated or computerized systems;

ii. as carbon copies;

provided that it is marked as original and, where necessary, appears to be signed.

A document may be signed by handwriting, by facsimile signature, by perforated signature, by stamp, by symbol, or by any other mechanical or electronic method of authentication."

번역 수년간에 걸쳐 ICC 은행위원회에는 신용장하에서 무엇이 "원본" 서류인지에 관한 결정 및 그러한 서류상에 원본이라고 표지되어야 할 필요성(있는 경우)에 관한 수많은 질의가 은행들에 의하여 제기되어 왔다.

편리한 참조를 위하여 제20조 b항의 본문을 다음과 같이 소개한다.

"신용장상에 별도의 규정이 없는 한, 은행은 다음 각 호와 같이 작성되었거나 작성된 것으로 나타나는 서류도 이를 역시 원본서류로서 인수하여야 한다.

i. 복사기기, 자동기기 또는 전산기기에 의한 것

ii. 탄소복사본으로서 된 것

다만 서류는 원본으로서 표지되어 있고 또 필요한 경우 서명된 것으로 나타나 있어야 한다.

서류는 수기, 모사서명, 천공서명, 타인, 부호 또는 기타 모든 기계방식이나 전자방식의 인증에 의하여 서명될 수 있다."

2. Determination of Originality (원본성의 결정)

In documentary credit operations, the document checker is faced with a number of issues pertaining to originality including :

Apparent Originality

Banks undertake to determine whether a document appears on its face to be an original document, as distinguished from a copy. Except as expressly required by a letter of credit including an incorporated term - such as UCP 500 sub-Articles 23 (a) (iv) or 34 (b) - banks do not undertake to determine whether an apparent original is the sole original. Banks rely on the apparent intent of the issuer of the document that it be treated as an original rather than a copy.

In this regard, a person sending a telefax or marking a photocopy on plain paper or pressing through carbon paper presumably intends to produce a copy. On the other hand, a person printing a document on plain paper from a text that that person created and electronically stored presumably intends to produce an original. Accordingly, documents bearing facsimile signatures or printed in their entirety (even including the issuer's letterhead and/or signature) from electronically stored text are presumably intended by the document issuer to be original and in practice are accepted by banks as original.

Documents that Appear to be Original But Are Not

Banks do not undertake to determine whether a document is original in fact. Under UCP 500 Article 15, banks are not responsible for the genuineness or falsification of any document. If a document appears to be original or to have been marked as original but is in fact not original, then its presentation may give rise to exceptional defences, rights, or obligations under the law applicable to forged or fraudulent presentations and is beyond the scope of UCP 500.

UCP 500 Requirements

The UCP neither requires nor permits an examination beyond the face of a document to determine how the document was in fact produced, unless the document was produced by the bank, e.g. on a telefax, telex, e-mail, or other system that prints out messages received by the bank. The "produced or appearing to have been produced" language in sub-Article 20 (b) does not override UCP 500 sub-Articles 13 (a), 13 (c), or 14 (b), or other practice and law that prohibit issuers and confirmers from determining compliance on the basis of extrinsic facts.

As indicated by inclusion of the word "also" ("... banks will also accept as original(s) ..."), sub-Article 20 (b) is neither comprehensive nor exclusive in its provisions that distinguish originals from copies. For example, a document printed on plain paper from electronically stored text is acceptable, without regard to 20 (b), if it appears to be an original.

Sub-Article 20 (b) does not apply to documents that appear to be only partially produced by reprographic, automated, or computerized systems or as carbon copies. In this regard, a photocopy ceases to be "reprographically produced" within the meaning of sub-Article 20 (b) when it is also manually stamped, dated, completed, or signed by the issuer of the document.

The "marked as original" proviso in sub-Article 20 (b) is satisfied by any marking on a document or any recital in the text of a document that indicates that the issuer of the document intends it to be treated as an original rather than a copy. Accordingly, a document that appears to have been printed on plain paper from electronically stored text is "marked as original" under sub-Article 20 (b) if it also states that it is original or includes letterhead or is hand marked.

Sub-Article 13 (a) of UCP 500 refers to compliance of the presented documents being determined by international standard banking practice as defined in the articles of UCP. International standard banking practice in relation to determination of "original" documents could be described as follows :

번역 화환신용장거래에 있어서, 서류심사자는 다음과 같은 문제를 포함하여 원본성에 관계되는 수많은 문제에 직면하게 된다.

외관상 원본성

은행은 어떠한 서류가 사본과 구별되어 문면상 원본서류인 것으로 나타나는지의 여부를 결정하여야 할 의무를 진다. UCP 500 제23조 a항 iv호 또는 제34조 b항과 같이 삽입된 조건을 포함하여 신용장에 의하여 명시적으로 요구된 경우를 제외하고, 은행은 외관상 원본이 유일한 원본인지의 여부를 결정하여야 할 의무를 지지 아니한다. 은행은 서류가 사본보다 원본으로서 취급되어야 한다는 서류 발행인의 외관상 의도에 의존하게 된다.

이와 관련하여, 모사전송문을 발송하거나, 일반용지상에 사진복사본을 표지하거나 또는 탄소복사지를 투과하여 압착하는 자는 아마도 사본을 작성하고자 의도하는 것으로 본다. 반대로 본인이 기안한 후 전자식으로 저장한 본문으로부터 일반용지상에 서류를 인쇄하는 자는 아마도 원본을 작성하고자 의도하는 것으로 본다. 따라서 모사서명을 함유하는 서류 또는 전자식으로 저장된 본문으로부터 (발행인의 표제 및/또는 서명까지 포함하여) 전체적으로 인쇄된 서류는 아마도 서류 발행인에 의하여 원본으로서 의도되는 것으로 보며, 또 이들은 관습적으로 은행에 의하여 원본으로서 인수된다.

원본인 것으로 나타나지만 원본이 아닌 서류

은행은 어떠한 서류가 사실상의 원본인지의 여부를 결정하여야 할 의무를 지지 아니한다. UCP 500 제15조의 규정에 따라, 은행은 모든 서류의 진정성 또는 위조에 대하여 책임을 지지 아니한다. 어떠한 서류가 원본인 것으로 나타나거나 또는 원본으로서 표지되어 있으나 사실상 원본이 아닌 경우에는, 그러한 제시는 위조 또는 사기의 제시에 적용가능한 법률에 따라 이례적인 항변, 권리 또는 의무를 야기할 수 있으며, 또 이는 UCP 500의 범위를 벗어나는 것이다.

UCP 500의 요건

UCP는 서류가 은행에 의하여 작성된 것이 아닌 한, 서류가 사실상 어떻게 작성되어졌는지, 예컨대 모사전송, 텔렉스, 전자우편 또는 은행이 수령한 통신문을 출력하는 기타 시스템에 관하여 결정하는데 있어서 서류의 문면을 벗어난 심사를 요구하지도 허용하지도 아니한다. 제20조 b항에서 "작성되었거나 작성된 것으로 나타나는"이란 문언은 UCP 500 제13조 a항, 제13조 c항, 제14조 b항 또는 기타 개설인과 확인자들이 외형적인 사실에 기초하여 일치성을 결정하는 것을 금지하는 관습과 법률 등을 무효로 하지 아니한다.

제20조 b항은 "역시"(also)라는 단어("… 은행은 … 역시 원본서류로서 인수하여야 한다.")의 포함에 의하여 명시된 바와 같이, 원본과 사본을 구별하는 규정에 있어서 포괄적이지도 배타적이지도 아니하다. 예컨대 전자식으로 저장된 본문으로부터 일반용지상에 인쇄된 서류는 이에 원본인 것으로 나타나는 경우에는 제20조 b항에 관계없이 인수가능한 것이다.

제20조 b항은 부분적으로만 복사기기, 자동기기 또는 전산기기에 의하거나 또는 탄소복사본으로서 작성된 것으로 나타나는 서류에는 이를 적용하지 아니한다. 이와 관련하여, 사진복사본은 이에 또한 서류 발행인에 의한 직접적인 타인, 일자, 완성 또는 서명이 추가되어 있는 때에는 더 이상 제20조 b항의 의미 내에서 "복사기기로 작성된" 것이 아니다.

제20조 b항에서 "원본으로서 표지된"이란 조건은 서류 발행인이 이를 사본보다 원본으로서 취급되기를 의도하는 것으로 명시하는 서류상의 모든 표지 또는 서류의 본문상 모든 서술에 의하여 충족되어진다. 따라서 전자식으로 저장된 본문으로부터 일반용지상에 인쇄된 것으로 나타나는 서류는 이에 또한 원본이라고 기재하고 있거나, [발행인] 표제를 포함하고 있거나 또는 수기로 표지되어 있는 경우에는 제20조 b항하에서 "원본으로서 표지된" 것이 된다.

UCP 500의 제13조 a항에는 제시된 서류의 일치성은 UCP의 규칙에 정의되어 있는 국제표준은행관습에 따라 결정하도록 언급하고 있다. "원본" 서류의 결정에 관련한 국제표준은행관습이라 함은 다음과 같이 기술할 수 있다.

3. Correct Interpretation of Sub-article 20 (b) (제20조 b항의 정확한 해석)

General Approach

Banks examine documents presented under a letter of credit to determine, among other things, whether on their face they appear to be original. Banks treat as original any document bearing an apparently original signature, mark, stamp, or label of the issuer of the document, unless the document itself indicates that it is not original. Accordingly, unless a document indicates otherwise, it is treated as original if it :

(A) appears to be written, typed, perforated, or stamped by the document issuer's hand; or

(B) appears to be on the document issuer's original stationery; or

(C) states that it is original, unless the statement appears not to apply to the document presented (e.g. because it appears to be a photocopy of another document and the statement of originality appears to apply to that other document).

Hand Signed Documents

Consistent with sub-paragraph (A) above, banks treat as original any document that appears to be hand signed by the issuer of the document. For example, a hand signed draft or commercial invoice is treated as an original document, whether or not some or all other constituents of the document are pre-printed, carbon copied, or produced by reprographic, automated, or computerized systems.

Facsimile Signed Documents

Banks treat a facsimile signature as the equivalent of a hand signature. Accordingly, a document that appears to bear the document issuer's facsimile signature is also treated as an original document.

Photocopies

Banks treat as non-original any document that appears to be a photocopy of another document. If, however, a photocopy appears to have been completed by the document issuer's hand marking the photocopy, then, consistent with sub-paragraph (A) above, the resulting document is treated as an original document unless it indicates otherwise. If a document appears to have been produced by photocopying text onto original stationery rather than onto blank paper, then, consistent with sub-paragraph (B) above, it is treated as an original document unless it indicates otherwise.

Telefaxed Presentation of Documents

Banks treat as non-original any document that is produced at the bank's telefax machine. A letter of credit that permits presentation by telefax waives any requirement for presentation of an original of any document presented by telefax.

Statements Indicating Originality

Consistent with either or both of sub-paragraphs (A) and (C) above, a document on which the word "original" has been stamped is treated as an original document. A statement in a document that it is a "duplicate original" or the "third of three" also indicates that it is original. Originality is also indicated by a statement in a document that it is void if another document of the same tenor and date is used.

Statements Indicating Non-originality

A statement in a document that it is a true copy of another document or that another document is the sole original indicates that it is not original. A statement in a document that it is the "customer's copy" or "shipper's copy" neither disclaims nor affirms its originality.

번역 **일반적인 접근방법**

은행은 신용장에 따라 제시된 서류를 심사하여 무엇보다도 문면상 서류가 원본인 것으로 나타나는지의 여부를 결정하여야 한다. 은행은 서류 자체에 원본이 아니라는 명시가 없는 한, 외관상으로 서류 발행인의 원천적인 서명, 표지, 타인 또는 부표를 함유하고 있는 모든 서류를 원본으로서 취급한다. 따라서 서류상에 별도의 명시가 없는 한, 다음 각 호에 해당하는 경우의 서류는 원본으로서 취급된다.

(A) 서류 발행인에 의하여 손수 기록, 타자, 천공 또는 타인된 것으로 나타나 있는 경우, 또는

(B) 서류 발행인의 원천적인 필묵지상에 나타나 있는 경우, 또는

(C) (예컨대 다른 서류의 사진복사본인 것으로 나타나 있고 또 원본성의 기재가 동 기타서류에 적용되는 것으로 나타나 있기 때문에) 제시된 서류에는 적용하지 아니한다는 기재가 나타나 있지 아니하는 한, 그것이 원본이라고 기재하고 있는 경우

수기 서명된 서류

상기 제A호의 규정에 따라, 은행은 서류 발행인에 의하여 수기로 서명된 것으로 나타나는 모든 서류를 원본으로서 취급한다. 예컨대 수기로 서명된 환어음 또는 상업송장은 그 서류의 기타 구성요소의 일부 또는 전부가 미리 인쇄되었거나, 탄소복사되었거나 또는 복사기기, 자동기기 또는 전산기기에 의하여 작성된 여부를 불문하고 원본서류로서 취급된다.

모사 서명된 서류

은행은 모사서명을 수기서명과 동등한 것으로서 취급한다. 따라서 서류 발행인의 모사서명을 함유하는 것으로 나타나는 서류도 역시 원본서류로서 취급된다.

사진복사본

은행은 다른 서류의 사진복사본인 것으로 나타나는 모든 서류를 비원본으로서 취급한다. 그러나 사진복사본이 서류 발행인의 수기에 의하여 사진복사본에 표지함으로써 완성된 것으로 나타나는 경우에는, 상기 제A호의 규정에 따라 결과적인 서류는 이에 별도의 명시가 없는 한 원본서류로서 취급된다. 서류가 백지보다 원천적인 필묵지상에 본문을 사진복사하여 작성된 것으로 나타나는 경우에는, 상기 제B호의 규정에 따라 서류는 이에 별도의 명시가 없는 한 원본서류로서 취급된다.

모사전송된 서류의 제시

은행은 은행의 모사전송기기에서 작성된 모든 서류를 비원본으로서 취급한다. 모사전송에 의한 제시를 허용하는 신용장은 모사전송에 의하여 제시된 모든 서류에 관하여 원본의 제시를 위한 모든 요건을 포기하는 것이다.

원본성을 명시하는 기재

상기 제A호와 제C호 중의 하나 또는 양자의 규정에 따라, "원본"(original)이

란 단어가 타인되어 있는 서류는 원본서류로서 취급된다. 서류상에 "부본인 원본"(duplicate original) 또는 "3통 중의 제3본"(third of three)이라는 기재도 역시 그것이 원본임을 명시하는 것이다. 원본성은 또한 서류상에 동일한 기한과 일자의 다른 서류가 사용되는 경우에는 그 효력을 상실한다는 기재에 의하여도 명시된다.

비원본성을 명시하는 기재

서류상에 다른 서류의 순수한 사본이라는 기재 또는 다른 서류가 유일한 원본이라는 기재는 그것이 원본이 아님을 명시하는 것이다. 서류상에 "고객용 사본" 또는 "화주용 사본"(shipper's copy)이라는 기재는 원본성을 부인하지도 인정하지도 아니하는 것이다.

4. What is Not an "Original"? ("원본"이 아닌 것)

A document indicates that it is not an original if it

i. appears to be produced on a telefax machine;

ii. appears to be a photocopy of another document which has not otherwise been completed by hand marking the photocopy or by photocopying it on what appears to be original stationery; or

iii. states in the document that it is a true copy of another document or that another document is the sole original.

번역 서류는 다음 각 호에 해당하는 경우에는 원본이 아님을 명시하는 것이다.

i. 모사전송기기상에서 작성된 것으로 나타나는 경우

ii. 수기로 사진복사본에 표지하거나 또는 원천적인 필묵지인 것으로 나타나는 무엇에 이를 사진복사하여 별도로 완성되었다는 사실이 없이 다른 서류의 사진복사본인 것으로만 나타나는 경우

iii. 서류상에 다른 서류의 순수한 사본이라는 기재 또는 다른 서류가 유일한 원본이라는 기재가 있는 경우

5. Conclusion (결론)

Based upon the comments received from ICC national committees, members of the ICC Banking Commission and other interested parties, the statements in clauses 3 and 4 above reflect international standard banking practice in the correct interpretation of UCP 500 sub-Article 20 (b).

번역 ICC 국내위원회, ICC 은행위원회의 위원 및 기타 이해당사자들로부터 접수된 논평에 기초한 상기 제3항과 제4항에 있는 기재사항들은 UCP 500 제20조 b항의 정확한 해석을 위한 국제표준은행관습을 반영하고 있다.

부록 2. eUCP (Ver. 1.1), 2007

Supplement for Electronic Presentation (Version 1.1) ("eUCP"), 2007 (UCP 전자식 제시를 위한 보칙)

Introduction (서문). The official name for this publication is "Supplement to the Uniform Customs and Practice for Documentary Credits for Electronic Presentation (Version 1.1)". It uses the acronym "eUCP".

During the course of drafting UCP 600, ICC national committees indicated that, due to the limited usage of eUCP Version 1.0, the eUCP should remain as a supplement to the UCP. Version 1.1 has, therefore, been updated solely to reflect the changes made in UCP with regard to terminology and style of presentation.

The eUCP continues to provide definitions permitting UCP 600 terminology accommodating the electronic presentation of the equivalent of paper documents and providing necessary rules to allow both sets of rules to work together. The eUCP allows for presentation electronically or for a mixture of paper documents and electronic presentation.

It is important for the eUCP reader to understand that many articles of the UCP are not impacted by the presentation of the electronic equivalent of paper documents and do not require any changes to accommodate electronic presentation.

When read together, the UCP and the eUCP provide the necessary rules for electronic presentation and are broad enough to anticipate developing practice in this area. Where specific words or phrases used in the UCP are defined in the eUCP, these definitions, unless otherwise stated, apply wherever the terms appear in the UCP.

eUCP Version 1.1 is specific to UCP 600 and, if necessary, may have to be revised as technologies develop, perhaps prior to the next revision of the UCP. For that purpose, the eUCP is issued in version numbers that will allow for a revision and subsequent version if the need arises.

The eUCP has been specifically drafted to be independent of specific technologies and developing electronic commerce systems, i.e., it does not address specific technologies or systems necessary to facilitate electronic presentation. These technologies are evolving, and it is left to the parties to the credit to agree on the technology or systems to be used for presentation of electronic records in compliance with the requirements of the eUCP.

The eUCP has been created to meet the demands of the market for the presentation of electronic documents. The market has created a higher standard in anticipation of increased processing efficiencies when the electronic equivalents of paper documents are presented. In anticipation of this demand and to meet market expectations, several changes to the standards established by the UCP have been deemed necessary for an electronic presentation. These changes are consistent with current practice and the expectations of the marketplace.

All of the articles of eUCP Version 1.1 are consistent with UCP 600 except as they relate specifically to electronic presentations. Where necessary, changes have been made to address the unique issues related to presentation of the electronic equivalent of paper documents.

In order to avoid confusion between the articles of the UCP and those of the eUCP, the eUCP articles are numbered with an "e" preceding each article number.

Gary Collyer

Corporate Director, ABN AMRO Bank N.V., London and Technical Adviser to the ICC Commission on Banking Technique and Practice

November 2006

번역 이 출판물의 공식명칭은 "화환신용장 통일규칙 및 관례의 전자식 제시에 관한 보칙(규칙번호 제1.1호)"이다. 이를 두문자로 "eUCP"라고 한다.

UCP 600을 성안하는 과정 동안에, ICC 국내위원들은 eUCP 규칙번호 제1.0호의 한정된 관행 때문에 eUCP가 UCP의 보칙으로서 존속하여야 함을 표명하였다. 따라서 규칙번호 제1.1호는 단지 제시의 용어와 문체에 관련하여 UCP상에서 이루어진 변화를 반영하는 정도로 개선되었다.

eUCP는 계속하여 UCP 600의 용어를 허용하는 정의를 제공함으로써 종이서류와 대등한 전자식 제시를 수용하고자 하며, 또 두 가지 규칙의 양자가 함께 작용하도록 용인하는데 필요한 규칙을 제공하고자 한다. eUCP는 전자식만으로의 제시 또는 종이서류와 전자식 제시의 혼합을 용인하고 있다.

eUCP 독자들이 이해하여야 할 중요한 사실은 UCP 조항의 대다수는 종이서류와 대등한 전자식 제시에 의하여 영향을 받지 아니하며, 또 전자식 제시를 수용하도록 어떠한 변화를 요구하지도 아니한다는 것이다.

UCP와 eUCP를 함께 살펴보면, 이들은 전자식 제시에 필요한 규칙을 제공하고 있으며, 또 이 분야에서 발달하는 관습에 대응할 수 있는 충분한 여유가 있다. UCP상에 사용된 특정의 단어나 구절이 eUCP상에 정의되어 있는 경우에는, 이러한 정의는 별도의 기재가 없는 한 그 용어가 UCP상에 나타나는 모든 경우에 적용하는 것으로 한다.

eUCP 규칙번호 제1.1호는 UCP 600에 특정되어 있으며, 기술이 발달함에 따라 필요한 경우, 아마도 UCP의 다음 번 개정 이전에 개정되어야 할지도 모른다. 이에 대비하여, eUCP는 필요성이 제기되면 언제든지 이를 개정하고 후속적인 규칙번호를 붙일 수 있도록 규칙번호로 발행되고 있다.

eUCP는 특정의 기술이나 발달하는 전자상거래 시스템과는 독립적으로 특별히 성안된 것이다. 즉, 이는 전자식 제시를 용이하게 하는데 필요한 특정의 기술이나 시스템은 다루지 아니한다. 이러한 기술은 진화하고 있기 때문에, eUCP의 요건과 일치하는 전자기록의 제시를 위해 사용되는 기술이나 시스템에 관하여 합의하는 것은 신용장 당사자들에게 맡겨져 있다.

eUCP는 전자서류의 제시를 위한 시장요구에 부응하여 제정된 것이다. 시장에서는 종이서류와 대등한 전자식 제시가 있을 경우 향상된 처리효율에 대비하여 보다 높은 표준을 창출해 왔다. 이러한 요구에 대비하고 시장기대에 부응하고자, UCP에 의하여 확립된 표준도 전자식 제시에 맞게 여러 가지의 변화가 필요한 것으로 짐작되고 있다. 이러한 변화는 현행관습과 시장현실의 기대와도 일치하는 것이다.

eUCP 규칙번호 제1.1호의 모든 조항은 특별히 전자식 제시에 관련된 경우를 제외하고, UCP 600과 일치하고 있다. 필요한 경우에는 종이서류와 대등한 전자식 제시에 관련된 독특한 문제를 다루기 위한 변화가 이루어졌다.

UCP 조항과 eUCP 조항간의 혼란을 피하고자, eUCP 조항은 각 조항번호 앞에 "e"를 붙여 번호가 부여되어 있다.

Gary Collyer
런던의 ABN 암로은행 법인이사 겸 ICC 은행기술실무위원회 기술고문
2006년 11월

Article e1. Scope of the eUCP. **a**. The supplement to the Uniform Customs and Practice for Documentary Credits for Electronic Presentation ("eUCP") supplements the Uniform Customs and Practice for Documentary Credits (2007 Revision ICC Publication No. 600) ("UCP") in order to accommodate presentation of electronic records alone or in combination with paper documents.

b. The eUCP shall apply as a supplement to the UCP where the credit indicates that it is subject to eUCP.

c. This version is Version 1.1. A credit must indicate the applicable version of the eUCP. If it does not do so, it is subject to the version in effect on the date the credit is issued or, if made subject to eUCP by an amendment accepted by the beneficiary, on the date of that amendment.

번역 **제e1조 eUCP의 적용범위.** a. 화환신용장 통일규칙 및 관례의 전자식 제시에 관한 보칙("eUCP")은 전자기록의 단독 또는 종이서류와의 혼합된 제시를 수용하기 위하여 (2007년 개정 ICC 출판물 제600호) 화환신용장 통일규칙 및 관례("UCP")를 보충하는 것이다.

b. eUCP는 신용장상에 eUCP에 따른다는 명시가 있는 경우에 UCP의 한 보칙으로서 이에 적용한다.

c. 이 규칙은 규칙번호 제1.1호로서, 신용장에는 반드시 eUCP의 적용가능한 규칙번호를 명시하여야 한다. 신용장상에 그러한 명시가 없는 경우에는, 신용장이 개설된 일자, 또는 수익자에 의하여 승낙된 변경에 의하여 eUCP에 따르도록 한 경우 그러한 변경이 이루어진 일자에 유효한 규칙번호에 따른다.

Article e2. Relationship of the eUCP to the UCP. **a.** A credit subject to the eUCP("eUCP credit") is also subject to the UCP without express incorporation of the UCP.

b. Where the eUCP applies, its provisions shall prevail to the extent that they would produce a result different from the application of the UCP.

c. If an eUCP credit allows the beneficiary to choose between presentation of paper documents or electronic records and it chooses to present only paper documents, the UCP alone shall apply to that presentation. If only paper documents are permitted under an eUCP credit, the UCP alone shall apply.

번역 **제e2조 eUCP와 UCP의 관계.** a. eUCP에 따른 신용장("eUCP 신용장")은 역시 UCP의 명시적인 삽입이 없더라도 UCP에 따른다.

b. eUCP가 적용되는 경우에는, eUCP 규정은 UCP의 적용과 다른 결과를 가져오는 범위에서는 이에 우선한다.

c. eUCP 신용장이 수익자에게 종이서류의 제시 또는 전자기록의 제시에 관한 선택권을 부여하고, 또 수익자가 단지 종이서류만의 제시를 선택한 경우에는, UCP가 그러한 제시에 단독으로 적용된다. eUCP 신용장에 의거하여 단지 종이서류만이 허용된 경우에는, UCP가 단독으로 적용된다.

Article e3. Definitions. **a.** Where the following terms are used in the UCP, for the purposes of applying the UCP to an electronic record presented under an eUCP credit, the term :

i. appear on their face and the like shall apply to examination of the data content of an electronic record.

ii. document shall include an electronic record.

iii. place for presentation of electronic records means an electronic address.

iv. sign and the like shall include an electronic signature.

v. superimposed, notation or **stamped** means data content whose supplementary character is apparent in an electronic record.

b. The following terms used in the eUCP shall have the following meanings :

i. electronic record means

- data created, generated, sent, communicated, received or stored by electronic means
- that is capable of being authenticated as to the apparent identity of a sender and the apparent source of the date contained in it, and as to whether it has remained complete and unaltered, and
- is capable of being examined for compliance with the terms and conditions of the eUCP credit.

ii. electronic signature means a date process attached to or logically associated with an electronic record and executed or adopted by a person in order to identify that person and to indicate that person's authentication of the electronic record.

iii. format means the data organization in which the electronic record is expressed or to which it refers.

iv. paper document means a document in a traditional paper form.

v. received means the time when an electronic record enters the information system of the applicable recipient in a form capable of being accepted by that system. Any acknowledgement of receipt does not imply acceptance or refusal of the electronic record under an eUCP credit.

번역 **제e3조 정의.** a. UCP상에 다음과 같은 용어가 사용된 경우에는, eUCP 신용장에 의거하여 제시된 전자기록에 UCP를 적용할 목적상, 그 용어는 다음과 같다.

i. **문면상 나타난**(appear on their face) 또는 이와 유사한 표현은 전자기록의 자료내용의 심사에 적용한다.

ii. **서류**(document)라 함은 전자기록을 포함한다.

iii. 전자기록의 **제시장소**(place for presentation)라 함은 전자주소를 의미한다.

iv. **서명한**(sign) 또는 이와 유사한 표현은 전자서명을 포함한다.

v. **부기된**(superimposed), **표기**(notation) 또는 **타인된**(stamped)이라 함은 전자기록의 외관상 부가적인 성격으로 나타난 자료내용을 의미한다.

b. eUCP상에 다음과 같은 용어가 사용된 경우 다음과 같은 의미를 갖는다.

i. **전자기록**(electronic record)이라 함은 다음과 같은 것을 의미한다.

• 전자수단에 의하여 작성되거나, 생성되거나, 송부되거나, 통신되거나, 수령되거나 또는 저장된 자료로서,

• 송부인의 외관상 신원과 전자기록에 내포된 자료의 외관상 출처에 관하여, 또 그것이 완전하고 변형되지 아니한 상태로 남아 있는지의 여부에 관하여 인증이 가능한 것, 그리고

• eUCP 신용장의 제조건과 일치하는지에 관하여 심사가 가능한 것.

ii. **전자서명**(electronic signature)이라 함은 전자기록에 관한 어떠한 자의 신원을 확인하고 그러한 자의 인증을 표시하기 위하여 전자기록에 첨부되거나 또는 논리적으로 결합되어 있고 그러한 자에 의하여 실행되거나 채용된 자료처리 과정을 의미한다.

iii. **형식**(format)이라 함은 전자기록이 표현되어 있거나 또는 그것이 참조하고 있는 자료구성을 의미한다.

iv. **종이서류**(paper document)라 함은 전통적인 종이의 양식으로 된 서류를 의미한다.

v. **수령된**(received)이라 함은 전자기록이 적용가능한 수령인의 정보 시스템에 의하여 인수가 가능한 양식으로 그러한 수령인의 정보 시스템에 진입한 시점을 의미한다. 수령의 어떠한 확인은 eUCP 신용장에 의거한 전자기록의 인수 또는 거절을 의미하지 아니한다.

Article e4. Format. An eUCP credit must specify the formats in which electronic records are to be presented. If the format of the electronic record is not so specified, it may be presented in any format.

번역 **제e4조 형식.** a. eUCP 신용장에는 반드시 전자기록이 제시되어야 할 형식을 명시하여야 한다. 전자기록의 형식이 그렇게 명시되지 아니한 경우에는, 전자기록은 어떠한 형식으로도 제시될 수 있다.

Article e5. Presentation. **a.** An eUCP credit allowing presentation of:

i. electronic records must state a place for presentation of the electronic records.

ii. both electronic records and paper documents must also state a place for presentation of the paper documents.

b. Electronic records may be presented separately and need not be presented at the same time.

c. If an eUCP credit allows for presentation of one or more electronic records, the beneficiary is responsible for providing a notice to the bank to which presentation is made signifying when the presentation is complete. The notice of completeness may be given as an electronic record or paper document and must identify the eUCP credit to which it relates. Presentation is deemed not to have been made if the beneficiary's notice is not received.

d. i. Each presentation of an electronic record and the presentation of paper documents under an eUCP credit must identify the eUCP credit under which it is presented.

ii. A presentation not so identified may be treated as not received.

e. If the bank to which presentation is to be made is open but its system is unable to receive a transmitted electronic record on the stipulated expiry date and/or the last day of the period of time after the date of shipment for presentation, as the case may be, the bank will be deemed to be closed and the date for presentation and/or the expiry date shall be extended to the first following banking day on which such bank is able to receive an electronic record. If the only electronic record remaining to be presented is the notice of completeness, it may be given by telecommunications or by paper document and will be deemed timely, provided that it is sent before the bank is able to receive an electronic record.

f. An electronic record that cannot be authenticated is deemed not to have been presented.

번역 **제e5조 제시.** a. eUCP 신용장에는 반드시 다음과 같은 기재가 있어야 한다.

ⅰ. 전자기록의 제시를 허용하는 경우에는, 전자기록의 제시장소

ⅱ. 전자기록 및 종이서류 양자의 제시를 허용하는 경우에는, 또한 종이서류의 제시장소

b. 전자기록은 별도로 제시될 수 있으며, 또 동시에 제시될 필요는 없다.

c. eUCP 신용장이 단일 또는 그 이상의 전자기록의 제시를 허용하는 경우에는, 수익자는 제시가 행하여져야 할 은행에게 제시가 완료되는 시기를 나타내는 통고를 제공하여야 할 책임이 있다. 완료통고는 어떠한 전자기록 또는 종이서류로서 제공될 수 있으나, 반드시 이에 관련된 eUCP 신용장에 관한 확인이 있어야 한다. 수익자의 통고가 수령되지 아니한 경우에는, 제시가 행하여지지 아니한 것으로 본다.

d. ⅰ. eUCP 신용장에 의거한 전자기록의 제시 및 종이서류의 제시 각각에는 반드시 그 제시의 근거가 되는 eUCP 신용장에 관한 확인이 있어야 한다.

ⅱ. 그러한 확인이 없는 제시는 수령되지 아니한 것으로 취급될 수 있다.

e. 제시가 행하여져야 할 은행이 영업 중에 있으나, 경우에 따라 그 시스템이 약정된 유효기일 및/또는 선적기일 이후의 제시기간의 최종일자에 전송된 전자기록을 수령할 수 없는 경우에는, 은행은 영업을 종료한 것으로 보아야 하며, 또 제시기일 및/또는 유효기일은 그러한 은행이 전자기록을 수령할 수 있는 다음의 최초 은행영업일까지 연장된다. 단지 제시를 위하여 남아있는 전자기록이 완료통고인 경우에는, 그것은 전신수단에 의하거나 또는 종이서류에 의하여 제공될 수

있으며, 또 은행이 전자기록을 수령할 수 있기 전까지 송부되는 한, 그것은 적시에 제공된 것으로 보아야 한다.

f. 인증을 받을 수 없는 전자기록은 제시되지 아니한 것으로 본다.

Article e6. Examination. **a.** If an electronic record contains a hyperlink to an external system or a presentation indicates that the electronic record may be examined by reference to an external system, the electronic record at the hyperlink or the referenced system shall be deemed to be the electronic record to be examined. The failure of the indicated system to provide access to the required electronic record at the time of examination shall constitute a discrepancy.

b. The forwarding of electronic records by a nominated bank pursuant to its nomination signifies that it has satisfied itself as to the apparent authenticity of the electronic records.

c. The inability of the issuing bank, or confirming bank, if any, to examine an electronic record in a format required by the eUCP credit or, if no format is required, to examine it in the format presented is not a basis for refusal.

번역 **제e6조 심사.** a. 전자기록이 외부 시스템의 접속공간(hyperlink)을 내포하고 있거나 또는 전자기록이 외부 시스템의 참조에 의하여 심사될 수 있다는 것을 제시상에 표시하고 있는 경우에는, 접속공간 또는 참조 시스템에 있는 전자기록은 심사되어야 할 전자기록인 것으로 본다. 표시된 시스템이 심사의 시점에 요구된 전자기록에 대한 접근을 제공하지 못하는 경우는 하나의 하자를 구성하게 된다.

b. 지정은행이 그 지정사항에 따라 전자기록을 송달하는 행위는 자신이 전자기록의 외관상 진정성에 관하여 확신하였다는 것을 의미한다.

c. eUCP 신용장에 의하여 요구된 형식의 전자기록을 심사하거나, 또는 어떠한 형식이 요구되지 아니한 경우 제시된 형식의 전자기록을 심사함에 있어서 개설은행 또는 확인은행(있는 경우)의 무능력은 거절을 위한 근거가 되지 아니한다.

Article e7. Notice of Refusal. a. i. The time period for the examination of documents commences on the banking day following the banking day on which the beneficiary's notice of completeness is received.

ii. If the time for presentation of documents or the notice of completeness is extended, the time for the examination of documents commences on the first following banking day on which the bank to which presentation is to be made is able to receive the notice of completeness.

b. If an issuing bank, the confirming bank, if any, or a nominated bank acting on their behalf, provides a notice of refusal of a presentation which includes electronic records and does not receive instructions from the party to which notice of refusal is given within 30 calendar days from the date the notice of refusal is given for the disposition of the electronic records, the bank shall return any paper documents not previously returned to the presenter but may dispose of the electronic records in any manner deemed appropriate without any responsibility.

번역 **제e7조 거절통고.** a. i. 서류심사를 위한 기간은 수익자의 완료통고가 수령된 은행영업일 다음의 은행영업일에 개시된다.

ii. 서류심사 또는 완료통고를 위한 기간이 연장된 경우에는, 서류심사를 위한 기간은 제시가 행하여져야 할 은행이 완료통고를 수령할 수 있는 다음의 최초 은행영업일에 개시된다.

b. 개설은행, 확인은행(있는 경우) 또는 이들을 대신하여 행동하는 지정은행이 전자기록을 포함하는 제시의 거절통고를 제공하였으나, 거절통고가 송부된 일자로부터 제30월력일 이내에 거절통고가 송부된 당사자로부터 전자기록의 처분에 관한 지시사항을 수령하지 못한 경우에는, 은행은 제시인에게 아직 반송되지 아니한 모든 종이서류를 반송하여야 하며, 다만 전자기록에 대하여는 아무런 책임 없이 적절하다고 보는 어떠한 방법으로도 이를 처분할 수 있다.

Article e8. Originals and Copies. Any requirement of the UCP or an eUCP credit for presentation of one or more originals or copies of an electronic record is satisfied by the presentation of one electronic record.

번역 **제e8조 원본 및 사본.** a. 전자기록의 단일 또는 그 이상의 원본 또는 사본의 제시에 관한 UCP 또는 eUCP 신용장상의 모든 요구는 단일의 전자기록의 제시에 의하여 충족된다.

Article e9. Date of Issuance. Unless an electronic record contains a specific date of issuance, the date on which it appears to have been sent by the issuer is deemed to be the date of issuance. The date of receipt will be deemed to be the date it was sent if no other date is apparent.

번역 **제e9조 발행일자.** 전자기록상에 특정한 발행일자를 내포하지 아니한 경우에는, 전자기록이 발행인에 의하여 송부된 것으로 나타난 일자를 발행일자로 본다. 수령일자는 어떠한 다른 일자가 외관상 나타나지 아니하는 한, 전자기록이 송부된 일자로 보아야 한다.

Article e10. Transport. If an electronic record evidencing transport does not indicate a date of shipment or dispatch, the date of issuance of the electronic record will be deemed to be the date of shipment or dispatch. However, if the electronic record bears a notation that evidences the date of shipment or dispatch, the date of the notation will be deemed to be the date of shipment or dispatch. A notation showing additional data content need not be separately signed or otherwise authenticated.

번역 **제e10조 운송.** 운송을 증명하는 전자기록상에 선적 또는 발송일자를 명시하지 아니한 경우에는, 전자기록의 발행일자를 선적 또는 발송일자로 보아야 한다. 그러나 전자기록상에 선적 또는 발송일자를 증명하는 표기를 함유하고 있는 경우에는, 표기일자를 선적 또는 발송일자로 보아야 한다. 추가적인 자료내용을 나타내는 표기에는 반드시 별도의 서명이나 다른 인증을 필요로 하지 아니한다.

Article e11. Corruption of an Electronic Record After Presentation.

a. If an electronic record that has been received by the issuing bank, confirming bank, or another nominated bank appears to have been corrupted, the bank may inform the presenter and may request that the electronic record be re-presented.

b. If the bank requests that an electronic record be re-presented :

i. the time for examination is suspended and resumes when the presenter re-presents the electronic record; and

ii. if the nominated bank is not the confirming bank, it must provide the issuing bank and any confirming bank with notice of the request for re-presentation and inform it of the suspension; but

iii. if the same electronic record is not re-presented within thirty (30) calendar days, the bank may treat the electronic record as not presented, and

iv. any deadlines are not extended.

번역 **제e11조 제시후 전자기록의 훼손.** a. 개설은행, 확인은행 또는 제3의 지정은행에 의하여 수령된 전자기록이 훼손된 것으로 나타난 경우에는, 은행은 제시인에게 통지하여 전자기록의 재제시를 요구할 수 있다.

b. 은행이 전자기록의 재제시를 요구한 경우에는,

i. 심사를 위한 기간은 정지되었다가 제시인이 전자기록을 재제시하는 시점에 재개되며, 그리고

ii. 지정은행이 확인은행이 아닌 경우에는, 지정은행은 반드시 개설은행 및 어떠한 확인은행에게 재제시의 요구사실에 관한 통고를 제공하여야 하고, 또 정지사실에 관하여도 통고하여야 하며, 그러나

iii. 동일한 전자기록이 제30월력일 이내에 재제시되지 아니한 경우에는, 은행은 전자기록이 제시되지 아니한 것으로 취급할 수 있으며, 그리고

iv. 이러한 경우 어떠한 최종기한도 연장되지 아니한다.

Article e12. Additional Disclaimer of Liability for Presentation of Electronic Records under eUCP. By satisfying itself as to the apparent authenticity of an electronic record, banks assume no liability for the identity of the sender, source of the information or its complete and unaltered character other than that which is apparent in the electronic record received by the use of a commercially acceptable data process for the receipt, authentication and identification of electronic records.

번역 **제e12조 eUCP하의 전자기록 제시의무의 추가적 면책.** 은행은 전자기록의 외관상 진정성에 관하여 확신함으로써, 전자기록의 수령, 인증 및 확인을 위하여 상업적으로 인정될 수 있는 자료처리과정의 사용에 의하여 수령된 전자기록의 외관상으로 나타난 것 이외에 결코 송부인의 신원, 정보의 출처 또는 그것의 완전성 및 불변성에 대하여 어떠한 의무도 부담하지 아니한다.

부록 3. URR 725, 2008

The Uniform Rules for Bank-to-Bank Reimbursements under Documentary Credits* (URR 725), 2008

(은행간 화환신용장에 따른 대금보상 통일규칙)

* *This revision was approved by the ICC Commission on Banking Technique and Practice on 15-16 April 2008. Effective Date : 1 October 2008* (이 개정본은 2008년 4월 15일과 16일간에 ICC 은행기술실무위원회의 승인을 득한 것이며, 그 발효일은 2008년 10월 1일이다).

A. GENERAL PROVISIONS AND DEFINITIONS (총칙과 정의)

Article 1. Application of URR. The *Uniform Rules for Bank-to-Bank Reimbursements under Documentary Credits* ("rules"), ICC Publication No. 725, shall apply to any bank-to-bank reimbursement when the text of the reimbursement authorization expressly indicates that it is subject to these rules. They are binding on all parties thereto, unless expressly modified or excluded by the reimbursement authorization. The issuing bank is responsible for indicating in the documentary credit ("credit") that reimbursement is subject to these rules.

In a bank-to-bank reimbursement subject to these rules, the reimbursing bank acts on the instructions and under the authority of the issuing bank.

These rules are not intended to override or change the provisions of the *Uniform Customs and Practice for Documentary Credits.*

번역 **제1조 URR의 적용.** 국제상업회의소 출판물 제725호의 **은행간 화환신용장에 따른 대금보상 통일규칙**("규칙")은 보상수권의 본문에서 이 규칙에 따른다는 명시적인 표시가 있는 경우에 모든 은행간 대금보상에 적용된다. 이 규칙은 보상수권에 의하여 명시적인 수정 또는 배제가 없는 한, 모든 관계당사자를 구속한다. 개설은행은 대금보상이 이 규칙에 따른다는 것을 화환신용장("신용장")에 명기하여야 할 책임이 있다.

이 규칙에 따른 은행간 대금보상에 있어서는, 보상은행은 개설은행의 지시와 수권에 따라 행동하는 것이다.

이 규칙은 **화환신용장 통일규칙 및 관례**의 규정에 우선하거나 이를 변경시키고자 하는 것이 아니다.

Article 2. Definitions. For the purpose of these rules, the following terms shall have the meaning specified in this article and may be used in the singular or plural as appropriate :

a. "Issuing bank" means the bank that has issued a credit and the reimbursement authorization under that credit.

b. "Reimbursing bank" means the bank instructed or authorized to provide reimbursement pursuant to a reimbursement authorization issued by the issuing bank.

c. "Reimbursement authorization" means an instruction or authorization, independent of the credit, issued by an issuing bank to a reimbursing bank to reimburse a claiming bank or, if so requested by the issuing bank, to accept and pay a time draft drawn on the reimbursing bank.

d. "Reimbursement amendment" means an advice from the issuing bank to a reimbursing bank stating changes to a reimbursement authorization.

e. "Claiming bank" means a bank that honours or negotiates a credit and presents a reimbursement claim to the reimbursing bank. "Claiming bank" includes a bank authorized to present a reimbursement claim to the reimbursing bank on behalf of the bank that honours or negotiates.

f. "Reimbursement claim" means a request for reimbursement from the claiming bank to the reimbursing bank.

g. "Reimbursement undertaking" means a separate irrevocable undertaking of the reimbursing bank, issued upon the authorization or request of the issuing bank, to the claiming bank named in the reimbursement authorization, to honour that bank's reimbursement claim, provided the terms and conditions of the reimbursement undertaking have been complied with.

h. "Reimbursement undertaking amendment" means an advice from the reimbursing bank to the claiming bank named in the reimbursement authorization stating changes to a reimbursement undertaking.

i. For the purpose of these rules, branches of a bank in different countries are considered to be separate banks.

번역 **제2조 정의.** 이 규칙의 목적상, 다음의 용어는 본조에서 명시된 의미를 가지며, 또 단수나 복수로 적절하게 사용될 수 있다.

a. "개설은행"(issuing bank)이라 함은 어떠한 신용장을 개설하고 그 신용장에 따라 보상수권을 개설한 은행을 의미한다.

b. "보상은행"(reimbursing bank)이라 함은 개설은행이 개설한 보상수권에 따라 보상을 제공하도록 지시 또는 수권된 은행을 의미한다.

c. "보상수권"(reimbursement authorization)이라 함은 신용장과는 독립된 것으로서, 보상은행으로 하여금 청구은행에게 보상하도록 하거나, 또는 개설은행의 요청이 있는 경우에는 보상은행 앞으로 발행된 기한부 환어음을 인수 및 지급하도록 개설은행이 개설하는 지시 또는 수권을 의미한다.

d. "보상변경"(reimbursement amendment)이라 함은 개설은행이 보상은행에게 하는 보상수권에 대한 변경을 기재한 통지를 의미한다.

e. "청구은행"(claiming bank)이라 함은 신용장을 수리 또는 매입을 하고, 보상은행에게 보상청구를 제시하는 은행을 의미한다. "청구은행"이라 함은 수리 또는 매입하는 은행을 대신하여 보상은행에게 보상청구를 제시하도록 수권된 은행을 포함한다.

f. "보상청구"(reimbursement claim)라 함은 청구은행이 보상은행에게 하는 대금보상의 요청을 의미한다.

g. "보상확약"(reimbursement undertaking)이라 함은 개설은행의 수권이나 요청에 따라 보상은행이 보상수권에서 지정된 청구은행에게 개설하는 것으로서, 보상확약의 제조건이 충족되는 한, 당해 은행의 보상청구를 수리하겠다는 별개의 취소불능한 확약을 의미한다.

h. "보상확약의 변경"(reimbursement undertaking amendment)이라 함은 보상은행이 보상수권에서 지정된 청구은행에게 하는 보상확약에 대한 변경을 기재한 통지를 의미한다.

i. 이 규칙의 목적상, 상이한 국가에 있는 어느 은행의 지점들은 별개의 은행인 것으로 본다.

Article 3. Reimbursement Authorizations Versus Credits. A reimbursement authorization is separate from the credit to which it refers, and a reimbursing bank is not concerned with or bound by the terms and conditions of the credit, even if any reference whatsoever to it is included in the reimbursement authorization.

번역 **제3조 보상수권과 신용장관계.** 보상수권은 그것이 관련된 신용장과는 별개의 것이며, 또 신용장조건에 대한 어떠한 참조사항이 보상수권상에 포함되어 있더라도, 보상은행은 이와 무관하고 이에 구속되지 아니한다.

B. LIABILITIES AND RESPONSIBILITIES (의무와 책임)

Article 4. Honour of a Reimbursement Claim. Except as provided by the terms of its reimbursement undertaking, a reimbursing bank is not obligated to honour a reimbursement claim.

번역 **제4조 보상청구의 수리.** 보상확약의 조건에 의하여 규정되어 있는 경우를 제외하고, 보상은행은 보상청구를 수리할 의무를 부담하지 아니한다.

Article 5. Responsibility of the Issuing Bank. The issuing bank is responsible for providing the information required in these rules in both the reimbursement authorization and the credit, and is responsible for any consequences resulting from non-compliance with this provision.

번역 **제5조 개설은행의 책임.** 개설은행은 보상수권과 신용장상에 공히 이 규칙에서 요구되는 정보를 규정할 책임을 부담하며, 또 이러한 규정을 준수하지 아니하여 발생하는 모든 결과에 대하여도 책임을 부담한다.

C. FORM AND NOTIFICATION OF AUTHORIZATIONS, AMENDMENTS AND CLAIMS (수권 · 변경 · 청구의 형식과 통지)

Article 6. Issuance and Receipt of a Reimbursement Authorization or Reimbursement Amendment. **a.** All reimbursement authorizations and reimbursement amendments must be issued in the form of an authenticated teletransmission or a signed letter.

When a credit or amendment thereto which has an effect on the reimbursement authorization is issued by teletransmission, the issuing bank should advise its reimbursement authorization or reimbursement amendment to the reimbursing bank by authenticated teletransmission. The teletransmission will be deemed the operative reimbursement authorization or reimbursement amendment, and any subsequent mail confirmation shall be disregarded.

b. An issuing bank must not send to a reimbursing bank :

i. a copy of the credit or any part thereof, or a copy of an amendment to the credit in place of or in addition to the reimbursement authorization or reimbursement amendment. If such copies are received by the reimbursing bank, they shall be disregarded.

ii. multiple reimbursement authorizations under one teletransmission or letter, unless expressly agreed to by the reimbursing bank.

c. An issuing bank shall not require a certificate of compliance with the terms and conditions of the credit in the reimbursement authorization.

d. A reimbursement authorization must (in addition to the requirement of article 1 for incorporation of reference to these rules) state the following :

i. credit number ;

ii. currency and amount ;

iii. additional amounts payable and tolerance, if any ;

iv. claiming bank or, in the case of a credit available with any bank, that claims can be made by any bank. In the absence of any such indication, the reimbursing bank is authorized to pay any claiming bank ;

v. parties responsible for charges (claiming bank's and reimbursing bank's charges) in accordance with article 16 of these rules.

A reimbursement amendment must state only the relative changes to the above and the credit number.

e. If the reimbursing bank is requested to accept and pay a time draft, the reimbursement authorization must indicate the following, in addition to the information specified in (d) above :

i. tenor of draft to be drawn ;

ii. drawer ;

iii. party responsible for acceptance and discount charges, if any.

A reimbursement amendment must state the relative changes to the above.

An issuing bank should not require a sight draft to be drawn on the reimbursing bank.

f. Any requirement for :

i. pre-notification of a reimbursement claim to the issuing bank must be included in the credit and not in the reimbursement authorization.

ii. pre-debit notification to the issuing bank must be indicated in the credit.

g. If the reimbursing bank is not prepared to act for any reason whatsoever under the reimbursement authorization or reimbursement amendment, it must so inform the issuing bank without delay.

h. In addition to the provisions of articles 3 and 4, the reimbursing bank is not responsible for the consequences resulting from non-reimbursement or delay in reimbursement of reimbursement claims when any provision contained in this article is not followed by the issuing bank or claiming bank.

번역 **제6조 보상수권이나 보상변경의 개설과 수령.** a. 모든 보상수권과 보상변경은 반드시 인증된 전신이나 서명된 서신의 형식으로 개설되어야 한다.

보상수권에 영향을 미치는 신용장이나 이에 대한 변경이 전신에 의하여 개설된 경우에는, 개설은행은 보상수권이나 보상변경도 인증된 전신에 의하여 보상은행에게 통지하여야 한다. 전신은 유효한 보상수권이나 보상변경으로 보며, 따라서 후속되는 어떠한 우편확인서도 이를 무시하는 것으로 한다.

b. 개설은행은 다음의 것을 보상은행에 송부하여서는 아니된다.

i. 보상수권이나 보상변경을 대신하거나 이에 추가하여 신용장의 사본이나 그 일부 또는 신용장변경의 사본. 보상은행이 그러한 사본을 수령한 경우에는, 이를 무시하는 것으로 한다.

ii. 보상은행의 명시적인 합의가 없는 한, 단일의 전신이나 서신 속에 다수의 보상수권을 담은 것.

c. 개설은행은 보상수권에서 신용장조건의 일치성에 관한 증명서를 요구하여서는 아니된다.

d. 보상수권에는(이 규칙에 대한 준거문언의 삽입에 관한 제1조의 요건에 추가하여) 반드시 다음의 내용을 기재하여야 한다.

i. 신용장 번호,

ii. 통화단위 및 금액,

iii. 추가적인 지급금액 및 용인되는 과부족(해당하는 경우),

iv. 청구은행이나 또는 모든 은행에서 사용가능한 신용장의 경우에는 어떠한 은행도 청구할 수 있다는 사실. 그러한 명시가 없는 경우에는, 보상은행은 어떠한 청구은행에 대하여도 지급할 권한을 갖는다.

v. 이 규칙 제16조에 따른 경비(청구은행과 보상은행의 경비)를 부담할 당사자.

보상변경에는 반드시 상기의 내용에 관련된 변경사항 및 신용장 번호만을 기재하여야 한다.

e. 보상은행이 기한부 환어음의 인수 및 지급을 요청받은 경우에는, 보상수권에는 상기 제d항에 열거된 사항에 추가하여 다음의 사항을 명시하여야 한다.

i. 발행되는 환어음의 만기일,

ii. 발행인,

iii. 인수 및 할인 수수료를 부담할 당사자(해당하는 경우).

보상변경에는 반드시 상기의 내용에 관련된 변경사항을 기재하여야 한다.

개설은행은 보상은행 앞 일람출급 환어음을 발행하도록 요구하여서는 아니 된다.

f. i. 개설은행에 대한 보상청구의 사전통지에 관한 모든 요건은 반드시 신용장상에 포함되어야 하고 보상수권상에 포함되어서는 아니된다.

ii. 개설은행에 대한 차변의 사전통지에 관한 모든 요건은 반드시 신용장상에 명시하여야 한다.

g. 보상은행이 어떠한 이유에서든지 보상수권이나 보상변경에 따라 행동할 용의가 없는 경우에는, 이를 지체 없이 개설은행에게 통고하여야 한다.

h. 제3조 및 제4조의 규정에 추가하여, 개설은행 또는 청구은행이 본조에 포함된 어떠한 규정을 준수하지 아니한 경우에는, 보상은행은 보상청구에 대한 보상거절 또는 보상지연으로부터 발생하는 결과에 대하여 책임을 지지 아니한다.

Article 7. Expiry of a Reimbursement Authorization. Except to the extent expressly agreed to by the reimbursing bank, the reimbursement authorization should not be subject to an expiry date or latest date for presentation of a claim, except as indicated in article 9.

A reimbursing bank will assume no responsibility for the expiry date of a credit and, if such date is provided in the reimbursement authorization, it will be disregarded.

The issuing bank must cancel its reimbursement authorization for any unutilized portion of the credit to which it refers, informing the reimbursing bank without delay.

번역 **제7조 보상수권의 유효기일.** 보상은행의 명시적인 합의가 있는 경우를 제외하고, 보상수권에는 제9조에서 명시된 것 이외에 청구제시의 어떠한 유효기일이나 최종기일을 전제로 하여서는 아니된다.

보상은행은 신용장의 유효기일에 대하여 결코 책임을 부담하지 아니하며, 또 그러한 기일이 보상수권상에 규정되어 있는 경우에는 이를 무시하는 것으로 한다.

개설은행은 보상수권에 관련된 신용장의 미사용분에 대하여는 반드시 보상수권을 취소하고 이를 지체 없이 보상은행에게 통고하여야 한다.

Article 8. Amendment or Cancellation of a Reimbursement Authorization. Except where the issuing bank has authorized or requested the reimbursing bank to issue a reimbursement undertaking as provided in article 9, and the reimbursing bank has issued a reimbursement undertaking :

a. the issuing bank may issue a reimbursement amendment or cancel a reimbursement authorization at any time upon sending notice to that effect to the reimbursing bank.

b. the issuing bank must send notice of any amendment to a reimbursement authorization that has an effect on the reimbursement instructions contained in the credit to the nominated bank or, in the case of a credit available with any bank, the advising bank. In case of cancellation of the reimbursement authorization prior to expiry of the credit, the issuing bank must provide the nominated bank or the advising bank with new reimbursement instructions.

c. the issuing bank must reimburse the reimbursing bank for any reimbursement claims honoured or draft accepted by the reimbursing bank prior to the receipt by it of a notice of cancellation or reimbursement amendment.

번역 **제8조 보상수권의 변경 또는 취소.** 다음의 규정은 개설은행이 보상은행에게 제9조에서 규정된 바의 보상확약을 개설하도록 이미 수권하였거나 요청하고, 보상은행이 어떠한 보상확약을 개설한 경우를 제외한다.

a. 개설은행은 보상은행에게 통고를 발송함으로써 언제든지 보상변경을 개설하거나 보상수권을 취소할 수 있다.

b. 개설은행은 신용장에 포함된 보상지시에 영향을 미치는 보상수권의 어떠한 변경에 관하여는 지정은행, 또는 모든 은행에서 사용가능한 신용장의 경우에는

통지은행에게 그 통고를 발송하여야 한다. 신용장의 유효기일 전에 보상수권을 취소하는 경우에는, 개설은행은 지정은행 또는 통지은행에게 새로운 보상지시를 제공해 주어야 한다.

c. 개설은행은 보상은행이 보상수권의 취소 또는 보상변경의 통고를 수령하기 전에 보상은행이 수리한 보상청구 또는 인수한 환어음에 대하여는 이를 보상하여야 한다.

Article 9. Reimbursement Undertaking. **a.** In addition to the requirements of sub-articles 6 (a), (b) and (c) of these rules, a reimbursement authorization authorizing or requesting the issuance of a reimbursement undertaking must comply with the provisions of this article.

b. An authorization or request by the issuing bank to the reimbursing bank to issue a reimbursement undertaking is irrevocable ("irrevocable reimbursement authorization") and must (in addition to the requirement of article 1 for incorporation of reference to these rules) contain the following :

i. credit number ;

ii. currency and amount ;

iii. additional amounts payable and tolerance, if any ;

iv. full name and address of the claiming bank to which the reimbursement undertaking should be issued ;

v. latest date for presentation of a claim, including any usance period ;

vi. parties responsible for charges (claiming bank's and reimbursing bank's charges and reimbursement undertaking fee) in accordance with article 16 of these rules.

c. If the reimbursing bank is requested to accept and pay a time draft, the irrevocable reimbursement authorization must also indicate the following, in addition to the information contained in (b) above :

i. tenor of draft to be drawn ;

ii. drawer ;

iii. party responsible for acceptance and discount charges, if any.

An issuing bank should not require a sight draft to be drawn on the reimbursing bank.

d. If the reimbursing bank is authorized or requested by the issuing bank to issue its reimbursement undertaking to the claiming bank but is not prepared to do so, it must so inform the issuing bank without delay.

e. A reimbursement undertaking must indicate the terms and conditions of the undertaking and :

i. the credit number and name of the issuing bank ;

ii. the currency and amount of the reimbursement authorization ;

iii. additional amounts payable and tolerance, if any ;

iv. the currency and amount of the reimbursement undertaking ;

v. the latest date for presentation of a claim, including any usance period ;

vi. the party to pay the reimbursement undertaking fee, if other than the issuing bank. The reimbursing bank must also include its charges, if any, that will be deducted from the amount claimed.

f. If the latest date for presentation of a claim falls on a day when the reimbursing bank is closed for reasons other than those referred to in article 15, the latest date for presentation of a claim will be extended to the first following banking day.

g. A reimbursing bank is irrevocably bound to honour a reimbursement claim as of the time it issues the reimbursement undertaking.

h. i. An irrevocable reimbursement authorization cannot be amended or cancelled without the agreement of the reimbursing bank.

ii. When an issuing bank has amended its irrevocable reimbursement authorization, a reimbursing bank that has issued its reimbursement undertaking may amend its undertaking to reflect such amendment. If a reimbursing bank chooses not to issue its reimbursement undertaking amendment, it must so inform the issuing bank without delay.

iii. An issuing bank that has issued its irrevocable reimbursement authorization amendment shall be irrevocably bound as of the time of its advice of the irrevocable reimbursement authorization amendment.

iv. The terms of the original irrevocable reimbursement authorization (or an authorization incorporating previously accepted irrevocable reimbursement authorization amendments) will remain in force for the reimbursing bank until it communicates its acceptance of the amendment to the issuing bank.

v. A reimbursing bank must communicate its acceptance or rejection of an irrevocable reimbursement authorization amendment to the issuing bank. A reimbursing bank is not required to accept or reject an irrevocable reimbursement authorization amendment until it has received acceptance or rejection from the claiming bank of its reimbursement undertaking amendment.

i. i. A reimbursement undertaking cannot be amended or cancelled without the agreement of the claiming bank.

ii. A reimbursing bank is irrevocably bound as of the time it issues the reimbursement undertaking amendment.

iii. The terms of the original reimbursement undertaking (or a reimbursement undertaking incorporating previously accepted reimbursement amendments) will remain in force for the claiming bank until it communicates its acceptance of the reimbursement undertaking amendment to the reimbursing bank.

iv. A claiming bank must communicate its acceptance or rejection of a reimbursement undertaking amendment to the reimbursing bank.

번역 **제9조 보상확약.** a. 이 규칙 제6조의 제a항, 제b항 및 제c항에 추가하여, 보상확약의 개설을 수권하거나 요청하는 모든 보상수권은 반드시 본조의 규정을 준수하여야 한다.

b. 보상은행에게 보상확약을 개설하도록 하는 개설은행의 수권 또는 요청은 취소불능한 것이며("취소불능 보상수권"), 또(이 규칙에 대한 준거문언의 삽입에 관한 제1조의 요건에 추가하여) 반드시 다음의 내용을 포함하고 있어야 한다.

i. 신용장 번호,

ii. 통화단위 및 금액,

iii. 추가적인 지급금액 및 용인되는 과부족(해당하는 경우),

iv. 보상확약을 개설받는 청구은행의 완전한 명칭 및 주소,

v. 기한부거래의 기간을 포함한 청구제시의 최종기일,

vi. 이 규칙 제16조에 따른 경비 (청구은행과 보상은행의 경비 및 보상확약료)를 부담할 당사자.

c. 보상은행이 기한부 환어음의 인수 및 지급을 요청받은 경우에는, 취소불능의 보상수권에는 상기 제b항에 포함된 사항에 추가하여 다음의 내용을 또한 명시하여야 한다.

i. 발행되는 환어음의 만기일,

ii. 발행인,

iii. 인수 및 할인 수수료를 부담할 당사자 (해당하는 경우).

개설은행은 보상은행 앞 일람출급 환어음을 발행하도록 요구하여서는 아니된다.

d. 보상은행이 개설은행으로부터 청구은행에게 보상확약을 개설하도록 수권 또는 요청받았으나 그렇게 할 용의가 없는 경우에는, 이를 지체 없이 개설은행에게 통고하여야 한다.

e. 보상확약에는 반드시 확약의 조건 및 다음의 내용을 기재하여야 한다.

i. 신용장 번호 및 개설은행의 명칭,

ii. 보상수권의 통화단위 및 금액,

ii. 추가적인 지급금액 및 용인되는 과부족 (해당하는 경우),

iv. 보상확약의 통화단위 및 금액,

v. 기한부거래의 기간을 포함한 청구제시의 최종기일,

vi. 개설은행 이외의 보상확약료를 부담할 당사자. 보상은행은 청구금액에서 공제할 자신의 수수료도 포함시켜야 한다(해당하는 경우).

f. 청구제시의 최종기일이 제15조에서 언급한 것과는 다른 이유로 영업을 하지 아니하는 일자에 도래한 경우에는, 청구제시의 최종기일은 다음 최초의 은행영업일까지 연장된다.

g. 보상은행은 보상확약을 개설한 때부터 보상청구를 수리하여야 할 취소불능의 의무를 진다.

h. i. 취소불능 보상수권은 보상은행의 동의 없이 변경하거나 취소할 수 없다.

ii. 개설은행이 취소불능 보상수권을 변경한 경우에는, 보상확약을 개설한 보상은행은 그러한 변경을 반영하기 위하여 확약을 변경할 수 있다. 보상은행이 보상확약의 변경을 개설하지 아니하기로 결정한 경우에는, 이를 지체 없이 개설은행에게 통고하여야 한다.

iii. 취소불능 보상수권의 변경을 개설한 개설은행은 취소불능 보상수권의 변경을 통지한 때부터 이에 취소불능의 의무를 진다.

iv. 원래의 취소불능 보상수권(또는 이전에 승낙된 취소불능 보상수권의 변경을 삽입한 수권)의 조건은 보상은행이 개설은행에게 변경의 승낙을 통보할 때까지 보상은행에 대하여 효력을 유지한다.

v. 보상은행은 개설은행에게 취소불능 보상수권의 변경에 대한 승낙 또는 거절의 여부를 통보하여야 한다. 보상은행은 자신이 개설할 보상확약의 변경에 대하여 청구은행으로부터 승낙 또는 거절을 수령할 때까지는 취소불능 보상수권의 변경을 승낙 또는 거절하지 아니할 수 있다.

i. i. 보상확약은 청구은행의 동의 없이 변경하거나 취소할 수 없다.

ii. 보상은행은 보상확약의 변경을 개설한 때부터 이에 취소불능의 의무를 진다.

iii. 원래의 보상확약(또는 이전에 승낙된 보상변경을 삽입한 보상확약)의 조건은 청구은행이 보상은행에게 보상확약의 변경에 대한 승낙을 통보할 때까지 청구은행에 대하여 효력을 유지한다.

iv. 청구은행은 보상은행에게 보상확약의 변경에 대한 승낙 또는 거절의 여부를 통보하여야 한다.

Article 10. Standards for a Reimbursement Claim. **a.** The claiming bank's claim for reimbursement :

i. must be in the form of a teletransmission, unless specifically prohibited by the reimbursement authorization, or an original letter. A reimbursing bank has the right to request that a reimbursement claim be authenticated and, in such case, the reimbursing bank shall not be liable for any consequences resulting from any delay incurred. If a reimbursement claim is made by teletransmission, no mail confirmation is to be sent. In the event such a mail confirmation is sent, the claiming bank will be responsible for any consequences that may arise from a duplicate reimbursement ;

ii. must clearly indicate the credit number and the issuing bank (and reimbursing bank's reference number, if known) ;

iii. must separately stipulate the principal amount claimed, any additional amount due and charges ;

iv. must not be a copy of the claiming bank's advice of payment, deferred payment, acceptance or negotiation to the issuing bank ;

v. must not include multiple reimbursement claims under one teletransmission or letter ;

vi. must, in the case of a reimbursement undertaking, comply with the terms and conditions of the reimbursement undertaking.

b. When a time draft is to be drawn on the reimbursing bank, the claiming bank must forward the draft with the reimbursement claim to the reimbursing bank for processing and include the following in its claim :

i. general description of the goods, services or performance ;

ii. country of origin ;

iii. place of destination or performance ;

and if the transaction covers the shipment of merchandise,

iv. date of shipment ;

v. place of shipment.

c. A reimbursing bank assumes no liability or responsibility for any consequences that may arise out of any non-acceptance or delay of processing should the claiming bank fail to follow the provisions of this article.

번역 **제10조 보상청구의 기준.** a. 청구은행의 보상청구는 반드시 다음과 같이 하여야 한다.

i. 보상수권에 의하여 특별히 금지되지 아니한 경우의 전신, 또는 원본서신의 형식으로 하여야 한다. 보상은행은 보상청구의 인증을 요청할 권리가 있으며, 또 그러한 경우에 야기되는 어떠한 지체에 기인한 모든 결과에 대하여도 책임을 지지 아니한다. 보상청구가 전신으로 이루어진 경우에는, 우편확인서가 송부되어서는 아니된다. 우편확인서가 송부된 경우에는, 청구은행은 중복보상으로 인하여

발생할 수 있는 모든 결과에 대하여도 책임을 지지 아니한다.

ii. 신용장 번호와 개설은행(및 알려진 경우 보상은행의 참조번호)을 명확하게 기재하여야 한다.

iii. 청구원금, 예정된 모든 추가금액 및 경비를 구분하여 명시하여야 한다.

iv. 청구은행이 개설은행에게 송부하는 지급, 연지급, 인수 또는 매입의 통지서 사본이어서는 아니된다.

v. 한 통의 전신 또는 서신에 다수의 보상청구를 기재하여서는 아니된다.

vi. 보상확약이 있는 경우에는 그 보상확약의 제조건에 일치하여야 한다.

b. 기한부 환어음이 보상은행 앞으로 발행되는 경우에는, 청구은행은 보상청구와 함께 환어음을 보상은행에게 처리해 주도록 송부하여야 하며, 또 보상청구상에 다음의 내용을 기재하여야 한다.

i. 물품, 서비스 또는 채무이행의 일반적인 명세,

ii. 원산지,

iii. 목적지 또는 이행지,

및 거래가 상품의 선적을 포함하는 경우에는,

iv. 선적일,

v. 선적지.

c. 청구은행이 본조의 규정을 준수하지 아니할 경우에는, 보상은행은 어떠한 인수거절 또는 처리의 지연으로부터 발생할 수 있는 모든 결과에 대하여 아무런 의무 또는 책임을 지지 아니한다.

Article 11. Processing a Reimbursement Claim. a. i. A reimbursing bank shall have a maximum of three banking days following the day of receipt of the reimbursement claim to process the claim. A reimbursement claim received outside banking hours will be deemed to be received on the next following banking day.

If a pre-debit notification is required by the issuing bank, this pre-debit notification period shall be in addition to the processing period mentioned above.

ii. If the reimbursing bank determines not to reimburse, either because of a non-conforming claim under a reimbursement undertaking or for any reason whatsoever under a reimbursement authorization, it shall give notice to that effect by telecommunication or, if that is not possible, by other expeditious means, no later than the close of the third banking day following the day of receipt of the claim (plus any additional period mentioned in sub-article (i) above). Such notice shall be sent to the claiming bank and the issuing bank and, in the case of a reimbursement undertaking, it must state the reasons for non-payment of the claim.

b. A reimbursing bank will not process a request for back value (value dating prior to the date of a reimbursement claim) from the claiming bank.

c. When a reimbursing bank has not issued a reimbursement undertaking and a reimbursement is due on a future date :

i. the reimbursement claim must specify the predetermined reimbursement date ;

ii. the reimbursement claim should not be presented to the reimbursing bank more than ten banking days prior to such predetermined date. If a reimbursement claim is presented more than ten banking days prior to the predetermined date, the reimbursing bank may disregard the reimbursement claim. If the reimbursing bank disregards the reimbursement claim, it must so inform the claiming bank by teletransmission or other expeditious means without delay.

iii. If the predetermined reimbursement date is more than three banking days following the day of receipt of the reimbursement claim, the reimbursing bank has no obligation to provide notice of non-reimbursement until such predetermined date, or no later than the close of the third banking day following the receipt of the reimbursement claim plus any additional period mentioned in (a) (i) above, whichever is later.

d. Unless otherwise expressly agreed to by the reimbursing bank and the claiming bank, a reimbursing bank will effect reimbursement under a reimbursement claim only to the claiming bank.

e. A reimbursing bank assumes no liability or responsibility if it honours a reimbursement claim indicating that a payment, acceptance or negotiation was made under reserve or against an indemnity, and shall disregard such indication.

번역 **제11조 보상청구의 처리.** a. i. 보상은행은 보상청구를 처리하는데 있어 보상청구의 수령익일로부터 최대한 제3은행영업일을 향유할 수 있다. 은행영업시간을 경과하여 수령한 보상청구는 다음의 이어지는 은행영업일에 수령한 것으로 본다.

개설은행이 차변의 사전통지를 요구하는 경우에는, 이러한 차변의 사전통지기간은 상기의 처리기간에 추가하는 것으로 한다.

ii. 보상은행은 보상확약과의 불일치한 보상청구 또는 보상수권에 따른 어떠한 이유에서든지 보상하지 아니하기로 결정한 경우에는, 보상청구의 수령익일로부터 제3은행영업일(상기 제i호에서 언급된 추가기간을 합한 기간)의 마감시간까지 전신 또는 그것이 불가능한 경우에는 기타 신속한 수단에 의하여 그러한 취지를 통고하여야 한다. 그러한 통고는 청구은행과 개설은행에게 송부되어야 하며, 또 보상확약의 경우에는 보상청구에 대한 지급거절의 사유를 명기하여야 한다.

b. 보상은행은 청구은행의 결제일 소급(보상청구일 이전 기일을 결제일로 하는 것)의 요청을 처리하지 아니한다.

c. 보상은행이 보상확약을 개설하지 아니하였고 보상이 장래의 기일에 예정되어 있는 경우에는, 다음과 같이 행하여야 한다.

i. 보상청구는 반드시 예정된 보상기일을 명시하여야 한다.

ii. 보상청구는 그러한 예정기일의 제10은행영업일 이전에 보상은행에게 제시되어서는 아니된다. 예정기일의 제10은행영업일 이전에 보상청구가 제시되는 경우에는, 보상은행은 그 보상청구를 무시할 수 있다. 보상은행이 보상청구를 무시하는 경우에는, 이를 청구은행에게 전신 또는 기타 신속한 수단에 의하여 지체없이 통고하여야 한다.

iii. 예정된 보상기일이 보상청구의 수령익일로부터 제3은행영업일을 경과한 경우에는, 보상은행은 그러한 예정기일이나, 또는 보상청구의 수령익일로부터 제3은행영업일과 상기 제a항 i호에서 언급된 추가기간을 합한 기간의 마감시간 중에 보다 늦은 기간까지는 보상거절의 통고를 행할 의무를 지지 아니한다.

d. 보상은행과 청구은행 사이에 별도의 명시적인 합의가 없는 한, 보상은행은 청구은행에 대하여만 보상청구에 따른 대금보상을 하여야 한다.

e. 보상은행은 지급, 인수 또는 매입이 유보조건 또는 하자보상조건부로 이루어졌다는 것을 명시하는 보상청구를 수리한 경우에는, 이에 대하여 아무런 의무 또는 책임을 지지 아니하며, 또 그러한 명시를 무시하여야 한다.

Article 12. Duplication of a Reimbursement Authorization. An issuing bank must not, upon receipt of documents, give a new reimbursement authorization or additional instructions unless they constitute an amendment to, or a cancellation of, an existing reimbursement authorization. If the issuing bank does not comply with the above and a duplicate reimbursement is made, it is the responsibility of the issuing bank to obtain the return of the amount of the duplicate reimbursement. The reimbursing bank assumes no liability or responsibility for any consequences that may arise from any such duplication.

번역 **제12조 보상수권의 중복.** 개설은행은 서류를 수령한 때에는 그 서류가 기존의 보상수권에 대한 변경 또는 취소가 아닌 한, 새로운 보상수권 또는 추가의 지시를 하여서는 아니된다. 개설은행이 이를 준수하지 아니하여 중복보상이 이루어진 경우에는, 중복보상의 금액을 반환받는 것은 개설은행의 책임에 속한다. 보상은행은 그러한 중복으로부터 야기될 수 있는 어떠한 결과에 대하여도 의무 또는 책임을 지지 아니한다.

D. MISCELLANEOUS PROVISIONS (잡칙)

Article 13. Foreign Laws and Usages. The issuing bank shall be bound by and liable to indemnify the reimbursing bank against all obligations and responsibilities imposed by foreign laws and usages.

번역 **제13조 외국의 법률과 관행.** 개설은행은 외국의 법률과 관행에 의하여

부과되는 모든 의무와 책임에 구속되며, 또 이에 대하여 보상은행에게 보상하여야 한다.

Article 14. Disclaimer on the Transmission of Messages. A reimbursing bank assumes no liability or responsibility for the consequences arising out of delay, loss in transit, mutilation or other errors arising in the transmission of any messages, delivery of letters or documents, when such messages, letters or documents are transmitted or sent according to the requirements stated in the credit, reimbursement authorization or reimbursement claim, or when the bank may have taken the initiative in the choice of the delivery service in the absence of such instructions in the credit, reimbursement authorization or reimbursement claim. A reimbursing bank assumes no liability or responsibility for errors in translation or interpretation of technical terms.

번역 **제14조 통신의 송달에 관한 면책.** 보상은행은 모든 통신, 서신 또는 서류가 신용장, 보상수권 또는 보상청구상에 기재된 요구에 따라 송달 또는 송부되거나, 또는 신용장, 보상수권 또는 보상청구상에 그러한 지시가 없어 동 은행이 배달업체의 선택에 있어서 주도권을 가질 수 있었던 경우에는, 그러한 통신의 송달, 서신 또는 서류의 배달 중에 발생한 지연, 수송 중의 분실, 훼손 또는 기타 오류로 인하여 발생한 결과에 대하여 아무런 의무 또는 책임을 지지 아니한다. 보상은행은 전문용어의 번역 또는 해석상의 오류에 대하여 아무런 의무 또는 책임을 지지 아니한다.

Article 15. Force Majeure. A reimbursing bank assumes no liability or responsibility for the consequences arising out of the interruption of its business by Acts of God, riots, civil commotions, insurrections, wars, acts of terrorism or by any strikes or lockouts or any other causes beyond its control.

번역 **제15조 불가항력.** 보상은행은 천재지변, 폭동, 소요, 반란, 전쟁, 폭력행위에 의하거나, 또는 모든 동맹파업, 직장폐쇄 또는 기타 은행의 통제를 벗어난 모든 원인에 의한 은행업무의 중단으로 인하여 발생한 결과에 대하여 아무런 의무 또는 책임을 지지 아니한다.

Article 16. Charges. **a.** A reimbursing bank's charges are for the account of the issuing bank.

b. When honouring a reimbursement claim, a reimbursing bank is obligated to follow the instructions regarding any charges contained in the reimbursement authorization.

c. If a reimbursement authorization states that the reimbursing bank's charges are for the account of the beneficiary, they shall be deducted from the amount due to a claiming bank when reimbursement is made. When a reimbursing bank follows the instructions of the issuing bank regarding charges (including commissions, fees, costs or expenses) and these charges are not paid, or a reimbursement claim is never presented to the reimbursing bank under the reimbursement authorization, the issuing bank remains liable for such charges.

d. All charges paid by the reimbursing bank will be in addition to the amount of the authorization, provided that the claiming bank indicates the amount of such charges.

e. If the issuing bank fails to provide the reimbursing bank with instructions regarding charges, all charges shall be for the account of the issuing bank.

번역 **제16조 경비.** a. 보상은행의 경비는 개설은행이 부담하여야 한다.

b. 보상청구를 수리한 때에는, 보상은행은 보상수권에 포함된 모든 경비에 관한 지시를 따를 의무가 있다.

c. 보상수권상에 보상은행의 경비는 수익자의 부담으로 한다고 기재한 경우에는, 그러한 경비는 보상이 행하여진 때에 청구은행 앞으로 예정된 금액에서 공제하여야 한다. 보상은행이 (수수료, 요금, 비용 또는 지출금을 포함한) 경비에 관한 개설은행의 지시를 따른다 하더라도, 이들 경비가 지급되지 아니하거나 보상

청구가 보상수권에 따라 보상은행에게 제시되지 아니한 경우에는, 개설은행은 그러한 경비를 부담할 의무를 진다.

d. 보상은행이 지급하는 모든 경비는 청구은행이 그러한 경비의 금액을 기재한 경우에는 수권된 금액에 추가되는 것으로 한다.

e. 개설은행이 보상은행에게 경비에 관한 지시를 하지 아니한 경우에는, 모든 경비는 개설은행의 부담에 속한다.

Article 17. Interest Claims / Loss of Value. Any claim for loss of interest, loss of value due to any exchange rate fluctuations, revaluations or devaluations are between the claiming bank and the issuing bank, unless such losses result from the non-performance of the reimbursing bank under a reimbursement undertaking.

번역 **제17조 이자청구 및 가액손실.** 이자의 손실, 어떠한 환율변동, 평가절상 또는 평가절하에 기인하는 가액의 손실에 대한 모든 청구는 청구은행과 개설은행 사이의 문제이다. 다만 그러한 손실이 보상확약에 따른 보상은행의 채무불이행으로 인하여 발생한 경우에는 그러하지 아니하다.

찾아보기

〈영문〉

[A]

[저자 약력]

徐 正 斗
성균관대학교 무역학과 졸업
성균관대학교 대학원 졸업(경제학박사)
호원대학교 경영평가실장 · 산업경영연구소장
동 대학평의원회 의장 · 위탁교육본부장
국가고등고시 · 관세사시험 출제위원
현, 한국수출보험공사 이의신청심의위원
대한상사중재원 중재인
한국무역상무학회 부회장 · 편집위원장
호원대학교 무역경영학부 교수 · 학부장

〈저 서〉

『신용장론』(공저, 삼영사)
『국제무역법규』(공저, 삼영사)
『신용장사례연구』(공저, 삼영사)
『국제통상법』(삼영사)
『인코텀즈 2000』(공저, 대한상공회의소)
『국제무역계약』(삼영사)
『국제상무론』(삼영사)
『ISBP국제표준은행관습』(삼영사)

UCP 600 신용장 분쟁사례

2009년 11월 5일 초판 인쇄
2009년 11월 10일 초판 발행

저 자 서 정 두
발행인 유 성 렬
발행처 청목출판사
서울특별시 영등포구 신길동 233-96
전화 (02) 849-6157(代) · 2820
FAX (02) 849-0817
등록 제318-1994-000090호

파본은 바꾸어 드립니다. 값 20,000원
ⓒ 2009, 서정두
http : //www.chongmok.co.kr

이 책의 무단 전재 또는 복제 행위는 저작권법 제136조제1항에 의거, 5년 이하의 징역 또는 5,000만원 이하의 벌금에 처하게 됩니다.

ISBN 978-89-5565-322-9